2019年12月在全球独角兽500强大会演讲

辽宁省攀登学者项目资助

国家社科基金重大研究专项"新时代中国特色经济学基本理论问题"成果

探求

中国经济学之路

黄泰岩 著

中国财经出版传媒集团

经济科学出版社

Economic Science Press

图书在版编目（CIP）数据

探求中国经济学之路/黄泰岩著．—北京：经济科学
出版社，2019.12
ISBN 978 - 7 - 5218 - 1133 - 9

Ⅰ．①探…　Ⅱ．①黄…　Ⅲ．①中国经济 - 研究
Ⅳ．①F12

中国版本图书馆 CIP 数据核字（2019）第 288143 号

责任编辑：于海汛
责任校对：郑淑艳
责任印制：李　鹏

探求中国经济学之路

黄泰岩　著

经济科学出版社出版、发行　新华书店经销
社址：北京市海淀区阜成路甲 28 号　邮编：100142
总编部电话：010 - 88191217　发行部电话：010 - 88191522
网址：www. esp. com. cn
电子邮箱：esp@ esp. com. cn
天猫网店：经济科学出版社旗舰店
网址：http：//jjkxcbs. tmall. com
北京季蜂印刷有限公司印装
787×1092　16 开　26.25 印张　470000 字
2019 年 12 月第 1 版　2019 年 12 月第 1 次印刷
ISBN 978 - 7 - 5218 - 1133 - 9　定价：78.00 元
（图书出现印装问题，本社负责调换。电话：010 - 88191510）
（版权所有　侵权必究　打击盗版　举报热线：010 - 88191661
QQ：2242791300　营销中心电话：010 - 88191537
电子邮箱：dbts@esp. com. cn）

学术自述

我从事的专业为政治经济学，研究方向为中国经济改革与发展。2004年受聘到辽宁大学做教育部长江学者特聘教授三年，跨界到国民经济学专业。虽然两个专业分属理论经济学和应用经济学两个不同的一级学科，但二者极其相近，边界到现在学界还没有一个明确的界定。我的专业偏重理论，但选择的研究方向却偏向实际，这是因为我试图走理论与实践相结合的学术发展之路，为构建体现中国特色、中国气派、中国风格的中国经济学做出自己的一点努力，这也形成了我的学术风格和特点。

一、学术简历

1975年我投笔从戎，成了坦克兵。1979年考入中国人民大学经济系，开始学习政治经济学，并先后完成本科、硕士、博士学位课程学习，1988年留校任教。从此，经济学的教学和科研成为我的终身职业，并以此为荣。在此期间，无论外部世界出现多少和多大诱惑，我一直不离不弃，坚守在经济学科研、教学和服务社会的前沿阵地上，战斗了几十年，也算取得了以下一些成绩，可以说是"天道酬勤"吧。

（一）学术称号

1988年博士毕业后留校任讲师，1990年被特批为副教授，1992年被特批为教授，1993年被国务院学位委员会特批为博士生导师，同年享受国务院政府特殊津贴。1991年被国务院学位委员会授予"做出突出贡献的中国博士学位获得者"。1996年入选北京市第一批跨世纪优秀人才培养计划，简称"百人工程"；1997年入选教育部第一批跨世纪优秀人才培养计划；1999年入选国家"百千万人才工程"；2000年入选北京市新世纪理论人才；2004年被评为教育部第一批人文社会科学"长江学者"特聘教授；2011年被评为辽宁省攀登学者；2013年当选为第十二届全国人大代表；2014年当选为第七届国务院学位委员会理论经济学学科评审组成员；2015年自选集被列入《北京社科名家文库》；2016年被聘为中央马克思主义理论研究和建设工程首席专家；2019 年被聘为中央民族大学资深教授。

（二）科研成果

自 1984 年在《经济理论与经济管理》发表第一篇学术论文开始，我先后在《中国社会科学》《经济研究》《人民日报》《求是》《光明日报》《中国工业经济》《财贸经济》《经济学动态》《经济学家》等报刊发表学术论文 450 多篇。其中有 6 篇论文被《新华文摘》全文转载；4 篇论文被翻译成英文分别在 *China Economist* 和 *China Political Economy* 发表；还有一些文章被《中国社会科学文摘》《中国高等学校学术文摘》《中国人民大学复印报刊资料》等文摘或报刊全文转载。先后出版了《市场与改革》、《社会主义市场运行分析》、《美国市场和政府的组合与运作》、《探求市场之路》、《探求发展之路》、《探求政治经济学之路》、《探求改革之路》、《与企业家谈经论道》（1～3 辑）、《中国城镇居民收入差距》、《如何看待居民收入差距的扩大》、《中国经济热点前沿》（1～16 辑）、《国外经济热点前沿》（1～12 辑）、《中国经济学发展报告（2016）》、《中国经济学发展报告（2017）》、《中国经济学发展报告（2018）》、《中国经济学发展报告（2019）》等著作（独著、合著、主编）60 多本。

（三）科研奖励

1988 年获全国纪念党的十一届三中全会十周年理论讨论会论文奖；1991 年获北京市第二届哲学社会科学优秀成果奖二等奖；1994 年获北京市第三届哲学社会科学优秀成果奖一等奖；1995 年获第一届中国高校人文社会科学研究优秀成果奖二等奖；1998 年获北京市第五届哲学社会科学优秀成果奖一等奖；1999 年获北京市庆祝建国五十周年论文奖；2002 年获北京市第七届哲学社会科学优秀成果奖二等奖；2002 年获第三届中国高校人文社会科学研究优秀成果奖三等奖；2006 年获首届中华优秀出版物（图书）奖；2007 年获第四届中国高校人文社会科学研究优秀成果奖二等奖；2008 年获北京市第十届哲学社会科学优秀成果奖二等奖；2009 年获第五届中国高校人文社会科学研究优秀成果奖二等奖；2010 年获第三届中华优秀出版物（图书）奖；2010 年获辽宁省教育厅优秀科学研究成果奖；2015 年获得第四届澳门人文社会科学研究优秀成果著作一等奖；2019 年获第七届中华优秀出版物（图书）奖；2019 年获第六届马克思主义研究优秀成果奖著作三等奖。

（四）科研项目

主要主持教育部哲学社会科学研究重大课题攻关项目、国家社科基金重点项目、马克思主义理论研究与建设工程重大项目子课题、国家社科基金重大委托项目子课题、教育部长江学者特聘教授项目、教育部人文社会科学重点研究基地重大项目、教育部霍英东基金会青年教师基金项目、教育部留学回国人员基金项目、教育部哲学社会科学研究普及读物项目、教育部学习宣传贯彻党的十八大精神理论研究课题、教育部研究阐释党的十九大精神研究课题、北京市社科基金重点项目、北京市社科基金特别委托项目、北京市社科基金"百人工程"项目、辽宁省教育厅高等学校创新团队项目等省部级以上项目。

主要主持全国《中小企业成长"十二五"规划》《天津蓟县社会经济发展"十二五"规划》《工业和信息化部"十二五"规划》《国家民族团结进步事业发展（2021～2015）》前期研究项目、中国证券监督管理委员会证券投资者保护基金委托项目、国家发改委委托项目、财政部委托项目、国家民委委托项目、杭州市委托项目、中国保险监督管理委员会委托项目、希望集团委托项目等。

（五）主讲课程

为研究生、本科生讲授了"政治经济学""社会主义经济理论""中国经济改革与发展前沿""中国经济学""国民经济管理学"等课程。

所讲课程"国民经济管理学"被评为辽宁省普通高等学校精品课程；与林木西教授共同主编的普通高等教育"十一五"国家级规划教材《国民经济学》被评为国家精品教材、"十二五"国家级规划教材；参与编写的《马克思主义政治经济学》被评为北京市精品教材。

（六）教学奖励

"国家经济学基础人才培养基地创新型人才培养研究"获教育部教学成果奖二等奖；辽宁省高等教育教学改革研究项目"国民经济学专业、课程、教材一体化建设研究"获辽宁省高等教育教学成果奖一等奖；"面向社会需要调整教学与科研方向"获北京市高校优秀教学成果奖一等奖；作为主要负责人的"国民经济管理专业"被评为全国普通高等学校特色专业建设点和辽宁省普通高等学校示范性专业；作为主要负责人的中央民族大学"经济学专业"获批北京市一流专业；获颁中国人民大学商学院EMBA20年杰出贡献教授、广西大学商学院EMBA特别贡献奖。

我作为导师指导的博士生王检贵同志的博士学位论文《劳动与资本双重过剩下的经济发展》2002年获全国百篇优秀博士学位论文奖。

（七）教改项目

主持的教育部"本科教学质量与教学改革工程"建设项目有：首批国家精品

课程"政治经济学"，国家人才培养模式创新实验区"辽宁大学国家经济学基础人才培养模式创新实验区"，国家级教学团队"政治经济学课程教学团队"，全国普通高等学校特色专业建设点"经济学专业"等；主持的辽宁省教育厅"质量工程"建设项目有：省级首批精品课程、省级首批优秀课程"政治经济学"，省级首批教学团队"地方综合性大学经济学本科教学团队"，辽宁省首批本科综合改革试点专业，辽宁省首批示范性专业"经济学专业"等。

二、学术特点

我们这一代人的学术之路与中国经济改革与发展的伟大进程息息相关，因为不管你愿意还是不愿意，自觉还是不自觉，经济改革与发展的大潮都会把你卷入其中，只是有的人成为弄潮儿，有的人随波逐流，有的人被淹没了。我的学术研究之路，就刻下了这个伟大时代的深深印记。

（一）中国经济改革与发展大潮决定了我的人生定位

改革开放后国家恢复高考的历史性决定给予我巨大的吸引，召唤着我1979年2月义无反顾从部队复员回到内蒙古呼和浩特市，在我当年学习的呼和浩特第二中学班主任辛凤珍老师的帮助下，经过5个月的恶补，虽然只有初中毕业，但在7月参加高考时，却获得了在内蒙古非常靠前的高考成绩。在填报志愿时，我并不知"政治经济学"为何物，只是因为听到了1978年开始的改革开放隆隆战鼓，就似懂非懂、鬼使神差地决定冲入经济学的神圣殿堂。当时内蒙古是分数出来后再报志愿，我的分数可以报考北京大学，但北京大学在内蒙古不招经济学专业。中国人民大学政治经济学专业在内蒙古招生，但仅有1个名额，但我还是毫不犹豫地填报了中国人民大学的"政治经济学"专业。

非常荣幸地进入中国人民大学后，由于对政治经济学一无所知，第一学期学习时并没有激起我对专业的特别兴趣，甚至还有了转专业的想法。随着专业课学习的深入，特别是中国人民大学一批大师级教师的博学、善教和人格魅力，燃起了我对政治经济学的热爱，并于1982年大三时做出人生规划，决定一生投身经济学的教学与科研，并立志考研究生，拿下博士学位。在这种理念指导下，我一边学习课程，一边尝试写点东西。非常有幸，1982年在我大三期间，就有机会参加了我国经济学奠基人之一宋涛先生主编的《经济改革名词解释》（第三册）一书的编写，该书于1982年9月由辽宁人民出版社出版，人生第一次品尝了经济学学习成果出版的喜悦，异常兴奋。此外，我写的练习文章虽然自我感觉有点拿不出手，但还是厚着脸皮找当时给我们上课的著名经济学家，后成为北京大学校长的吴树青老师，非常感谢恩师为我指点迷津，循循善诱，引我上路，使我较早接受了经济学科研的指导和训练。这是作为学生早期的一种偏得。当然，这也是一种缘分，后来我非常荣幸拜在吴树青老师门下，成为他的博士生，也是难得的厚爱，我的本科毕业论文有幸得到了在新中国 70 年大庆时被授予人民教育家国家荣誉称号的卫兴华老师的指导，卫兴华老师极其深厚的《资本论》功底和超严谨的科研精神让我终生铭记。在卫兴华老师的悉心指导下，我的本科毕业论文《试论〈资本论〉的叙述方法》幸运地在《经济理论与经济管理》杂志发表，这是我的学术论文处女作，当时也是让我兴奋不已，从而更加坚定了我的学术选择，下定决心要一条道走到亮。

1983 年 9 月我以第一名的成绩顺利考入本校硕士研究生，开始了新的研究和学习生涯。我之所以把研究放在了学习的前面，主要是因为，研究生与本科生虽然都是学生，但二者的根本差别就在于：本科注重的是"学"，打好基础，要固"本"；研究生的重点则是"研"，要全身心地投入科学研究中，进入科学研究的理论前沿。汉字"研"字，拆开为"石"和"开"，即"精诚所至，金石为开"。在这一理念指引下，除认真学习外，我全身心地投入学术研究中。在研二的第一学期，我就在经济学的顶级学术期刊《经济研究》1984 年第 12 期发表了《国家所有制的分权模式与经济体制改革》一文，之后又在《学术月刊》《经济理论与经济管理》《社会科学辑刊》等杂志共发表了 7 篇学术论文。1985 年 9 月因品学兼优，成为中国人民大学第一批免试推荐提前一年攻读博士学位的博士生，当时全校仅有两名同学获此殊荣，另一名为现任国家发改委副主任、国家统计局局长宁吉喆同志。

我在读博的第一年就在《经济研究》1986 年第 3 期发表了《论全民所有制企业行为类型及其对策》。当时很有趣的是，编辑部将我的名字按西方的习惯写成了"泰岩黄"，为此编辑部还向我道歉和做了更正，但在下期更正时又错写为"黄岩泰"，真是好事多磨。在博士研究生学习期间，我还先后在《财贸经济》《中国人民大学学报》《经济理论与经济管理》《学术月刊》等报刊发表论文 20多篇，完成了《市场与改革——苏联、东欧市场理论比较》一书初稿和博士学位论文《社会主义经济运行中的市场》的写作。博士论文的核心部分"市场在经济运行中的作用"1999 年被《中国人文社会科学博士硕士文库·经济学卷（中）》收录，由浙江教育出版社出版。

1988 年 7 月博士毕业留校任教后，我就有资格申报科研奖励和荣誉称号。1988 年，我先后获得全国纪念党的十一届三中全会十周年理论讨论会论文奖和中国人民大学优秀科研成果论文一等奖。1989 年，荣获首批教育部霍英东基金会青年教师基金项目，得到时任国家主席杨尚昆等党和国家领导人的接见并颁发证书。1990 年，被特批为副教授。1991 年，被国务院学位委员会授予"做出突出贡献的中国博士学位获得者"；1991 年 12 月国务院学位委员会将我们的获选业绩整理出版了《华夏沃土育英才》（辽宁大学出版社）；1991 年以我的博士学位论文为基础修改出版的《社会主义市场运行分析》一书获北京市第二届哲学社会科学优秀成果奖二等奖；1991 年我国中青年经济理论工作者的学术传记文集《中国经济学希望之光》（经济日报出版社）介绍了我的学术成绩；1991 年《中国博士精英》（中山大学出版社）也介绍了我的成绩。1992 年我被特批为教授；1992 年时任中国人民大学副校长罗国杰教授任主编，纪宝成教授、杨干忠教授为副主编的《学者谈艺录》（中国人民大学出版社）收录了我的《谈谈科学研究的方法》一文。1993 年被国务院学位委员会特批为博士生导师，同年享受国务院政府特殊津贴。

1993 年 1 月，为了进一步完善我的知识结构和拓展国际视野，抱着不仅当"土鳖"，而且还要吃点"洋面包"的想法，受福特基金会的资助，我前往美国南加州大学经济系做访问学者，研究美国市场经济体制，以响应邓小平同志南方谈话提出的建立社会主义市场经济体制重大改革战略。在美访学期间，通过学习和进入美国社会调研，我写出了多篇研究美国市场经济体制的学术论文在国内发表。回国后，我将这些研究成果集成以《美国市场和政府的组合与运作》为书名出版，该书获北京市第五届哲学社会科学优秀成果奖一等奖。1994 年 4 月我的社会主义市场经济的观点被收录在《我的市场经济观》一书（江苏人民出版社），该书收录的有薛暮桥、吴敬琏、童大林、张培刚、李京文、樊纲、李扬、蔡昉等的市场经济观。

经过在中国人民大学本科、硕士、博士阶段和在美国访学期间的学习和研究，以及由此获得的成绩和荣誉，使我彻底坠入经济学的爱河而不能自拔。正如2004 年我在首次出版的《中国经济热点前沿》（第 1 辑）前言中所说的那样："经济学是一门令人激动、快乐、富有的学科。……因为爱着，我们幸福在经济学的殿堂里；因为快乐着，我们选择了研究者的生活。愿我们的爱，演化一种光荣；愿我们的生活，实现一个梦想。"① 至今我依然不改初心，无怨无悔。虽然我 2011 年 6 月非常意外地走上了大学校长岗位，行政工作缠身，但仍坚持利用晚上、双休

---

① 黄泰岩、杨万东主编：《中国经济热点前沿》第 1 辑，经济科学出版社 2004 年版。

日、节假日和假期的空余时间徜徉在经济学的幸福世界里，潜心研究，笔耕不辍。我还认为，中国的大学校长不同于国外的大学校长，特别是如我服务的地方大学或排名相对靠后的大学，校长既要运筹帷幄，排兵布阵，还要在教学、科研、服务社会上亲临前线，冲锋陷阵。

（二）中国经济改革与发展进程决定了我的研究领域

经济改革和发展是我国1978年改革开放以来经济工作的两大主题，但这两大主题在我国改革开放的不同发展阶段上相互关系和地位却是不一样的。

从1978年实行改革开放到21世纪初，总揽中国经济全局的主题是改革。改革的目标是建立中国特色社会主义市场经济体制，改革的目的是解放和发展生产力，改革的核心任务是处理好政府与市场的关系，改革的方向是使市场在资源配置中起决定性作用。因此，在传统计划经济体制向社会主义市场经济新体制转型过程中，"市场"就成为中国经济学首先需要聚焦研究的问题，从而决定了我学术研究的主要领域。在市场理论研究方面，我主要做了以下工作：一是整理和研究了苏联、东欧的市场与改革理论，出版了我的第一本专著《市场与改革——苏联、东欧市场理论比较》；二是从市场功能与失灵的视角整理和研究了西方市场理论，与雷达教授合作出版了《市场的功能与失灵——西方市场理论考察》，该书获中国人民大学第六届优秀科研成果著作奖；三是结合我国经济改革的实际和我国的具体国情，探讨了社会主义市场运行的理论和机制，出版了专著《社会主义市场运行分析》，该书获北京市第二届哲学社会科学优秀成果奖二等奖；四是以计划和市场的关系为主线，尝试构建我国市场经济新体制，与著名经济学家卫兴华教授合作出版了《我国新经济体制的构造》，该书先后获北京市第三届哲学社会科学优秀成果著作一等奖、第一届中国高校人文社会科学研究优秀成果著作二等奖；五是以美国市场经济体制为对象，研究美国市场与政府在经济运行中的作用及其组合，出版了专著《美国市场和政府的组合与运作》，该书获北京市第五届哲学社会科学优秀成果奖一等奖；六是从社会主义市场经济体制基本要求出发对政府职能做出了界定，与雷达教授、王效平教授合作编著出版了《政府经济职能》一书；七是为构建社会主义市场经济体制的微观基础，探讨了国有企业改革和非公有制经济的发展，先后在《经济研究》等杂志发表多篇论文。

2002年，应时任中国人民大学出版社总编辑杨耕教授之邀，将我这一时期对市场问题研究的一些代表性论文以《探求市场之路》为书名结集由黑龙江人民出版社出版。该书多次印刷，获得学界好评。

进入21世纪以来，随着社会主义市场经济体制的初步建立，中国经济改革和发展两大主题的关系发生了历史性转变。其突出标志就是"十五"计划纲要第一次明确把改革和发展两大主题的关系调整为"以发展为主题",改革开放与科技进步并列放在发展动力的位置上。这意味着改革被纳入发展的框架中,把发展放在了总揽全局的位置上。因此,我的研究重心就顺应时代变化的要求从"市场"转到"发展"问题上。在这一研究领域,我主要做了以下工作:一是针对1997年亚洲金融危机对中国经济的严重影响,探讨通货紧缩下的经济增长问题。2000年,我组织中国人民大学经济所的同事们出版了我主编的《中国经济发展报告——反通货紧缩的政策选择》一书,对新中国成立以来从未出现过的通货紧缩现象做出了理论解释,探讨了今后加快我国经济增长的经济政策基本取向。该书获北京市第七届哲学社会科学优秀成果奖二等奖。我还和著名经济学家杜厚文教授主编出版了《通货紧缩下的经济增长》一书。二是针对刘易斯二元经济理论中忽视农业发展的不足,结合我国二元经济结构的实际,通过扩展农业基础性地位的内涵,试图对刘易斯二元经济理论进行完善和发展。我与我的博士生王检贵同志合作在《中国社会科学》2001年第3期发表了《工业化新阶段农业基础性地位的转变》一文。该文先后获得第八届中国人民大学优秀科研成果论文一等奖、第四届中国高校人文社会科学研究优秀成果奖二等奖。三是针对我国改革开放以来居民收入差距不断扩大对经济发展的影响,探讨了收入差距的测量指标体系、形成原因和调节政策。我与我的博士生王检贵同志合作2001年出版了《如何看待居民收入差距的扩大》一书;与我的博士生牛飞亮教授合作2007年出版了《中国城镇居民收入差距》一书,该书获北京市第十届哲学社会科学优秀成果奖二等奖。四是针对知识经济的兴起,将知识经济作为独立的一元,与农业经济、工业经济一起构成三元经济的发展理论框架,试图突破刘易斯的二元经济发展理论框架,以指导我国新型工业化的发展实践。我与著名经济学家林岗教授合作组织团队2007年出版了《三元经济发展模式》一书,该书获第五届中国高校人文社会科学研究优秀成果奖二等奖。五是针对我国经济发展面临的资源环境制约,探索在资源环境约束下的中国经济发展道路。我在《经济学动态》2008年第12期发表了《中国经济发展的速度、道路及矛盾化解》,该文被翻译成英文"China's Future Development: A Closer Look at the Resource Environment"在 *China Economist* 2009年第3期发表。六是为应对我国跨越"中等收入陷阱"面临的挑战,我和中国人民大学中国经济改革与发展研究院的同事们合作2011年出版了《迈过"中等收入陷阱"的中国战略》研究报告。七是针对我国经济发展进入新常态所面临的发展动力不足问题,寻找新常态下发展的新动力。利用2013年11

月至 2014 年 2 月在美国密歇根大学访学的时间，我撰写了《中国经济的第三次动力转型》一文，该文在《经济学动态》2014 年第 2 期发表，后被《新华文摘》2014 年第 11 期全文转载，然后被翻译成英文 "Driving Force for China's Third Economic Growth Transformation" 在 *China Economist* 2014 年第 5 期发表。

2016 年在北京市社科联的举荐下，我将发表的有关我国经济发展的一些代表性论文结集，被列入《北京社科名家文库》，以《探求发展之路》为书名，作为《探求市场之路》的续篇由首都师范大学出版社出版。

（三）中国经济改革与发展难题决定了我的学术路径

中国经济改革与发展是一场前无古人的伟大实践，这赋予了我们这一代经济学者特定的历史责任，那就是构建有中国特色、中国风格、中国气派、能够解决中国经济改革与发展面临的重大问题的中国特色社会主义经济理论体系。就这一问题，我在《人民日报》2015 年 1 月 26 日发表的《中国经济学为什么能解决中国问题》做出了解释。

构建中国特色社会主义经济理论体系，首先需要推进马克思主义经济学的中国化，开拓当代中国马克思主义经济学的新境界。我们这一代老博士今天还引以自豪的就是具备了一点马克思主义经济学的理论功底，这得益于当年我们在本科期间认真学习了《资本论》一、二、三卷和其他马克思主义的经典著作，而且当时是逐字逐句地研读，当遇到不懂的地方，同学们还在一起争论不休，深入研讨。期末考试时，老师们也非常严格，不仅考《资本论》第几章第几节的内容，而且还考某一页下面的小注是什么意思，今天我仍记忆犹新，当然也受益匪浅。1984 年我发表的第一篇学术论文就是探讨《资本论》的叙述方法，同年还发表了几篇对马克思经济学经典理论的探讨；1988 年我非常幸运参加了宋涛先生主编的《〈资本论〉辞典》一书；1998 年与著名经济学家吴易风教授、顾海良教授等一起编写了中国人民大学硕士研究生教材《马克思主义经济理论的形成和发展》；1999 年参与著名经济学家卫兴华、林岗教授主编的《马克思主义政治经济学》本科教材，该书被评为北京市精品教材；在《教学与研究》1999 年第 3 期发表了《如何讲授马克思主义政治经济学原理第一章》；2009 年与李建军、王兆斌合作以"秋实"的名义在《求是》杂志发表了《为什么必须坚持公有制为主体多种所有制经济共同发展的基本经济制度而不能搞私有化和"纯而又纯"的公有制》；2004 年与著名经济学家洪银兴教授、林岗教授、逄锦聚教授、刘伟教授共同撰写了《政治经济学理论创新与实践价值》一书，该书作为经济科学出版社推出的《马克思主义基础研究和建设工程》系列之一，获得了首届中华优秀出版物（图书）奖（2006年）；2010年5月27日在《人民日报》发表了《用发展和改革的实践检验基本经济制度》；2012年5月21日在《人民日报》发表了《坚持基本经济制度　推动科学发展》等。这些文章都试图在推进马克思主义经济学的中国化方面做出自己的努力。为此，《当代经济研究》2013年第10期以《当代马克思主义经济学家黄泰岩》为题对我进行了学术介绍。

构建中国特色社会主义经济理论体系，还要以开放包容的胸怀充分吸收借鉴西方经济学各个学派的科学成分。西方经济学在经济体制、经济运行以及资源优化配置等层面反映了市场经济运行的一般规律，成为经济学的共同财富，构建中国特色社会主义经济理论体系，必须充分吸收这些经济学的共同财富。在这方面，我主要做了以下工作：一是为了研究我国的市场理论，我不仅整理和研究了苏联、东欧的市场与改革理论，而且还整理和研究了西方市场理论。在美国访学期间，我不仅整理和研究了美国的市场理论文献，还深入美国的一些市场、企业和政府调研，搜集第一手资料。二是为了研究社会主义经济理论，1991年我还组织编写了《西方社会主义经济理论述评》一书作为参考和借鉴。三是为了研究我国经济改革与发展面临的重大问题和难点问题，我从2004年开始到2015年每年组织编写一本《国外经济热点前沿》，主要对应国内关心的热点问题，对国外学者的相关研究文献进行比较系统的梳理，从中看出国内外的研究差异，为中国经济学研究提供比较研究的条件。四是为了研究我国初次分配制度改革，我组织编写了《初次收入分配理论与经验的国际研究》，对美国、日本、韩国、印度和我国台湾的初次分配制度的变迁及其经验进行了系统整理和研究。五是为了研究我国的企业制度改革和民营企业的发展，我参与了由日本北九州市立大学王效平教授组织的中、日、韩三国企业制度比较研究，深入日本企业调查研究，《中国民营企业的发展》一文被收录到《新世纪的东亚经济合作》一书（香港中国评论学术出版社）；参与了中国、日本、韩国三国钢铁产业、汽车产业等的理论研究和产业调研，形成了相应的研究报告。

构建中国特色社会主义经济理论体系，更重要的是总结中国经济改革与发展的实践经验，在此基础上总结和提炼新理论、新范畴。中国40多年来改革开放的巨大成功，以及经济发展创造的"中国奇迹"，使中国经济学人具有了运用自己的经验检验已有理论、创造新理论的资本和发言权。因此，总结中国经验、提炼中国概念、形成中国理论，就成为中国经济学人的重大历史机遇。在这方面，我主要做了以下工作：一是梳理和总结我国学者对中国经济改革与发展实践的研究文献。经济学的创新，必须建立在已有的经济学文明成果的基础上。因此，对已有经济学文献的系统梳理，就成为经济学推进理论创新的基本前提和出发点。我从 2004 年开始每年组织编写一本《中国经济热点前沿》（经济科学出版社），现已连续出版了 16 本，这是国内经济学界没有人做到的。对已有经济学文献的系统梳理，我希望达到以下目的：一方面为经济学研究或者理论创新提供一个比较全面和系统的研究成果基础，或至少是一个研究资料的基础；另一方面为经济学研究或者理论创新提供一种研究规范。通过这种规范，打造出一个经济研究的平台，一个经济研究的新起点，使大家能够在这个新的平台或者新起点上推进经济学的进一步创新，从而减少经济学的重复研究和重复建设。本书第一辑出版后，《光明日报》《中国教育报》《中国图书商报》《经济理论与经济管理》等报刊就给予了很好的评价。北京大学经济学院王跃生教授甚至把本书的写作称为"是修桥补路、服务大家的善举"①。著名经济学家卫兴华教授认为本书"可作为经济理论工作者和实际工作者进一步研究有关问题的文献与资料储备"，"有修桥补路之功"②。著名经济学家逄锦聚教授认为本书"是一部综合了中国经济学界大多数学者集体智慧的集成之作。"③《经济学家》周刊副主编白卫星认为本书"堪称高质量的中国经济学发展的年度报告"④。从 2016 年开始，我将《中国经济热点前沿》中关于经济学科体系建设的部分独立出来，单独出版《中国经济学发展报告》（经济科学出版社），每年一本。这样，两本书相互呼应分别阐述中国经济学的学术体系和学科体系。二是通过承接国家和地方政府社会经济发展规划等委托项目，了解政府的运作和管理，如通过编制全国《中小企业成长"十二五"规划》，在全国定点对中小企业进行问卷调查，了解了中国中小企业的生存状况。三是通过承接国有企业和民营企业等不同类型企业的发展战略制定、企业改制、企业上市等项目，了解中国不同类型企业的经营理念、管理制度和运行机制等。四是通过不同形式的企业家访谈，了解中国企业家的管理思想，由此总结出中国式的企业管理理论和企业成长理论，我与著名企业管理专家杨杜教授、财经记者李向阳共同出版了三辑《与企业家谈经论道》（经济科学出版社）。五是通过分析评论企业案例了解中国企业的成长，企业案例解析以《中国中小企业大讲堂——聚焦中小企业》一书出版（中共中央党校出版社）。六是通过参与澳门经济社会发展研究中心的研究团队，与澳门城市大学副校长邢文祥教授共同主持了澳门基金会资助的澳门社会经济发展研究，研究成果《澳门社会经济发展研究

---

① 《中国图书商报》2004 年 11 月 26 日。
② 卫兴华：《〈中国经济热点前沿〉简评》，载于《人民日报》2005 年 9 月 19 日。
③ 逄锦聚：《评〈中国经济热点前沿〉（第 2 辑）》，载于《经济理论与经济管理》2005 年第 10 期。
④ 白卫星：《我看〈中国经济热点前沿〉》，载于《企业家日报》2014 年 11 月 2 日。

报告（2012）：澳门产业发展与创新》一书获得澳门第四届人文社会科学研究优秀成果著作一等奖。由于我们的工作对国家、地方和企业改革与发展产生了一定的影响力，我率领的"中国经济改革与发展研究院"2010 年被《瞭望》周刊列为"国家智库"。

这种对中国经济改革与发展实践的关心和关注，使我的学术研究具有非常明显的问题导向性，敢于直面中国经济改革与发展的重大问题，努力研究真问题，解决真问题。因此，我把"读万卷书、行万里路"作为我学术研究的座右铭。

（四）中国经济改革与发展进入新时代决定了我的学术新任务

党的十九大宣告中国特色社会主义进入新时代，提出了新时代的新思想、新矛盾、新战略和新政策，以引领我国高质量发展，跨越"中等收入陷阱"，实现富强民主文明和谐美丽的现代化强国。新时代需要新理论，从而对经济学的理论创新提到了前所未有的高度。

2015 年习近平总书记提出要学好用好政治经济学；11 月 23 日在中共中央政治局就马克思主义政治经济学基本原理和方法论进行第二十八次集体学习时强调，不断开拓当代中国马克思主义政治经济学新境界。2016 年 5 月在哲学社会科学工作座谈会上的讲话中要求构建具有自身特质的学科体系、学术体系、话语体系。2017 年中央经济工作会议明确提出了习近平新时代中国特色社会主义经济思想。习近平总书记关于构建中国特色社会主义经济理论体系的系列讲话，掀起了我国研究马克思主义政治经济学，以及构建中国特色社会主义经济学理论体系的新高潮。

因此，推进构建中国特色社会主义经济学的学科体系、学术体系、话语体系和方法论体系，就成为我们这个时代经济学工作者责无旁贷的责任。我主要做了以下工作：

一是先后在《经济研究》《人民日报》《光明日报》《政治经济学评论》《南京大学学报》《马克思主义与现实》《新华日报》《文汇报》《经济学家》等报刊发表了《中国特色社会主义政治经济学的传承与创新》《改革开放 40 年中国特色社会主义政治经济学的创新发展》《马克思主义在当代中国的鲜活价值》《中国经济学学科体系研究新进展》等 20 多篇文章，提出对开拓中国马克思主义政治经济学新境界的认识。其中在《经济研究》2017 年第 1 期发表的《在发展实践中推进经济理论创新》一文被翻译成英文 "Economic Theory Innovation and China's Development Practice" 由 Emerald Publishing Limited 出版的 *China Political Economy* 2018 年第 1 期发表，在《光明日报》2017 年 11 月 21 日发表的《社会主要矛盾的转化规律及其政策取向》一文被《新华文摘》2018 年第 2 期全文转载。

二是参与了洪银兴教授主编的《学好用好中国特色社会主义政治经济学》（江苏人民出版社）和《新编社会主义政治经济学教程》（人民出版社 2018 年版）的编写，试图在现有的认知程度上推进中国经济学理论体系的探索。其中，《新编社会主义政治经济学教程》一书获得"第六届马克思主义研究优秀成果奖"著作类三等奖。作为副主编参与了洪银兴教授等主编的《现代经济学大典》（经济科学出版社）一书的编写，试图对改革开放以来我国出现的新概念、新范畴、新理论进行科学阐释和总结，而且为了让世界了解中国对世界经济学创新与发展的巨大贡献，该书已与国外出版社签约翻译成英文在国外出版。同时，该书获得了第七届中华优秀出版物（图书）奖。

三是参加了由洪银兴教授领衔的中央马克思主义理论研究和建设工程重大项目《中国特色社会主义政治经济学研究》，受聘为中央马克思主义理论研究和建设工程首席专家；参加了由洪银兴教授主持的国家社科基金重大委托项目《中国特色社会主义经济学基本理论问题研究》，负责子课题；承担了教育部《研究阐释党的十九大精神》委托课题。通过这些重大课题的深入研究，以推动中国经济学的理论创新。

四是从中国经济改革开放 40 多年的成功经验中揭示经济运动的规律，推进中国经济学的理论创新。我撰写了《我国改革周期性变化规律及新时代价值》一文，试图揭示我国改革的周期性规律，把我国改革的经验上升到理论学说。该文获得中国人民大学纪念改革开放 40 周年论文奖；被翻译成英文 "Cyclical Patterns of China's Reform and Their Implications for the New Era" 在 *China Economist* 2019 年发表；被《高等学校文科学术文摘》2019 年第 1 期全文转载。

五是投入全面小康建设研究。全面建设小康社会，是"四个全面"战略部署的重要内容之一，也是我们党做出的庄严承诺。全面小康要做到一个不能少，关键在于民族地区的精准脱贫，这毫无疑问是在中央民族大学工作的经济学者必须担当的责任。为此，我们专门成立了"中国兴边富民战略研究院"，立志将其建设成为兴边富民的国家智库。我在《中国民族报》发表了《新时代兴边富民战略需要处理的几大关系》一文，并承接了国家民委委托的"关于边境地区民族问题的几个判断和政策建议"和"民族团结进步事业发展研究（2021 – 2025）"等课题，进入了服务国家兴边富民战略的新研究领域。

三、学术方法

构建中国特色社会主义经济理论体系的逻辑，概括起来无非有三种：

一是理论逻辑。这就是运用历史唯物主义方法、辩证唯物主义方法和科学抽象法等提出新思想、新观点、新范畴、新体系，以及借鉴吸收西方经济学的均衡分析、边际分析、静态分析、动态分析等具体研究方法。经济学的研究，必须要有理论思想。可以说，没有理论的创新，再美妙华丽的工具和模型也不可能构建起中国特色社会主义经济理论体系。

二是经验逻辑。恩格斯明确指出，政治经济学本质上是一门历史的科学，因而逻辑发展完全不能限于纯抽象的范围，需要历史的例证。这就是用世界上各类不同国家的发展经验以及新中国成立以来，特别是改革开放40多年来我国经济发展的经验检验和修正已有的理论和范畴，该继承的继承，该放弃的放弃，该丰富的丰富，发展和完善已有的理论；从这些经验中总结和提炼新概念、新范畴，实现理论创新。

三是数理逻辑。马克思自19世纪60年代就致力于将数学运用于揭示经济规律的研究，这在《资本论》中得到了充分体现。马克思甚至认为，一种科学只有在成功地运用数学时才算达到了真正完善的地步。运用数理逻辑，就是通过数学方法揭示不同变量之间的数量关系，使理论揭示的经济运动规律可量化、更准确；运用数理逻辑对已有的理论做出验证，增强理论的应用性和实践性。由于大多数理模型和工具是在西方国家的理论和实践中形成的，而我国与西方国家存在巨大差异，为增强模型和工具的适用性，就需要对这些模型和工具进行中国化的修正。

马克思《资本论》是把理论分析、经验分析和数理分析有机结合的榜样，形成了历史与逻辑相统一的科学方法，并运用数学方法揭示和验证经济规律实现了理论逻辑与数理逻辑的统一。马克思之所以能够达到理论分析、经验分析和数理分析的有机结合，是因为马克思把经济学家、哲学家、历史学家和数学家集于一身。我们必须要把理论逻辑、经验逻辑和数理逻辑有机融合起来加以运用，才能构建出真正既符合经济学一般发展规律又接中国地气的，拥有中国特色、中国风格、中国气派的中国特色社会主义经济理论体系。

回首总结30多年来我所使用的经济学研究方法，基本上是运用了前两种逻辑，即理论逻辑和经验逻辑。前期的研究主要运用的是理论逻辑，注重澄清一些理论概念和关系；后期的研究开始转向更多地使用经验逻辑，包括理论经验、实践经验、案例、调查问卷和访谈，特别是随着我国改革开放40多年来改革与发展经验的积累，运用经验总结和提炼理论具有了更大的空间和条件。对于我的数理逻辑方法短板，今后需要加大补短板的力度，一方面学习马克思的科学精神，不断提升自身综合运用理论分析、经验分析和数理分析的能力；另一方面组建学术团队，形成各个团队成员优势互补的协同创新。

四、学术贡献

在30多年的学术研究中，自认为有点贡献的可能主要是提出了以下理论观点：

1. 对刘易斯的二元经济理论进行中国经验检验和理论创新，具体体现在：一是针对二元经济理论的历史局限性提出农业基础地位的转变，将刘易斯忽略了的农村市场需求作为中国经济发展的一个重要内需拉动力。二是突破了刘易斯二元经济模型中农民—市民的两主体劳动力流动模型，针对我国农民进入城市成为农民工，提出了劳动力流动呈现出农民—农民工—市民的三主体的中国模型。在三主体劳动力流动模型下，工业化、城市化和农业现代化都表现出不同的道路和特征。三是随着知识经济社会的来临和对经济社会的深刻影响，提出了知识经济是一个独立的经济形态，从而将其与农业经济、工业经济并列构成三元经济。通过创建新的符合现时代的三元经济发展理论框架，试图用三元经济理论替代刘易斯的二元经济理论用于指导中国经济发展的新实践。四是提出新型工业化道路就是三元经济下的工业化道路，是信息化和工业化的融合，从而是社会经济结构的根本转型。

2. 对我国现阶段收入差距进行了测量和对收入分配体制改革进行理论探讨，主要有：一是对居民收入差距的测量指标体系进行评价和选择，并依据我国的特定发展阶段以及我国基本经济制度的要求，对居民收入合理分配的标准及其应用做出了界定。二是用中国经验验证库兹涅茨的经济增长型倒U假说，得出该假说不可能解释中国居民收入差距变动的复杂情况，即中国居民收入差距的变动不仅取决于经济增长，还受到制度变迁的巨大影响，因而必须根据中国的特殊因素构建中国特色的个人收入差距变动假说。三是梳理了国外国民收入初次分配变动的理论分析和实践经验，为我国改革初次分配制度提供借鉴。四是测量了我国城镇居民的收入差距，并针对其形成的原因提出了相应的政策建议。

3. 在系统梳理国内外市场理论和市场化改革经验的基础上，结合我国的具体国情，全面界定了市场的功能与失灵，以及市场经济新体制下的政府职能，为发挥市场对资源配置起决定性作用和更好发挥政府作用，从而完善社会主义市场经济运行机制提供了理论解释和政策基础。

4. 提出构建中国特色社会主义经济理论体系的设想。一是认为中国特色社会主义经济理论体系的研究对象是研究生产关系和生产力，也就是解放生产力和发展生产力；二是认为中国特色社会主义经济理论体系的主线是发展，因为发展是我们党执政兴国的第一要务，也是世界所有发展中国家面临的共同难题，这就使中国特色社会主义经济理论体系不仅具有中国价值，而且具有世界普遍价值；三是提出中国特色社会主义经济理论体系的主要内容包括经济发展的理论基础、经济发展目标、经济发展速度、经济发展转向、经济发展道路、经济发展目的、经济发展动力、经济发展制度、经济发展政策等。

5. 紧盯经济学发展的前沿理论，对中国经济学研究现状作出全景式分析和评价，为经济学理论创新提供"巨人的肩膀"。《中国经济热点前沿》连续 16 年出版了 16 辑，已成为经济学的品牌产品；《中国经济学发展报告》自 2016 年独立出版以来已连续出版了 4 年，记录了中国经济学的发展历程。

五、文集说明

本文集用《探求中国经济学之路》为书名，是已出版的 4 本文集《探求市场之路》《探求发展之路》《探求政治经济学之路》《探求改革之路》的接续。5 本文集反映了我学术研究的不同侧面和涉及的不同领域。《探求市场之路》以市场为主题，收集了我研究市场问题的代表性论文，反映了我学术研究第一阶段的主要成果。《探求发展之路》是以发展为主题，反映了我学术研究从市场主题向发展主题的转换。《探求政治经济学之路》是我研究市场和发展问题触及的政治经济学基本理论和方法，是研究现实问题的理论基础。《探求改革之路》是我对改革理论与实践问题的研究。本文集是我对中国经济学创新和发展问题的研究，反映了我探索中国特色社会主义经济学理论体系的阶段性成果。在 5 本文集中，前 3 本文集的研究领域具有相对独立性，因而 3 本文集选入的文章都没有重复。由于改革涉及方方面面，渗透到不同的领域，因而《探求改革之路》与其他文集的文章有部分重复。《探求中国经济学之路》将继续秉承前 3 本文集的编辑原则，收录到已出版的 4 本文集中的论文不再重复收录，保持著作的独立性，有关中国经济学的其他论文可以翻阅前 4 本文集。

《探求中国经济学之路》包含了两层含义：一是反映了我对中国经济学形成与发展的探索，体现一个有幸经历了、参与了、见证了中国改革开放伟大实践的中国经济学者，面对中国实践对中国传统计划经济理论和西方经济学理论的冲击，对构建中国特色社会主义经济理论体系的积极思考，试图用中国的经济理论解释中国的改革与发展经验，这也可以说是我们这一代人的责任担当。二是反映我研究中国经济学的学术成长之路，体现一个经济学者在探求中国经济学理论创新进程中的学术成长和进步。彰显了时代需要我们担当，而我们更需要时代赋予的机遇。为了准确反映我的学术成长和进步的历程，选取的代表性论文基本反映了我思考中国经济学多年的痕迹。同时，为了尊重历史，我基本保持了文章发表时的原貌。这样，在几十年的研究历程中，我的学术观点会随着时代的发展变化而发生一些变化，甚至有的观点可能前后存在矛盾和不一致，但这种不一致主要是认识深度上的差异，不存在基本理念上的动摇。

在编辑本书过程中，令我敬仰的人民教育家国家荣誉获得者卫兴华老师不幸逝世，这让我悲痛万分。卫老师是我本科生毕业论文的指导教师，可以说是带我进入经济学研究的引路人、奠基人，而且在我研究中国经济学的进程中给了我重要的影响。愿本书的出版是对他的一种纪念。

《探求中国经济学之路》作为一本书，要有其自身的逻辑体系。这就决定了选入本文集的论文，不仅要切题，而且还要符合逻辑体系的要求。为此，就不得不在剪辑时"忍痛割爱"。由于遵从本书体系的逻辑关系，选入的论文即使在同一篇中也不按时间顺序进行编排。收入本文集的论文主要是由我独立完成的，部分论文是与合作者共同完成的，合作者在文中进行了标注，在此表示感谢。

《探求中国经济学之路》一书的编辑出版，得到了我的博士生特木钦、刘宇楷的帮助，他们不辞辛苦将我早年发表的论文进行数字化；得益于中国财经出版传媒集团副总经理吕萍女士、经济科学出版社李洪波社长和财经分社于海汛社长付出的智慧和辛劳，在此一并表示感谢！但愿本书的出版，能不辜负大家的期望和厚爱，能对得起那份认真和辛劳。

黄泰岩

2019 年 12 月于中央民族大学

目　录

Contents

第一篇　中国经济学的时代任务　　　　　　　　　　　　　/ 1

坚持和完善社会主义基本经济制度　推动经济高质量发展 ……… 3
理论创新驱动我国高质量发展 ……………………………………… 7
经济学研究当为高质量发展服务 ………………………………… 16
以现代市场体系保障高质量发展 ………………………………… 19
中国经济学为什么能解决中国问题 ……………………………… 21
马克思主义在当代中国的鲜活价值 ……………………………… 25
新时代兴边富民战略需要处理好几大关系 ……………………… 27

第二篇　中国经济学的传承创新　　　　　　　　　　　　　/ 33

党的十一届三中全会以来我国经济理论的十大变化 …………… 35
中国经济学发展 30 年 …………………………………………… 40
中国经济学的历史转折与发展思路 ……………………………… 46
关于经济学的理论创新 …………………………………………… 54
中国经济学的历史转型 …………………………………………… 61
中国特色社会主义政治经济学的传承与创新 …………………… 71
改革开放 40 年中国特色社会主义政治经济学的创新发展 …… 76
谈谈科学研究的方法 ……………………………………………… 85

第三篇　中国经济学的研究热点　　　　　　　　　/ 89

2003 年中国经济研究热点排名与分析 ················· 91
2004 年中国经济研究热点排名与分析 ················· 96
2005 年中国经济研究热点排名与分析 ················· 104
2006 年中国经济研究热点排名与分析 ················· 112
2007 年中国经济研究热点排名与分析 ················· 120
2008 年中国经济研究热点排名与分析 ················· 128
2009 年中国经济研究热点排名与分析 ················· 137
2010 年中国经济研究热点排名与分析 ················· 146
2011 年中国经济研究热点排名与分析 ················· 154
2012 年中国经济研究热点排名与分析 ················· 162
2013 年中国经济研究热点排名与分析 ················· 179
2014 年中国经济研究热点排名与分析 ················· 202
2015 年中国经济研究热点排名与分析 ················· 222
2016 年中国经济研究热点排名与分析 ················· 243
2017 年中国经济研究热点排名与分析 ················· 260
2018 年中国经济研究热点排名与分析 ················· 279

第四篇　中国经济学的体系构建　　　　　　　　　/ 299

2015 年中国经济学学科体系研究新进展 ··············· 301
2016 年中国经济学学科体系研究新进展 ··············· 307
2017 年中国经济学学科体系研究新进展 ··············· 322
2018 年中国经济学学科体系研究新进展 ··············· 351

附录：黄泰岩主要成果目录 ························ 380

第一篇
中国经济学的时代任务

坚持和完善社会主义基本经济制度
推动经济高质量发展[*]

党的十九届四中全会审议通过的《中共中央关于坚持和完善中国特色社会主义制度、推进国家治理体系和治理能力现代化若干重大问题的决定》（以下简称《决定》）指出，公有制为主体、多种所有制经济共同发展，按劳分配为主体、多种分配方式并存，社会主义市场经济体制等社会主义基本经济制度，既体现了社会主义制度优越性，又同我国社会主义初级阶段社会生产力发展水平相适应，是党和人民的伟大创造。《决定》强调，坚持和完善社会主义基本经济制度，推动经济高质量发展。基本经济制度是经济制度体系中具有长期性和稳定性的部分，对经济制度属性和经济发展方式具有决定性影响。新时代推动经济高质量发展，建设现代化经济体系，实现强国目标，必须坚持和完善社会主义基本经济制度。

一、社会主义基本经济制度为实现经济高质量发展提供了坚实的制度支撑

《决定》把社会主义基本经济制度从以往的单一制度进一步扩展为制度体系，即不仅包括以公有制为主体、多种所有制经济共同发展的所有制度，还包括按劳分配为主体、多种分配方式并存的分配制度和社会主义市场经济体制。这一社会主义基本经济制度框架，标志着我国社会主义经济制度更加成熟、更加稳固。通过构建完备的制度体系，首先可以把社会主义的基本经济性质完整地表现出来，表明中国特色社会主义经济制度既坚持了马克思主义的基本原则，即坚持公有制和共同富裕，又推进了马克思主义经济理论的中国化，创新发展了符合社

---

* 原载于《光明日报》2019 年 11 月 25 日。

会主义初级阶段生产力发展水平的经济制度体系，从而更有利于解放和发展生产力。其次是把社会主义经济制度的显著优势完整展现出来，表明中国特色社会主义经济制度既要充分发挥公有制的主体优势，又要充分发挥多种所有制经济适合社会主义初级阶段多层次生产力发展水平的独特优势；既要充分发挥按劳分配实现共同富裕的优势，又要充分发挥多种分配方式的独特优势；既要充分发挥市场对资源配置的决定性作用，又要更好地发挥政府作用；既要追求更有效率、更有质量、更有效益的发展，又要追求更加公平、更可持续的发展。

新时代推进经济高质量发展，必须坚持社会主义基本经济制度不动摇。中国特色社会主义新时代具有了新的特征和新的发展要求，但并没有改变我国仍处于并将长期处于社会主义初级阶段的基本国情，没有改变我国是世界最大发展中国家的国际地位。进入新时代，我国社会主要矛盾已经转化为人民日益增长的美好生活需要和不平衡不充分的发展之间的矛盾，需要重点解决发展的不平衡不充分问题，也就是需要推动实现高质量发展。只有坚持社会主义基本经济制度，充分发挥市场在资源配置中的决定性作用，更好发挥政府作用，全面贯彻新发展理念，坚持以供给侧结构性改革为主线，加快建设现代化经济体系，才能营造各种所有制主体依法平等使用资源要素、公开公平公正参与竞争、同等受到法律保护的市场环境，才能健全生产要素由市场评价贡献、按贡献决定报酬的机制，通过建设高标准市场体系和更高水平开放型经济新体制，推动实现高质量发展。

新中国70年经济建设正反两方面的经验证明，只要坚持社会主义基本经济制度，国民经济就会健康顺利快速发展，而背离社会主义基本经济制度，国民经济就会遇到挫折，生产力发展就会遭到破坏。此次的《决定》对社会主义基本经济制度的内涵做了进一步的拓展和完善。这对于解放和发展社会生产力，推动经济高质量发展，推进国家治理体系和治理能力现代化，实现"两个一百年"奋斗目标具有重要意义。

二、社会主义基本经济制度能够集合多方面优势促进创新发展

习近平总书记在第二届中国国际进口博览会开幕式上的主旨演讲中指出，"中国将坚持新发展理念，继续实施创新驱动发展战略，着力培育和壮大新动能，不断推动转方式、调结构、增动力，推动经济高质量发展，为世界经济增长带来新的更多机遇"。推动高质量发展的核心动力是创新，科技创新对提高社会生产力和综合国力至关重要。社会主义基本经济制度能够把多种优势有机结合起来，

有力地促进创新，不断增强我国经济的创新力和竞争力，最终实现高质量发展。

坚持和完善以公有制为主体、多种所有制经济共同发展，有利于激发各类创新主体的积极性、主动性和创造性。首先，有利于发挥国有经济的创新功能，推动重大基础理论创新。推动高质量发展所需要的创新，要靠掌握核心技术和关键技术来获得，掌握核心技术和关键技术，最重要的是推进重大基础理论创新。重大基础理论创新成果转化为新技术、新产业，形成经济利益，需要一个较长的转化时间，如发现重核裂变理论15年后才建立起第一座核电站，创立半导体理论20年后才形成半导体产业，华为5G技术从论文发表算起也经历了10余年时间。重大基础理论创新周期长、见效慢，以及事关国家安全的特性，决定了必须发挥国有经济的优越性，瞄准世界科技前沿，布局重大战略性、前瞻性、原创性基础理论研究。其次，有利于发挥非公有制经济的创新活力，推动国家创新能力的全面提升。推动经济高质量发展，需要发展由新技术、新产业、新业态、新模式构成的新经济，实现新旧动能转换。发展新经济，非公有制经济具有不可替代的优势。例如，胡润研究院发现全球494家独角兽企业中，我国拥有206家，超越美国成为世界第一。独角兽企业主要产生在新兴行业，前两大行业电子商务和金融科技占全球独角兽企业的31%，加上云计算、人工智能和物流三大行业之后，占比达到49%。我国进入全球独角兽企业的基本都是非公有制企业。最后，有利于发挥社会团体的创新活力，推动创新主体的多元化。贯彻落实以人民为中心的发展思想，就是要让一切创新源泉充分迸发，鼓励社会组织参与创新是发展非公有制经济的应有之义。

坚持和完善按劳分配为主体、多种分配方式并存，有利于形成促进创新的利益激励。首先，有利于激发科技人员的劳动积极性。科技人员的劳动是复杂的脑力劳动，是倍加的简单劳动。坚持按劳分配，就要提高科技人员的工资待遇，形成以创新为核心的按劳分配制度。其次，有利于激发科技人员积极推进科技成果转化。在科技成果向生产力转化的过程中，对科技人员的技术贡献进行分配，对科技成果的转化具有重要作用，而这需要实行多种分配方式，通过利益激励引导科技人员的科研活力。最后，有利于科技人员的创业积极性。科技人员以科技成果参股创业和获取股权分配，可以通过创业带动创新，甚至是持续的创新。

坚持和完善社会主义市场经济，有利于形成促进创新的体制机制。首先，有利于发挥市场对创新资源优化配置的决定性作用，一方面创新资源会自由流入到收益率高的新经济部门，形成创新资源集聚，从而进一步促进创新；另一方面在我国创新能力越来越接近发达国家，以及需要推进原创性创新和涉及国家安全的创新的情况下，市场引领的创新变得越来越重要。其次，有利于更好发挥政府对创新的保护和保障作用。推进创新需要实施对产权，特别是知识产权的严格保护，这要求政府制定和实施产权保护制度，形成国家对创新的产权激励。推进创新需要创造良好的营商环境，需要政府加大营商环境的改善。我国近几年营商环境和创新指数的全球排名同向大幅提升，就显示了二者之间的高度相关性。最后，有利于发挥市场与政府的组合优势推动创新。在技术创新的孵化期，政府可以通过财政政策、产业政策、技术政策、分配政策等扶持企业的市场化创新，帮助企业度过创新的高风险期。在技术成果的市场推广期，政府可以充分利用政府采购等措施帮助实现创新产品的市场价值。

三、继续发挥好社会主义基本经济制度的优势

当前我国所拥有的雄厚综合国力和在国际上的重要影响力，主要源于我们长期坚持和完善社会主义基本经济制度。进入新时代，我们坚持和完善社会主义基本经济制度，促进了经济发展方式的转变、经济结构的优化和新旧动能的转换。在创新能力上，据世界知识产权组织发布的 2019 全球创新指数报告，在全球创新指数排名中，我国从 2012 年的第 34 位快速提升至 2019 年的第 14 位，而且是前 20 名中唯一的中等收入经济体；据世界知识产权组织发布的世界知识产权报告，2018 年我国申请的专利数量从 2012 年的 65.28 万件达到创纪录的 154 万件，占全球专利申请总量的比重接近 50%。在新旧动能转换上，我国新兴战略产业近几年保持高速增长，2018 年规模以上工业中，战略性新兴产业增加值比上年增长 8.9%；在规模以上服务业中，战略性新兴服务业营业收入比上年增长 14.6%。这些都表明，坚持社会主义基本经济制度对于推动高质量发展具有重要作用。

新时代推动我国经济实现高质量发展，必须坚持和完善社会主义基本经济制度，继续发挥好这一制度的优势。坚持以新发展理念为引领，以建设现代化经济体系为目标，以供给侧结构性改革为主线，推动经济建设和经济体制改革。坚持完善以公有制为主体、多种所有制经济共同发展的所有制制度，积极推进混合所有制改革，最终形成我中有你、你中有我的融合发展格局。坚持和完善按劳分配为主体、多种分配方式并存的分配制度，进一步深化收入分配制度改革，形成有利于推动创新，实现经济高质量发展的分配体系。坚持和完善社会主义市场经济体制，进一步探索社会主义与市场经济有机结合的多种方式，通过不断深化改革，构建市场机制有效、微观主体有活力、宏观调控有度的经济体制。

理论创新驱动我国高质量发展[*]

在创新驱动我国高质量发展的动力体系中，其他创新要素，特别是技术创新、制度创新对高质量发展的驱动作用及其机制学界给予了较高的关注，但对理论创新驱动作用的认识还不够，需要做出深入的理论分析。

一、理论创新在创新动力体系中的基础地位

驱动高质量发展的创新动力体系，是由理论创新、技术创新、制度创新、文化创新、实践创新五大要素构成的相互联系、相互作用的完整有机体系。在这个体系中，理论创新是基础。恩格斯说："一个民族要想站在科学的最高峰，就一刻也不能没有理论思维。"[①] 列宁也认为，没有革命的理论，就不会有革命的运动。在复杂多变、技术变革加快对我们提出严峻挑战的今天，我们党"如果缺乏理论思维的有力支撑，是难以战胜各种风险和困难的，也是难以不断前进的"。[②] 因此，技术创新、制度创新、文化创新、实践创新等各方面的创新只有建立在理论创新的基础上，才能成为我国高质量发展的第一动力。这主要体现在理论创新的引领上：

一是引领技术创新。理论创新是主干，技术创新是长在主干上的枝叶，因而理论创新决定着技术创新的方向。任正非说："随着逐步逼近香农定理、摩尔定律的极限，面对大流量、低时延的理论还未创造出来，华为已感到前途茫茫、找不到方向。华为已前进在迷航中。""华为正在本行业逐步攻入无人区、处在无人

---

* 原载于《经济学动态》2019 年第 7 期。

① 《马克思恩格斯选集》第 3 卷，人民出版社 1995 年版，第 467 页。

② 《习近平在中共中央政治局第十一次集体学习时强调　推动全党学习和掌握历史唯物主义　更好认识规律更加能动地推进工作》，新华网，2013 年 12 月 4 日。

领航，无既定规则，无人跟随的困境。"① 即使是社会科学的理论创新对技术创新的方向和地位也具有决定性的作用。党的十九大根据我国经济社会发展的新情况及时做出我国进入新时代的判断，依据这一理论创新，就决定了国家强，就必须把核心技术和关键技术牢牢掌握在自己手里，在"命门"上下功夫，为技术创新确定了发展目标和任务。

二是引领制度创新。根据生产关系一定要适应生产力发展状况的规律，人工智能理论的创新和技术应用，将彻底颠覆现有的生产方式和生活方式，从而形成适应新的生产方式的制度安排。同样，社会科学的理论创新也决定着制度创新的方向。从改革开放 40 年的成功经验来看，中国特色社会主义经济理论的每一次重大创新，都会引发一场深刻的制度创新，进而带来经济的快速增长。在社会主义初级阶段基本经济制度理论形成过程中，对非公经济的认识从有益补充到重要组成部分再到坚持"两个毫不动摇"的理论深化，有力促进了非公经济的快速发展，进而促进了生产力的发展；在社会主义市场经济理论形成过程中，对计划与市场作用的认识从结合论到市场对资源配置起基础性作用再到起决定性作用的理论深化，有力激发了市场活力，优化了资源配置，提高了经济发展的效率；在社会主义对外开放理论形成过程中，对开放的认识从引进来到参与经济全球化再到构建更高层次的开放新体制的理论深化，有力推动了我国对两个市场、两种资源的有效整合，使我国成为引领经济全球化的重要力量。

三是引领文化创新。我国的自然科学理论创新无疑与发达国家存在较大的差距，要追赶和赶超发达国家，就必须形成创新的文化、开放的文化和包容的文化，为我国强国时代建设什么样的文化指出了方向。创新的文化，就需要在文化建设中注入危机感，如《华为的冬天》《下一个倒下去的会不会是华为》等激励着华为的不断创新；开放的文化，就需要虚心向别人学习，如华为 5G 领域已经成为世界前沿的情况下，任正非仍认为自己只是一个"小老鼠"；包容的文化，就是要兼收并蓄，使理论创新始终走在世界文明的大道上。社会科学的理论创新，不仅决定着文化创新的方向，增强我国的文化自信，而且社会科学创新的新成果、新体系、新话语就是对文化大繁荣、大发展的巨大推动。

四是引领实践创新。理论是实践的指导，并在实践中得到检验和根据新的实践创新理论，然后再用于指导新的实践，实现理论与实践的统一。有人认为，我国的改革开放是"摸着石头过河"的实践创新，理论相对滞后了，但这并不否定

---

① 任正非在 2017 年中国民营企业 500 强发布会上的讲话：《以创新为核心竞争力为祖国百年科技振兴而奋斗》，http://www.sohu.com/a/167717986_760770，2017 年 8 月 27 日。

理论对实践的指导。例如，我国的改革源头就是 1978 年小岗村 18 户村民搞联产承包责任制，但小岗村的自发改革，只有到 1982 年中共中央批转《全国农村工作会议纪要》，以及 1983 年中共中央肯定联产承包制的情况下，才在全国农村掀起改革大潮，并向城市推广。所以邓小平同志讲："农村搞家庭联产承包，这个发明权是农民的。农村改革中的好多东西，都是基层创造出来，我们把它拿来加工提高作为全国的指导"。① 理论创新与实践创新是相互促进的。

由于理论创新包括自然科学和社会科学两方面的理论创新，因而理论创新的基础地位还可以分解为自然科学和社会科学两方面的理论创新对技术创新、制度创新、文化创新和实践创新的基础作用。

第一，没有自然科学的理论创新，技术创新就会停滞或枯竭。科学是技术之本，是世界文明的重要标志。我国历史上虽然有四大发明，但没有形成化学、物理等现代科学，这也是近代我国陷入落后挨打的重要原因。这就需要正确认识科学与技术的关系：一是作为第一生产力的科学技术，包含了科学和技术两个方面。科学是技术的先导和基础，而科学的重大发现是通过技术创新才转化为直接的生产力。马克思指出，"固定资本的发展表明，一般社会知识，已经在多么大的程度上变成了直接的生产力。"② 二是科学发现为技术创新开辟道路。任正非在引领华为技术创新时就深刻体会到：没有基础技术研究的深度，就没有系统集成的高水准，不搞基础研究，就不可能创造机会、引导消费。美国物理学会第一任会长亨利·奥古斯特·罗兰 1883 年在《为纯科学呼吁》一文中回答纯科学与应用科学究竟哪个对世界更重要的疑问时认为，为了应用科学，科学本身必须存在。如果停止科学的进步，科学的应用就会很快退化。③ 三是科学发现到技术创新存在一个较长的转化过程，进一步验证了科学理论创新的基础地位。华为成为5G 技术的领先者，就是从土耳其教授埃尔达尔·阿里坎（Erdel Arikan，2008）公开发表的关于 Polar 码（极化码）的论文中识别出信道编码的新方向，在极化码的核心技术上取得新突破的结果。

第二，没有社会科学的理论创新，创新就会受到严重阻碍。高质量发展靠创新，创新靠人才，人才成为高质量发展的第一资源。如何激发人才创新的积极性、主动性和创造性，使创新的源泉充分迸发出来，做到人尽其才，就需要推进社会科学的理论创新。一是确立人才创新的拼搏精神。马克思说："理论一经掌

① 《邓小平文选》第 3 卷，人民出版社 1994 年版，第 382 页。
② 《马克思恩格斯全集》第 31 卷，人民出版社 1998 年版，第 102 页。
③ 亨利·奥古斯特·罗兰、王丹红：《为纯科学呼吁》，载于《科学导报》2005 年第 9 期。

握群众，也会变成物质力量。"① 这就是理论的巨大精神作用。"两弹一星"的元勋们放弃优越的生活条件，奔赴大漠深处，在极其艰苦的条件下创造了科技奇迹，靠的就是为中华民族振兴而拼搏的奉献精神。二是确立人才创新的制度激励。制度是激励创新的最重要保障，有效的资源配置制度可以达到最佳的创新效率，核心是解决政府与市场的组合安排；合理的收入分配制度可以实现最佳的创新回报，核心是解决短期与长期的激励组合安排；严格的知识产权保护制度可以确保产权所有人的合法权益，核心是解决产权保护与知识扩散的关系；精准的法律制度和监管制度可以保障在法律框架内的自由探索，核心是确立自由探索的边界和性质。三是确立人才创新的文化动力。文化是创新的强大动力，鼓励创新文化可以形成创新思维，不断提出新思想、新概念、新方法；鼓励包容文化可以形成百家争鸣、百花齐放的文化氛围，在争论与交锋中推进创新；鼓励开放文化可以形成博采众家的整合思维，在吸收世界一切文明成果的基础上推进创新。

二、理论创新供给与高质量发展需求的缺口

在高质量发展阶段，核心技术和关键技术成为国之重器，实现跨越式发展的支柱，国家经济安全、国防安全的底线。历史经验告诉我们，没有核心技术和关键技术，经济体量再大，也会陷入1840年的百年屈辱。中美贸易摩擦也警醒我们，没有核心技术和关键技术，不可能公平参与国际贸易和分工，不可能立于世界强国之林。但是，从我国目前情况来看，攻克核心技术和关键技术难关受到理论创新不足的严重制约。

第一，自然科学理论创新不足对技术创新的制约。由于核心技术和关键技术关系到国家的经济安全和国防安全，发达国家不可能卖给我们，因而是引不来、换不来的；同时知识和技术更新的周期越来越短，根据联合国教科文组织的报告，知识更新的周期已经从20世纪六七十年代的5～10年缩短到21世纪的2～3年，这意味着发展中国家的后发优势基本丧失，因而核心技术和关键技术也是学不来的。这就要求我国的技术创新必须从以往的引进、消化、吸收、再创新转向主要依靠自主技术创新。美国《华尔街日报》网站早在2015年的报告中就尖锐地指出，迄今，中国的大部分创新工作都是比较容易进行的，中国在渐进性创新方面成绩显著。但是，中国在"更具挑战性"的创新领域成就有限。更具有挑战

---

① 《马克思恩格斯全集》第1卷，人民出版社1995年版，第460页。

性的创新要依赖科学或工程领域的突破。① 这就说明，我国要在核心技术和关键技术上有所突破，最大的短板是科学与工程的基础理论创新不足。华为之所以能在5G上取得突破，就是因为长期重视基础研究，华为至少有700名数学家、800多名物理学家、120多名化学家、六七千名基础研究的专家，他们与6万多名各种高级工程师、工程师，形成有机的合力共同推进科技研发。所以，党的十九大报告提出：要瞄准世界科技前沿，强化基础研究，实现前瞻性基础研究、引领性原创成果重大突破。

第二，社会科学理论创新不足对技术创新的制约。人类社会和人类文明的每一次重大发展，都离不开社会科学的知识变革和思想先导。斯密1776年出版的《国富论》，就是工业资产阶级利益的思想体现，为工业革命提供了理论依据，推动了工业革命；马克思的《资本论》被誉为"工人阶级的圣经"，为工人阶级的解放提供了理论指导，建立了社会主义制度。我国推进高质量发展，同样离不开社会科学的理论创新，科学技术是第一生产力中的科学，也包括社会科学。从我国经济学的理论创新来看，还远没有形成指导高质量发展的系统经济学说。马克思主义经济理论需要依据新时代的新特征、新矛盾、新要求进行中国化的理论创新；西方发展经济学需要从以往主要解决低收入国家推进工业化扩展到发展中国家中高收入阶段的高质量发展问题；西方经济学的经济增长理论需要从解决发达国家的技术创新扩展到发展中国家的技术追赶和技术赶超问题。正是由于缺乏指导发展中国家在中高收入阶段如何推进高质量发展的系统理论学说，许多发展中国家在进入中高收入阶段后纷纷陷入"中等收入陷阱"而长期难以跨越，有的国家甚至已长达50年之久。我国能否实现高质量发展，从而跨越"中等收入陷阱"，同样取决于社会科学的理论创新。

我国理论创新不足对推进高质量发展的严重制约，最终集中体现在我国全要素生产率增长率的下降。麦肯锡2015年的咨询报告明确指出，由于科学和工程的重大理论突破不足导致技术进步放缓，中国全要素生产率带来的经济增长在GDP中所占的份额已经从20世纪90年代的接近一半下降到过去5年的约30%。只有进一步将全要素生产率对经济增长的贡献提升到35%～50%，中国才能在今后10年内实现5.5%～6.5%的年经济增长率。② 韩国之所以能够顺利跨越"中等收入陷阱"进入发达经济体，其中一个重要原因就是加大基础研究和技术创新的力度，不断提高全要素生产率。1994～2013年，韩国全要素生产率的平均增长

①② 《境外媒体："双创"关乎中国经济的未来》，载于《参考消息》2015年10月23日，http://column.cankaoxiaoxi.com/g/2015/1023/974489.shtml。

率达到 2.02%，对经济增长的贡献超过 40%。我们根据有关统计资料进行假设和推测①，在两种情景下对我国未来全要素生产率的变化及对我国经济增长的影响进行了预测：一是乐观情景。假定我国能够加大基础理论研究，推进理论创新和技术创新，持续推动供给侧改革，坚持全面深化改革开放，2018～2020 年全要素生产率增长率可以达到 2.3%，2012～2030 年上升到 2.5%，2031～2035 年回到 2.3%，2036～2049 年稳定在 2.1%，从而对经济增长的贡献就可以不断提高至 40% 以上，甚至可能达到 50.4%，这就可以确保我国"第二个百年"目标的顺利实现。二是悲观情景。如果基础研究的理论创新不足，技术创新驱动有限，全要素生产率增速不能稳定在 2% 以上，甚至出现下降，我国的经济增长就会出现明显的下降。假定理论创新对全要素生产率的影响还有一个缓冲期，全要素生产率在 2018～2030 年增速保持在 2%，此后每 5 年下降 0.2 个百分点，那么，我国的潜在经济增长率到 2035 年后就会低于 4%，2045 年后更是低于 3%。显然，在这种情景下，党的十九大确定的强国目标就不可能实现。对照乐观情景和悲观情景，我们发现两者的全要素生产率增长率最终的缺口是 0.9 个百分点。再退一步说，按照日本和韩国的发展经验，如果通过加大理论创新和技术创新，我国全要素生产率在 2018～2030 年增速保持在 2.3%，此后每 5 年下降 0.2 个百分点，那么，到 2045 年后我国也能保持 3.5% 以上的增长速度，基本实现强国目标。在这种情况下，全要素生产率增长率最终的缺口只有 0.3 个百分点。所以，加大理论创新，切实提高我国关键技术和核心技术的创新能力，对高质量发展至关重要。

三、理论创新驱动高质量发展的规律及其应用

理论创新驱动高质量发展，不是盲目的、随意的，而是有其变动的规律性。这主要表现在：

第一，自然科学理论创新对高质量发展的驱动效应是间接的、缓慢的。自然科学的重大理论发现必须要通过应用研究和实验研究转化为技术创新，从而新技术催生出新产业、新业态和新模式，以及运用新技术对传统产业进行改造，形成对高质量发展的强力驱动。例如，1905 年爱因斯坦创立狭义相对论，1925～1928 年一系列量子力学原理提出，到 1939 年哈恩才发现重核裂变，1945 年第一颗原子弹爆炸，1954 年出现第一座核电站，从此之后，核技术在工业、农业、医学

① 该预测由作者与博士生张仲共同完成。

等领域广泛使用，推动了经济社会向更高质量的发展。从前后的时间节点来看，即使从发现重核裂变到第一座核电站也经历了 15 年的时间。同样，从创立半导体理论到半导体产业的产生也经历了近 20 年的时间。1928～1929 年创立半导体理论，但到 1947 年才发明晶体管，1962 年制成集成电路，1970 年制成大规模和超大规模集成电路，从此带来了信息技术和信息产业的快速发展。当然，随着理论创新成果的不断积累，理论创新成果向技术转化进而形成新产业的时间会有缩短的趋势，如华为 5G 技术的成功，从 2008 年第一篇论文发表开始算起大约有 10 年的时间，虽然有所缩短，但仍然经历了较长的时间。当然，5G 技术对高质量发展的贡献是巨大的，根据高通和产业调研公司发布的《5G 白皮书》的测算，到 2035 年，5G 将在全球创造 12.3 万亿美元的产出。

自然科学理论创新驱动高质量发展经历的时间长、见效慢的特点明确告诉我们：要如期实现我国的强国目标，就必须及早加大理论创新。党的十九大为我国高质量发展描绘了清晰的时间表，2025 年成为制造强国，2030 年进入世界创新国家前列，2035 年建成美丽中国；人工智能发展，要求 2020 年与世界先进水平同步，2025 年部分技术和应用达到世界领先，2030 年总体达到世界领先水平，成为世界主要人工智能创新中心。对标对表这些发展目标，根据自然科学理论创新驱动高质量发展的客观规律，显然留给我们的时间已经不多了，加快理论创新的科学布局和加大理论创新的力度已经迫在眉睫。

但是，从我国近几年理论创新的力度来看，理论创新的未来成果并不乐观。我国虽然近些年来不断加大研发投入，研发经费占 GDP 的比重 2018 年已经达到 2.1%，越来越接近美国的研发水平，但是，我国研发经费的支出结构却与美国存在较大差别，我国主要用于试验研究，比重高达 84.2%，高于美国的 63.5%；而用于基础研究的经费所占比重仅有 5.1%，低于美国的 16.9%，有的发达国家甚至达到 20%。[①] 显然，我国要掌握核心技术和关键技术，就必须进一步加大对基础研究的投入，优化研发经费的支出结构。

第二，社会科学理论创新对高质量发展的驱动效应是直接的、快速的。社会科学理论创新可以直接转化为技术创新、制度创新、文化创新和实践创新，从而推动高质量发展。改革开放以来，我国先后颁布了四个重大改革决定，每个改革决定都推出了一系列理论创新，使中国特色社会主义理论不断丰富和发展。当我们观察改革决定出台与经济增长的关系发现，每次改革决定出台，都带来了我国

---

① 《任泽平：中美科技实力对比——全球视角》，泽平宏观，http://money.163.com/18/0722/20/DNBIAVRF00258105.html，2018 年 7 月 22 日。

经济的快速增长。1984 年出台《中共中央关于经济体制改革的决定》后，当年经济增长速度就冲到 15.2% 的历史高点；1993 年出台《中共中央关于建立社会主义市场经济体制若干问题的决定》后，当年经济增长速度达到了 14.2%；2003 年出台《中共中央关于完善社会主义市场经济体制若干问题的决定》，带来了一直到 2007 年的持续高速增长；2013 年出台《中共中央关于全面深化改革若干重大问题的决定》，形成了我国全面发展的新格局，在创新发展、协调发展、绿色发展、开放发展、共享发展等方面取得了举世瞩目的成果。

社会科学理论创新驱动高质量发展见效快的特点明确告诉我们：充分发挥社会科学对高质量发展的促进作用，可以弥补自然科学理论创新驱动高质量发展起步阶段见效慢的不足，为高质量发展提供快速持续的驱动力。这就需要在加快自然科学理论创新布局的同时，重视社会科学的重要性，加强社会科学的理论创新。一是构建中国特色社会主义经济理论体系，特别是要创新发展中国特色经济发展理论和创新理论，为创新提供理念和方向上的指引，形成鼓励、支持、保护创新的发展思想、战略安排和政策框架，真正在思想上、制度上和具体政策措施上把创新作为高质量发展的"牛鼻子"；正确揭示出影响和制约我国推进创新的主要因素，提出加快创新的重点、路径、工具和方法等，使创新的各项制度和政策真正落实、落细、落小；总结世界各国推进创新的成功经验和教训，发现创新的客观规律，为我国推进创新提供有益借鉴。二是坚持全面深化改革，特别是深化科技体制改革、教育体制改革、人事制度改革，为激发全民创新活力，特别是广大科技、教育工作者的创新活力和激情提供动力和制度保障；深化产权制度改革，特别是强化知识产权的认定和保护，为加快科技创新奠定坚实的产权基础；深化要素市场改革，通过要素自由流动形成有效创新激励。三是坚持构建更高层次的对外开放体系，特别是在美国对我国技术创新进行绞杀和遏制的情况下更要扩大对外开放，为创新提供更加有利的国际环境；加快从"引进来"到"走出去"的对外开放升级，进行创新的全球布局，充分整合世界创新资源；在加强对发达国家开放的同时，加快对发展中国家的开放，进行全球市场资源整合，为创新提供强劲的市场动力，正如恩格斯所说："社会一旦有技术上的需要，则这种需要就会比十所大学更能把科学推向前进。"

第三，理论创新对高质量发展的驱动需要市场与政府的有效组合。在社会主义市场经济体制下，加快理论创新必须充分发挥市场与政府的组合作用，这是市场经济体制的一般规律。但是，对于理论创新而言，市场与政府的组合作用会有所不同，这主要是由理论创新的性质决定的。一是理论创新不具有排他性，新观点、新理论的提出，一旦被认可就成为一般知识，社会科学尤其如此。二是理论创新成果很难定价，无法估算。三是理论创新竞争极其残酷。因此，理论创新的性质决定了创新的投入和产出是不成比例的，如果完全或主要由市场配置资源，理论创新就不可能达到最佳产出水平，这就需要更好地发挥政府和社会非营利组织的作用。据统计，在美国的研发投入中，企业占比为71.7%，政府占比为11.3%，高校占比为13%，私人非营利机构占比为4%；我国相应的占比分别为76.8%、16.2%、7%和0。我国政府占比虽然高于美国，但高校占比远低于美国，高校研发主要是用于基础研究。从其他发达国家来看，德国、韩国、日本2013年研发经费中高等院校的占比分别为17.68%、12.58%和9.05%，都远高于我国。①

理论创新对高质量发展的驱动需要市场与政府有效组合的经验和实践告诉我们：加快理论创新，就必须在加大基础研究投入力度的同时，进一步优化投入的多元化结构。目前我国基础研究投入比较单一，政府投入占了90%以上，与发达国家的多元投入机制存在较大差别。这就需要：一是发挥市场的资源配置作用，提高企业基础研究的投入比重。基础研究对企业生存和长期成长的作用，从华为和中兴的结果中可以得到清晰的验证。二是发挥高校在基础研究中的重要作用，提高高校研发投入占比，特别是通过产学研合作和各种捐赠增加研发投入。三是发挥社会非营利组织的作用，通过制度创新和政策调整，引导它们参与基础研究，增加基础研究投入。

---

① 《任泽平：中美科技实力对比——全球视角》，泽平宏观，http://money.163.com/18/0722/20/DNBIAVRF00258105.html，2018年7月22日。

经济学研究当为高质量发展服务[*]

我国经济发展进入了新时代，基本特征是已由高速增长阶段转向高质量发展阶段。经济学研究应适应我国经济发展阶段的转变，抓住新时代经济发展新特征，把研究重点放到更好推动高质量发展上，为高质量发展服务。

一、围绕高质量发展推进经济学理论创新

近年来，经济学界围绕高质量发展这个主题，在推进经济学理论创新方面发表了大量成果，围绕高质量发展推进经济学理论创新渐成潮流。

但也要清醒地看到，经济学理论创新还远不能满足高质量发展实践的需要，主要表现为缺乏指导发展中国家推动高质量发展的系统完整的经济学理论。虽然马克思主义经典作家对社会主义社会的总体特征进行过描述，但他们并没有对社会主义发展阶段进行具体划分，也没有提出指导不同发展阶段的具体理论。换言之，我们并没有推动高质量发展的现成教科书。作为西方经济学重要分支的发展经济学，虽然探讨的是发展中国家的发展问题，但其着力点主要是解决低收入国家如何推进工业化和跨越"低收入陷阱"；西方经济学中的经济增长理论解决的主要是西方发达国家的增长问题。这些显然都与我国社会主义国家性质和进入中高收入阶段后需要跨越"中等收入陷阱"的国情不相符合，我们不可能从西方经济学中找到中国经济高质量发展的答案。中国经济学者只有扎根中国大地，在中国经济实践中不断推进经济学理论创新，赋予其鲜明的实践特色、理论特色、民族特色、时代特色，才能构建起有效指导中国经济高质量发展的经济学理论。

---

* 原载于《人民日报》2019 年 2 月 25 日。

二、努力揭示创新发展规律和影响创新的因素

推动高质量发展，需要积极转变发展方式、优化经济结构、转换增长动力，而跨越这一关口的关键是创新驱动。围绕高质量发展推进经济学理论创新，必须深化对创新发展规律的研究。

关键核心技术是国之重器，是实现跨越式发展的支柱，对推动我国经济高质量发展、保障国家安全都具有十分重要的意义。党的十八大提出实施创新驱动发展战略，就是要推动以科技创新为核心的全面创新。谁走好了科技创新这步先手棋，谁就能占领先机、赢得优势。当前，全要素生产率下降是导致我国经济下行压力加大的一个重要原因，而导致全要素生产率下降的主因便是我国在科学和工程等"更具挑战性"的创新领域取得的突破性成果还不够多、科技成果转化还不够充分。历史经验和今天西方一些发达国家对我国进行技术遏制等铁的事实一再告诫我们：手中没有过硬的关键核心技术，就不可能公平地参与国际贸易和分工，也不可能自立于世界强国之林。关键核心技术是买不来的，必须依靠自主创新。这就需要经济学研究全面揭示科技创新所包含的科学创新与技术创新的丰富内涵；全面揭示影响科技创新的主要因素以及这些因素对科技创新的影响程度和作用机制，抓住推进科技创新的主要矛盾和矛盾的主要方面，提出科技创新的重点、路径、工具、方法；深入研究如何充分发挥市场在资源配置中的决定性作用、更好发挥政府作用，建立彰显社会主义制度优越性的科技创新机制；从世界各国和企业科技创新的丰富实践中总结经验、发现规律，推动我国科技创新。

科技创新受到经济制度、经济运行、经济发展等诸多方面的影响，有赖于理论创新、制度创新、文化创新等各方面创新的支持。为了更好推进科技创新，经济学研究应深入揭示理论创新、制度创新、文化创新对科技创新的作用。一是揭示理论创新对科技创新的作用。理论创新包括自然科学和社会科学的理论创新，为科技创新提供理念、理论、方向、机制等方面的指引，是科技创新的引领。二是揭示制度创新对科技创新的作用。制度创新为科技创新提供强大制度保障和不竭动力，主要体现在通过完善社会主义市场经济体制为科技创新提供体制机制安排，优化创新资源配置，激发广大科技人员的创新创造活力。三是揭示文化创新对科技创新的作用。文化创新为科技创新提供社会文化条件，主要体现在通过构建中国特色社会主义文化，形成全社会勇于创新、鼓励探索、宽容失败的创新文化氛围和激励机制。

为了完善科技创新激励机制、更有效地推进科技创新，还应深化对科技创新贡献的评价标准研究。一是评价科技创新的直接贡献，看其是否瞄准世界科技前沿，实现了前瞻性基础研究和引领性原创成果的重大突破；是否实现了对关键共性技术、前沿引领技术、现代工程技术、颠覆性技术的创新。二是评价科技创新的最终贡献，看其对生产力发展的促进作用有多大，在多大程度上提高了全要素生产率和科技对经济增长的贡献率。

三、深化促进高质量发展的经济政策体系研究

高质量发展的核心是提升发展质量。这就需要抓住供给侧结构性改革这条经济工作的主线，深化促进高质量发展的经济政策体系研究。

推动经济发展质量变革、效率变革、动力变革，必须在供给侧下功夫。深化促进高质量发展的经济政策体系研究，需要揭示我国作为发展中的社会主义大国把提高供给体系质量作为主攻方向的历史必然性；揭示供给侧政策体系与需求侧政策体系的区别与联系；揭示经济政策体系的构建必须遵循我国经济发展规律、适应新时代发展要求，既不能重走计划经济老路，也不能照搬西方供给学派的政策体系。

促进供给侧结构优化应当成为经济政策体系研究的落脚点。为此，要对政策实施对象进行精准识别、科学分类，明确鼓励什么、限制什么、禁止什么，并制定相应的差别化政策，实施定向分类指导；加强对政策体系的顶层设计研究，突出政策体系的系统性、协同性，形成最优的政策制定机制；突出结构优化政策的精准性、有效性，深入研究财政政策、货币政策、产业政策、分配政策、技术政策、对外经济政策等在促进结构优化方面的作用机理，为政策分类设计和动态优化调整提供理论依据。

改革开放是经济社会发展的强大动力，形成有效促进高质量发展的经济政策体系必须紧紧依靠改革。当前，要深化产权制度改革，加强知识产权保护，为科技创新奠定坚实的产权基础；深化要素市场改革，实现要素自由流动、价格反应灵活，提高资源配置效率和公平性，激发各类市场主体活力；深化"放管服"改革，加快政府职能转变，解决政府职能错位、越位、缺位问题，全面提升政府治理效能。

以现代市场体系保障高质量发展[*]

  推动经济高质量发展是我国跨越关口、全面建设社会主义现代化强国的必然选择，而建立统一开放、竞争有序的现代市场体系，则是经济高质量发展的重要保障。这是因为，在社会主义市场经济条件下，市场在资源配置中起决定性作用，市场体系健全与否决定资源配置效率高低、关系发展质量优劣，这已为我国改革开放 40 年的发展经验所证明。当前，推动经济转型升级、实现高质量发展，亟须进一步完善现代市场体系。

  现代市场体系推动经济发展质量变革。国际经验表明，当一国人均 GDP 达到 8 000 美元左右时，消费者开始从追求数量消费转向追求品质消费，消费升级加快。中国消费者协会最近发布的《品质消费与消费者认知调查报告》显示，有51.7% 的受访者认为品质消费最重要的是"质量"。这提示我们，应把提高供给体系质量作为主攻方向，显著增强供给体系对需求的适应性。在统一开放、竞争有序的买方市场条件下，需求向更高层次升级将引领产业迈向中高端，促进国民经济质量提升；消费者自主消费和"用脚投票"选择机制，将迫使企业推进产品和服务质量变革，争创名优品牌，以完成决定企业命运的"惊险跳跃"。

  现代市场体系推动经济发展效率变革。市场竞争最根本的是效率竞争，效率就是生命。在社会主义市场经济条件下，优胜劣汰机制会有效激励企业技术进步，进而推动整个经济的技术效率变革；要素自由流动机制会引导各种资源向优质产业、企业和产品集中，进而推动整个经济的资源配置效率变革；市场"看不见的手"与政府"看得见的手"的有机组合会形成强大的制度优势，推动整个经济的制度效率变革。技术效率、资源配置效率和制度效率变革，将有效提高全要素生产率。

  现代市场体系推动经济发展动力变革。创新是引领发展的第一动力，是推动

---

  * 原载于《人民日报》2018 年 7 月 20 日。

高质量发展的强大动能。在社会主义市场经济条件下，消费者选择机制会引领企业技术创新和产品创新方向，形成创新的需求导向；资源配置机制会推动创新要素在全国和全球范围内自由流动，向创新领先者和创新高地集聚，不断提升创新的效率和效益；收入分配机制会激发创新者的创新活力，使一切创新源泉得以充分涌流；共建共享机制会促进产学研用协同创新，形成全社会创新合力。

现代市场体系推动经济发展质量变革、效率变革、动力变革的必要条件是市场机制有效，这就需要加快建立统一开放、竞争有序的现代市场体系。一是坚持和完善我国基本经济制度，坚持"两个毫不动摇"，加强产权保护，塑造充满活力的多元微观市场主体，实现市场充分竞争。二是坚持和完善公平竞争的市场规则，消除不必要的垄断壁垒，实现市场准入畅通。三是坚持和完善开放竞争的市场规则，协调推进城乡市场和区域市场整体发展，形成全国统一大市场；协调推进国内市场和国际市场整体发展，实现市场开放有序，实现商品和要素自由流动、平等交换。四是加强市场法治建设和道德建设，使二者有机结合，有效调节市场运行，实现市场秩序规范。

确保市场机制有效，必须不断深化经济体制改革。一是深化国有企业改革，继续推进国有企业优化重组和股份制改革，加快形成有效制衡的法人治理结构和灵活高效的市场化经营机制，持续瘦身健体，提升主业核心竞争力，推动国有资本做强做优做大。积极稳妥推进混合所有制改革。二是深化价格形成机制改革，特别是深化要素价格形成机制改革，充分发挥价格作为资源配置信号器的功能。三是深化行政管理体制改革，加快转变政府职能，更好发挥政府作用。

中国经济学为什么能解决中国问题[*]

改革开放 30 多年来，中国经济学的最大成就是形成了中国特色社会主义经济理论。这一理论之所以具有科学性、生命力，能够解决中国经济问题，是由中国经济学的理论来源、理论贡献和理论方法决定的。

一、中国经济学的理论来源

中国经济学首先来源于马克思主义经济学，中国经济学的形成是坚持和发展马克思主义经济学并使之中国化的过程。这一本质属性决定了中国经济学必须坚持马克思主义经济学的基本原理和方法，并运用这些基本原理和方法解决新问题、提出新理论，发展马克思主义经济学。

中国经济学又以开放包容的胸怀广泛吸收借鉴西方经济学各个学派的科学成分。西方经济学在经济体制、经济运行以及资源优化配置等层面反映了市场经济一般规律，成为经济学的共同财富，如"市场决定资源配置是市场经济的一般规律，健全社会主义市场经济体制必须遵循这条规律"。我国发展社会主义市场经济，必须充分吸收这些经济学的共同财富。

中国经济学更重要的来源是中国经济改革与发展的伟大实践。30 多年经济快速发展造就的中国奇迹，使中国经济学者具有运用自己的经验检验已有理论、创造新理论的底气和发言权，中国经济学已进入全面自主创新的新时代。这表现在：一是运用中国实践检验和发展马克思主义经济学。继承那些被实践证明了的科学理论和方法，同时运用中国经验丰富和发展马克思主义经济学，推进马克思主义经济学中国化。二是根据中国实践对西方经济学做出符合中国国情的分析和改造。中国作为世界上最大的发展中国家，与西方国家存在巨大差异，简单运用

* 原载于《人民日报》2015 年 1 月 26 日。

西方经济学理论和模型会出现水土不服。三是总结和提出新理论、新范畴，构建中国经济学新体系。中国经济改革与发展的成功经验孕育着新的理论和规律，揭示这些理论和规律正是中国经济学者的历史机遇和责任。可以预见，在中国经济改革与发展经验基础上对经济学基本理论和规律的新发现，必将汇聚成经济学理论范畴和体系的新革命，为世界经济学宝库增添中国财富。

这三个方面的发展及其融汇交流，构成了中国经济学发展的独特道路，决定了中国经济学是超越已有经济理论框架的全新理论体系，是经济学的"新版本"。它既是马克思主义经济学的继承和发展，也是经济学一般科学成果的兼收并蓄，更是植根于中国经济改革与发展伟大实践的创新成果，因而能够解决中国经济问题。

二、中国经济学的理论贡献

社会主义初级阶段理论，为科学回答什么是社会主义、怎样建设社会主义这一科学社会主义难题奠定理论基础，为我国"坚持以经济建设为中心"、树立"发展是解决我国所有问题的关键"的信念奠定理论基础，进而为调动广大人民群众创新创业的积极性、主动性营造良好环境和条件。我国仍将长期处于社会主义初级阶段的判断，必将指引我们在新的历史起点上毫不动摇坚持以经济建设为中心，加快推进经济转型升级，顺利跨越"中等收入陷阱"、进入高收入国家行列。

社会主义市场经济理论，打破了市场经济只能与私有制相联系的神话，解决了公有制与市场经济有机结合的世界性难题，开创性地构建了公有制为主体基础上的市场经济新体制。这一理论为我国改革开放指明了正确方向，揭示了全面深化改革的内在规律。这不仅确保了我国改革开放不断深化并取得巨大成功，而且为经济持续快速发展提供了强大动力。30 多年来，中央先后推出 3 个关于经济体制改革的决定，都释放出巨大改革红利，有力促进了经济发展。2013 年推出的第四个改革决定即《中共中央关于全面深化改革若干重大问题的决定》，设计了改革的路线图和时间表，正在进一步引领我国构建系统完备、科学规范、运行有效的制度体系，使各方面的制度更加成熟、更加定型，为实现新常态下的中高速增长、全面建成小康社会提供强大动力。

公有制为主体、多种所有制经济共同发展的所有制理论，既反对传统纯而又纯的单一公有制，又反对私有化，指导我们建立适应社会主义初级阶段国情的基本经济制度，并探索公有制的多种实现形式。这就为我国国有企业改革、发展混合所有制经济和鼓励支持引导非公有制经济发展提供了强大理论武器。在这一科学理论指导下，我国国有经济改革不断深化，整体实力和效率大幅提升，2014年已有 80 多家国有企业进入世界 500 强，活力、控制力、影响力不断增强；民营经济实现爆发式成长，已成为我国经济持续稳定发展的重要力量。

按劳分配为主体、多种分配方式并存的分配理论，是解决社会主义初级阶段效率与公平矛盾的理论基础，它要求不仅在收入再分配而且在初次分配中注重公平与效率的统一，为我国收入分配制度改革指明了正确方向：一方面通过适当合理拉开收入差距，提高经济效率；另一方面注重分配的公平正义，坚持走全体人民共同富裕道路。从国际经验看，成功跨越"中等收入陷阱"的国家和地区收入分配比较公平，落入"中等收入陷阱"的国家收入分配差距较大。我国作为一个发展很不平衡的大国，处理好公平与效率问题难度更大、任务更重，必须坚持正确理论指导，不断完善分配制度。

经济发展理论，超越了经典的刘易斯二元经济发展理论，形成了中国特色新型工业化、知识经济下信息化与工业化融合、以人为本的新型城镇化、中国特色农业现代化等理论，科学回答了新形势下实现什么样的发展、怎样发展等重大问题。这就为我国实现发展速度与质量效益的协调、城乡发展的协调、区域发展的协调、投资与消费的协调、内需与外需的协调、经济发展与人口资源环境的协调提供了理论指引和基本路径。沿着这条中国特色经济发展路径，加快转变经济发展方式，保持中高速增长，迈向中高端水平，全面建成小康社会和"两个一百年"奋斗目标必将如期实现。

中国经济学的理论贡献还可以列出很多，仅这几个主要理论贡献就足以说明，来自中国经济改革与发展伟大实践的中国经济学，是被实践证明了的科学理论。坚持从中国实践中来，致力于解决中国经济问题，是中国经济学创新发展之路。

三、中国经济学的理论方法

当前，中国经济学创新发展面临有利条件和机遇。创新发展中国经济学，更有效解决中国经济问题，离不开科学的理论方法。概括起来，至少需要以下三种逻辑方法。

理论逻辑。这是马克思主义经济学运用到极致的逻辑，它要求经济学研究具有理论性和思想性，勇于提出新观点、新范畴、新体系。如果失去了这种理论创新，无论使用多么完美的工具和模型也不可能构建起中国经济学的理论大厦。英国女王视察伦敦经济学院时关于"为什么没能预测到这次国际金融危机"的发问令英国经济学界汗颜。他们在回复女王的信中坦承：没能预测出这次危机的时间、幅度和严重性，最主要的原因是没能从整体上理解系统的风险，也就是在金融风险的研究中常常只见树木、不见森林。还有英国经济学家认为，在经济学研究中，对数学技术的过度偏好使经济学偏离了对现实世界的观察和经济社会发展大局的把握，经济学家缺乏的是由一套丰富的知识体系形成的一种专业智慧。这也是国际金融危机爆发后，马克思《资本论》在世界上重新受到高度关注的原因。

经验逻辑。经验逻辑的功能在于，运用世界各国的发展经验以及我国60多年的发展经验，检验和修正已有的理论和范畴，总结和提炼新的理论和范畴，实现理论创新。例如，我国目前面临的经济转型升级和跨越"中等收入陷阱"课题，可以从很多国家找到成功经验和失败教训。从它们的实践经验和教训中总结归纳一般规律，为我国发展提供借鉴，就是重要的理论贡献。我国60多年的经济建设，尤其是30多年的改革经验和创造世界经济发展奇迹的发展经验，为更好运用经验逻辑提供了丰富资源和广阔空间。

数理逻辑。数理逻辑可以对新理论进行数理和计量验证，找出不同变量之间的数量关系，增强理论的应用性和实践性。过去，中国经济学研究重宏观轻微观、重整体轻局部、重理论轻技术的偏向确实严重存在，因而近些年许多经济学者的研究向重视微观经济问题、局部经济问题转变，并在研究中广泛运用数学技术，这是中国经济学更加趋向科学的一个重要标志，但也要防止矫枉过正。应该承认，我国经济学研究中也的确出现了矫枉过正问题，需要引起警惕，以免重蹈西方经济学的覆辙。其主要原因：一是现有的模型和数理工具主要是在西方国家的经济实践和理论框架中形成的，在中国这样一个与西方国家存在巨大差异的国家里，不对模型和工具进行中国化修正就加以运用，很可能得出错误的结论；二是我国制度和体制处在不断变革中，这种不确定性大大降低了模型和数学技术运用的有效性。

从中国经济学的三个理论来源出发，把理论逻辑、经验逻辑和数理逻辑有机融合起来推进创新发展，并接受中国经济实践的充分检验，我们一定能构建和完善既符合经济学一般规律又接中国地气、具有中国风格和中国气派的中国经济学理论体系。

马克思主义在当代中国的鲜活价值[*]

习近平总书记在纪念马克思诞辰 200 周年大会上的重要讲话中指出，学习马克思，就要学习和实践马克思主义关于生产力和生产关系的思想。马克思主义认为，物质生产力是全部社会生活的物质前提，同生产力发展一定阶段相适应的生产关系的总和构成社会经济基础。生产力是推动社会进步最活跃、最革命的要素。"人们所达到的生产力的总和决定着社会状况。"生产力和生产关系、经济基础和上层建筑相互作用、相互制约，支配着整个社会发展进程。解放和发展社会生产力是社会主义的本质要求，是中国共产党人接力探索、着力解决的重大问题。

马克思、恩格斯设想，在未来社会中，"生产将以所有的人富裕为目的"，"所有人共同享受大家创造出来的福利"。马克思在谈到未来社会的时候，特别是在《共产党宣言》当中讲到，共产党执政之后首要的任务是发展生产力，使生产力的总量得到快速的增加和提升。今天，我们在构建中国特色社会主义政治经济学的时候，实际上，一方面要研究生产关系，通过生产关系特别是社会主义基本生产关系的改革来促进生产力的发展，我们称为解放生产力；另一方面，我们要发展生产力，为了实现资源配置的优化来构建政府和市场的关系，构建社会主义市场经济体制，来促进和发展生产力。

马克思构建经济学的时候，明确宣称他的经济学是为劳动人民服务的，是为大众服务的，是为无产阶级服务的，宣称自己的阶级性、革命性。今天我们构建中国特色社会主义政治经济学时同样如此，要坚持以人民为中心，强调我们的政治经济学是为广大人民群众服务的，要在改革发展过程中依靠人民、团结人民，同时把人民群众的积极性、创造性发挥出来，最终改革发展成果为全体人民共享。这些理论和方法都是对马克思主义最基本的继承，也体现了马克思主义基本

---

* 原载于《北京日报》2018 年 5 月 9 日。

理论在当代中国的鲜活性。

去年中央经济工作会议提出构建中国特色社会主义经济学理论体系，要以新发展理念为主线。从新发展理念当中，也可以找到马克思主义给我们创造的理论来源。比如创新发展，马克思在劳动价值论中讲到人的简单劳动和复杂劳动。我们今天推动创新发展的时候，去读马克思主义的基本原理和基本概念，我们对这些范畴的继承和运用仍然具有鲜活的价值。比如协调发展，马克思主义的两大部类理论，实际上对今天第一、第二、第三产业的协同发展、城乡之间的发展、区域之间的协调发展都有很大的价值。比如绿色发展，马克思对人和自然之间的关系、人对自然的尊重、人对自然科学的使用等，都有很好的论述。比如开放发展，在马克思主义经济学体系当中，在尚未全球化的情况下，马克思也探讨了一国经济的开放。比如共享发展，马克思讲了共同富裕的问题、人的自由和全面的发展等。从中可以看到，今天构建的新时代中国特色社会主义政治经济学的重要理论来源、重要基本方法、重要基本范畴，都给我们证明了马克思主义的科学性和正确性、开放性和时代性。

新时代兴边富民战略需要处理好几大关系[*]

随着我国经济社会发展进入新时代，兴边富民战略必须适应新时代的新特点、新要求，正确处理好以下几个重大关系。

一、经济建设与政治、社会、文化、生态建设的关系

新时代中国特色社会主义思想，明确中国特色社会主义事业总体布局是"五位一体"，这就要求新时代的兴边富民战略，必须在"五位一体"的总体布局中加以推进。因此，新时代的兴边富民，就是边疆和边民在经济、政治、社会、文化、生态等方面的全面振兴和富裕，实现现代化。

处理好经济建设与政治、社会、文化、生态建设的关系，就需要：一是全面推进经济、政治、社会、文化、生态建设。要始终清醒地认识到，作为第一要务的发展，不仅仅是经济发展，而是经济、政治、社会、文化、生态的全面发展，要形成全面抓、抓全面的工作格局，明确我国兴边富民在新时代的总任务和总目标。二是协调推进经济、政治、社会、文化、生态建设。必须坚持以经济建设为中心，保持经济持续稳定的中高速增长，为推进政治、社会、文化、生态建设构建强大的物质基础；必须坚持党的领导，加强政治建设，为经济建设提供领导保障；必须坚持社会建设，把全面提升边民的满意度、获得感和幸福感作为经济建设的出发点和归宿；必须坚持文化建设，增强文化自信，为经济建设提供强大的精神动力；必须坚持生态建设，为经济的可持续发展提供资源环境保障。三是确立新的财富观。坚持绿色发展理念，认识到绿水青山就是金山银山，保护生态就是保护生产力，发展生态就是发展生产力；坚持文化兴则国家兴，不仅认识到文化产业是经济发展的重要支柱产业，而且还要认识到 21 世纪是文化角逐力的时

---

* 原载于《中国民族报》2019 年 8 月 13 日。

代，正如联合国教科文组织的报告所说，新世纪的经济发展，在很大程度上已经决定于文化生产力的竞争。因此，兴边富民就要保护好、运用好边境地区生态和文化这两大财富。四是创新兴边富民的评价指标体系。按照"五位一体"的总体布局和新时代高质量发展的基本要求，构建科学的评价指标体系，并运用这一指标体系对20年来兴边富民政策绩效做出科学的评估，对兴边富民的发展水平做出测度，为进一步推进兴边富民战略明确发展的基础和出发点。

二、富起来和强起来的关系

中国特色社会主义进入新时代，标志着我国就总体而言已经完成了从站起来到富起来的伟大飞跃，开启了从富起来到强起来的新征程。但是，就兴边富民而言，由于边境地区主要是贫困地区，甚至是深度贫困地区，到2020年才完成现行标准下的全面脱贫。边境地区与全国相比在发展水平上的这种差异性，决定了新时代兴边富民的发展思路是：贯彻落实新发展理念，在转变经济发展方式、经济结构优化升级、新旧动能转换中实现换道跨越式发展，既要富起来，更要强起来，用强起来带动富起来；既要发展的量，更要发展的质，用质的提升带动量的快速扩张。

因此，新时代兴边富民面临的任务：一是巩固脱贫成果。在现有脱贫建档立卡的基础上，有针对性地分析边民可能返贫致贫的各种原因和形式，补短板，强弱项，进一步夯实脱贫致富的物质基础和条件。二是发展幸福产业。适应新时代社会主要矛盾的转化，满足人民消费升级的迫切需要，发挥边境地区的独特资源优势，大力发展旅游、文化、体育、健康、养老五大幸福产业，为兴边富民奠定强大的产业基础和创造巨大的发展空间，推动边境地区换道跨越式发展。发展幸福产业，边境地区是大有可为的，如美国文化产业占GDP的比重已经达到15%~18%，而拥有5000年灿烂文化的我国2017年文化产业仅占4.2%；美国大健康产业占GDP的比重为17%，而我国仅占7.5%；2014年我国年人均体育消费约20美元，而发达国家人均消费却高达190~600美元。三是发展战略性新兴产业。适应新时代新旧动能转换，利用边境地区独特的区位优势，迎接战略性新兴产业发展新机遇，实施重点突破，如贵州利用特有的区位优势发展大数据和云计算等现代产业，形成产业集聚，带动经济实现了多年的高速增长。

基于以上发展任务，兴边富民要在发挥消费对经济增长的基础性作用的同时，运用好投资对经济增长的关键作用，特别是激活民营企业投资，让创新创业的源泉充分迸发。

三、"聚"和"分"的关系

随着我国城市化的发展，人口和产业必然不断向城市，特别是大城市和几个城市群集聚，如我国珠三角、长三角和京津冀三大城市群土地仅占全国的 5%，但集聚的人口却占全国的 23.65%，GDP 占全国的近 40%。即便如此，与美国、日本三大城市群集聚的人口和 GDP 高达 33%、68% 和 50.2%、70% 的集聚水平相比，我国三大城市群的人口和经济集聚度还将进一步提升。所以，世界银行发展报告明确指出，全球资源配置的趋势是集聚、集聚，再集聚！

新时代我国的新型城镇化持续推进将表现出两大基本趋势：一是农村人口继续向城镇的集聚，按规划到 2035 年常住人口城镇化率将达到 70%，每年大约 1 000 多万农村人口进入城镇；二是中小城镇人口将向大城市和城市群集聚，中西部人口将向东部集聚，据海通证券 2017 年研究报告显示，户籍人口迁出最多的主要是东北地区和中西部省份城市；非户籍人口净流入最多的城市均为全国或区域经济较发达的地区，大多在珠三角和长三角。《中国流动人口发展报告 2018》预测，未来珠三角、长三角、京津冀、长江中游和成渝五大城市群仍将是我国流动人口的主要集聚区。

在这种人口和经济集聚的市场规律下，显然兴边富民将面临巨大的人口流出压力，稳边固边受到人口减少的挑战。这就需要找到兴边富民"聚"与"分"的特殊规律：一是遵循市场发展的规律，依据边境地区的特色区域优势和产业优势培育和发展区域中心城市，引导人口和产业在边境地区的中心城市集聚，形成兴边富民的经济增长极和辐射中心；贯彻落实乡村振兴战略，培育和发展特色村寨，引导人口和产业在边境地区的特色村寨集聚。二是遵循公共产品的发展规律，更好发挥政府作用，特别是财政政策的引导作用，以及实施军民融合战略，引导边民分散在边境地区工作和生活，为发挥边民在稳边固边中的作用创造必要的条件。因此，兴边富民需要构建出一个不同于一般的区域经济理论、城市化理论的新学术体系和话语体系，为兴边富民"聚"和"分"提供理论依据、政策框架和改革措施。

四、市场与政府的关系

在社会主义市场经济体制下，兴边富民首先必须遵循市场经济的一般原则，让市场对资源优化配置发挥决定性作用，提高兴边富民的资源配置效率。因此，全面推进兴边富民战略，要继续坚持社会主义市场经济改革方向，深化产权制度、要素市场、收入分配制度、"放管服"等系列改革，充分发挥边境的资源优势，做大做强特色产业，赢得市场竞争优势；要继续扩大对外开放，充分发挥边境的区域优势，整合与周边国家的发展资源，推动口岸建设向跨境经济合作区，甚至自贸区升级，构建更高层次的开放型经济新体制。

但是，兴边富民又具有特殊性：一是兴边富民行动不仅要完成经济发展目标，还要实现政治、社会、文化和生态等发展目标，这就决定了兴边富民行动不能遵循单一的市场经济规律，甚至在市场经济运行过程中，还需要政府引导市场配置资源以实现政治、社会、文化和生态等发展目标；二是兴边富民行动面对的边境地区就整体而言都是经济不发达地区，市场不发育、基础设施和公共服务不足、营商环境有待提高等都严重制约了市场作用的有效发挥；三是兴边富民行动面对的边境地区就内部而言，各地区之间由于各种各样的原因存在巨大差别，特别是加上文化传统、风俗、习惯等非正式制度的影响，形成了明显的区域异质性，这就决定了一方面会弱化市场的竞争性、统一性，另一方面要求宏观政策要从"大水漫灌"改为"精准滴灌"，甚至一地一策。由于兴边富民的以上特殊性，如果单纯运用市场经济规律配置资源，甚至按照我国目前市场化程度所形成的市场与政府组合模式运用到兴边富民行动中来，都不能达到资源的优化配置。这就要求根据兴边富民的特殊要求创造性地构建市场与政府的特殊组合，找到政府和市场作用的有效边界，形成适应兴边富民行动的有效体制机制。

借鉴我国改革开放40年的成功经验，构建我国兴边富民体制机制的市场与政府组合可以随着边境地区市场的发育和基础设施条件的完善，不断扩大市场配置资源的范围和强度，政府作用随之调整自己的作用范围，形成市场与政府组合的逐步动态优化。

五、中心与边缘的关系

"一带一路"建设的深入推进，使我国的对外开放从以往的沿海开放向沿边开放扩展，这就使边境地区作为以往改革开放的边缘地带随之转变为新时代改革开放的中心地带，如新疆，凭借其独特的区位优势和向西开放重要窗口作用，成为丝绸之路经济带的核心区；如广西，凭借其与东盟国家陆海相邻的独特优势，成为西南、中南地区开放发展新的战略支点和21世纪海上丝绸之路与丝绸之路经济带有机衔接的重要门户；如云南，凭借其独特的区位优势，成为面向南亚、东南亚的辐射中心。

因此，推进新时代的兴边富民战略，既要认识到边境地区仍然是我国的边缘地带，有需要借助西部大开发、东北振兴等战略推进边境地区的发展；更要认识到在更高层次的开放型经济体制下，边境地区已经转变成为实施"一带一路"建设的中心地带和战略支点。因此，在构建人类命运共同体的新时代开放体系下，需要重新认识我国边境与内地的关系，构建新时代的中心与边缘学说理论。

真正把边境地区打造成"一带一路"的区域中心和战略支点，就需要：一是树立中心意识。要以中心的思维谋划边境地区的发展，形成适合中心要求的发展定位和战略规划。二是对标达标中心功能。对标"一带一路"区域中心的功能和定位，找差距，找短板，为达标明确方向和任务，提供路线图和施工表。三是担当中心职责。中心建设不可能一蹴而就，要在担当中心职责的进程中不断完善中心功能。

我国边境地区的对外开放经历了边贸、口岸、跨境经济合作区三个阶段。边贸是边民物品和货币的简单交换，可以称为边境开放1.0版。进入新世纪，口岸建设为边贸发展提供了基础设施和条件保障，形成了口岸经济，这是边境开放2.0版。近年来，我国在边境地区探索形成了跨境经济合作区的开放模式，即在两国的边境地区开辟零关税或关税优惠特区，推动边境地区产业、贸易、投资等的自由化，进而促进两国产业融合发展，这可以称为边境开放3.0版。在"一带一路"开放新体制下，边境地区可以借助区域中心的带动和辐射作用，进一步探索以我为中心的区域经济一体化，构建区域跨国产业链。特别是在中美贸易摩擦持续的大背景下，我国需要更加重视全球产业链的构建。我国的产业发展处于发展中国家的前端，可以引领发展中国家，构建起新的国际产业体系，这可能是边境开放的4.0版。

第二篇
中国经济学的传承创新

党的十一届三中全会以来
我国经济理论的十大变化[*]

　　党的十一届三中全会召开至今已有 10 个春秋，在这 10 年里，十一届三中全会所重新确立的实事求是的马克思主义思想路线，所倡导的解放思想、勇于探索的方针，所实行的不抓辫子、不扣帽子、不打棍子的"三不主义"政策，使我国的经济理论研究面貌为之一新，改变了以往对马克思主义的教条式理解，改掉了给社会主义制度附加的许多所谓特征和判断标准：从而使我国的经济理论取得了一系列重大进展，可以说，这 10 年，是我国经济理论繁荣发展的 10 年，这突出地表现在以下 10 个方面：

　　第一，确立了经济理论研究的实践标准和生产力标准。十一届三中全会以前，我国经济理论研究的主要错误倾向是教条主义。把马克思主义经典作家对社会主义的一些预见和论述，不分时间和条件地全盘照抄过来，并把它作为评价理论正确与否的标准。结果使马克思主义同中国的实际相脱离，束缚了人们的思想。十一届三中全会以后，在解放思想、实事求是的倡导下，形成了对待马克思主义的正确态度，提出了实践标准和生产力标准。就是说，不是从本本出发，而是从实践出发，从是否有利于促进生产力的发展出发，来判断经济理论和经济体制以及一切经济工作的是非曲直。实践标准和生产力标准的提出，为经济理论研究确立了正确的判断标准，大大解放了人们的思想，为社会主义经济理论的繁荣发展创造了不可缺少的思想条件。

　　第二，大大开拓了社会主义经济理论研究的领域。十一届三中全会以前，我国的社会主义经济理论主要限定在对社会主义生产关系和几条经济规律的规范性分析上，而且排斥对西方经济理论的借鉴，造成了理论研究的狭窄性和封闭性。十一届三中全会以后，提出了社会主义可以采取不同模式的理论，把经济制度和

　　* 原载于《中国人民大学学报》1998 年第 6 期。

经济体制严格区别开来，从而开创了研究社会主义经济体制的新领域。从此，密切结合我国经济体制改革的理论与实践，社会主义经济模式研究、社会主义经济运行机制研究等纷纷兴起，并成为我国经济理论研究的主战场。同时，为了发展我国的社会主义经济理论，又有必要研究和借鉴国外的经济理论，这既包括其他社会主义国家对社会主义经济理论的研究，也包括资本主义国家对一般经济运行机制和经济模式问题的研究，从而介绍、分析、比较国外的经济理论也就成为我国经济理论研究的一个重要方面。此外，还开拓了一些新的分支学科如发展经济学、消费经济学等。

第三，提出了社会主义初级阶段的理论。十一届三中全会以前，由于对马克思关于共产主义两个发展阶段学说的简单化理解，认为我国在基本完成三大改造任务之后，就进入了马克思所说的共产主义第一阶段，从而把社会主义的目标模式作为我国社会主义的起点模式，导致生产关系超越了生产力的实际状况，阻碍了生产力的发展。十一届三中全会所重新确立的实事求是、一切从实际出发的思想路线，为正确认识我国社会所处的发展阶段铺平了道路。1981年6月党的十一届六中全会，第一次提出了我国的社会主义制度还是处于初级的阶段。随后经过逐步发展，到十三大，我们党把社会主义初级阶段理论提到了一个新的高度，对它进行了系统的深刻的阐述。这一理论是建设有中国特色的社会主义的首要问题，是制定和执行正确的路线和政策的根本依据。社会主义初级阶段理论的提出，为社会主义经济理论的研究和发展确立了正确的立足点。

第四，创立了新的所有制理论。十一届三中全会以前，由于把社会主义的目标模式作为我国社会主义的起点模式，对生产资料的所有制盲目求纯，认为社会主义所有制形式越大越公越好，从而形成了过分单一的所有制结构。十一届三中全会以后，特别是社会主义初级阶段理论的提出，明确了在我国现阶段的生产力状况下，不能要求所有制形式纯而又纯，从而提出了以公有制为主体的多种所有制形式相并存的所有制结构。允许发展个体经济、私营经济、中外合资经济、外商独资经济等各种非公有制经济形式，使之在所有制结构中占有适当的比例，以促进社会主义经济的发展。

第五，承认了社会主义经济是公有制基础上的有计划的商品经济。十一届三中全会以前，斯大林的社会主义商品理论在我国居于主导地位，把指令性计划体制看成是社会主义的，而把商品经济则看成是资本主义的，因而把商品经济同计划经济相互对立起来。其实，商品经济本身不具有特定的社会性质，它可以和不同的经济形式相结合。从商品经济发展的历史看，它先后存在于奴隶社会、封建社会、资本主义社会。在社会主义制度下，由于社会分工的存在和公有制的不成熟性，仍然有必要存在商品生产。因而，商品经济和社会主义经济形式相结合，并不改变社会主义的基本性质，社会主义的基本经济关系反而规定了商品经济关系反映社会主义关系的特殊性质。因此，中共中央《关于经济体制改革的决定》明确指出，实行计划经济和发展商品经济不是相互排斥的，而是统一的。有计划商品经济的提出，是我们党对社会主义经济做出的新概括，是我国经济体制改革的基本理论依据。

第六，确立了计划和市场的新型关系。十一届三中全会以前，由于片面强调社会主义经济的计划性，而把市场机制看成是无政府状态的同义语，把市场调节看作是资本主义所特有的东西，从而把计划和市场看成是相互排斥、此消彼长的关系。实际上，市场是和商品经济相联系的经济范畴，只要存在商品经济，市场就必然存在。因此，十一届三中全会以来，一再强调要正确处理好计划和市场的关系，将二者有机地统一起来。在社会主义制度下，计划调节和市场调节能够相互结合的客观基础在于：它们都要求社会生产的按比例发展。对于计划调节与市场调节相结合的形式，也经历了从板块结合说、相互渗透的有机结合说到立体结合说的发展。立体结合说是指计划是第一层次或主导层次，它控制市场，市场是第二层次或基础层次，它是计划的直接调节对象和基础，计划和市场表现为调节和被调节的关系。同计划和市场的结合相适应，提出了计划体制的变革，这就是逐步缩小指令性计划，扩大指导性计划的范围，以指导性计划为主。

第七，提出了以按劳分配为主体的多种分配方式相并存的分配理论。十一届三中全会以前，由于在所有制问题上盲目求纯，形成了单一的所有制结构，因而在分配上也要求纯而又纯，而且由于对按劳分配中所存在的"资产阶级权利"的错误批判，导致了分配上的严重平均主义。幻想以此实现共同富裕，结果导致共同贫穷。十一届三中全会以后，通过拨乱反正，明确了按劳分配是社会主义的分配原则。而且提出了在社会主义初级阶段，按劳分配的实现还是不完全不充分的。随着以公有制为主体的多种所有制形式的所有制理论的提出，在分配关系上，也明确提出了以按劳分配为主体的多种分配方式并存，这就是说，社会主义允许通过各种非按劳分配形式，获取劳动收入或非劳动收入，包括在私营经济成分中获取剥削收入。与分配原则的多元化相适应，又提出了在向共同富裕的道路上前进的同时，允许一部分人先富起来，这包括通过贯彻按劳分配使一部分人先富起来和鼓励社会上一部分能人通过自己的劳动和从事各种有益的工作以及进行合法经营，获得较多收入，首先富裕起来。

第八，明确了企业是自主经营、自负盈亏的商品生产者和经营者。十一届三中全会以前，国有企业直接由国家经营，企业成了上级行政机关的附属物，缺乏应有的经营自主权，窒息了企业的生机和活力。十一届三中全会以后，通过扩大企业自主权的试验，逐步认识到了搞活企业，尤其搞活大中型企业，是经济体制改革的中心环节。因而在理论上，提出了所有权和经营权分离的原则，从而做到在不改变生产资料全民所有制性质的前提下，把经营权真正交给企业，使企业真正成为自主经营、自负盈亏的商品生产者和经营者。对于所有权和经营权分离的形式，提出了租赁制、各种形式的承包经营责任制、股份制等形式，从而使所有权和经营权的分离具体化、制度化、规范化。为使企业真正成为自主经营、自负盈亏的商品生产者和经营者，不仅要使企业具有经营自主权，而且还要使企业真正自负盈亏，为此，就建立了企业破产制度，制定了企业破产法，从而打破了只有资本主义才有企业破产的传统观念。同时，也明确了社会主义国家也需要企业兼并，从而打破了企业兼并是资本主义国家特有现象的传统观念。

第九，提出了社会主义市场体系理论。十一届三中全会以前，由于否认或忽视社会主义经济的商品性，把市场机制看成是资本主义的东西，因而只存在消费品市场，而不存在生产资料市场和各种生产要素市场，而且仅有的消费品市场，由于配给和票证分配的限制，也是残缺不全的。十一届三中全会以后，随着有计划商品经济理论的逐步确立，也逐步形成了社会主义市场体系理论。首先提出了社会主义制度下的生产资料也是商品，因而必须建立生产资料市场，逐步废除生产资料的计划调拨制。但是，如果只开放生产资料市场，而不开放其他生产要素市场，特别是资金市场，就不可能有一个正常的商品市场，从而又提出了建立资金市场、劳务市场、技术市场、信息市场等要素市场。在社会主义制度下，发展生产资料市场、资金市场、技术市场和劳务市场，发行债券、股票，都是伴随着社会化大生产和商品经济的发展必然出现的，并不是资本主义所特有的，建立资金市场并不必然导致资本的产生，建立劳务市场并不意味着劳动力必然成为商品，劳动者必然成为雇佣劳动者，从而论证了在社会主义制度下建立完善的市场体系的必要性和合理性。为了充分发挥市场机制的作用，就必须积极而稳步地推进价格改革，从而提出了我国价格改革的目标是最终实现价格主要由市场机制自由形成。这实质上就是要求从过去单一的国家定价向主要由市场定价过渡，实现价格形成机制的根本转轨。

第十，提出了社会主义宏观间接控制理论。十一届三中全会以前，我国的宏观控制是以指令性计划为特征的直接行政控制。这种直接行政控制排斥市场机制的作用，窒息了企业的生机和活力。而且由于国家管了许多管不了的事，从而造成了国民经济的比例失调。十一届三中全会以后，对这种高度集中的宏观管理体制提出了改革意见，从而逐步形成了宏观间接控制理论。所谓间接控制，是指国家通过市场这一中间环节，运用与市场相联系的价格、信贷、利率、工资等经济手段，来实现对企业经济活动合理协调的宏观计划管理方式。因而它实质上就是计划控制的市场协调，其作用过程是国家调节市场和市场引导企业这两个过程的统一。国家调节市场是指国家运用一整套控制手段干预市场过程，从而把计划调节的要求贯彻到市场的运行过程中，使市场调节不再是那种无政府状态的自发调节过程，而成为具有自觉性的调节过程。市场引导企业的具体过程是，市场通过调节企业所追求的企业利润来控制或影响企业决策。由于这时的市场调节也同时体现着计划调节的要求，发挥着计划调节的功能，因而企业活动实质上就服从于计划调节，从而实现计划目标。可见，间接控制与直接控制是两种根本不同的宏观经济管理方式。前者是以商品经济为基础，而后者则是以产品经济为基础。因而由直接控制转向间接控制，是宏观经济管理的根本性转变。

中国经济学发展 30 年[*]

改革开放以来，中国经济学，在解放思想的宽松环境下，伴随着中国经济改革的不断深化和国民经济的快速稳定发展，得到了空前的繁荣，初步形成了具有中国特色的社会主义经济理论。

一、来源：从学习引进升华到自主创新

中国经济学首先是来源于马克思主义经济学。中国经济学的这一本质属性，决定了中国经济学必须学习、研究和传播马克思主义经济学，必须坚持马克思主义经济学的基本理论和方法，并运用这些基本原理和方法解决新问题，提出新理论，从而发展马克思主义经济学。改革开放以来，中国经济学对马克思经济理论的学习和研究大致可以分为三个不同的发展时期：第一阶段主要表现为在经济理论上拨乱反正，澄清理论是非，准确理解马克思经济理论著作如《资本论》等所阐述观点的含义，对马克思主义基本经济理论进行深入研究。第二阶段主要是运用马克思主义的基本经济理论指导和解释中国的经济体制改革和经济发展，如通过对马克思所有制理论、计划与市场理论、按劳分配理论、商品经济理论等的深入探讨，为中国市场取向的经济改革提供了理论基础和政策解释。第三阶段则主要是随着我国改革与发展实践的不断推进以及成功经验的积累，中国经济学又积极实现马克思主义经济学的中国化，用中国的经验丰富和发展马克思主义经济学。

中国经济学又是开放的、发展的经济学。中国经济学在继承和发展马克思主义经济学基本理论的同时，又以马克思主义经济学的开放胸怀吸收借鉴西方经济学各个流派的科学成分。西方经济学在经济体制和经济运行等制度层面以及资源

　　＊ 原载于《光明日报》2009 年 1 月 6 日。

优化配置等生产力层面，反映了社会化大生产和市场经济的一般规律，成为经济学的世界财富。随着中国经济体制改革向城市的扩展，特别是社会主义市场经济新体制提出后，引进西方经济学为我所用，就成为中国经济学发展的自然选择，从而丰富和扩展了中国经济学研究的内容，使中国经济学的发展始终没有离开经济学的世界文明大道。

中国经济学还是中国化的经济学。中国经济学必须植根于中国社会经济的实践，并能解释中国的经济现实。前无古人、无先例借鉴的中国改革开放实践，以及作为世界上最大的发展中国家的发展实践，为中国学者检验已有理论和创造新理论提供了肥沃的土壤，许多学者通过案例分析、社会调查、经验分析等多种方式提出了许多土生土长的中国理论，为中国经济学的发展增添了难得的中国特色。

以上三方面的发展，以及汇合、交流、交锋，构成了中国经济学成长的独特道路，也由此演化出了一道道靓丽的理论风景线。

中国 30 年改革开放的成功，以及经济发展创造的"中国奇迹"，使中国经济学具有了运用自己的经验检验已有理论、创造新理论的资本和发言权。中国经济学进入了全面自主创新的新时代。这具体表现在：一是用中国实践检验马克思主义经济学已有的理论，对那些被实践证明是科学的基本理论与方法，应当继承和发展；而对时过境迁已不符合现实的个别结论要敢于舍弃。总之，应根据中国的实践继承、补充、完善和发展马克思主义经济学，实现马克思主义经济学的中国化。党的十七大报告明确指出：在当代中国，坚持中国特色社会主义理论体系，就是真正坚持马克思主义。二是根据中国的实际对西方经济学做出符合中国国情的分析和改造，中国作为世界上一个最大的发展中国家，与西方经济学形成的背景和条件存在相当大的差异，这就使许多问题是西方经济学无法解释的，有的至多能做部分解释，如中国的发展经验就是对刘易斯二元经济理论的直接检验和批判。三是提升新的理论和概念，从而构建中国特色的社会主义经济理论新体系。中国 30 年经济改革与发展的成功经验，必然孕育着新的理论与规律，揭示这些理论和规律正是中国经济学者的历史机遇和责任。可以预见，在中国经济改革与发展经验基础上对经济学基本理论的新探讨，必将迎来经济学理论范畴和体系的新革命，展示出中国经济学者对经济学大厦的理论贡献。

二、对象：从生产关系扩展到生产力

中国经济学，主要是政治经济学或理论经济学的研究对象长期以来存在着争论，焦点在于是否包含生产力。马克思把政治经济学的研究对象界定为研究社会生产关系及其发展规律，但由于生产关系与生产力存在着辩证统一关系，所以必须联系生产力研究生产关系。这自然也就成为中国理论经济学的研究对象。但是，这一界定面对中国经济改革与发展两大主题所提出的新问题解释力就不够了，生产力经济学也就应运而生。中国经济改革与发展对中国经济学的理论挑战，以及把研究有限资源如何优化配置作为研究对象的西方经济学进入中国，使中国经济学必须适应时代发展的需要扩展自己的研究对象。

其实，马克思对政治经济学研究对象的确定，是由马克思揭示资本主义经济制度产生、发展、灭亡的运动规律这一时代任务所决定的。我国已进入社会主义社会，中国经济学所面临的历史任务已经发生了改变，即它是要建立一个新世界，特别是在一个仍处于社会主义初级阶段的发展中大国建设社会主义，实现中华民族的伟大复兴，发展就成为硬道理，成为执政党的第一要务。因此，中国经济学再把自己的研究对象局限在仅仅联系生产力研究生产关系就不够了，需要依据它所要完成的历史使命与时俱进地加以扩展，把生产力纳入到研究对象中，从而发展马克思主义经济学。当然，生产力的进入，并不意味着对生产关系的研究就不重要了。这一方面是因为脱离开生产关系就无法解释生产力的发展规律；另一方面中国还处在向社会主义市场经济新体制的制度转型过程中，揭示制度转型的规律是中国经济学不同于其他经济学的一个重要特征。这样，中国经济学既要研究作为社会主义基本经济制度的生产关系，研究作为基本经济制度表现形式和实现形式的经济体制、运行机制，也要研究生产力和资源的有效配置。当然，这里所说的生产力，不是指生产力的技术方面，而是生产力的社会方面，像如何实现经济又好又快地发展、如何转变经济发展方式、发展循环经济，等等。

中国经济学把生产力和资源配置纳入研究对象，使中国经济学的研究领域实现了历史性的跨越。这一方面使中国经济学迎来了理论研究的爆炸性扩张，成为一门"显学"；另一方面中国经济学对中国经济改革与发展实践的作用越来越显著。据我们对 2007 年中国经济学研究问题的统计分析，得出的前二十大研究热点是：资本市场；经济增长与发展；"三农"；产业结构与产业政策；对外贸易与贸易政策；公共经济；货币政策；区域经济发展；自主创新；商业银行；经济学基本理论；就业；政府规制；收入分配与收入差距；外商直接投资；财政体制；企业成长；企业理论；人力资本；人民币汇率。显然，中国经济学关注的主要问题都是我国经济改革与发展面临的重大实践问题。当然，中国经济学也没有因此而忽略基本理论问题的研究，对经济学基本理论问题的研究仍排在第 11 位，而且可以有信心地说，随着中国经济学运用改革与发展的成功经验检验传统理论和提出创新理论，中国经济学基本理论的繁荣将指日可待。

三、主题：从改革经济学转换到发展经济学

改革与发展是我国自改革开放以来社会经济生活的两大主题，分别探讨两个主题及其相互关系就构成了中国经济学的中心问题。改革开放到 21 世纪初，中国经济学研究的中心主题是改革，发展作为改革的目的放在改革的框架中。因此，这时的中国经济学就称为"改革经济学"、"过渡经济学"或"转型经济学"。这一时期中国经济学的研究主题之所以放在改革上，就是因为我国长期实行的计划经济体制后来越来越严重束缚了生产力的发展，不改革，快速发展就无从谈起。改革开放以来我国实现的年均近两位数的经济增长，就是得益于改革开放。随着社会主义市场经济体制的初步建立，传统的束缚生产力发展的生产关系得到了根本性的调整，生产力与生产关系矛盾运动的主要方面转到了生产力的发展上，特别是随着改革进入攻坚阶段，使我国从以往的"不改革就无法快速发展"转到了"不发展就难以深化改革"的新阶段。因此，进入新的世纪，中国经济学的中心主题发生了历史性转折，其突出标志是"十五"计划纲要第一次明确提出"以发展为主题"，而改革开放与科技进步并列放在发展动力的位置上。这意味着改革被纳入到了发展的框架中，把发展放在了总揽全局的位置上。特别是科学发展观提出后，科学发展已成为核心的价值观。可以说，这种主题位置的转换标志着中国经济学从"改革经济学"向"发展经济学"的历史性转折，"改革经济学"成为"发展经济学"的一个重要组成部分。

中国经济学研究主题的历史性转折，意味着改革不仅仅是为了发展，解放生产力，而且改革还要服从于发展，在发展的总体要求中推进改革。当然，把改革放在"发展经济学"的框架中，并不意味着改革不重要了，改革开放仍然是发展中国特色社会主义的强大动力，是实现中华民族伟大复兴的必由之路，因为阻碍生产力发展的传统体制还需要进行攻坚改革，社会主义市场经济新体制还需要进一步完善。

随着中国经济学从"改革经济学"向"发展经济学"的历史性转折，中国经济学的基本理论框架将按照"发展经济学"的基本要求做出相应的调整。当然，这里所说的"发展经济学"不是作为经济学科专业的发展经济学，而是相对于"改革经济学"而言的以贯彻和落实科学发展观为要求的中国经济学，从这个

意义上说，中国经济学，就是中国特色的发展经济学。发展经济学的研究范式是结构主义的，因而结构优化就成为中国经济发展的核心问题。

四、体系：从个别理论发展到理论体系

改革开放以来，在解放思想、实事求是的推动下，中国经济学获得了一系列重大理论成果，如在所有制理论、计划与市场理论、收入分配理论、经济发展理论、对外开放理论等方面的突破，并由此概括总结出了"社会主义初级阶段理论""社会主义初级阶段基本经济制度理论""社会主义市场经济理论""科学发展观"等奠基性的基本理论。这些理论既是对我国经济改革与发展伟大实践的总结，反过来又指导了我国经济改革与发展的新实践，得到了我国实践的进一步检验。

党的十七大报告首次明确提出了中国特色社会主义理论体系，并认为改革开放以来我们取得一切成绩和进步的根本原因，归结起来就是：开辟了中国特色社会主义道路，形成了中国特色社会主义理论体系。在这个理论体系中，经济理论体系自然是重要的组成部分。这标志着中国经济学已经开始形成自己的理论体系。

中国经济学的理论体系，概括起来主要包括：（1）中国特色社会主义经济理论体系的主题是发展，发展是贯穿理论体系的主线。这既是发展中国家的共同要求，体现中国作为发展中国家的特色，也是社会主义经济制度确立后的首要任务，体现中国作为社会主义国家的特色。（2）在我国经历了"快速发展"和"又快又好发展"两个阶段，现已进入科学发展新阶段的情况下，科学发展观就成为中国特色社会主义经济理论体系的核心价值观，从而需要依据科学发展观的要求构建中国特色社会主义经济理论体系。也就是说，在中国特色社会主义经济理论体系中，发展将是科学发展、和谐发展、和平发展和永续发展。（3）我国要实现"又好又快"的科学发展，就需要：一是推进中国经济发展的目标转换，即从追求总量的增长转向实现经济结构的优化。这就把统筹发展纳入理论体系。二是推进中国经济发展的资源转换，即从以物为本转向以人为本。以人为本强调发展的成果由人民共享，这就把收入分配纳入理论体系。以人为本还强调发展依靠人民，突出人力资本的价值，特别在知识经济条件下人力资本已上升到核心资源的地位。这就把科教兴国战略纳入理论体系。三是推进中国经济发展的动力转换，即从投资拉动为主的经济发展转向投资、出口、消费协调拉动经济发展。由

于我国目前已经是投资和出口拉动的经济发展，因而转型的核心就是突出消费拉动的作用，这就把国民收入分配的结构、消费结构、消费政策、消费环境等纳入理论体系。四是推进中国经济发展的道路转换，即从二元经济的发展道路转向三元经济的发展道路。知识经济的兴起，使我国的经济发展已经从过去的农业经济、工业经济的二元结构转变为农业经济、工业经济、知识经济的三元经济结构，从而中国必须走工业化促进信息化、信息化带动工业化的新型工业化道路。这就把知识经济纳入理论体系。五是推进中国经济发展的条件转换，即从开放转向经济全球化。在当今的经济全球化条件下，哪个国家能够先抓住经济全球化带来的发展机遇，对于提升其国家竞争力和经济发展水平是至关重要的。因此，在经济全球化背景下利用国际资源发展我国的经济是符合历史发展规律的，也是新条件下我国经济发展的一个新特点。这就把经济全球化纳入理论体系。实现以上这些转换，就成为中国特色社会主义经济理论体系的基本内容。（4）我国要实现"又好又快"的发展，需要以完善的社会主义市场经济制度为保障。这个制度，首先是社会主义的，因而要体现社会主义质的规定性。同时，还要体现市场经济的一般规定性。

五、方法：从理论演绎丰富到实证检验

中国经济学继承和发扬了马克思主义经济学的科学方法论，并以此为基础借鉴和运用了现代科学和西方经济学的某些有用的方法。从中国经济学方法的演进来看，开始主要侧重于理论分析，运用逻辑的力量提出新观点。随着我国经济体制改革的不断深化，以及经济发展取得巨大成就，使中国经济学大量运用中国经济改革与发展的经验进行研究创造了可能，从而成为中国经济学研究范式的一次重要创新。这一研究方法突出表现两个方面：一是运用中国的经验对已有的经典理论进行检验，找到这些理论对中国经济的有效性和历史局限性；二是从中国的经验中发现新规律，提出新理论。这就为继承和创造性地发展马克思主义经济理论，并推进马克思主义经济理论的中国化，以及借鉴西方经济学的科学成分找到了实践的依据，也为构建有中国特色的社会主义经济理论体系奠定了方法论基础和积累了难得的素材。由此可以兴奋地看到：中国经济学"自主创新"的新时代已经来临。

中国经济学的历史转折与发展思路[*]

随着中国经济的快速发展和改革开放的不断深化，如何立足于具有特殊性和历史性的中国现实土壤上，研究中国经济所面临的挑战和机遇，从而在解决中国经济改革与发展诸多难题的同时，在经济学发展的世界文明大道上，建立和发展独具特色的中国经济学，促进市场经济理论本身的发展和繁荣，成为每一个有历史责任感的经济学人必须认真思考的问题。

一、中国经济学发展的历史脉络与面临的困惑

改革开放以来，中国经济学获得了长足的发展和进步，取得了相当丰硕的成果。可以说，中国经济学已成为马克思主义经济理论的一个重要组成部分，为经济学的丰富和发展做出了重要贡献。回顾中国经济学的发展历程，可以看出中国经济学研究有三条基本的脉络：（1）把马克思主义经济理论中国化。随着马克思主义经济理论在中国的传播，大批的经济学者运用马克思主义的经济理论认识中国问题，解决中国问题，推动了马克思主义经济理论在中国的传播、发展，形成了中国化的马克思主义经济理论，从而奠定了中国经济学坚实的理论基础和方法论基础。（2）中国经济学的国际化。随着中国对外开放大门的开启，大批的经济学者通过各种形式充分吸收和借鉴世界各国经济学，特别是西方经济学的优秀成果，丰富和发展了中国经济学，形成了开放性的经济理论，从而奠定了中国经济学坚实的世界文明基础。（3）中国经济发展和改革实践的理论化。随着几代人对中国富民强国梦的追寻，特别是随着中国从计划经济向市场经济的根本性转轨，以及现代化建设的大规模全面展开，大批的经济学者侧重立足于中国的现实，从中国的现代化建设和制度变迁中，在大量的调查研究、实证分析、案例解析的基

* 原载于《天津社会科学》2001 年第 5 期。

础上，通过归纳、总结、提升，形成了具有中国特色的经济理论，从而奠定了中国经济学坚实的实践基础。

在中国经济学发展的过程中，虽然这三条基本的研究脉络并不是截然分开、对立的，而是在相互交融中各有所侧重，但它们的发展并不是平行向前推进的。总体来说，前两条研究脉络在我国得到了比较充分的发展，而第三条研究脉络的发展则相对滞后。中国经济学研究发展的这种不平衡性，就造成了中国经济学发展中的如下困惑：

1. 规范研究的困惑。

规范研究方法的运用，首先需要建立一个完整的理论框架，形成一套严格的规范标准，但在对中国实践缺乏归纳、总结、提升，尚未形成适合中国国情的理论框架和规范标准的情况下，规范研究将无从展开。脱离开中国国情的任何别的理论框架和规范标准，即使在它的出生地运用得再成功，也只能作为我国的参照标准，而不可能作为规范标准。虽然市场经济具有一般性的理论和规范，这种一般性的理论和规范，在我国从计划经济向市场经济转轨的初期具有一定意义，但经过 20 多年的改革开放，市场经济进入深层次的运作时就难以用来指导实践。因此，中国经济学的当务之急是通过对中国实践的归纳、总结、提升，形成适合中国国情的理论框架和规范标准，也就是说，中国经济学进入了一个需要建立规范的时代。

2. 比较研究的困惑。

引进和介绍国外的经济理论和实践经验，对中国经济学的发展起到了巨大的推动作用，但随着时间的推移，其作用在日趋减弱。这突出地表现在：虽然把国外的许多理论和成功的经验引进来，但在我国却并未获得应有的成功，而在国外认为是不规范的做法，在我国却获得了极大的成功。这实际上就是水土不服。可以说，简单地引进，已走到了尽头。我们提倡大规模的引进，今后还应该继续引进，但经过多年的大规模引进后中国经济学应该做什么？是到了该思考的时候了。引进技术，我国一直强调消化、吸收、创新。引进经济理论和实践经验，同样也要强调消化、吸收、创新，而且不仅要有模仿创新，更要有自主创新。这就是说，中国经济学在经历了大规模引进后应及时向理论创新转变。

3. 理论联系实际研究的困惑。

理论联系实际是我国一直推崇和需要发扬的学风，但在我国，经济理论与实践"两张皮"的问题却始终没有得到较好的解决，从而形成了一种尴尬局面：一方面是实际经济工作者对经济理论的饥渴；另一方面是经济理论工作者对经济实践的饥渴。产生这一问题的原因：一是在制度设定上造成了经济理论工作者与实际经济工作者的隔离，二者缺乏相互沟通的渠道；二是对经济科学研究的误解，以为经济科学研究可以不需要像自然科学研究那样建立在大量的实验（经济科学研究表现为大规模的调查）基础上，从而在科研经费、研究方式、研究成果评定等方面扼杀了经济科学研究的实践性。因此，中国经济学的发展，必须打通理论联系实际的渠道，进入二者紧密联系的新时代。否则，中国经济学的理论创新将是无源之水。

以上分析表明，中国经济学的发展已走到了新的历史转折点：这就是中国经济学必须从以往的理论传播、引进为主转向理论创新为主，也就是说，中国经济学的发展已进入了经济理论创新的新时代。这里所说的理论创新包括两方面的内容：一是通过实践检验已有的理论；二是从实践中提升新的理论。检验理论是为了继承和发扬；提升理论则是为了丰富和发展。

二、中国经济学发展的动力与特点

经济学发展的动力源既有外部动力，也有内在动力。外部动力主要来自于实践的需求，因为经济学是"致用之学"，是用来解释世界和改造世界的，当已有的经济理论已经落后于现实，从而不能有效地解释现实，并用之于改造现实的时候，经济理论的革命就成为历史的必然。经济学发展的内在动力可以归结为以下两个方面：一是方法论的革命。从经济学发展的历史来看，每一次新的研究方法的引入，都会带来经济学突飞猛进的发展，如边际理论、信息论、博弈论等的出现，都为经济学的研究提供了新的方法，扩展了经济学研究的领域。二是对已有理论假定前提的修正，即通过修正已有理论的假定前提，扩展经济学研究领域，得出新的结论，实现经济学的创新。对已有理论假定前提的修正更加强调从现实出发，即根据已经变化了的现实去修正不合现实的理论假定。例如，凯恩斯根据1929~1933年的经济大危机，否定了萨伊定律，提出了新的理论，创造了"凯恩斯革命"。

中国经济学的发展从外部动力来看，应该说是赶上了千载难逢的机会，因为一是中国从计划经济向市场经济的渐进式转轨在世界经济制度变迁史上是独一无二、空前绝后的；二是中国作为一个发展中的大国在三元经济（农业经济、工业经济和知识经济）的背景下要同时实现工业化、知识化和现代化的发展目标在世界经济发展史上也是独一无二、空前绝后的。这两个"独一无二"、史无前例的伟大实践不可能有现成的理论来指导，而只能依靠创新的理论来指导。中国经济改革与发展实践的巨大需求将成为中国经济学发展的强大外部动力。

从中国经济学发展的内在动力来看，将会与西方经济学的发展表现出不同的特征，中国的市场经济实践才刚刚开始，这种不成熟的实践不可能孕育出成熟的理论，因而中国经济学者要想在成熟的市场经济背景下生成的西方主流经济学体系中有所作为，将是相当艰难的，这不是我们的无能，而是历史的局限。所以，对中国经济学者来说，立足于中国经济实践的特殊性，探索市场经济一般在中国的变形，建立中国经济学，将是得天独厚的。因此，中国经济学的发展将主要不是表现为一般理论和基本方法的创新与革命，而主要表现为对市场经济理论基本假设前提的修正和补充。所以，我认为，在现阶段中国经济学发展的主要内在动力是对理论假设前提的修正和补充，即通过对理论假定前提的改变或补充，修正经济学已有的理论，得出新观点，创造新理论。这主要是指从实际经济问题中提炼出的理论。其基本机制是依据实际经济问题，对已有经济学的理论假设前提做出修正或扩展，实现经济学理论的创新性发展。

在新世纪，随着中国经济改革与发展进入新的转折时期，中国经济学的发展也将进入新的发展时期。可以说，新的世纪将是中国经济学迅速发展和勃兴的世纪，中国经济学的发展将表现出以下两个基本特点：

第一个特点是将出现"三化合一"趋势。中国经济学的发展会继续沿着以上三个基本脉络向前演进，但三者之间的相互融合将是中国经济学在新世纪发展的必然趋势。这种融合是建立有中国特色社会主义经济体制的客观要求，是解决中国经济改革和发展过程中的重点、难点和热点问题的客观要求。同时，中国经济学者在坚持马克思主义基本经济理论的前提下，广泛而深入地研究了西方经济理论，植根于丰富的中国经济改革与发展实践，从而为这种融合奠定了现实可行的知识基础。这种发展趋势对中国的经济学者提出了很高的要求，既要熟练地掌握马克思主义的基本理论和基本方法，也要了解西方经济学的基本理论、基本方法和最新的发展进程，同时，还要了解中国经济改革和发展的实践情况，只有这样，才能为中国经济学的发展奠定人才的基础和可行的知识基础。从"三化合一"的趋势来说，从现实中提炼理论是很重要的一个方面。因为，无论是马克思主义经济理论的中国化，还是中国经济学的国际化，都必须立足于中国的实际情况，否则，就会使在原有的理论假定前提下是正确的理论，变成教条，走向误区，这是不利于中国经济学的发展的。

中国经济学发展的第二个特点是将出现从现实提炼理论的主流趋势。立足于中国的现实，探索具有中国特色的经济理论，将是新世纪中国经济学发展的主流。这是因为：

第一，面对新的现实，马克思主义经济理论需要发展。马克思主义经济理论不是现成的教条，不是让人们背诵的教义，而要随着社会实践的发展而不断发展。马克思主义经济理论来自于丰富的社会经济实践，而社会经济实践却是不断变化、发展的，马克思主义经济理论要保持旺盛的生命力就必须根据社会经济实践的变化而不断修改、补充、完善和发展，使其适应和解释变化了的实践。这具体表现在：一是要用社会经济实践来检验已有的经济理论，对于那些被实践证明已经过时的个别结论要敢于大胆地放弃；二是要根据新的社会经济实践经验和变化了的具体情况，运用马克思主义经济理论提供的科学方法，对实际问题进行理论研究，创立新的理论和观点，丰富和发展马克思主义经济理论。这一历史任务责无旁贷地落到了中国经济学者的肩上，这就要用中国的实践来丰富和发展马克思主义经济理论。

第二，西方经济理论与中国现实之间的矛盾。西方经济理论是在西方的社会经济背景下产生和发展起来的，对中国的市场经济实践来说，虽然存在市场经济一般的一面，但也不可否认存在矛盾的一面。这是因为，西方经济理论发展的社会经济制度背景与中国有很大的不同。这主要表现在以下几个方面：（1）经济制度不同。中国实行的是社会主义市场经济制度，必须坚持公有制为主体，实现共同富裕；而西方实行的市场经济则是以私有制为前提。因此，在中国建立社会主义市场经济新体制的过程中就面临着以下两个矛盾：一是公有制与市场经济的矛盾，即在缩小国有经济比例以促进市场经济发展的同时如何通过加强国有经济的控制力来保证市场经济的社会主义性质；二是共同富裕与市场经济的矛盾，即在建立市场分配收入制度，提高经济效率的同时如何通过政府的合理干预达到共同富裕的目标，因为单纯的市场分配收入制度必然导致居民收入差距的两极分化。如果出现两极分化，中国转向市场经济的改革也就失败了。（2）基本国情不同。首先，中国是一个发展中国家，工业化的任务还远没有完成，其面临的基本任务是要发挥后发优势，以便在较短的时间内迅速实现工业化、现代化、知识化，赶超发达国家。其次，中国是一个发展中的地域和人口大国。地区发展不平衡，人口众多，就业压力大，各方面的矛盾相互交织是其一个重要的特征，转轨的渐进性又决定了中国的市场化将要经历一个较长的发展过程。最后，知识经济时代的来临，经济全球化趋势的不可抗拒，使中国面临着完全不同的国际经济环境。中国基本国情与西方的根本性差异，就使西方经济理论与中国现实会发生矛盾和冲突。（3）社会文化传统不同。西方成熟的市场经济是建立在西方文化基础上的，但西方文化与东方文化却存在很大的差异，这样，在东方文化背景下建立的市场经济和运行机制必然会不同于西方，如现代企业制度是在西方的文化背景下产生和发展起来的，但在东方文化背景下就很难找到典型的西方现代企业制度。因此，在东西方文化存在着很大差异的情况下，如果简单地移植，西方的市场经济理论在中国的土地上就可能会水土不服。以上所说的中国的社会主义经济制度、发展中的大国、渐进式的经济转轨、特殊的社会文化传统等的现实集合，造成了中国经济现实与西方经济理论假设前提的严重错位，这就决定了中国经济学不能靠简单地移植来建立，而需要立足于中国的现实，吸收、改造西方的经济理论。

第三，中国经济改革与发展的实际需要。中国的经济改革、开放和发展是史无前例、举世无双的伟大实践，现代企业制度和法人治理结构，以及中国的三元经济发展模式、经济结构调整等问题都需要新的理论来解释和指导。长期以来，我国经济理论落后于经济实践的状况在很大程度上影响了实践的扩展和深化。但是，这在改革开放的前20多年当中还可以理解，因为改革尚处在摸索期。在社会主义市场经济新体制的框架初步建立、市场经济在中国经过长期的实践已达到足够积累的今天，理论再继续落后于实践已失去了理由。因此，从实践中提升理论，已成为当今中国经济学发展的最为迫切和关键的问题。而这场全新的伟大实践为中国经济学的发展提供了绝好的历史机遇和肥沃的土壤，这是当代中国经济学者的荣幸和福分。伟大的实践必将产生出伟大的理论和大师级的经济学家。中国经济学必将成为现代经济学中一颗璀璨的明珠。

三、中国经济学研究的突破路径

基于以上认识，要推进经济学的中国化，建立中国经济学，就必须实现以下三个突破：

1. 研究方法的突破。

在研究方法上，要突破两个教条：即教条主义地对待马克思主义和教条主义地对待西方经济学。两个教条的共同特点是用已有的理论去衡量现实，然后让现实服从于已有的理论。例如，建立现代企业制度，就不能教条主义地将西方的现代企业制度简单移植过来，然后和中国的企业制度作简单的对比，指出中国企业制度存在的不足，最后提出政策建议。因为前面提过，西方的现代企业制度是在西方的文化背景下产生和发展起来的，它在东方文化背景下会发生什么样的变形或变异，对于中国的市场经济体制建设具有重要的意义。因此，建立现代企业制度，必须首先修正假定前提，找到中国文化背景下的现代企业制度的变形。实际上，不仅在东西方不同文化背景下的企业制度不同，即使在东方文化背景下，不同的国家也会表现出不同的企业制度。如韩国和日本同属东方文化，但企业制度却有较大的差异。韩国是家族式企业，用 20 年的时间实现了现代化；日本的现代企业制度只借用了西方股份制的外壳，内核仍然是终身雇佣制，以厂为荣、爱厂如家，完全是儒家文化。日本也有大众持股的阶段，那是最初由美国强制推行的，时间很短暂。为什么会出现这种现象？这与它的文化背景和价值观有关。而考察世界华人企业，可以说，没有一家像西方那样典型的股份公司制度。这就预示着一个尖端性的课题，现代企业制度在我国究竟如何实施？出路有三条：要么按照现代企业制度的要求改造传统文化；要么依据传统文化的要求改造企业制度；要么二者相互适应，逐渐走向融合。我认为，可行的道路是第三条，即在中国的文化背景下建立一种适合的现代企业制度。又如，委托代理理论在西方的制度背景下是可行的、成功的，但不能简单地把它移植到中国用于国有企业的改革，因为中国国有资产的委托链比较长，而且具有一定的政治性，委托代理机制就会发生变异，从而导致委托代理理论的失效。

2. 研究视野的突破。

在研究视野上，要实现两个扩展：一是要从单纯的理论研究扩展到对改革和发展实践的关注和总结，从而在注重理论研究的基础上，加强实证研究、案例研究、数量研究；二是要从国内研究扩展到国际的比较研究。对于中国来说，建立社会主义市场经济新体制是一项前无古人的伟大的创造性工程，要完成这一工程，就需要一方面脚踏实地地了解中国国情，探索适合中国国情的特殊道路和特殊转轨方式；另一方面，还需要大胆地研究和借鉴西方发达市场经济国家组织和管理市场经济运行的成功经验，特别是那些对我国更具有直接借鉴意义的属于市场经济一般的组织形式、运作方式、管理方式等。研究视野的扩展，一方面有助于克服我国经济理论与实践"两张皮"的弊端，使其在一批经济学者身上得到高度的统一，为中国经济学的建立奠定坚实的人才和知识基础；另一方面有助于一批经济学者能够站在成熟市场经济的高度上，通过比较分析，把握市场经济制度在中国特殊前提下的种种变形。

3. 研究方式的突破。

在研究方式上，要做到两个"走出去"：一是要有一大批经济学者能够从书斋中走出去，投身于火热的中国经济改革和发展大潮中，去关注现实问题，研究现实问题，跟踪现实问题，从中找到对中国经济发展和经济理论的发展有意义的东西；二是要有一批经济学者从国内走出去，置身于国外的经济理论研究与实践中，造就一批能够融贯中西的专门人才。

以上三个突破，用中国的一句古语来概括，那就是："读万卷书，行万里路"。"读万卷书"，就是对已有的理论要跟踪，要了解、把握理论研究最新趋势，掌握最新的研究方法；"行万里路"，就是要到现实中去吸收丰富的养分，以产生新的理论。这两方面的结合才是中国经济学发展的重要途径。

总之，成熟的理论来源于成熟的实践，由于中国的经济改革和发展仍处在进行中，因而不可能寄希望于短期内形成完善的中国经济学体系，但理论上的个别突破是必然的、可行的，这一点点的突破就会构成中国经济学的宏伟大厦。

关于经济学的理论创新[*]

经济学的理论创新关键在于与时俱进，这包含三个方面的内容：（1）什么是"时"？既然要与时俱进，时就要搞清楚，否则就没有标准，没有依据，或者把时搞错了，就会胡进、乱进。（2）什么是"进"？即根据现在的已明确的时去进什么？也就是明确要解决什么问题。（3）如何"进"？这是方法论和道路的选择问题。

一、关于什么是时？

我国目前已进入了一个新的社会经济发展阶段，这是大家公认的事实。既然是新的发展阶段，就要有标志性的东西。这个标志性的东西，就是把握什么是时的关键。我认为，从经济学的角度来讲，这个标志性的东西有两个：一是"入世"的挑战；二是新经济的挑战。这对我国来说是进入新世纪的两场深刻的历史性革命，从而开辟了新的发展阶段。

"入世"对中国来说不是简单的对外贸易问题、对外开放的程度问题，而是要上升到一场革命的层面上去理解，是一场深刻的体制革命。中国建立市场经济体制，这个体制是什么？我们一直在探索。加入 WTO 以后，按照 WTO 的规则，我们在市场经济运行机制上要逐步与国际接轨。这样一来，首先参照系出来了，如按照透明度原则，政府的管理体制和管理方法就要发生改变，过去许多很难废除的与市场经济不符的法规、图章一下子取消了；按照国民待遇原则，过去不允许民营企业进入的领域就必须开放了，等等。其次是时间限制也出来了，按照规则，我国要在 5 年的过渡期内逐步接轨。这样，改革的方式就要从过去的渐进式转向激进式。最后是"入世"对经济全球化的参与，就使改革的动力从过去的内

＊ 原载于《中国特色社会主义研究》2002 年第 4 期。

部动力转向内部动力与外部压力的结合，而且外部压力会越来越大。可见，"入世"所带来的体制革命使我国的改革出现了全新的特点。

新经济或知识经济在世界范围内的初见端倪，预示着一次新的产业革命已经来临，成为继农业经济、工业经济之后的一种新的经济形态。我国仍未完成从农业国向工业国的转变，而且实现工业化和现代化的任务还相当艰巨，但即使在这种情况下，我国也必须面对新经济或知识经济的挑战，所以我把其概括成中国要在一个农业经济、工业经济和知识经济这样一个三元经济的框架里面去发展。我们在这样一个新经济或知识经济发展过程中，如果我们不能迅速赶上去的话，中国 1840 年的悲剧就有可能重演，现在日本泡沫经济的崩溃以及长达 10 年的经济停滞就有可能重演。所以摆在中国人面前的发展环境受到巨大的约束和挑战；而且中国作为一个尚未实现工业化、现代化的国家，在资本、劳动力素质、技术、管理、产品、品牌等方面都与发达国家存在着相当大的差距的情况下，与发达国家同步发展新经济更是难上加难。举个简单的例子来说，很多人讲，中国的企业和发达国家的跨国公司比，人家的好比是航空母舰，我们的顶多只是一个小舢板，如在平均资产规模等方面，我国大型企业与世界 500 强相比，有约 100 倍的差距。在这种情况下，我们怎样和人家在世界市场上甚至在"入世"后的国内市场上竞争。所以新阶段新格局讲的就是在这样一个非常残酷的竞争局面下，在非常不利于我们发展的情况下我们如何去发展，如何去实现中华民族的复兴。因此，三元经济的发展战略就会改变过去二元经济的发展战略；"入世"参与经济全球化的发展战略也会改变有限开放下的发展战略。可以说，中国经济的发展战略目前正面临着一个历史性的转变，从而成为新的发展阶段的新特点和需要解决的全新课题。

二、关于什么是进，进什么?

既然我们把"入世"带来的体制革命和新经济带来的产业革命看作是我国新发展阶段的新特征、新变化，那么，就要依据这一新特征、新变化所产生的新要求，解决什么是进，或进什么的问题。我认为，从主要的方面来说，什么是进，就是要处理好以下六大关系。

（一）与国际接轨同中国特色的关系

加入 WTO 后我们的市场经济运行机制要和国际接轨，这没有疑问。但这有两个问题要解决。第一，与国际接轨，并不意味着照搬别国的现成模式，虽然市场经济并不具有社会经济制度的性质，但它的形成仍然是在特殊的国情和文化背景下。这里就要考虑中国的东西是什么。我们和国际接轨，如果放弃自我，完全按照美国或日本的模式，最后只能是死亡一条路。因为全世界没有一个国家是可以沿着别人的模式完成工业化或现代化的。所以中国特色是什么？也就是说我们改革的模式、发展的模式是什么？过去我们讲中国特色关键的问题是公有制问题，那么加入WTO后国有经济的比重、定位以及职能是什么？这些东西都值得探讨。全世界所有的国家几乎都有数量不同的国有企业，他们对国企的定位、国企的职能，应该说在市场经济情况下有共同的一面，但也有差别的一面。中国也不例外，我们建立国有企业既有市场经济一般的要求，但还要看到中国作为发展中的大国，作为一个尚未实现工业化、现代化的国家，它对国有经济的要求是什么样子，特殊性在哪里？例如，日本和韩国，在20世纪五六十年代迅速工业化的时候，他们的国有企业的数量是不断提升的。为什么他们到了20世纪80年代实现现代化以后才开始民营化？这就需要做很深入的研究。又如，建立现代企业制度，如果简单地理解与国际接轨，就把西方已经证明是成功的企业制度移植到我国就行了，其实不然，西方的现代企业制度是在西方的文化背景下产生和发展起来的，移植到东方文化背景下能否成功，仍然是一个需要验证的问题，在华人社会，至今还没有一个西方现代企业制度成功的案例。再如，企业管理，我们通常都在说要引进西方的管理，但外资企业甚至成功经营跨国公司的老总们到中国来经营企业却往往是不成功的，这正是外资企业纷纷更换中国人做老总的基本原因。因此，与国际接轨并不是照单全收、照章办事。第二，"入世"与国际接轨，也不是简单地服从和遵守。国际规则，特别是WTO的规则，是由发达国家主导的、从自身的利益出发制定的，我国加入WTO，并不是简单地服从，而是要参与国际规则的制定，为我国寻求更大的发展空间。同时，在WTO的原则框架下，寻求有利于我国发展的运作模式也是应该给予足够的重视。

（二）理论引进与理论创新的关系

我们和国际接轨后首先一个问题就是大量引进西方经济学。引进西方经济学没有问题，因为任何国家的经济学的发展包括中国经济学的发展都不可能离开世界文明的大道。但在引进的过程中怎样处理好理论引进与理论创新的关系？是中国经济学发展的一个关键。可能最简单的办法就是用西方已有的理论框架往中国套，指出中国的不足，然后提出政策建议。实际上这又是犯了教条主义的错误，那就是对西方经济学的教条。在中国经济学的发展问题上，我们要反对两个僵化：既不能僵化地教条地理解马克思主义，也不能僵化地教条地理解西方经济学。引进不是为了模仿，而是为了创新，引进是手段，创新即建立中国经济学是目的。如果没有引进，就谈不上消化、吸收、创新；因为毕竟西方经济学是在成熟的市场经济体制下产生和发展起来的，而我国离建立起比较完善的社会主义市场经济体制还要有 10 年的时间，不成熟的实践就不可能孕育出成熟的理论。但如果只有引进，到此为止，那就是食洋不化，也就不会有中国经济学。所以，如何去创立中国的经济学，即符合中国特色的经济学，这正是中国经济学理论创新的核心所在。

（三）改革与发展的关系

改革与发展是我国经济生活的两大主题，但这两大主题在不同的发展阶段上彼此的关系是不同的。在实行改革开放的 20 多年中，我国一直把改革放在中心的位置上，即是用改革统揽全局，用改革促进发展这样一个基本思路，应该说这是非常成功的，取得了举世瞩目的成就。但随着"入世"挑战和新经济挑战的来临，以及社会主义市场经济新体制的初步建立，发展的问题就成为第一位的问题。因此，在经济发展的新阶段，在战略安排上就需要适时地从以改革为中心转向以发展为中心，这在"十五"规划里已明确地讲到这一点，即把发展作为主题，把改革作为发展的动力，和科技并列了。这是一个巨大的变化，可是目前还没有引起人们的足够重视。随着我国改革与发展主题地位的互换，中国经济学就要从过去的"改革经济学"转换为"发展经济学"，当然这个发展经济学是一个大发展的概念，而不是经济学的一个分支。所以，在新的发展阶段，中国经济学的基本理论框架，就不再是改革的框架或制度变迁的框架，而是发展的框架。但是，从发展框架来看，由于新经济所带来的产业革命，以往被推崇为指导发展中国家发展的二元经济理论或发展模型也将失去足够的解释力，取而代之的将是三元经济（农业经济、工业经济、新经济或知识经济）的发展模型或理论框架。这就是说，中国经济学的主线将发生历史性的改变。创立三元经济发展的理论框架，将是中国经济学的巨大创新，也是经济学的一个顶尖课题。

（四）工业化与信息化的关系

工业化与信息化的关系是三元经济理论框架中一个最基本的关系。应该说，以信息产业为先导的高新技术产业的出现将对传统工业、对整个一套经济体制是一次彻底的革命。中国1840年"鸦片战争"悲剧发生的原因就在于无视西方兴起的工业革命，从而没有完成从农业经济向工业经济的转变。所以现在对新经济革命的出现，中国如果跟不上这辆战车的话，那1840年的悲剧就可能重演。在这种情况下，中国的经济发展就面临着双重的任务：工业化和信息化。这实际上就是要探讨我国在三元经济的框架内如何去完成发展，因为所有发展中国家的经济学理论都是探讨的二元经济的发展，即农业经济和工业经济的关系，而现在则要把新经济部门加入进来，在这三个部门之间如何完成劳动力的流动、资本的流动；如何重新认识教育的地位和作用、市场实现、政府作用；如何推进金融制度的创新、企业制度的创新、管理制度的创新，等等。通过这样一些研究，揭示出我国经济发展过程中以工业化为基础、以信息化为先导的运行机制，在工业化和信息化的互动中实现我国经济的跨越式发展。

（五）城乡关系

毛泽东曾强调中国的头等大事就是农民，农民问题不解决中国的问题就解决不了。我国经过50多年的发展，其中20多年的改革开放，使中国经济结构发生了翻天覆地的变化，但在新的发展阶段上，农民、农村、农业即"三农"问题又成为制约中国经济快速发展的瓶颈，如农民收入增长缓慢、农村消费不足，是导致我国通货紧缩的一个重要原因。不过，现在的农民问题是中国走到了一个新的更高的起点上的问题。在这个新的起点上，中国必须解决农民问题，不解决农民问题中国的经济永远没有出路。所以说句不好听的话，中国在新的发展阶段必须"消灭农民"。那么，如何消灭农民呢？如何来构架城乡之间一个新的通道？这就成为解决中国问题的一个核心问题或首要问题。解决"三农"问题的根本出路就是推行"农民市民化""农村城市化""农业工业化"。在这"三化"中关键的又是"农民市民化"，但农民向城市转移又受到我国面临巨大就业压力的制约，因而如何创造出更多的就业机会就成为"农民市民化"的首要前提。

（六）自然科学和社会科学的关系

邓小平讲科学技术是第一生产力，过去我们理解的科学技术往往就是自然科学，而不包括社会科学。所以时任总书记的江泽民针对这一状况，多次讲到社会科学和自然科学"同样重要"。我认为这是一个非常大的理论创新。把社会科学提升到第一生产力的高度上，关键在于要探索社会科学如何成为生产力，如何在生产力方面发挥作用。这里不仅仅是一个理论创新的问题，还要提出一个理论转化的问题。我认为"社会科学如何转化为生产力"是目前一个最新的课题。我们提出的很多新思想、新观念、新的经营技巧等通过一个什么样的通道转化为生产力、变成真正的生产力？在这个问题上，社会科学其实与自然科学是一样的。科学技术如果只是一种理论、一个专利放在那里，而不产业化、市场化，同样也不会转化成生产力，从而也就不是生产力。同样，社会科学如果只有理论创新，而没有创新成果的转化，也不会成为直接的生产力。所以社会科学的理论创新成果如何转化、如何产业化、如何市场化，这是一个非常大的课题，是社会科学成为第一生产力，从而推动社会生产力发展的非常关键的一点。

三、关于如何进？

面对经济学在新的发展阶段上出现的一系列全新课题，经济学的理论创新就成为时代的迫切要求。如何推进经济学的理论创新，即如何进，我认为：

首先，要解决价值观的问题，即从理念上把握三个方面：第一，"三个代表"中讲的始终成为先进生产力的代表我认为非常重要。中国的核心问题就是发展，不发展什么问题都解决不了，所以如何进的问题首先就是要确立生产力标准。就是说，经济学的理论创新要有利于促进生产力的发展，否则，就是胡进，这是非常重要的。第二，就是要代表大多数人民的利益。这包含了三个方面的规定。一是对生产力标准的规范。某项创新可能在某个地方某个点上说有利于生产力的发展，但如果违背大多数人民利益的话，这个创新就是不可取的了。这就是说，生产力标准是有限制的、有条件的，并不是在任何一个事情上、任何一个小的地方上、任何一个局部上能够促进生产力发展的东西我们都可以用，而是必须符合绝大多数人民的利益。二是经济改革的支持度。谁来支持改革，这是改革的动力源泉问题。只有让大多数人支持改革，改革才有可能向前推进，也才能取得成功。要让大多数人支持改革，改革的理论与改革的政策就要符合大多数人的利益。三是谁来发展生产力，发展的生力军是谁。只有代表大多数人民的利益，协调不同利益阶层的利益关系，才有可能调动一切可以调动的力量，参与我国的现代化建设。第三个问题就是文化。我强调的是适合于中国文化的东西。因为任何的理论创新都是在一定文化背景下产生的，包括西方的经济发展、西方的经济学理论、西方的成功经验都是在西方文化的基础上产生和发展起来的。东方的文化、中国的文化与西方的文化存在较大的差异，这就决定了我们只能在中国的文化背景下去创新，如果大多数人民群众根本不接受就没法创新。当然，文化本身也需要创新，但创新并不意味着否定，它还有一个继承的问题。我坚信：中国文化永远不会被别的什么文化所同化。所以，经济学的理论创新必须要考虑到中国文化的适应性，防止一些水土不服的东西。

其次，解决如何进的问题还要明确落脚点。落脚点我觉得就是中国经济学的创新和中国经济的发展、中华民族的复兴。我们解决的不是别国的问题，而是中国自己的问题，这一点是非常重要的。

再次，在如何进的问题上，还要有科学的方法和正确的道路。既然我们的落脚点是实现中国经济学的创新和中国经济的发展，那么，我们所能选择的只有理论与中国实践结合的道路。这包括两点：第一，从实践中检验理论，包括对马克思主义理论的检验和对西方经济学的检验。马克思主义理论是我们的指导理论，但马克思主义理论是发展的理论，是活的理论，她要保持旺盛的生命力，就需要在实践中不断检验、不断发展。西方经济学是在西方文化和制度背景下产生和发展起来的，这就需要接受中国经济实践的检验。适用的我们用，不适用的我们同样不能用。第二，从实践中去提升理论。中国经济学是一门全新的理论体系，她不可能从逻辑的推演中建立和发展起来。因为中国经济学必须从中国的实践当中去提升，去总结，去概括，方法就是个量分析、数量分析、实证分析、调查报告、案例分析等。这是未来中国经济学的一个非常艰苦的基础性工作，不从大量的案例当中去提升去总结就不可能有中国的经济学。所以我讲的方法和道路问题，实际上就是实践的问题。

最后，允许我引用中国的一句古话"读万卷书、行万里路"作为结束语。我一直非常推崇这句话。读书是我们必须读的，你连理论都没有，你还去检验什么理论，发展什么理论，新的理论不是凭空产生的；但光读书不行路，理论就是无源之水，理论就不会发展，就不会创新。所以要既读书又行路，这是中国经济学理论创新的根本所在。

中国经济学的历史转型[*]

中国经济学是中国特色社会主义理论体系的一个重要组成部分。中国经济学要能够指导中国特色社会主义的实践，就需要依据实践的新要求进行理论创新。

一、中国经济学研究主题的历史转型

改革与发展是我国自改革开放以来社会经济生活的两大主题，分别探讨两个主题及其相互关系就构成了中国经济学的中心问题，两个主题随时代变化而不断衍生出需要中国经济学研究的具有时代特点的重点、难点和热点问题，形成了中国经济学一道道亮丽的风景线。在新的历史时期，中国经济学的研究主题将发生历史性的转折，并由此产生出亟待回答的新的重点、难点和热点问题。

自改革开放以来的 20 多年间，中国经济学在改革与发展问题的研究上，中心主题是研究改革，发展是作为改革的目的放在改革的框架中。1986 年《关于第七个五年计划的报告》就明确提出"坚持把改革放在首位"。1988 年七届人大《政府工作报告》更加明确提出"坚持把改革放在总揽全局的位置上"。1996 年《"九五"计划和 2010 年远景目标纲要》仍把"抓住机遇、深化改革、扩大开放、促进发展、保持稳定"看作"是今后必须长期坚持的基本方针"。因此，这一时期的中国经济学可以归结为"改革经济学"，有的也称为"过渡经济学"或者"转轨经济学"。它的核心和实质是建立有中国特色的社会主义市场经济新体制，以解放和发展生产力。

这一时期中国经济学的研究主题之所以放在改革问题上，就是因为我国长期实行的计划经济体制已严重束缚了生产力的发展，使国民经济走到了崩溃的边缘。在这种情况下，不改革，发展就无从谈起。只有实现从计划经济向有中国特

＊ 原载于《经济学动态》2007 年第 12 期。

色社会主义市场经济的转轨，被压抑和束缚的生产力才有可能释放出来，从而才能大大促进生产力的发展。改革开放以来我国实现的年均近两位数的经济增长，可以说在很大程度上就是得益于改革开放。

进入新的世纪，中国经济学的中心主题发生了历史性转折，其突出标志是"十五"计划纲要第一次明确把改革与发展两大主题的关系调整为"以发展为主题"，而改革开放与科技进步并列放在发展动力的位置上。这意味着改革与发展的前后位置颠倒了，改革被纳入到发展的框架中，把发展放在了总揽全局的位置上。可以说，这种主题位置的转换标志着中国经济学从"改革经济学"向"发展经济学"的历史性转折。

中国经济学研究主题之所以会发生这一历史性转换，主要是因为：第一，我国20多年的改革开放取得了举世瞩目的巨大成功，社会主义市场经济体制已初步建立，传统的束缚生产力发展的生产关系得到了根本性的调整，生产力和生产关系矛盾运动的主要方面转到了生产力的发展上。第二，随着改革进入攻坚阶段，改革深化所面临的许多难题和障碍，只有在提高效益的前提下保持经济较快增长，才能得到有效的解决。可以说，我国已从以往的"不改革就无法发展"转到了"不发展就难以深化改革"的新阶段。第三，随着我国加入WTO，中国经济开始融入世界经济，但在国内企业尚未长大并不具有国际竞争力的情况下，中国企业面对的市场竞争就从国内企业之间在国内市场上的竞争升级为国内企业与国外企业，特别是世界跨国公司在国内和国外两个市场上的白热化竞争，而核心竞争力的强弱将决定这场竞争的成败与否。因此，加快发展就成为应对经济全球化挑战的首要选择。

发展经济学是西方经济学的一个重要分支，中国在构建发展经济学理论体系的进程中，必然要经历一个学习、引进和借鉴的阶段，在许多方面就自觉或不自觉地运用这些理论成果指导我国的实践，而且也取得了可喜的成就，如刘易斯等创立的二元经济理论对中国的经济发展发挥了重要作用。但是，中国快速的经济发展已经突破了发展经济学已有的理论框架，凸显出了既有理论的历史局限性，因而中国经济学又面临一次新的历史转型，即发展经济学要依据中国的实践由"引进创新"向"自主创新"转型。这一转型的基本标志是科学发展观以及转变经济发展方式的提出。

科学发展观的提出，一方面，进一步明确了发展的中心地位，因为科学发展观的第一要义就是发展，而发展首先又是经济发展。另一方面，科学发展观又要求转变经济发展方式。这强调：一是把经济发展与经济增长区别开来，经济发展包括经济增长，但比经济增长具有更广泛的含义，通常还包括经济结构的优化、经济制度的变迁、资源环境的改善等。这进一步明确了中国经济学是要建立适合发展中国家的发展经济学，而不是发达国家的经济增长理论。二是构建适应新环境的发展经济学。既有的发展经济学理论虽然随着时代的变化而趋向优化，但其基本理论框架并没有发生根本性的革命。可是，经济全球化和以信息技术为先导的知识经济的快速发展，使发展中国家面对的发展环境发生了翻天覆地的变化，从而彻底改变了既有发展经济学理论的假定条件，迫使发展中国家必须改变既有理论所倡导的发展道路和方式，寻求新环境下的发展理论和发展方式。三是构建中国特色的发展经济学理论体系。经济发展理论也绝不是适用于一切发展中国家的一般原则和政策，因为"针对发展问题提出的一整套涉及面广泛的解释和答案，只有去联系具体实际环境才有意义，脱离那一套具体环境，就毫无意义。"[1]这就是说，要解决中国的经济发展问题，还必须把经济发展的一般理论与中国的具体国情相结合，找到中国特色社会主义的经济发展道路和方式。这就要求紧密结合中国经济发展的伟大实践，构建中国特色的发展经济学理论体系。这不仅会迎来发展经济学的复兴，而且也将是中国经济学者对世界经济学的重要贡献。

二、中国经济学研究的理论框架

以往对经济发展的研究，虽然建立起了一系列的理论框架，但从研究经济发展的总体要求来看，这些理论框架无疑都是某一方面的，缺乏一个总括性的分析。许多经济发展或经济增长理论都注重于要素的分析，探讨资本、土地、劳动、管理、技术、知识等对经济发展的作用以及如何获取这些要素来促进经济发展。制度经济学则把制度变迁看作是经济发展或经济增长的最根本的动力，从而探讨如何通过制度的变迁来推动经济增长。"凯恩斯革命"则把有效需求不足看作是经济增长的首要制约因素，从而依据如何扩张有效需求建立起了他的理论框架。刘易斯等则从结构的角度探讨了结构优化对经济发展的作用。从我国目前经济发展的现实来看，以上各种制约因素都在某种程度上存在并发生作用，因而单从某一方面探讨我国的经济发展问题都是不够的，这就需要建立起综合的经济发展理论框架。

作为"发展经济学"的基本理论框架主要应包括两个方面，即需求拉动型经

---

① 吉利斯等：《发展经济学》，经济科学出版社 1989 年版，第 3 页。

济发展和供给推动型经济发展。从需求拉动型经济发展来看，主要包括三个方面的拉动力，也就是通常所说的"三驾马车"，即消费、投资、出口。从供给推动型经济发展来看，也包括三个方面的推动力，即要素供给、结构供给、制度供给。要素供给是指各种生产要素的自然禀赋及其投入，包括资本、土地、劳动、管理、技术、知识等，但在不同的经济发展阶段，各要素的作用和地位是不同的。结构供给是指经济结构的调整，主要包括产业结构、城乡结构、地区结构、收入分配结构等。结构调整的实质是通过对要素存量的重新配置，实现结构的优化升级，推动经济的发展。制度供给包括正式制度供给和非正式制度供给，它主要是通过制度的演进推动经济发展。制度供给实质上就是改革，从而改革被纳入"发展经济学"的基本理论框架中。如果从这个意义上来理解，"改革经济学"只是"发展经济学"的一个分支。"改革经济学"向"发展经济学"的转变，则意味着中国经济学实现了向更高层次的发展和跳跃。

在不同的发展阶段，作为"发展经济学"基本理论框架各个组成部分的相互地位是不同的。在短缺经济时代，需求是无限的，需求拉动不成问题，可以从研究视野中消失，甚至从相反的方面研究如何抑制需求的过快增长。在这种情况下，"发展经济学"的研究重点或者中心则在于供给推动，即探讨如何动员更多的要素供给、如何调整存量结构、如何改革经济体制来促进经济发展，这时的经济发展就可以概括为供给推动型经济发展。在这个发展阶段中，就发展中国家的一般特点而言，由于存在着劳动力要素过剩而资本要素供给的严重不足，"经济发展的中心事实是迅速的资本积累（包括用资本的知识和技术）。"[①] 资本积累也就成为发展经济学研究的核心内容。这也正是西方发展经济学理论在我国20世纪80年代得到极大推崇的重要原因。但就我国而言，除了具有发展中国家的一般特征外，我国经济发展面临的一个重大问题就是传统的计划经济体制严重束缚了生产力的发展，因而制度供给在三个推动力中就上升为主要方面，通过改革建立新体制以促进经济发展就成为我国改革开放以来经济发展的主旋律。因此，这时的经济发展就可以称为制度供给型经济发展，这也正是中国经济学当时为什么可以称为"改革经济学"的基本原因。

随着短缺经济时代的结束，特别是1998年开始中国进入通货紧缩时期，扩张需求拉动发展就成为这一时期经济发展的主旋律，这时需求拉动就替代供给推动上升为经济发展的主要方面，成为中国经济学研究的中心或者重点。这时的经

---

① 刘易斯：《二元经济论》，北京经济学院出版社1989年版，第15页。

济发展就可以称为需求拉动型经济发展。在需求拉动的"三驾马车"中，由于消费需求相对不足，投资和出口就成为拉动经济发展的主要力量。1998 年，投资增长和消费增长对 GDP 的贡献率分别为 30% 和 66%，2003 年逆转为 55% 和 45%。这种需求拉动型经济发展实际上是以投资为主导的需求拉动型经济发展。由于解决有效需求不足也是发达国家经济增长面临的问题，因而适应发达国家的经济增长理论自然就进入了中国经济学研究的视野，从而使中国经济学在很大程度上运用了经济增长理论的分析框架。但是，发达国家的经济增长理论无法解释和解决发展中国家的现代化。正如著名发展经济学家吉利斯等所说："对经济发展的一些重大问题，这些经济理论是不提供答案的，至多只提供部分答案而已。"[1] 因为在发展中国家，"仅仅用经济增长率来衡量进步是值得怀疑的，原因是多方面的。GDP 不能够告诉我们任何关于分配的情况，也没有表明这个社会的福利体系怎样。另外一个弱点是其忽略了环境因素。"[2] 正是基于这种情况，党的十七大报告明确用"转变经济发展方式"替代了已经讲了多年的"转变经济增长方式"。这标志着中国经济学的历史转型，即从适用于发达国家的经济增长理论转变为适用于发展中国家的经济发展理论。从实践上来看，经过改革开放以来近 30 年的快速发展之后，我国当前面临的主要矛盾和障碍，就国内而言，突出表现为：一是城乡之间和东、中、西不同区域之间发展差距的不断扩大，以及与此相适应的居民收入差距的扩大；二是产业结构和产业技术水平低造成的经济发展与资源、环境相互关系的紧张甚至恶化。就国际而言，则是中国经济的迅速崛起，改变了世界经济的基本格局和利益关系，由此导致的国际贸易摩擦和争端日益增多，使中国经济的增长处于一个不利的国际经济环境中。这就意味着中国经济发展面临的主要矛盾已经从总量转化为结构问题。经济结构的优化就上升为主导地位，从而使未来我国一个时期的经济发展将表现为结构优化推动的经济发展。中国经济学也将随之回归到发展经济学的理论框架中。

三、中国经济学研究的主要内容

随着中国经济学从"改革经济学"向"发展经济学"的历史性转折，特别是中国经济向结构优化推动型经济发展的转型，中国经济学的研究需要回归到

---

① 吉利斯等：《发展经济学》，经济科学出版社 1989 年版，第 2 页。
② 伦达尔等：《发展经济学新方向——当代的增长、环境与政府》，经济科学出版社 2001 年版，第 5 页。

刘易斯等运用的结构主义分析逻辑，但这绝不意味着是 20 世纪西方发展经济学在中国的简单复活，而是在继承的基础上依据新的环境和中国的具体国情进行理论创新，这主要表现在以下几个方面：

第一，超越刘易斯的二元经济理论，构建三元经济的发展理论框架。

刘易斯等创立的二元经济理论一直被推崇为指导发展中国家实现工业化的经典模式，但知识经济在全球的崛起和发展，对发达国家而言，将从工业化向信息化迈进，或者说向新现代化迈进；对发展中国家而言，则是工业化与信息化的并行发展。这意味着一场新的"产业革命"正在悄然爆发，它彻底否定了传统的工业化道路，也在一定程度上否定了长期以来指导发展中国家推进工业化的以刘易斯为代表的"二元经济理论"。因此，探讨和构建三元经济的发展理论框架，探寻工业化和信息化并行下的经济发展规律，是摆在我国乃至所有发展中国家经济学人面前的一个尖端性课题。

探讨和构建三元经济的发展理论框架，至少应研究和解决以下主要问题：

1. "三元经济"概念的确立。所谓"三元经济"是相对于"二元经济"的一个概念，它是指传统的农业经济、工业经济和知识经济或新经济并存的经济结构。刘易斯对二元经济的划分，不是依据产业的划分标准把农业和工业划分为二元经济，而是依据两种不同的生产方式把传统农业生产方式和现代大机器工业生产方式的并存称为二元经济。知识经济作为一场新的产业革命，创造了一种不同于传统农业和现代工业的新的生产方式，它主要以智力为依托，以高科技产业为支柱，以不断创新为灵魂，以教育为本源，实现经济发展。因此，知识经济彻底改变了工业经济的核心要素、资源基础和运行逻辑，就如同当年的工业革命一样。在我国，由于尚未完成工业化，因而传统农业生产方式、现代工业生产方式和知识经济生产方式的并存，就构成了三元经济的基本经济结构。

2. 三元经济分析框架的构建。三元经济理论框架的内容主要包括：第一，劳动力的流动机制。在二元经济下农民向工业部门的转移并不需要经过较长时期的培训，而无论是产业工人还是农民转向新经济部门都需要经过教育和培训，教育的地位和作用被突出出来，人力资本和教育投资需要给予重新认识。第二，资本的流动机制。在二元经济下，资本从农业部门向工业部门流动，待工业部门发展到一定阶段后再反哺农业，而在三元经济下，发展中国家由于面临着工业化和发展知识经济的双重任务，这就需要资本在两个部门间实施合理的配置，应选择的战略是：有选择、有重点地发展高新技术产业，重点用高新技术改造传统产业，实现工业经济与知识经济的互动。由于知识经济相对于工业经济而言是高风险产业，从而孕育了风险投资的形成和发展，这就需要探讨发展中国家的金融制度创新。第三，市场实现机制。在二元经济下，工业化的发展依赖于城市市场和农村市场的扩张，而在三元经济下，由于知识经济部门的产品主要是技术和知识，它的应用将主要取决于工业部门和农业部门的需求，这就需要探讨知识经济部门与传统经济部门的共生共荣关系。

3. 建立知识经济基础上新的制度变迁理论。信息化和高新技术产业是完全不同于传统产业的新兴产业，因而它在制度安排的要求上也会完全不同于传统产业，这就需要实施全面的制度创新：一是企业制度创新。由于在高新技术产业中知识和技术在企业中将处于主导地位，因而知识和技术将会以无形资产的形式成为企业股权结构的组成部分。同时，在企业的治理结构安排上，特别是在高新技术企业创立和发展的初期阶段，技术型企业家将发挥着重要的作用。二是人才制度创新。由于知识和技术是附着在人的身上，因而高新技术企业要充分发挥知识和技术的主导作用，就要对留住人才、充分发挥人才的聪明才智做出特殊的制度安排。例如建立股权期权的激励制度；留住人才和用好人才的平台和环境等。三是金融制度创新。由于高新技术产业是高投资、高风险、高回报的产业，因而敢于冒险的资本源源不断地进入，是这一产业迅速发展的前提。但是传统的银行制度是对应于传统产业的金融制度，无法适应高新技术产业的高风险和无抵押特点，这就需要建立风险投资制度，形成一套风险资本的融资制度、管理制度、决策制度、退出制度等。四是科技成果转化制度创新。我国高新技术产业发展中的一个突出问题就是科技成果转化率低，为解决这一问题，就需要从科研项目的筛选、立项、资助、检查、鉴定、转化等方面进行全面的制度创新，特别是要实现从政府为主的创新体系向以企业为主的创新体系的转换；从企业内部自我研发向企业自我研发与委托外部研发相结合转变。五是知识产权保护制度创新。加强和完善知识产权保护，是维护知识产权所有人权益，从而激发科技创新的重要制度保证。六是管理制度的创新，包括企业管理制度和政府管理制度从工业化管理向信息化管理的转变。

第二，超越开放经济理论，构建经济全球化的发展理论。

经济全球化的实质就是生产要素在全球范围内的自由流动和优化配置，商品在全球范围内的自由贸易。因此，市场对资源的优化配置将突破传统的一国范围而在全球范围内成为基础性的调节机制。这是新世纪发生的一场深刻的"制度革命"。它意味着：一国的经济发展必须从站在一国的平台上转向站在全球的平台上整合全球的资源，将全球资源为我所用，如IBM公司顺应全球化的发展就从一个跨国公司开始向全球整合企业（global Integrated enterprise）转型。①

中国经济的快速发展已经遇到了本国资源瓶颈的制约，而且随着中国的进一步崛起，这种制约会趋于强化，并引发中国与其他国家的利益冲突。中国绝不会因为本国的资源制约而放弃崛起，但中国的崛起又必须是和平的崛起。为了摆脱这种发展困境，中国就必须超越已有的开放经济理论，跳出对外贸易、利用外资等发展框架的制约，站在全球的资源平台上寻求中国经济的发展，从而实现从国家战略向全球战略的升级。这就意味着，中国经济学不仅要研究国家战略，而且还要进一步研究中国的全球战略。这是中国经济学研究需要强化的一个薄弱环节。

生产要素在全球范围内的自由流动及其在全球范围内的优化配置，将使中国的经济增长不再仅仅依赖于本国已有的资源，从而可以通过利用世界资源突破中国作为人均资源贫国的资源瓶颈制约，缓解经济快速增长与国内资源有限供给的尖锐矛盾，实现国民经济又好又快地发展。日本就是一个资源稀缺的国家，从20世纪60年代起就高度依赖国外进口资源，但是，日本非但没有因为国内资源供给的制约而导致产业瘫痪和经济的滞后，反而形成了进口原料、燃料和食品，出口汽车、电器、机械和钢铁等工业制成品的"高度加工贸易型"产业结构，迅速发展成为世界经济强国。在今天资源自由流动的经济全球化条件下，我国更有条件利用国际资源进行生产和投资，而不必受制于国内资源瓶颈的制约。同时，巨大的外汇储备也使得解决我国资源的进口问题有现实的可能性。

有的学者认为，尽管中国经济增长的潜力很大，但根据以往的经验，10%的GDP增长率应是我国经济的潜在增长率，如果超过了这个水平，我国经济就会过热。毫无疑问，10%的"警戒线"是我国改革开放以来近30年经济发展经验的总结，有其科学的成分。但是，这里需要明确的是，这一经验数据是在过去我国尚未融入世界经济分工体系，即经济全球化尚未发展的情况下得出的。在经济全球化下，新一轮经济周期与以往的经济周期有所不同，资源价格的上涨并不能说明我国的经济发展已接近潜力的运用。首先，在全球化条件下，国内消费品市场供大于求的矛盾可以通过国际市场（出口）来解决。其次，资源的供给瓶颈也可以通过国际市场（进口）来解决。最后，经济全球化是市场机制在全球范围内的扩展，因而资源在全球范围内的优化配置，特别是跨国公司进入带来的资本、技术、人才以及体制等，都会在一定程度上扩展中国的潜在经济增长率。因此，在

---

① 李源：《IBM"变形金刚"全球版》，载于《中外管理》2007年第9期，第43页。

新的经济背景下，10%的潜在经济增长率经验数据，就未必是科学的了，而用一个未经新的经验证实的传统经验数据束缚我国新经济增长周期的经济增长率，就很难说是科学的。

第三，超越刘易斯的劳动力流动理论，构建中国特色的城市化理论。

中国的问题首要的还是农民问题，农民问题不解决，中国就不可能实现工业化和现代化。解决农民问题，从最根本上说，就是实现农民市民化、农业工业化和农村城镇化，而在这三化中，首要的是农民市民化。这是因为，只有农民的市民化，即大量农民离开土地，农业才可能运用工业化的生产方式进行规模化生产，实现工业化，并进而实现农村的城镇化。因此，城市化将是未来中国经济发展的强大引擎。

劳动力流动理论是刘易斯二元经济理论的核心。根据二元经济理论，发展中国家的工业化，将吸引农村剩余劳动力源源不断地流向城市，使农民市民化；大多数农民离开土地，就可以有效地促进农业的规模化、机械化经营，实现农业的工业化和农村的城市化，因而工业化的过程也就是城市化的过程。在这里，整个理论逻辑的关键点在于：它假定农村剩余劳动力进入城市成为产业工人，就直接转化为市民，得到城市产业工人的社会保障，从而放弃农村的土地保障。但是，劳动力流动的这一机制在中国发生了变形，即农村剩余劳动力进入城市成为产业工人后，并没有转化为市民，而是形成了一个庞大的特殊群体——"农民工"。他们没有得到城市产业工人的社会保障和地位，从而使其也不可能放弃农村的土地保障。所以，刘易斯的城市化进程在中国被切断了，刘易斯的双主体即农民与市民间的劳动力流动理论模型也就失去了解释力，取而代之的将是农民、农民工、市民三主体间的劳动力流动理论模型。同时，如前所述，知识经济的发展，又要求我们必须在三元经济的理论框架内，重新审视和修正刘易斯二元经济理论框架下的劳动力流动理论，构建适应于三元经济理论框架的新劳动力流动理论。可见，中国的城市化将突破刘易斯的劳动力流动理论框架，走出自己独特的道路。

四、中国经济学的理论成果评价

经济学是一门致用之学，经邦济世是其致用性的集中体现。从这个意义上来说，中国经济学是否需要存在，就取决于其对中国经济改革与发展的有用性。这也就决定了中国经济学既要研究经济学的一般理论，更要研究中国经济改革与发展提出的重大理论和实践问题。由于中国是一个刚刚开始崛起的大的发展中国家，与美国等发达国家存在着巨大的差异，这就使得中国经济学的研究范式与西方发达国家主流经济学的研究范式存在较大的差别。这也是中国经济学的研究，不能简单用西方主流经济学的标准加以评判的重要原因之一。因此，中国经济研究热点的形成和变化，应该从中国经济改革与发展的变化中找到答案。同样，中国经济研究对经济学的理论与实践贡献，也应该用中国经济改革与发展所创造的"奇迹"来计量。同时，还应看到的是：中国经济发展的成功实践，也为中国经济学者运用中国的经验检验、修正、补充已有的经济学理论提供了难得的机遇和条件。因此，中国经济学者在这一领域的勤奋耕耘及其收获，也是对经济学一般理论的世界贡献。

中国经济学要能够指导中国特色社会主义的建设，还需要探索经济学理论转化为生产力的新机制。科学技术是第一生产力，这里既包括自然科学，也包括社会科学。把社会科学提升到第一生产力的高度上，关键在于要探索社会科学如何成为生产力，如何在生产力方面发挥作用。这就不仅仅是一个理论创新问题，而且还要解决社会科学如何转化为生产力的问题。在这个问题上，社会科学其实与自然科学是一样的。科学技术如果只是一种理论、一个专利放在那里，而不进行产业化、市场化，同样也不会转化成为生产力，从而也就不是直接的生产力。同样，社会科学如果只有理论创新，而没有创新成果的转化，也不会成为直接的生产力。所以社会科学的理论创新成果如何转化、如何产业化、如何市场化，就成为一个非常大的课题，是社会科学成为第一生产力，从而推动社会生产力发展的非常关键的一点，也是经济学作为一门"致用之学"的本质要求所在。

中国特色社会主义政治经济学的传承与创新[*]

中国特色社会主义政治经济学作为中国化、时代化的马克思主义政治经济学，传承马克思主义政治经济学的基本理论与方法，传承我们党在新民主主义时期、探索社会主义建设道路过程中对发展我国经济提出的独创性观点，总结40年来我国改革开放成功实践经验，提出许多新概念新范畴，作出了新的理论概括。特别是党的十八大以来，以习近平同志为核心的党中央坚持观大势、谋全局、干实事，成功驾驭了我国经济发展大局，在实践中形成了以新发展理念为主要内容的习近平新时代中国特色社会主义经济思想。习近平新时代中国特色社会主义经济思想是对马克思主义政治经济学的继承和发展，是中国特色社会主义政治经济学的最新成果。这一重大思想使中国特色社会主义政治经济学的研究对象更加科学、理论体系更加完备、话语体系更加丰富，从而为发展马克思主义政治经济学做出中国的原创性贡献，开辟了马克思主义政治经济学新境界。

一、坚持马克思主义政治经济学根本立场

马克思主义政治经济学是为人民服务的经济学。坚持以人民为中心的发展思想，这是马克思主义政治经济学的根本立场。中国特色社会主义政治经济学坚持马克思主义政治经济学的基本性质，坚持把增进人民福祉、促进人的全面发展、朝着共同富裕方向稳步前进作为经济发展的出发点和落脚点，作为经济学研究的重要使命；坚持马克思主义政治经济学的人民性，强调中国特色社会主义政治经济学必须坚持以人民为中心的研究导向，坚持人民是历史创造者的观点，树立为人民做学问的理想，尊重人民主体地位，聚焦人民实践创造，努力多出经得起实践、人民、历史检验的研究成果；坚持马克思主义政治经济学的实践性，中国特

* 原载于《人民日报》2018 年 7 月 16 日。

色社会主义政治经济学在改革开放的伟大实践中形成，又在继续深化改革开放的伟大实践中丰富发展，为人们认识世界、改造世界提供科学工具和精神力量。

改革开放 40 多年来的实践证明，公有制为主体、多种所有制经济共同发展的基本经济制度，是我国各族人民共享经济社会发展成果的经济制度保证，也是巩固党的执政地位、坚持我国社会主义制度的重要保证。中国特色社会主义政治经济学坚持马克思主义政治经济学关于公有制是社会主义本质规定的基本理论，强调要坚持和完善我国社会主义基本经济制度，毫不动摇巩固和发展公有制经济，毫不动摇鼓励、支持、引导非公有制经济发展。同时，强调公有制主体地位不能动摇，国有经济主导作用不能动摇。坚持马克思主义政治经济学关于实现共同富裕是社会主义根本原则的基本理论，强调坚持按劳分配原则，完善按要素分配的体制机制，将按劳分配为主体、多种分配方式并存作为我国社会主义基本分配制度。

二、丰富马克思主义政治经济学理论体系

中国特色社会主义政治经济学作为我国改革开放的重要理论创新成果，既继承了马克思主义政治经济学的基本原理，又在改革开放实践特别是党的十八大以来的新时代中国特色社会主义建设实践中形成了鲜明的中国特色、中国风格、中国气派。

拓展马克思主义政治经济学研究对象。马克思主义政治经济学的主要研究对象是生产关系。中国特色社会主义政治经济学在坚持生产关系研究的基础上，根据社会主义社会要快速发展生产力的要求，把生产力作为研究对象，使中国特色社会主义政治经济学更好服务于解放生产力、发展生产力。根据中国特色社会主义新时代社会主要矛盾的变化，为满足人民对优美生态环境的需要，强调保护生态环境就是保护生产力、改善生态环境就是发展生产力，进一步拓展了马克思主义政治经济学研究对象。

构建具有中国特色、中国风格、中国气派的理论体系。一是发扬与时俱进这一马克思主义政治经济学的理论品质，在我国改革发展实践中形成了一系列新的经济理论，如社会主义初级阶段理论、社会主义基本经济制度理论、社会主义基本分配制度理论、社会主义市场经济理论、社会主义经济发展理论、社会主义对外开放理论，等等，为构建中国特色社会主义政治经济学理论体系奠定了坚实的理论基础。二是坚持马克思主义政治经济学历史逻辑、理论逻辑、实践逻辑相统

一的基本方法，在理论体系构建中既突出理论性、学理性，又从我国改革开放实践经验中提炼新理论、发现新规律，并恰当运用数理逻辑加以验证和解释。三是围绕发展生产力特别是全面建设社会主义现代化强国的目标，提出系统化的经济理论，主要包括以人民为中心的发展思想、新时代的社会主要矛盾、新发展理念、"两个一百年"奋斗目标、共同富裕的发展目的、创新驱动和人才强国等发展战略、"四化同步"的现代化道路、人与自然和谐共生的发展条件等，从而形成了以发展为主线的中国特色社会主义政治经济学"四梁八柱"的基本架构。

丰富具有中国特色、中国风格、中国气派的话语体系。一是坚持马克思主义政治经济学的基本概念和范畴。马克思主义政治经济学揭示了人类社会发展的一般规律，至今依然是具有重大国际影响的思想体系和话语体系，因而中国特色社会主义政治经济学的话语体系首先是马克思主义政治经济学的话语体系。二是坚持马克思主义政治经济学的发展性和开放性，依据经济社会发展新变化，对马克思主义政治经济学的一些概念和范畴进行重新定义，赋予其新的内涵。例如，把混合所有制经济作为我国社会主义基本经济制度的重要实现形式；把社会主义制度和市场经济结合起来，提出社会主义市场经济理论；等等。从这个意义上讲，中国特色社会主义政治经济学的话语体系又是中国化、时代化的马克思主义政治经济学话语体系。三是吸收借鉴西方经济学反映市场经济一般规律的概念和范畴，如潜在增长率、全要素生产率等。四是从我国改革发展的丰富经验中总结和提炼新的概念和范畴，如新发展理念、以人民为中心、供给侧结构性改革、稳中求进、底线思维，等等，从而使中国特色社会主义政治经济学话语体系具有鲜明的中国特色、中国风格、中国气派。

三、中国特色社会主义政治经济学的理论贡献

中国特色社会主义政治经济学作为在中国大地上繁荣发展起来的经济学，源于中国经济改革发展的伟大实践，是经过实践检验、被实践证明了的科学理论。特别是党的十八大以来，在习近平新时代中国特色社会主义思想指导下，中国特色社会主义政治经济学快速发展，为世界经济学的繁荣发展贡献了中国智慧。

形成社会主义市场经济理论，为人类对更好社会制度的探索做出贡献。中国特色社会主义政治经济学突破了市场经济只能建立在私有制基础上的传统理论和偏狭认识，实现了公有制与市场经济的有机结合，创立了社会主义市场经济理论。社会主义市场经济的优势在于，既能发挥市场经济优化资源配置的优势，又

能发挥以公有制为主体的制度优势，能够克服私有制市场经济的固有弊端，极大地解放和发展生产力。理论大突破带来经济大发展。改革开放40年来，我国经济发展实现了年均9%以上的高速增长。到2009年，国内生产总值（GDP）超过日本，成为世界第二大经济体。2014年，国内生产总值超过10万亿美元，占世界经济的比重提高到13.3%，2017年进一步提高到15%左右。在世界经济发展史上，没有一个国家能像中国这样在短短几十年时间里取得如此大的发展成就，也没有一个国家能像中国这样在短短几十年时间里使7亿多贫困人口摆脱贫困。这些"中国奇迹"，充分展示了社会主义市场经济的制度优势。

形成中国特色社会主义经济运行理论，实现政府与市场的优势互补。中国特色社会主义政治经济学突破了政府与市场关系难以协调的传统理论，强调发挥市场对资源配置的决定性作用、更好发挥政府作用，实现了政府与市场的优势互补。进一步说，让市场对资源配置起决定性作用，是任何市场经济都要遵循的一般规律；而更好发挥政府作用，是中国特色社会主义政治经济学的独特贡献。更好地发挥政府作用主要体现在：一是根据市场发育程度和市场作用的强度，不断调整优化政府的作用范围和作用方式，转变政府职能，实现政府作用与市场功能相互依存、相互促进；二是充分发挥发展中国家的后发优势，通过更好发挥政府作用弥补市场失灵，少走或不走弯路，实现跨越式赶超发展。

形成中国特色社会主义经济发展理论，为跨越"中等收入陷阱"和实现现代化提供理论指导。中国特色社会主义政治经济学突破了西方经济学的经济发展理论和经济增长理论，在改革开放40年中走出了一条新型工业化、信息化、城镇化、农业现代化同步发展的现代化道路。随着我国进入从富起来到强起来的新时代，我们党又提出贯彻落实新发展理念、建设现代化经济体系、实施创新驱动发展战略、推进供给侧结构性改革等强起来的新发展理论。在西方经济学中，发展经济学要解决的是如何跨越"低收入陷阱"问题，而对跨越"中等收入陷阱"进而实现现代化没有提出解决方案；经济增长理论要解决的是发达国家的经济增长问题，而对发展中国家的发展问题也没有提出解决方案。还应看到，西方经济发展理论和经济增长理论在发展中国家的实践效果并不理想。相比之下，中国特色社会主义政治经济学的经济发展理论不仅指引我国跨越了"低收入陷阱"，而且正在指引我国成功跨越"中等收入陷阱"和实现社会主义现代化。

形成中国特色社会主义对外开放理论，把对外开放和经济全球化理论提升到新高度。中国特色社会主义政治经济学突破了西方经济学的开放理论和经济全球化理论，反对经济全球化中的霸权主义、强权主义、冷战思维，推动开放、包容、普惠、平衡、共赢的经济全球化，倡导构建人类命运共同体，从而把对外开放和经济全球化理论提升到新高度。它主张在推进对外开放和经济全球化过程中寻求人类共同利益和共同价值，构建平等合作、互利共赢机制，探索新型国际合作模式，促进全球共同繁荣。中国倡导的"一带一路"建设就是推动构建人类命运共同体的具体实践。它坚持共商共建共享原则，深化政策沟通、设施联通、贸易畅通、资金融通、民心相通，推动中国发展更高层次的开放型经济，促进参与国家共同繁荣发展。

改革开放 40 年中国特色社会主义
政治经济学的创新发展[*]

我国改革开放 40 年取得的巨大经济成就，证明了指导我国经济发展的经济学理论是扎根中国大地的科学理论。因此，总结改革开放 40 年来中国特色社会主义政治经济学的创新发展成果，具有特别重要的理论和实践价值。

一、中国特色社会主义政治经济学学术体系的创新发展

新中国成立特别是改革开放以来，中国特色社会主义政治经济学的学术体系建设在经济发展实践的滋养中不断向前推进，为形成中国风格、中国气派、中国特色的学术体系奠定了坚实的基础和条件。

第一，确立了中国特色社会主义政治经济学的基本定位。创立中国特色社会主义政治经济学的学术体系，最首要的问题是解决为谁服务和如何服务这两个基本问题。中国特色社会主义政治经济学对此做出了明确的回答。

中国特色社会主义政治经济学是为人民服务的。马克思在创立自己的政治经济学时就宣称它是为无产阶级服务的，恩格斯把马克思的《资本论》称为工人阶级的"圣经"。中国特色社会主义政治经济学传承创新了马克思经济学的基本立场，强调是为增进全体人民福祉和全面发展服务的，把共同富裕看作是社会主义的本质。邓小平同志在改革开放初期就指出，通过让一部分人和地区先富起来，最终实现共同富裕。习近平总书记依据新时代的新要求，进一步提出了"以人民为中心"的发展思想，强调推进全民共享、全面共享、共建共享和渐进共享。这些新的发展思想和理念，强调不断实现好、维护好、发展好最广大人民群众的根本利益，从而对共同富裕的内涵、要求和途径做出了全面的阐述和提升。

---

* 原载于《光明日报》2018 年 11 月 27 日。

中国特色社会主义政治经济学服务于全体人民福祉，其研究内容也随着时代的变化而创新发展，这表现在：针对新中国成立初期我国生产力发展相对落后的状况，党的八大明确提出我国社会主要矛盾是人民对经济文化迅速发展的需要同当前经济文化不能满足人民需要的状况之间的矛盾，党的十一届六中全会作了进一步提炼，指出我国社会的主要矛盾是人民日益增长的物质文化需要同落后的社会生产之间的矛盾。随着中国特色社会主义进入新时代，党的十九大又及时提出我国社会主要矛盾已经转化为人民日益增长的美好生活需要和不平衡不充分的发展之间的矛盾，从而使中国特色社会主义政治经济学的服务定位不断与时俱进，保持了中国特色社会主义政治经济学的生命力和活力。

中国特色社会主义政治经济学通过解放生产力、发展生产力和保护生产力为人民服务。马克思早在《共产党宣言》中就明确指出，无产阶级取得政权后要大力发展生产力，尽快增加生产力总量。为新生的社会主义生产关系奠定坚实的物质基础和创造出比资本主义更快的增长速度，以充分体现社会主义经济制度的优越性。在改革开放初期，针对传统计划经济体制对生产力发展的严重束缚，邓小平同志提出，社会主义不仅要发展生产力，而且还要通过深化经济体制改革和对外开放解放生产力，要求把发展生产力和解放生产力两个方面都要讲全了，并把解放和发展生产力作为社会主义的本质。经济发展进入新时代，针对我国绿色发展的新要求和人民对美好生态环境的新期盼，习近平总书记进一步提出保护生态环境就是保护生产力、改善生态环境就是发展生产力的理念，从而把生产力的内涵扩展为解放生产力、发展生产力和保护生产力。因此，中国特色社会主义政治经济学的研究对象就从马克思《资本论》确定的联系生产力研究生产关系扩展为研究生产关系和生产力，既要研究生产关系以深化经济体制机制改革来解放生产力，还要研究生产力以优化资源配置来发展生产力和保护生产力，使中国特色社会主义政治经济学成为指导中国改革开放和发展生产力的锐利理论武器。

第二，确立了中国特色社会主义政治经济学"四梁八柱"的基本理论。改革开放 40 年来，中国特色社会主义政治经济学通过继承和创新马克思主义经济学、从中国经济改革发展的实践经验中总结提炼概念和范畴形成理论、学习借鉴西方经济学的科学成分，创新性地提出了一系列顺应生产力发展规律的新理论、新概念、新范畴，成为支撑中国特色社会主义政治经济学学术体系的"四梁八柱"。

一是创立了社会主义初级阶段及其富起来和强起来的发展阶段理论，为构建中国特色社会主义政治经济学提供了时代背景。依据马克思揭示的社会经济形态发展的一般规律，社会主义也是一个从产生、发展到成熟的历史自然过程。在这个历史自然过程中，由于生产力和生产关系的发展状况不同，社会主义会表现为不同的发展阶段。改革开放初期，我国根据生产力的发展状况，创新性地提出我国仍处于社会主义初级阶段的基本判断，创立了社会主义初级阶段理论，找到了在生产力发展相对落后的发展中大国建设社会主义的道路和理论指导。随着中国特色社会主义进入了新时代，我国发展站到新的历史起点上，与之相适应提出的一系列新思想、新理念、新战略，丰富并发展了社会主义初级阶段理论。

二是创立了中国特色社会主义基本经济制度和分配制度理论，为构建中国特色社会主义政治经济学奠定了坚实的经济制度基础。根据社会主义初级阶段生产力发展的状况，我国在改革开放初期通过"实践是检验真理唯一标准"的大讨论，以"三个有利于"（是否有利于发展社会主义社会的生产力，是否有利于增强社会主义国家的综合国力，是否有利于提高人民的生活水平）作为评判一切工作成败得失的根本标准，把非公经济作为社会主义初级阶段基本经济制度的重要组成部分，充分发挥非公经济对生产力发展的促进作用，创立了社会主义初级阶段以公有制经济为主体多种所有制经济共同发展的基本经济制度理论，并且通过把股份制作为公有制经济的重要实现形式找到了国有企业改革的正确道路，夯实了社会主义初级阶段的基本经济制度。改革开放40年来，我国始终坚持"两个毫不动摇"，极大地显示了这一制度的优越性。同时，在中国特色社会主义基本经济制度基础上创立了以按劳分配为主体多种分配方式并存的基本分配制度理论，实现了从我国实际出发对效率和公平关系认识的不断深化和完善，为我国不断深化收入分配制度改革指出了正确方向。

三是创立了社会主义市场经济理论，为构建中国特色社会主义政治经济学提供了新的经济运行体制和机制。市场经济作为资源配置的有效方式，没有特定的社会经济属性，这一重要理论发现，为社会主义利用市场优化资源配置发展生产力开辟了道路。改革开放40年来，我国通过把公有制与市场经济有机结合起来，成功创立了社会主义市场经济理论，为创新发展市场经济理论提供了中国智慧；在改革开放中不断完善和形成的社会主义市场经济体制，极大地解放和发展了生产力，为利用市场优化资源配置、解放和发展生产力提供了中国方案；在社会主义市场经济的体制框架中，不断调整政府与市场的关系，为正确理解政府与市场的关系提供了中国经验。

四是创立了以新发展理念为引领的全面、可持续和包容性发展理论，为构建中国特色社会主义政治经济学提供了新的发展道路。我国在追求全面发展的进程中，形成了构建现代产业体系的新型工业化道路、城乡一体化建设的新型城镇化道路、区域经济一体化发展的区域协调发展道路、构建人与自然和谐关系的绿色发展道路;在追求可持续发展的进程中,形成了从高投入、高消耗、高污染的粗放发展方式向创新驱动高质量发展方式转型的一整套发展理论,强调建设现代化经济体系,把创新作为发展的第一动力,人才作为发展的第一资源;在追求包容性发展的进程中,形成了一整套在中国脱贫实践中经过检验的减贫脱贫的科学理论,指导我国即将在现有标准下全面脱贫,实现全面小康社会。这些理论和道路为发展中国家提供了跨越低收入阶段和中等收入阶段的中国方案。

五是创立了中国特色对外开放理论,为构建中国特色社会主义政治经济学提供了开放型经济体制和机制。改革开放 40 年来,我国坚持对外开放不动摇,不断扩大对外开放,特别是实施"一带一路"倡议以来,我国的对外开放从主要对发达国家开放扩大到向发展中国家开放,推动构建人类命运共同体;从主要是沿海开放扩大到沿江沿边开放,构建全域对外开放新格局;从主要是"引进来"扩大到"走出去",构建全球资源和市场整合体系,推动我国从参与经济全球化到引领经济全球化的转变。这为发展中国家既保持独立自主又充分利用国内国外"两个市场""两种资源"发展生产力提供了成功的样板。

第三,探索了中国特色社会主义政治经济学的学术体系。对中国特色社会主义政治经济学学术体系的构建,在许多方面已经取得了共识,例如,在逻辑体系的构建上,认为中国特色社会主义政治经济学不能简单模仿马克思《资本论》的逻辑体系,更不能套用西方经济学的逻辑体系,而是应该扎根中国大地进行自主创新。在学术体系构建的时间节点上,认为我国已经初步具备了构建学术体系的理论基础和经验条件,但中国道路、中国制度和中国理论还需要在完成强国目标的新时代进一步丰富、检验和完善发展,因而学术体系的构建是一个长期的努力过程,需要中国学者长期不懈的奋斗。

但是,对学术体系的构建,目前仍然存在许多分歧和争论,提出了各具优势和特色的学术体系构建设想,主要有:在学术体系的逻辑起点选择上,有的认为是"中国特色社会主义商品",有的认为应是社会主义的本质;在学术体系的逻辑主线选择上,有的认为是发展完善社会主义经济制度,有的认为是解放和发展生产力,有的认为是经济发展,有的认为是以人民为中心的发展思想,还有的认为是建设现代化经济体系;在学术体系的逻辑结构选择上,有的继续沿用制度、运行、发展和开放"四位一体"的体系结构,有的认为应按照商品—货币—资本—生产—流通—总过程的逻辑顺序构建理论体系,有的认为应以经济发展的理论框架构建学术体系,还有的认为由于目前难以构建完善的学术体系,因而可以按改革和发展的重大问题分章形成学术体系。

二、中国特色社会主义政治经济学话语体系的创新发展

改革开放 40 年来，通过继承和创新马克思主义经济学的概念和范畴、借鉴吸收西方经济学的概念和范畴、从中国改革发展的实践经验中总结提炼新的概念和范畴，我国初步形成了中国特色社会主义政治经济学的话语体系。

第一，继承和创新马克思主义经济学的概念和范畴。中国特色社会主义政治经济学来源于马克思主义经济学，因而毫无疑问，话语体系也是马克思主义经济学的话语体系，具体表现在：

一是继承了马克思主义经济学的科学概念和范畴。首先是经济学的一般概念和范畴，例如价值、价值规律、劳动价值论、劳动生产率、生产关系适应生产力发展的规律等；其次是关于分析资本主义社会的基本概念和范畴，例如剩余价值规律、资本主义的基本矛盾、资本主义的基本运动规律等，特别是 2008 年世界金融危机的爆发，再次验证了马克思揭示的资本主义基本矛盾的科学性和有效性；最后是马克思描述未来社会即社会主义社会的一系列概念和范畴，例如公有制、按劳分配、共同富裕、人的全面发展等。

二是随着社会主义实践的发展，依据变化了的情况对马克思主义经济学的一些概念和范畴进行与时俱进的创新和发展，赋予其新的内涵和外延。从扩展外延的角度来看，如把商品经济和市场经济扩展到了社会主义市场经济，与之相适应，与资本主义市场经济相联系的一些概念和范畴如资本、利润等也从资本主义的特有概念扩展到了市场经济的一般概念，等等。从内涵提升的角度来看，如对马克思的科技也是生产力进一步提升到科学技术是第一生产力；对社会主义制度建立后要尽快增加生产力总量进一步提升到发展是第一要务等。

对马克思主义经济学概念和范畴的继承与创新，为构建中国特色社会主义政治经济学话语体系奠定了坚实的基础，形成了基本的框架。由于马克思主义经济学的概念和范畴在世界范围内得到了广泛的认知和传播，这就为中国特色社会主义政治经济学能够被世界了解和认知并进行交流和交锋创造了条件。

第二，创造性地借鉴西方经济学的概念和范畴。当代西方经济学研究的是资本主义市场经济，中国特色社会主义政治经济学研究的是社会主义市场经济，虽然两者具有根本性质的差别，但从市场经济一般来看，两者又具有共同的特征和一般的运行规律，因而与市场经济一般相联系的西方经济学概念和范畴就不具有

特殊的社会经济属性，是经济学的共同财富。对于这些共同话语，中国特色社会主义政治经济学通过兼收并蓄，并加以创新性改造，丰富了自己的话语体系。

例如，党的十八届三中全会通过的《中共中央关于全面深化改革若干重大问题的决定》明确指出，"市场决定资源配置是市场经济的一般规律，健全社会主义市场经济体制必须遵循这条规律"。这就意味着市场对资源配置起决定性作用是市场经济的一般要求。

又如，全要素生产率最早是由西方经济学提出的综合反映技术进步对经济发展作用的概念，但作为反映生产力发展源泉的一般概念，党的十九大报告在讲到推动经济发展质量变革、效率变革、动力变革时，就使用了全要素生产率的概念。

再如，经典的熊彼特创新理论所说的创新主要指产品创新、技术创新、市场创新、资源配置创新和组织创新等，西方经济学的现代经济增长理论和制度经济学虽然也从各自视角提出了技术创新、制度创新等，但这些创新定义还不能完全反映我国所说的创新是第一动力的概念，我国的创新包括理论创新、技术创新、制度创新、文化创新、实践创新等内涵。

还如，中国成功跨越低收入阶段的发展经验，一方面验证了刘易斯二元经济理论的部分有效性，同时也揭示了它的历史局限性，中国经验对刘易斯二元经济理论的超越，是对发展经济学做出的中国贡献，因而我国使用"二元经济"概念时就加入了新的中国元素。

第三，从中国改革发展的实践经验中总结提炼新的概念和范畴。中国的改革发展是前无先例的伟大创举，新中国成立以来的经济建设，特别是 40 年改革发展的成功经验，已经淬炼出一批既反映中国经验又具有经济学一般价值的概念和范畴，例如，社会主义初级阶段、社会主义初级阶段的基本经济制度和分配制度、社会主义市场经济、"以人民为中心"的发展思想、新发展理念、供给侧结构性改革、转变发展方式、新旧动能转换、新型工业化道路、新型城镇化道路、"一带一路"、"摸着石头过河"等。这些概念和范畴成为中国特色社会主义政治经济学话语体系创新发展的重要来源。随着中国经济发展的日益成功，特别是"两个一百年"奋斗目标的实现，从中国改革发展的实践经验中总结提炼出的新话语将会得到越来越多的世界认可和接受，甚至成为全世界的经济学通用话语。

三、中国特色社会主义政治经济学方法论体系的创新发展

改革开放 40 年来，中国特色社会主义政治经济学之所以在理论上不断创新

发展，在实践上能够有效指导改革发展向前推进并取得巨大成功，一个重要原因就是传承和创新了马克思主义经济学的科学方法论体系。

第一，理论分析方法。马克思认为，政治经济学是认识世界和改造世界的理论武器。要体现政治经济学的理论性和思想性，就需要运用理论分析方法提出新概念、新范畴、新思想、新理论、新体系，否则就无法科学认识世界，更不可能正确地改造世界。运用理论分析方法，主要包括：

一是充分运用马克思主义经济学的理论分析方法，解决改革发展中的重大理论和实践问题。改革开放40年来，我国运用马克思的历史唯物主义方法、辩证唯物主义方法，做出了我国仍处于并将长期处于社会主义初级阶段的基本论断，为创立社会主义初级阶段的基本经济制度和分配制度奠定了基础；提出了社会主义初级阶段的主要矛盾及其在新时代的转化，为制定富国和强国战略奠定了基础；提出了"一个中心、两个基本点""以人民为中心"的发展思想、新发展理念、解放和发展生产力、只有改革开放才能发展社会主义等一系列新概念、新范畴。

二是吸收借鉴西方经济学的科学理论分析方法。改革开放40年来，我国引入了均衡分析、边际分析、静态分析、动态分析等具体研究方法，成为中国特色社会主义政治经济学基本方法的重要补充。

第二，经验分析方法。恩格斯明确指出，政治经济学本质上是一门历史的科学，因而逻辑发展完全不能限于纯抽象的范围，需要历史的例证。这就是在充分占有资料的基础上通过历史事实的描述达到以下两个目的：

一是从长期的历史发展经验中总结和提炼经济规律。首先是从中国的经验中总结规律，社会主义初级阶段理论、社会主义市场经济理论、社会主义发展理论、社会主义开放理论等都是从我国社会主义经济建设特别是改革开放40年的实践中总结提炼出来的。其次是从世界其他国家发展经验和教训中总结规律，如我国借鉴日本、韩国成功跨越"中等收入陷阱"的经验和拉美、东南亚一些国家陷入"中等收入陷阱"的教训，及时做出了从高速发展转向高质量发展的重要论断，提出跨越转变发展方式、优化经济结构、转换增长动力三大关口，形成了经济转型发展的新理论。

二是用历史经验检验和修正已有的理论和范畴。首先是检验马克思主义经济学的概念和范畴，对那些经过检验是正确的科学理论予以继承和发展，对那些已经过时的个别具体结论予以放弃，推进了马克思主义经济学的与时俱进，例如实现了对马克思公有制理论、市场经济理论的创新发展。其次是对西方经济学中那些符合市场经济一般规律和要求的概念和范畴予以借鉴。

第三，数理分析方法。马克思自 19 世纪 60 年代就致力于将数学运用于揭示经济规律的研究，这在《资本论》中得到了充分体现，马克思甚至认为，一种科学只有在成功地运用数学时才算达到了真正完善的地步。改革开放 40 年来，我国经济学运用数理分析方法的研究逐步广泛，从而使中国特色社会主义政治经济学的研究方法更加趋向完善，主要表现在：通过数学方法揭示不同变量之间的数量关系，使理论揭示的经济运动规律可量化、更准确；运用数理逻辑对已有的理论做出验证，增强理论的应用性和实践性；由于大多数理模型和工具是在西方国家的理论和实践中形成的，而我国与西方国家存在巨大差异，为增强模型和工具的适用性，学者们进行了中国化的修正。

四、中国特色社会主义政治经济学进一步研究的方向

改革开放 40 年来，中国特色社会主义政治经济学学术体系、话语体系和方法论体系的构建虽然取得了巨大成就，但与形成中国风格、中国气派、中国特色的学术体系、话语体系和方法论体系的要求还有相当的距离，需要继续做出努力。

第一，推进中国特色社会主义政治经济学学术体系从理论设想向现实转化。把构建中国特色社会主义政治经济学学术体系的出发点、研究主线、体系结构安排等已经提出的各种理论设想进一步转化为理论学说和著作，这就需要：进一步明确界定概念和范畴的内涵与外延，使其更加科学和规范；揭示不同概念和范畴之间的逻辑关系，逐步把这些概念和范畴串珠成链，形成严密的逻辑体系；探索学术体系从研究方法到叙述方法的转换，用叙述方法构建完整的学术体系。在以上工作的基础上就可以把不同的理论设想转化为不同的学术体系，并通过不同学术体系的比较和交流推进学术体系的完善和发展。

第二，推进中国特色社会主义政治经济学话语体系从国内交流向国际交流扩展。与我国的经济发展实践在国际上引起的巨大反响和广泛关注相比，在我国实践经验中总结提炼出的中国特色社会主义政治经济学话语尚没有引起世界经济学界足够关注和强烈反响，因而急需用中国特色社会主义政治经济学话语体系在世界上传播中国改革发展的经验和理论，一方面让世界从不同的视角更加真实地了解中国经济改革发展的全貌；另一方面让中国特色社会主义政治经济学话语体系在世界的各种话语体系中平等地争论、对话，让世界更容易理解和接受中国概念

和范畴。

第三，推进中国特色社会主义政治经济学方法论体系从"板块结合"向"有机结合"转变。马克思《资本论》是把理论分析、经验分析和数理分析有机结合的榜样，形成了历史与逻辑相统一的科学方法，并运用数学方法揭示和验证经济规律，实现了理论逻辑与数理逻辑的统一。马克思之所以能够达到理论分析、经验分析和数理分析的有机结合，是因为马克思把经济学家、哲学家、历史学家和数学家集于一身。因此，构建既符合经济学一般发展规律又拥有中国风格、中国气派和中国特色的社会主义政治经济学理论体系，就需要一方面学习马克思的科学精神，不断提升自身综合运用理论分析、经验分析和数理分析的能力，使它们有机结合起来；另一方面，组建学术团队，形成各个团队成员优势互补的协同创新。

谈谈科学研究的方法[*]

在科研上，如果方法得当，就会收到事半功倍的效果。搞好科研工作的制约因素很多，我认为，搞好科研主要应注意以下问题。

一、尽快地进入科研阵地

作为教师，一个重要的任务就是为祖国培养出合格的人才。要做到这一点，就必须要做好科研。因而就要尽快进入科研阵地。所谓尽快，就是不要徘徊，不要有看、等和畏惧的心理。这需要正确处理打基础与科研的关系，没有一定的基础，科研是不会搞好的，但也不必过多地去打基础，准备自己的知识结构。因为我们经过了本科、研究生阶段的基本训练，已具备了一定的基础，而且目前知识更新的速度不断加快和范围越来越广，如果一味追求打基础，就延误了自己进入科研的时间。我们可以在科研中带着问题去看书，去准备知识结构。有一俗话说："上山何必扛着船。"这是一个很好的比喻。在今后的科研工作中可能要过河，也可能要爬山，那么，在爬山之前就没有必要为了过河将船准备好而扛上爬山。

二、要踏实，不要急于求成

搞科研工作不要急于求成，它需要老老实实、执着追求的精神。因为科研就是追求真善美，而用假恶丑的办法是得不到的，即使一时得到了，最终也是要吃大亏的。我们作为青年教师，应该学习老一辈科学家那种朴实、踏实、求是的严谨学风，不能为了早出成果，早成名，采取投机取巧、哗众取宠等假的丑的做

---

* 原载于《学者谈艺录》，中国人民大学出版社 1992 年版。

法。尤其是我们还很年轻,今后的路还很长,更应该踏踏实实,一步一个脚印地往前走。虽然这从短期来看你可能会走得慢一些,但从长期来看,你将受益无穷。

三、要注重质量,不要单纯追求数量

有人一开始为了尽快做出科研成果而得到人们的一种承认,往往会过多地追求科研成果的数量而忽视质量。而且我国目前不完善的评价体系也会诱发这种冲动。从我个人的体会来说,在科研上不能离开质量单纯追求数量。如果单纯追求数量,就会去嚼那些别人已经嚼过许多遍的东西,这一方面会牵扯你的许多精力,而且往往对一个人的思维会造成很大的损害。因为重复性工作做得太多,就不注意去发现新问题,提出新看法、新观点。这样久而久之,就会使你的路越走越窄。

追求质量,一开始就要踏下心来,拿出有思想、有分量的东西来,并且争取获奖,追求社会的承认。这将对你的科研影响极大,会逐步开辟出一条广阔的道路。在思想史上,往往有这样的情况:一个人的科研成果从数量上讲并不多,但有几篇论文或几本书在社会上引起了很大反响,提出了突破性的论点,他在思想发展史上就会占有很重要的地位。比如,在经济学说史上,成为世界上经济学大家的某些人,一辈子只写了一本书,或者有的一本书都不超过 10 万字,但他们却在经济学领域中占有非常重要的地位。

当然,从我国目前情况来看,脑体收入严重倒挂,教师待遇较低,尤其是青年教师更加困难,因而面临着许多实际问题。在这种情况下,写稿子挣点稿费解决生活问题也是一个办法,但关系一定要处理好,不要在挣面包的问题上花费过多的精力。

四、要注意思想史的研究和考察

科研就是要站在前人的科研成果的基础上取得新进展、新突破,这就需要了解前人的成果,知道这个课题的研究目前达到了什么水平,哪些方面的问题解决了,哪些方面的问题还没解决,难点在哪里,等等。如果做好了思想史方面的研究至少可以解决两个问题:第一,可以不再做重复性的无效劳动。如果在某个问题上,别人已经研究过了,并且得到了正确的解决,而你却不知道,仍去埋头辛辛苦苦地干,结果搞出的东西别人可能早在 10 年、20 年前就解决了,你的劳动就是得不到社会承认的无效劳动，结果浪费了很多的精力和时间。第二，可以了解现在问题研究已经达到了什么水平，这就可以使我们的科学研究始终站在时代的最前沿，使我们的科学研究具有较高的起点，从而达到较高的质量。因为你知道了哪个问题没有得到解决，你去解决这个问题，就是解决前人没有解决的问题，自然你也就站到了科研的最前沿，你的科研成果自然也就具有了重要的价值。

所以，我们一定要注重思想史方面的研究和考察，从我个人来说，我就是努力按这个思路安排我的科研活动的。比如，我主持的霍英东基金课题《市场机制：经济调节中的功能与缺陷》，虽然作为最终的主报告是要研究我国的市场改革与发育问题，但为了较好地完成这一课题，我就必须对外国经济学家的市场理论进行研究和考察。在这方面，我首先考察了前苏联和东欧经济学家的市场理论，苏联和东欧各国在市场改革方面的经验、教训。因为它们以前毕竟是社会主义国家，它们探索在社会主义经济中引入市场机制的理论与实践是需要认真总结的。其次，我又考察了西方市场理论，因为西方国家发展商品经济已经有几百年的时间，现在已建立了发达的商品经济。研究它们发展商品经济的理论与实践，对于我们无疑是有意义的。在对国外市场理论做了充分考察后，就会使最终的主报告具有雄厚的知识背景。

五、要积极筹集科研经费

做科研工作，没有一定的经费做保障是很困难的。写作需要调查、收集资料等，出版学术著作往往需要补贴许多钱，尤其年轻人出书更困难。也许你写出了一本质量很高的书，但苦于无资金而难以出版。这有社会方面的问题，但从我们自身来说，怎么打破这种资金上的限制，我认为可以采取以下两种办法：（1）申请各种基金。现在我国有许多基金，如国家教委的科研基金、国家社会科学基金、国家自然科学基金等，都可以组织班子申请。（2）参加有课题的老师的课题组，或者参加社会上一些科研课题的科研活动。在这种科研活动中，增长自己的知识，锻炼自己的能力，从而逐步从跟别人一起搞科研过渡到自己独立搞科研。

六、要注意发挥优势

发挥优势无非在两个方面：一是个人优势；二是环境优势。个人优势是指自己在哪个方面擅长，就要扬长避短，在自己擅长的方面做相关的研究课题，根据自己的情况选择突破口，选择课题。所谓环境优势，就是我们所处的学校优势。学校的优势主要体现在理论层次上。就以经济学为例，经济学可以具体划分为三个层次，即基本理论层次、经济运行层次和具体对策层次，在学校就较适合于前两个层次的研究，而后一个层次则较适合于实际部门。因为在学校很难对国民经济进行跟踪研究，像实际部门的同志那样较快、较详细地得到大量的实际材料。

当然，在学校也应尽量克服自己的短处，这可以采取以下办法：一是注重社会调查；二是可以建立同行之间相互交流的网络，通过这个网络，可以较快收集到一些必要的信息和实际材料；三是要充分利用各种会议的机会收集材料，尤其是一些实际部门的同志召集和参加的会议。

第三篇
中国经济学的研究热点

2003 年中国经济研究热点排名与分析[*]

一、统计样本的选取

2003 年我国发表的经济学研究论文相当庞杂，数量巨大，我们不可能把所有的论文都搜集起来进行统计，从中找出经济学的热点问题，实际上也没有必要这样做，因为从总体而言，反映我国经济学研究前沿和水平的论文应该主要发表在核心期刊上。但是，核心期刊的确定也有不同的版本，比较有代表性的主要是中国社会科学院、教育部委托南京大学、北京大学、中国人民大学等版本。这些版本选取的期刊存在较大差异，但我们发现在中国人民大学选取的核心期刊中，第一等级 A 类和第二等级 B 类期刊基本都被选为核心期刊。这样，我们就把中国人民大学确定的 A、B 类核心期刊（发表经济类文章的）作为统计样本。这些期刊如表 1 所示。

表 1　　　　　　　中国人民大学 A、B 类核心期刊（与经济类相关）

A 类	B 类
中国社会科学	求是
新华文摘	经济研究
	金融研究
	管理世界
	世界经济
	财贸经济

---

* 原载于《中国经济热点前沿》第 1 辑，经济科学出版社 2004 年版。

续表

A 类	B 类
	经济学动态
	世界经济与政治
	经济理论与经济管理
	北京大学学报（哲社版）
	复旦学报（社科版）
	中国人民大学学报
	教学与研究

当然，以上样本的选取肯定存在这样那样的不足，今年作为尝试，在今后各年选取时我们将逐步加以完善。

二、2003 年中国经济研究的前 20 个热点问题

我们通过对以上核心期刊中发表的全部经济类论文进行了逐一分类统计，得出了 2003 年经济学界讨论的前 20 个热点问题。前 20 个热点问题的排名以及各热点问题发表的论文数目和在所有论文中所占比例情况如表 2 所示。

表 2　　　　　　　　　　2003 年中国经济研究前 20 个热点问题

位次	热点问题	篇数	占论文总数的比例（%）
1	资本市场问题（含上市公司、资产定价等）	150	8.45
2	"三农"问题（含城市（镇）化）	69	3.89
3	中国经济增长与发展问题	68	3.83
4	产业结构与产业政策（含产业集群）	63	3.55
5	中国区域经济发展问题（含长三角、珠三角和东北工业基地）	51	2.87
6	民营经济与家族企业	41	2.31
7	商业银行问题	38	2.14
8	财政政策	34	1.92
8	经济全球化	34	1.92
10	转轨经济问题	33	1.86

续表

位次	热点问题	篇数	占论文总数的比例（%）
11	信息经济（含新经济、知识经济、信息化和新型工业化）	32	1.80
12	收入分配与收入差距	28	1.58
13	中国经济学学科发展问题	27	1.52
14	公司治理问题	24	1.35
15	货币政策	24	1.35
16	社会保障问题	23	1.30
17	消费（包括消费市场、消费经济等）问题	23	1.30
18	宏观经济形势（含世界经济形势）	22	1.24
19	外商直接投资问题	21	1.18
20	东亚经济问题	19	1.07
	合计	820	46.2

从表 2 的统计中可以看出，我国经济学的研究表现出以下几个突出的特点：

第一，经济学讨论的主题相对分散。首先从总体上看，前 20 个热点问题在总论文数中所占的比重仅为 46.2%，不足 1/2，论文主题集中度不高。从每个分类主题来看，在前 20 个热点问题中，即使是排在第一位的资本市场问题，也仅仅占 8.45%。这种现象说明：一是我国经济学的研究越来越趋向规范、独立和成熟，不唯书、不唯上、不唯风的学术氛围在逐步形成；二是我国经济改革与发展提出的重大理论问题和实践问题为我国经济学者提供了广阔的研究舞台，从而使经济学的多样化发展成为可能；三是我国经济学者的研究越来越趋向专业化发展，使一流的研究成果主题趋向多样化；四是核心期刊的定位追求差异化，这就使论文的选择不像以往那样跟风去讨论大家都关注的同一问题，而是注意百家争鸣，百花齐放，使各学派对各种问题的各种观点，通过期刊这样一个渠道表达出来，为中国经济改革和发展提供了很好的理论展示平台。

第二，综观前 20 个热点问题，可以发现这些热点问题基本上都属于中国的一些现实问题和政策问题，而经济学基础理论方面的问题较少。这一现象的出现有其深刻的历史背景，这就是我国正处在经济体制的转型期和经济发展的转型期。面对这两个转型，我们既无现成的理论体系来指导，也没有成功的实践经验作参考，摆在中国经济学者面前的艰巨任务，就是在已有理论和实践的基础上，面对中国经济改革与发展的主战场，对现实问题进行总结、提炼，以形成理论，或者对中国经济改革和发展问题进行前瞻性探索。可以说，中国经济学的生命力和竞争力，或者说在世界经济学舞台上的话语权，就在于对中国经济双重转型的解释，以及由此而引发的对已有经典理论的验证、修正和创新。当然，经济学的研究，特别是理论经济学的研究，是为所有经济学科的研究提供理论基础、方法和范式，这方面的研究不可忽视。因此，加强基础理论专题的研究，需要经济学者的努力，更需要学校、科研机构和政府给予相应的政策支持。

在前 20 个热点问题中，关于资本市场问题的研究（其中包括上市公司和资产定价问题）在所有论文中遥遥领先，成为 2003 年的第一热点，其论文数量是排名第二的"三农"问题的两倍多。直观来看，2003 年的热点问题研究——资本市场一直都是近几年的研究热点，而"三农"问题、产业结构与产业政策、中国经济增长问题、区域发展问题、民营经济与家族企业问题、商业银行问题、信息经济问题、东亚经济问题等明显与前一年度讨论的热点表现出不一致，这与中国经济改革与发展的进一步深化有直接关系。财政政策问题自从 1998 年实施积极财政政策以来就一直成为理论界关注的热点，它和经济全球化问题的讨论，随着形势的发展逐步不再占据绝对优势。另外，前些年非常热的公司治理问题相对于以前也沉默了不少。

资本市场问题排名高居第一说明了两个问题：第一，中国资本市场是中国经济改革与发展的重要内容。中国股市两年的低迷，使中国资本市场不断趋于边缘化，从而与其应该承担的历史任务严重不相称，拯救中国资本市场自然也就成了研究热点。值得庆幸的是，经济学界对资本市场的研究成果在 2003 年结出了丰硕的果实。党的十六届三中全会的《决定》首次在中央文件中利用一定篇幅对资本市场的发展作出规划和部属，2004 年 2 月，中央再次出台《国务院关于推进资本市场开放和稳定发展的 9 点意见》。这些历史性文件的形成，应该说是吸收了资本市场研究的积极成果，它必将对中国资本市场产生积极的推动作用。这种经济学研究与政府政策制定的互相影响，说明了理论界对中国经济改革和发展的影响是积极的，也是相当巨大的。第二，中国的资本市场毕竟刚刚发展了 10 多年，还是一个非常不成熟的迅速发展的市场，这就不可避免地存在这样或那样的问题，而且有些问题还相当严重，牵涉的利益相关者众多。这就使资本市场必然成为方方面面关注的焦点。实际上，资本市场不仅仅是 2003 年经济研究的热点，近几年来对其的讨论热度一直不减，这也反映了资本市场在我国经济生活中的重要性，反映了我国市场体系建设从商品市场向资本市场等要素市场的深化。

中国经济发展的动力源已经从需求总量的拉动转变为结构优化的推动，党的十六届三中全会通过的《决定》提出的五个统筹的要求，实际上就是以城乡结构、区域结构、经济社会结构、人与自然的结构、国内发展和对外结构的统筹发展来推动经济增长。这五个统筹大多都成为 2003 年理论界讨论的热点。其中的城乡结构表现为"三农"问题。"三农"问题是中国亟待解决的重要问题，在十届一次会议的政府报告就明确指出：发展农业和农村解决，增加农民收入，是我国解决工作的重中之重。在此之后，党的十六大报告提出全面建立小康社会，以及三中全会中都对"三农"问题进一步重申和强调，"三农"问题成为中国此届政府要的重要任务之一。实践中，许多与"三农"问题相关的政策相继出台，2003 年 1 月开始实施的《中华人民共和国农村土地承包法》，将农村土地承包期延长到 30 年，允许土地承包经营权流转。另外农村税费改革以及现在刚刚发布的中央"一号文件"都将"三农"问题提到了重要的位置，因此，理论界顺应实践发展的要求，围绕"三农"问题大做文章。"三农"问题成为 2003 年度理论刊物的第二大热点。

区域统筹表现在对中国区域经济发展问题，包括长三角、珠三角以及东北工业基地的讨论上。而且经济全球化的讨论，不仅与中国拓展国际空间相关，还与国内发展与国外发展的结构统筹相关。同时，关于东亚经济的讨论也与区域结构相关。社会经济结构的统筹表现为信息经济问题，包括新经济、知识经济、新型工业化等的讨论。而国内和对外开放的统筹表现为经济全球化和外商直接投资的论述。可以说，五个结构问题几乎都表现在 2003 年的热点之中。

另外，产业结构和产业政策问题，是中国面临的重要问题之一，也是中国从总量增长向结构增长的重要内容，直接关系到中国经济增长的速度。特别是新经济出现以后，以美国为首的发达国家由于位居产业链的高端，因此获取了最高的附加值，而我国由于产业层级较低，因此只能获取较低的附加价值。信息经济的出现，经济全球化的趋势都迫使我们不得不考虑如何与国际产业进行衔接，如何调整产业结构和产业政策的安排，从而保证中国能够在产业链条中占据一席之地。同时对比较优势理论也需要重新作出审视，竞争优势理论中的产业集群概念，进入人们视野，成为关注的焦点。

中国经济增长与发展问题一直是关注的热点，虽然从广义上来说，在所有这些热点中很多都可以归为经济增长与发展问题，然而我们对单纯就经济增长与发展问题的统计发现，讨论经济增长与各种因素关系的文章非常多，因此，我们单独作为一类进行了统计。

2004 年中国经济研究热点排名与分析[*]

一、统计样本的选取

为了保证本书研究的历史连贯性和可比性，2004 年中国经济研究热点排名的统计样本继续采用 2003 年的标准，即把中国人民大学确定的 A、B 类核心期刊（发表经济类论文的期刊）作为统计样本。这些期刊名称如表 1 所示。

表 1　　　　　　　　　中国人民大学 A、B 类核心期刊（与经济类相关）

A 类	B 类
中国社会科学	求是
新华文摘	经济研究
	金融研究
	管理世界
	世界经济
	财贸经济
	经济学动态
	世界经济与政治
	经济理论与经济管理
	北京大学学报（哲社版）
	复旦学报（社科版）
	中国人民大学学报
	教学与研究

* 原载于《中国经济热点前沿》第 2 辑，经济科学出版社 2005 年版。

二、2004 年中国经济研究的前 20 个热点问题

我国专家学者 2004 年在以上核心期刊中发表的全部经济类学术论文（不包括书评和会议报道等）共计 1 930 篇，比 2003 年发表的 1 775 篇增加了 155 篇。由于样本杂志数量没有扩大，论文篇数的增加主要是由一些样本杂志扩刊造成的。我们对这些论文继续按照 2003 年写作《中国经济热点前沿》（第 1 辑）的分类标准进行了逐一分类统计，得出了 2004 年中国经济学界讨论的前 20 个热点问题。这 20 个热点问题的排名以及各热点问题发表的论文数目和在所有论文中所占比例情况如表 2 所示。

表 2　　　　　　　　　　2004 年中国经济研究前 20 个热点问题

位次	热点问题	篇数	占论文总数的比例（%）
1	资本市场问题（含上市公司、资产定价等）	142	7.36
2	"三农"问题（含城市（镇）化）	97	5.03
3	中国经济增长与发展问题	81	4.20
4	中国区域经济发展问题（含长三角、珠三角和东北工业基地）	76	3.94
5	公司治理问题	71	3.68
6	商业银行问题	63	3.26
7	产业结构与产业政策（含产业集群）	59	3.06
8	国有经济	49	2.54
9	民营经济与家族企业	42	2.18
10	人民币汇率问题	39	2.02
11	外商直接投资问题	35	1.81
12	货币政策	31	1.61
13	就业问题	29	1.50
14	宏观经济形势（含世界经济形势）	27	1.40
15	对外贸易与贸易政策	26	1.35
16	财政政策	23	1.19
16	城市经济	23	1.19
18	公共经济	22	1.14
19	人力资本问题	19	0.98
20	收入分配与收入差距	14	0.72
	合计	968	50.16

2004 年经济学界讨论的前 20 个热点问题，与 2003 年的前 20 个热点问题（见表 3）相比较，有以下几个突出的特点：

表 3　　　　　　　　　　2003 年中国经济研究前 20 个热点问题

位次	热点问题	篇数	占论文总数的比例（%）
1	资本市场问题（含上市公司、资产定价等）	150	8.45
2	"三农"问题（含城市（镇）化）	69	3.89
3	中国经济增长与发展问题	68	3.83
4	产业结构与产业政策（含产业集群）	63	3.55
5	中国区域经济发展问题（含长三角、珠三角和东北工业基地）	51	2.87
6	民营经济与家族企业	41	2.31
7	商业银行问题	38	2.14
8	财政政策	34	1.92
9	经济全球化	34	1.92
10	转轨经济问题	33	1.86
11	信息经济（含新经济、知识经济、信息化和新型工业化）	32	1.80
12	收入分配与收入差距	28	1.58
13	中国经济学学科发展问题	27	1.52
14	公司治理问题	24	1.35
15	货币政策	24	1.35
16	社会保障问题	23	1.30
16	消费（包括消费市场、消费经济等）问题	23	1.30
18	宏观经济形势（含世界经济形势）	22	1.24
19	外商直接投资问题	21	1.18
20	东亚经济问题	19	1.07
	合计	820	46.2

资料来源：黄泰岩、杨万东：《中国经济热点前沿》第 1 辑，经济科学出版社 2004 年版。

第一，资本市场、"三农"和中国经济增长与发展问题仍然排在前三名，位次没有发生变化。这标志着它们仍然是中国经济的核心问题，而且是尚未较好解决的重大问题。

从资本市场问题来看，2004 年 2 月，中央出台了《国务院关于推进资本市场改革开放和稳定发展的 9 点意见》（也称"国九条"）这一历史性文件。"国九条"的颁布和实施，引起了上上下下、方方面面对资本市场的极高关注。在这一年，中央领导对资本市场的批示和讲话，超过了以往的任何一年，显示了中央对资本市场的高度重视。温家宝总理在 2005 年 3 月 14 日上午十届全国人大三次会议举行的记者招待会上就说："这个问题可能是互联网点击率最高的问题，也是社会上比较关心的一个问题。中国的股市是同社会主义市场经济一起发展的。证券市场为中国的经济建设做出了重要贡献，但是应当承认，由于我们的知识和经验不足，制度等基础建设薄弱，市场不完善，因而造成了近些年来股市持续下跌。我虽然很少就股市发表意见，但我却每天关心股市的行情。"同时，为拯救股票市场，政府的利好政策也频频发布。但是，在 GDP 增长创近几年新高、领导关注、政策利好的情况下，股票市场却持续逆向下跌，如到 2005 年 3 月 31 日沪市下跌到 1 162 点，创 5 年来新低。这种现象自然就引起了经济学界的高度重视，在这个领域学界和出版界自然也就不惜笔墨了。

从"三农"问题来看，这是 2004 年政府全部工作的重中之重，是中央领导最为重视的一件大事。温家宝总理在十届全国人大三次会议举行的记者招待会上就说："如果我们懂得了农业，也就懂得了穷人的经济学。我不是经济学家，但我深知农业、农民和农村问题在中国的极端重要性。没有农村的小康，就不会有全国的小康；没有农村的现代化，就不会有全国的现代化。"2004 年也是解决"三农"问题措施最得力的一年，如减免农业税、粮食直补等，从而也是取得重大成绩的一年，如粮食产量止跌回升、农民收入增长创近几年新高、农民种粮积极性大增等。但是，对我国"三农"问题的解决而言，这仅仅是万里长征迈出了头几步，今后需要解决的问题还会更多、更复杂，可是留给我们的时间却不多了。可以说，今后 5~10 年，能够改变中国的当首数"三农"问题的解决。因此，这就为经济学家们发挥聪明才智留出了巨大空间。2004 年关于"三农"问题的论文，无论是绝对数还是相对比重都远远超出 2003 年，就意味着经济学界对"三农"问题的关注在提高。

从中国经济增长与发展问题来看，发展仍然是硬道理，发展是解决我国面临的一切问题的核心和基础。温家宝总理在十届全国人大三次会议举行的记者招待会上说："我们面临一系列'两难'问题。经济发展慢了不行，那样就业压力就会更大，财政收入就会减少，许多应该办的事业就会缺乏资金。经济发展过快也不行，那样经济运行紧张，难以为继。"所以，"摆在政府面前的第一位任务，是通过加强和改善宏观调控，继续保持经济平稳较快发展。"但是，中国的经济增长与发展，在经济全球化和知识经济迅速发展的新格局下，面临着新的历史转型，如经济结构的转型、经济增长方式的转型和经济体制的转型等。在这个重大的战略转型期，有许多深层次的理论问题和实践问题，需要依靠经济学家的智慧去解决。中国经济增长与发展问题2004年虽然仍排在第三位，但与2003年相比，发表的论文数量和相对比重都有了较大程度的提高。

第二，有7个新的热点问题即国有经济、人民币汇率、就业、对外贸易与贸易政策、城市经济、公共经济和人力资本进入2004年的前20个热点问题中，相应2003年的7个热点问题即经济全球化、转轨经济、信息经济、中国经济学学科发展、社会保障、消费和东亚经济退出2004年的前20个热点问题，替换率达35%（见表4）。这显示了中国经济学界对问题讨论的活跃性及其对热点问题研究的与时俱进。

表4   **2004 年与 2003 年热点问题比较**

热点问题	位次		变化情况
	2004 年	2003 年	
资本市场问题（含上市公司、资产定价等）	1	1	未变
"三农"问题（含城市（镇）化）	2	2	未变
中国经济增长与发展问题	3	3	未变
中国区域经济发展问题（含长三角、珠三角和东北工业基地）	4	5	上升 1 位
公司治理问题	5	14	上升 9 位
商业银行问题	6	7	上升 1 位
产业结构与产业政策（含产业集群）	7	4	下降 3 位
民营经济与家族企业	9	6	下降 3 位
外商直接投资问题	11	19	上升 8 位
货币政策	12	14	上升 2 位
宏观经济形势（含世界经济形势）	14	18	上升 4 位
财政政策	16	8	下降 8 位
收入分配与收入差距	20	12	下降 8 位

续表

热点问题	位次		变化情况
	2004 年	2003 年	
国有经济	8		新增热点
人民币汇率问题	10		
就业问题	13		
对外贸易与贸易政策	15		
城市经济	16		
公共经济	18		
人力资本问题	19		
经济全球化		9	退出热点
转轨经济问题		10	
信息经济（含新经济、知识经济、信息化和新型工业化）		11	
中国经济学学科发展问题		13	
社会保障问题		16	
消费（包括消费市场、消费经济）问题		16	
东亚经济问题		20	

　　7 个新的热点问题进入前 20 名，与 2004 年中国经济的新变化密切相关。例如，国有资产管理的大论战，提升了学界对国有经济的关注，这也意味着在新的一轮攻坚改革中，国有经济的改革仍将处于核心的位置；中国经济的快速发展，大大提升了中国经济的实力，特别是中国外贸的快速发展，引发了国际社会对人民币升值和中国汇率改革的呼声和压力，汇率问题自然也就成为热点问题；就业是民生之本，随着中国经济体制改革的不断深化、城市化步伐的加快，以及中国工业化进入重化工业阶段导致的就业弹性下降，都使得中国的就业压力凸显，就业问题的研究必然引起关注；对外贸易的快速增长，使外贸成为拉动我国经济增长的重要因素之一，如现在的贸易依存度已达到了 77.86%，同时国际贸易摩擦也越来越严重，因而如何保证对外贸易的顺利发展，以及相应的贸易政策调整也就成为重要话题；中国工业化和城市化的快速发展，使城市的地位越来越重要，城市经济自然也就进入研究的视野；中国经济市场化步伐的加快，特别是经济全球化的迅速发展，凸显了公共经济的相对滞后，加快公共经济的发展克服这种结构失衡自然就成为重要的议题；21 世纪最贵的就是人才已成为时髦的话题，面对知识经济的挑战

和产业结构的升级，人力资本的重要性就必然相应越来越突出。

当然，2003 年的 7 个热点问题退出 2004 年的前 20 名，并不意味着这些问题的研究不再重要，而只是意味着这些问题的研究进入了相对稳定期，尚未找到新的热点。

第三，2004 年前 20 个热点问题的排名次序，除了前三位没有变化外，其他各个问题的排序与 2003 年的排序比较都发生了变化，其中上升幅度最高的问题是"公司治理"，下降幅度最大的是"财政政策"和"收入差距与收入分配"（见表 4）。这显然都与 2004 年中国经济的变化密切相关。2004 年中国公司频频出事，特别是中航油、伊利、长虹等问题的出现，使中国公司治理的软肋暴露无遗，加强公司治理也就成为经济理论与实践的重大课题。2004 年中国经济增长创了近些年来的新高，摆脱了 1998 年以来的通货紧缩，进入了新的上升周期，与通货紧缩相联系的积极财政政策也就自然退出，其地位和作用相对下降。相反，货币政策的地位和作用在新的经济增长时期受到重视，它的排位相当于 2003 年提高了两位。"收入差距与收入分配"问题，特别是收入差距问题，我认为依然是我国社会经济生活中的一个重大问题。对这个问题的关注大幅下降，可能是这个问题已经从理论问题转换成了实践问题。但其中的许多理论问题还应引起足够的关注。

第四，经济学讨论的热点主题仍然相对分散，但集中度有所上升。首先从总体上看，前 20 个热点问题在总论文数 1 930 篇中所占的比重为 50.16%，论文主题集中度不高。从每个分类主题来看，在前 20 个热点问题中，即使是排在第 1 位的资本市场问题，也仅仅占 7.36%。这种现象说明，一是我国经济学的研究越来越趋向规范、独立和成熟，不唯书、不唯上、不唯风的学术氛围在逐步形成；二是随着我国经济改革的不断深化、经济发展水平的不断提高，以及对外开放的不断扩大，许多重大理论问题和实践问题的提出为我国经济学者提供了广阔的研究舞台，从而使经济学的多样化发展成为可能；三是我国经济学者的研究越来越趋向专业化发展，使一流的研究成果主题趋向多样化；四是核心期刊的定位追求差异化，这就使论文的选择不像以往那样跟风去讨论大家都关注的同一问题，而是注意百家争鸣，百花齐放，使各学派对各种问题的各种观点，通过期刊这样一个渠道表达出来，为中国经济改革和发展提供了宽广的理论展示平台。

但是，2004 年前 20 个热点问题在总论文数中所占的比重比 2003 年有所提高，集中度提高了 3.96 个百分点。如果把两年同位次的问题所占比重进行比较的话，排位在第 2 位到第 12 位的问题所占比重都有所提高，其他都降低。如果按前 10 位的集中度进行比较，2004 年比 2003 年提高了 4.53 个百分点。从单个问题的比重来看，两年都排在第二位的"三农"问题所占比重提高了 1.14 个百分点，是同一位次比重提高最多的。这充分显示了"三农"问题的极端重要性。

第五，经济研究面向我国经济改革与发展的主战场，注重用理论解释实践，或用实践检验、修正理论和提升理论。综观前 20 个热点问题可以发现，其基本上都属于中国的一些现实问题和政策问题。这一现象的出现有其深刻的历史背景，这就是我国正处在经济体制的转型期和经济发展的转型期。面对这两个转型，我们既无现成的理论体系来指导，也没有成功的实践经验作参考，摆在中国经济学者面前的艰巨任务，就是在已有理论和实践的基础上，面对中国经济改革与发展的主战场，对现实问题进行总结、提炼，以形成理论，或者对中国经济改革和发展问题进行前瞻性探索。可以说，中国经济学的生命力和竞争力，或者说在世界经济学舞台上的话语权，就在于对中国经济双重转型的解释，以及由此而引发的对已有经典理论的验证、修正和创新。

第六，经济学基础理论方面的研究不足。在 2003 年的前 20 个热点问题中，"中国经济学学科发展问题"排在第 13 位，但这个问题在 2004 年却退出了前 20 名，更显示了基础理论研究的不足。在我国现阶段，对现实问题的研究固然重要，但经济学的研究，特别是理论经济学的研究，是为所有经济学科的研究提供理论基础、方法和范式，这方面的研究不可忽视。因此，加强基础理论专题的研究，需要经济学者的努力，更需要学校、科研机构和政府给予相应的政策支持。

2005 年中国经济研究热点排名与分析[*]

从 2003 年开始，我们课题组就开始对中国经济研究热点进行统计分析。前两年的研究报告都以《中国经济热点前沿》（第 1 辑、第 2 辑）分别出版。2005 年中国经济研究热点较前两年又有新的发展，表现出新的特征。

一、2005 年中国经济研究热点排名

（一）学术期刊统计样本的选取

2005 年学术期刊统计样本的选取较前两年做了更为科学的调整，即把选取的依据确定为期刊的社会影响力，而影响力的主要标志则是期刊的影响因子。期刊的影响因子越高，意味着该期刊的论文被关注度越高，从而论文讨论的问题自然也就是经济研究的热点问题。因此，2005 年中国经济热点的统计标准实际上包括了两个指标：一是论文的被关注度；二是论文在某一专题上的集中度。前者用期刊的影响因子来表示，后者用某一专题的论文数量在论文总数中所占的比重来表示。

对于期刊的影响因子指标，我们选取了教育部确定的《中文社会科学引文索引》（CSSCI）来源期刊影响因子排名。^① 为了较全面、准确、科学地反映中国经济研究的热点，我们又根据经济学科的特点和学科分布的需要对个别专业重复性期刊做了适当删除，最终挑选了 18 本期刊为统计样本。经济学类 14 本：经济研究、金融研究、经济社会体制比较、世界经济、中国工业经济、改革、中国农村经济、世界经济与政治、经济学动态、经济科学、经济学家、经济理论与经济管

　＊　原载于《经济学动态》2006 年第 2 期。

　①　南京大学中国社会科学研究评价中心：《〈中文社会科学引文索引〉来源期刊影响因子统计公报》，载于《南京大学学报（哲学社会科学）》2005 年第 5 期。

理、经济评论、财贸经济；管理学类 1 本：管理世界；马克思主义类 1 本：教学与研究；社会科学总论 1 本：中国社会科学；高校综合性社科学报类 1 本：中国人民大学学报。

（二）2005 年中国经济研究前十大热点

我们对 2005 年在以上 18 本样本期刊上发表的全部学术论文（不包括书评和会议报道等）共 2 469 篇按专题进行分类统计，最终得出了 2005 年中国经济研究的前十大热点问题。它们分别是：（1）资本市场（含上市公司、资产定价等）；（2）"三农"；（3）商业银行；（4）中国经济增长与发展；（5）产业结构与产业政策；（6）区域经济发展；（7）公司治理结构；（8）对外贸易与贸易政策；（9）公共经济（含公共管理）；（10）收入分配与收入差距。

对比前两年的研究热点，2005 年中国经济研究热点排名变化具有以下主要特点：

第一，资本市场和"三农"连续 3 年都排在前两位。这标志着中国经济学界对这两大问题的持续关注，同时也意味着它们至少 3 年来一直是中国经济急需要解决但却没有较好解决的重大理论和实践问题。

第二，三年来对商业银行的关注度不断提高。商业银行问题 2003 年排在第 7 位，2004 年上升到第 6 位，2005 年替代中国经济增长与发展问题排在第 3 位，成为中国经济研究的新亮点。

第三，中国经济增长与发展、产业结构与产业政策和区域经济发展连续 3 年都排在前 10 位的前列。这首先显示出中国经济学界对"发展是硬道理""发展是执政党的第一要务"的普遍认同。在改革与发展的关系上，从以往的改革统揽全局转向了发展统揽全局。与此相适应，中国经济学就主体而言也从改革经济学或转轨经济学转向了发展经济学，从而把改革作为发展的动力或体制保障纳入了发展经济学的框架。其次，这也显示出中国经济学界在寻求中国经济快速稳定持续发展的途径上，从过去的注重总量扩张向经济结构优化转变。因此，结构优化是中国经济发展新阶段的关键性课题，必将引起中国经济学界的持续性关注。例如，产业结构与产业政策问题，2003 年排在第 4 位，2004 年虽然降到第 7 位，但 2005 年又重新上升到第 5 位；区域经济发展 2003 年为第 5 位，2004 年升到第 4 位，2005 年还处在第 6 位。

第四，对外贸易与贸易政策、公共经济（含公共管理）和收入分配与收入差距 3 年来首次进入前 10 位。在这些变化中，首先公共经济提升幅度最大。它从

2003 年未进前 20 名到 2004 年的第 18 位，2005 年跃升为第 9 位，显示了公共经济在以往中国经济运行中的薄弱或缺位，以及在今天经济社会运行中的重要性和需要补位的急迫性。其次，对外贸易与贸易政策也有很大的升幅。它从 2003 年未进前 20 名到 2004 年的第 15 位，2005 年进一步升为第 8 位，显示了中国成为世界贸易大国后所产生的一系列重大理论和实践问题被提到议事日程。再次，收入分配与收入差距 3 年来都进入了前 20 名，从 2004 年的第 20 位迅速提高到 2005 年的第 10 位，这一方面意味着中国经济学界对收入分配与收入差距问题的持续关注，另一方面这种关注的快速升温表明，它已成为中国经济社会生活中亟待需要调整的一个重要问题。

第五，2004 年进入前 10 位的国有经济、民营经济与家族企业、人民币汇率三个热点今年退出前 10 位。这意味着：首先国有经济的争论已经告一段落，并产生了强化国有经济的监管和建立国有企业家激励制度的重要成果。其次，人民币汇率也随着新的汇率制度的建立而退出讨论的焦点。再次，民营经济与家族企业连续两年都在前 10 位，2005 年的退出耐人寻味。这并不意味着民营经济与家族企业不再重要，而是可能因为发展民营经济的许多理论和实践问题随着我们对民营经济的科学认识而逐步得到解决，特别是发展民营经济"36 条"的颁布，扫清了民营经济发展的体制上的障碍，使民营经济的发展进入了一个自我发展的新时期。

第六，2005 年相对于 2004 年前十大热点有 30% 的替换率。这一方面说明中国经济研究随着中国经济运行的变化而出现不同的热点，体现了研究的前沿性；另一方面也表明中国经济研究的相对稳定性，这是中国经济研究趋向成熟的一个重要体现。

二、2005 年中国经济研究热点排名变化分析

从以上中国经济研究热点的形成与变化可以看出：中国经济学界研究课题的选择主要是现实问题导向型的，充分体现了经济学的"致用性"。也就是说，中国经济研究的热点是与中国经济改革与发展提出的重大理论和实践问题息息相关的，它与西方发达国家主流经济学的研究范式存在较大的差别。这也是中国经济学的研究不能简单用西方主流经济学的标准加以评判的重要原因之一。因此，中国经济研究热点的形成和变化，应该从中国经济改革与发展的变化中找到答案。同样，中国经济研究对经济学的理论与实践贡献，也应该用中国经济改革与发展

所创造的"奇迹"来计量。

在"发展是硬道理"已成为指导我们党和政府工作的基本原则,"聚精会神搞建设,一心一意谋发展"成为我们党"第一要务"的情况下,中国经济面临的已不再是要不要发展的问题,而是要什么样的发展以及如何发展这两个需要进一步回答的根本问题。

对于要什么样的发展,关键在于超越以往简单追求快的价值取向,实现又快又好的发展。我国当前面临的主要矛盾和障碍,就国内而言,突出表现为城乡之间和东、中、西不同区域之间发展差距的不断扩大,以及与此相适应的居民收入差距的扩大;就国际而言,则是中国经济的迅速崛起,改变了世界经济的基本格局和利益关系,由此导致的国际贸易摩擦和争端日益增多,使中国经济的增长处于一个不利的国际经济环境中。因此,找到消除这些矛盾和障碍的基本思路,自然就成为当前我国经济研究的主要热点。

对于如何发展,关键在于找到发展的动力。依据由不同动力引发的经济发展,我们可以把经济发展分为需求拉动和供给推动两种基本类型。从需求拉动型经济发展看,主要包括三个方面的拉动力,也就是通常所说的"三驾马车",即消费、投资、出口。从供给推动型经济发展来看,也包括三个方面的推动力,即要素供给、结构供给、制度供给。要素供给是指各种生产要素的投入,包括资本、土地、劳动、管理、技术等。结构供给是指经济结构的调整,包括产业结构、城乡结构、地区结构、产业组织结构等。结构调整实质上是通过对要素存量的重新配置,实现结构的优化升级,推动经济发展。制度供给包括正式制度供给和非正式制度供给,它主要是通过制度的演进来推动经济发展,制度供给实质上就是改革。

在不同的发展阶段,中国经济发展的主要动力是不同的。例如,在 1977 ~ 1997 年间,由于我国传统的计划经济体制严重束缚了生产力的发展,因而制度供给就成为经济发展的主要推动力,通过改革建立新体制以促进经济增长就成为这一时期经济发展的主旋律,这时的经济增长也可以称为制度供给型经济增长。有经济学家测算,这一时期的经济增长 60% 是源于改革创造的新制度供给。这一时期的中国经济学也可以概括为改革经济学或转轨经济学。1998 年开始,我国告别短缺经济进入相对过剩经济的新阶段。为保证经济的持续快速发展,我国及时转换了经济增长的主要动力源,即从制度供给推动转向了需求拉动。扩张需求拉动增长就成为这一时期经济发展的主旋律,这时的经济增长就可以称为需求拉动型经济增长。在需求拉动的"三驾马车"即消费、投资和出口中,由于消费需求相对不足，投资和出口就成为拉动经济增长的主要力量。1998年，投资增长和消费增长对GDP的贡献率分别为30%和66%，2003年逆转为55%和45%。这种需求拉动型经济增长实际上是以投资为主导的需求拉动型经济增长。我国虽然从2003年开始走出通货紧缩进入新的经济增长周期，经济增长的动力开始向以消费为主导的需求拉动转变，但由于消费的增长是一个稳定上升的过程，因而以投资为主导的需求拉动型经济增长模式至今仍然没有得到根本性的改变。

在以投资为主导的需求拉动型经济增长模式下，有效的投融资体制和渠道，以及相应的资本形成自然就成为核心环节，这就是资本市场连续三年成为第一位热点的重要原因。近几年随着资本市场的持续低迷，以及由此造成的对企业融资功能的降低和边缘化，商业银行改革的滞后性和本身存在的低效率、高风险便充分暴露出来。因此，加快商业银行的改革步伐，在保证金融安全的前提下改善和提高商业银行对经济发展的金融支持功能，就成为日益紧迫的问题。这就是商业银行连续3年进入热点前10位，而且位次连年提高的一个重要原因。

2005年在加强和完善宏观调控的情况下，投资对经济增长的拉动作用相对减弱，但我国经济仍然保持了约9.4%的快速增长，创造这一奇迹的一个重要原因就是我国对外贸易的快速增长，这也是对外贸易与贸易政策三年来首次进入热点前10位的基本原因。

消费需求替代投资和出口需求成为拉动经济增长的主要动力，是国民经济走上稳定、快速、持续发展的基本要求。近年来我国消费需求对经济增长贡献相对持续下降的重要原因在于：一是农民收入增长缓慢，导致农村消费需求在总消费需求中所占的比例持续下降；二是居民收入差距不断扩大，使广大中低收入阶层的消费相对不足。因此，农民收入，也就是"三农"的核心问题，自然也就成为经济学界最关心的热点。居民收入差距的不断扩大，有其经济发展阶段的历史必然性，但在经过27年的改革开放和快速经济发展的今天，有效地调节居民收入差距，就成为保持国民经济又快又好发展，特别是全面建设小康社会的时代要求。

目前，我国经济运行已步入了新的经济增长转型期。这一时期的突出变化：一是经济全球化使中国经济必须放在世界经济的空间结构中寻求发展；二是以信息产业为先导的知识经济的迅速发展使中国经济必须放弃传统工业化道路，在农业经济、工业经济、知识经济这三元经济结构中走新型工业化道路；三是全面建设小康社会使中国经济必须推进城镇化战略，在城乡一体化发展中解决"三农"问题；四是区域经济一体化的世界潮流迫使中国经济必须打破条条块块的发展格局，以中心城市为轴心，形成"组团式"的发展；五是经济体制改革的全面深化使金融、公共垄断部门、政府职能转换等改革滞后领域成为攻坚重点，以便为经济发展提供全面的体制保障。可见，在新的经济发展时期，经济结构的优化就必须提到重要的地位，从而使这一时期的经济发展就表现为结构推动的经济发展。这也是 2005 年前 10 大经济研究热点主要是结构问题的重要原因。

三、2005 年经济研究热点的主要发展

相对于前两年的经济研究热点而言，2005 年的发展变化就总体而言主要体现为以下五大亮点：

1. 对科学发展观进行了全方位、多层次的深入、系统探讨。科学发展观是统领中国经济改革与发展的核心思想。它倡导的理念是以人为本；遵循的原则是又快又好的发展；坚持的道路是统筹发展；实现的目标是构建和谐社会，使全体人民共享改革与发展的成果。因此，2005 年中国经济研究十大热点从根本上都可以归结为对科学发展观的全方位、多层次研究，这些研究既有从构建和谐社会、结构调整、统筹发展、经济增长模式转换、资源环境与经济增长的匹配、循环经济、节约型经济等多角度的总体分析，又有从"三农"、区域发展、产业结构升级、解决国际贸易摩擦、调节收入差距、公共管理补位、银行风险化解、证券投资者保护等具体层面的个体分析。在具体层面的个体分析中，还有进一步的细化分析。例如，对农民的研究，既有农民对经济发展贡献的一般分析，也有对农民的特殊群体即农民工对经济发展的作用，甚至"民工荒"对中国经济发展模式的修正的分析。这充分显示了中国经济研究的广度和深度。

2. 对公平与效率这一古老命题在我国新发展阶段的内涵进行了重新审视。2005 年的经济研究热点对公平的重新审视主要体现在，一是从公共物品如教育、医疗、基础设施建设等在城乡之间、不同地区之间的不公平分配揭示了城乡和区域发展差距的原因，并给出了实现公平分配的建议，特别是对加强农村公共物品的公平供给给予了很高的关注；二是从金融发展与居民收入差距、城乡差距、地区差距相互关系的角度，强调金融结构优化的重要性，特别是要大力发展农村金融和民间金融；三是从关心弱势群体和反贫困的角度，呼唤政府职能的转换，真正建立起市场主要调节效率和机会公平、政府主要调节分配公平的公平与效率新结构；四是从对农村劳动力进城就业和社会保障歧视的角度，呼吁消除劳动力流动的制度障碍，推进城市化，从根本上解决"三农"问题；五是从工农业在不同

阶段相互关系转换的角度，提出中国已经进入工业反哺农业的新阶段，推进农业的工业化。

但是，对于把发展作为执政党第一要务的中国来说，追求发展的效率则是更为重要的。因此，2005年的经济研究热点，在呼唤公平分配的同时，仍然遵循了效率优先、兼顾公平的原则，强调通过建立和完善社会主义市场经济体制以促进经济效率的提高：一是通过股权分置改革、完善证券市场结构、转换证券公司经营模式、建立证券公司声誉约束和加强证券监管等提高资本市场的运行效率，走出其趋向边缘化的困境；二是通过放开市场准入建立多元化竞争性银行业结构、对国有商业银行加快股份制改造、完善商业银行的公司治理结构、加强银行监管和防范信用风险等提高商业银行的经营效率，特别是强化其对中小企业的融资功能；三是通过进一步完善公司治理结构，提高企业的核心竞争力；四是通过改革传统的公共管理体制特别是教育医疗体制、转换政府职能、理顺中央和地方的利益关系等提高公共管理的效率。

3. 对产业升级的路径做出了选择。2005年经济研究热点从以下两个角度对产业升级的路径做出了分析：第一，产业结构的升级。经济发展和现代化最集中的表现就是产业结构的高级化。在这个问题上达成共识的是主张大力发展第三产业。我国第三产业在三次产业中所占的比重，即使按照2004年经济普查数据调整后，仍然比同等发展水平的发展中国家要低，显示了我国第三产业发展的相对滞后性，而且发展第三产业，对于缓解我国的就业压力、经济快速增长与资源环境的矛盾等具有重要价值。在产业结构升级路径选择上存在严重分歧的是中国工业化是否必须经过重化工业化阶段，这一争论对中国的工业化进程，从而未来10～20年的中国经济增长将产生深远的影响。第二，产业技术的升级。就总体而言，中国产业仍处在世界产业分工体系的低端。在经济全球化的今天，中国产业要增强国际竞争力，走出国际对中国产品反倾销的困境，以及摆脱资源环境对经济快速增长的制约，就需要加速产业的技术升级。产业技术的升级有两条基本路径：一是通过加强自主研发和自主创新，拥有自主核心技术和自主品牌，这是产业强大的根本；二是利用后发优势，通过向技术发达国家学习、模仿、合作研发，最终建立起自主研发的技术基础和能力。因此，如何有效地利用全球科技资源，是我国现阶段产业技术升级不可忽视的重要途径。

4. 构建了中国经济发展的新格局。在区域经济一体化成为大趋势的今天，无论是国际还是国内的经济发展布局，都必须走用一体化对抗一体化的道路。2005年经济研究热点从以下几个方面对中国区域经济一体化的发展格局做出了分析：一是重点分析了长三角、珠三角和京津冀三大经济区经济一体化的发展格局和思路，并对东北经济振兴、中部崛起和西部开发给予了相应的关注。这实际上把中国经济发展的区域格局确定为六大板块或组团，并根据这六大板块的不同特点确定相应的主导产业和区域内的产业分工协作体系。六大组团的发展格局彻底打破了传统的条条块块分割；使各个地区的发展必须放在所在的区域经济一体化的新格局中重新加以谋划。二是突出了对长三角、珠三角和京津冀三大经济区，特别是长三角、珠三角两大经济区的横向比较。通过比较，确定了各个经济区的比较优势，这就为各个经济区进行产业选择提供了依据，也为在全国层面上进行产业分工协作找到了思路。三是在经济区的分析中纳入了对城市群的研究。区域经济一体化的发展，关键要以中心城市为轴心，城市群为骨架，形成城市的带动和辐射作用。四是提出了城乡经济一体化的发展思路，使城乡经济关系从过去单纯的要素联系、产品联系扩展到了产业联系、市场联系的一体化发展格局。

5. 强化了公共经济在中国经济新发展阶段的地位和作用。2005 年中国经济研究热点从以下几个方面强化了对公共经济的研究：一是从公共经济的最基本概念和要求出发探讨我国公共经济管理体制和运行机制的构建；二是提出中国财政应该向公共财政转变，从而建立起真正的公共经济；三是从中央和地方政府的相互关系入手探讨各级政府在公共经济管理中的职能定位；四是从统筹发展和构建和谐社会的角度提出公共物品在城乡和不同地区之间的公平分配；五是从医疗体制、教育体制、公共资源如水和空气等几个方面分析了改革的成败得失，提出了进一步改革的具体建议。

2006 年中国经济研究热点排名与分析[*]

过去的 2006 年，是中国经济研究继续繁荣的一年，认真梳理这些研究成果，对于进入经济研究的前沿，推动我国经济研究的深化和规范具有重要的价值。

一、2006 年中国经济研究前二十大热点

2006 年学术期刊统计样本的选取继续沿用 2005 年的标准，但又做了进一步科学化的调整。2005 年选取的 18 本统计样本期刊，是以教育部确定的《中文社会科学引文索引》（CSSCI）来源期刊 2001~2002 年影响因子的平均值排名为基础的。2006 年统计样本期刊的选择引入了最新的《中文社会科学引文索引》（CSSCI）来源期刊的影响因子排名，并将时间跨度拓展到 5 年。根据 2000~2004 年影响因子的平均值排名，并依据二级学科点平衡分布的需要，最终选择了作为 2006 年中国经济研究热点分析的 18 本统计样本期刊。其中经济类 14 本：经济研究、中国工业经济、金融研究、世界经济、经济社会体制比较、中国农村经济、经济科学、改革、经济学动态、财贸经济、经济理论与经济管理、财经研究、经济评论、经济学家；社会科学总论类 1 本：中国社会科学；马克思主义类 1 本：教学与研究；管理学类 1 本：管理世界；高校综合性社科学报类 1 本：中国人民大学学报。与 2005 年相比，统计样本期刊只是根据二级学科平衡的需要替换了 1 本。统计样本期刊的稳定性，意味着从一个较长时间的变化中进一步验证了这些期刊的权威性和比较稳定的学术地位，这也为经济热点问题的跨年度比较研究提供了可比性。

对 2006 年在以上 18 本样本期刊上发表的全部学术论文（不包括书评和会议报道等）共 2 684 篇按专题进行分类统计，最终评出了 2006 年中国经济研究的

---

* 原载于《经济学动态》2007 年第 2 期，与张培丽合作。

前十大热点问题。它们分别是：（1）"三农"；（2）资本市场；（3）中国经济增长与发展；（4）产业结构与产业政策；（5）区域经济发展；（6）商业银行；（7）公共经济；（8）自主创新；（9）对外贸易与贸易政策；（10）货币政策。此外，排在第 11 ~ 20 位的热点问题是：（11）外商直接投资；（12）民营经济与家族企业；（13）金融体制；（14）金融理论；（15）收入分配与收入差距；（16）人民币汇率；（17）政府规制；（18）公司治理；（19）财政政策；（20）财政体制。

二、2006 年中国经济研究热点排名变化

对比 2003 ~ 2005 年的研究热点（本研究从 2003 年起每年对经济研究热点做一次排名），2006 年中国经济研究热点排名变化具有以下主要特点：

1. "三农"首次超过资本市场排在第 1 位。在前 3 年中，资本市场均排在第 1 位，"三农"排在第 2 位，显示了这两个问题在我国现阶段的持续重要性。但是，随着 2005 年 10 月十六届五中全会提出建设社会主义新农村，以及随后《中共中央国务院关于推进社会主义新农村建设的若干意见》和十届人大四次会议批准的《十一五规划纲要》的发布，建设社会主义新农村成为"十一五"时期排在第一位的战略重点和主要任务。为了对建设社会主义新农村做出全面的理论阐释，并用于指导实践，经济界对"三农"的研究兴趣和成果必然大幅提升。

中国资本市场股权分置改革在 2005 年启动并在 2006 年获得成功，以及随之而来的 2006 年全年的牛市狂奔，我国终于成功完成了资本市场 15 年以来最困难的体制性改革，中国资本市场进入了新的发展阶段。可以说 2006 年是中国资本市场发展最辉煌的一年，而且经济界对资本市场的研究热度也不减当年，从发表的论文数量来看，2006 年从 2005 年的 209 篇增加到 230 篇，多了 21 篇；在全部论文中所占的比重也由 8.46% 提升至 8.57%。但这一增长仍然使其排在屈居亚军的位置，这是因为经济界对"三农"的研究成果增长速度更快，论文数从 2005 年的 186 篇增加到 2006 年的 249 篇，多了 63 篇，在全部论文中所占的比重由 7.35% 提高到 9.28%。"三农"上升到第 1 位，一方面体现了我国构建和谐社会中"三农"的重要性，以及我国把"三农"工作放在重中之重的基本思想；另一方面也说明了我国解决"三农"问题的任务更加突出、更加迫切。

2. 自主创新作为一个全新的热点问题首次进入热点前 10 名。2006 年 1 月 9 日胡锦涛在全国科学技术大会上所作的《坚持走中国特色自主创新道路，为建设创新型国家而努力奋斗》讲话中明确指出："党中央、国务院作出的建设创新型

国家的决策，是事关社会主义现代化建设全局的重大战略决策。"为了充分理解和落实这一重大战略决策，经济界就把对创新的研究推向了新的高潮。自主创新的提出和研究热，充分体现了我国经济发展阶段发生了新的历史性转折，即从以往的追求快速发展到又快又好，最终提升到了又好又快。好和快位置的转换，说明我国的经济发展从注重量的扩张转向了注重质的提升。经济发展质的提升，首先是技术的自主创新，因为没有科学技术的现代化，就不会有一个国家的现代化。因此，在2006年自主创新的研究成果中，绝大多数是关于技术创新和技术进步的。但是，创新又不仅仅是技术创新，还包括制度创新、金融创新等，因为技术创新的实现，离不开制度创新和金融创新的支持和推动。

3. 货币政策作为一个持续的热点问题排位大幅提升，首次进入前10名。在2003～2005年，货币政策都进入了热点前20名，分别排在第15、12、17位，显示了理论界对货币政策的持续关注。2006年货币政策排名的大幅提升，与我国正在进行并不断完善的宏观调控密切相关。在2006年的宏观调控中，货币政策手段得到了充分的运用，曾先后三次上调存款准备金率、上调金融机构贷款基准利率、定向发行票据等。更多地运用货币政策手段进行宏观调控，标志着我国宏观管理体制向市场经济新体制迈出了一大步，这也为理论界探讨适合中国国情的货币政策体系以及在我国现阶段货币政策有效性提供了空间和实践营养。

4. 中国经济增长与发展、产业结构与产业政策和区域经济发展三个热点问题继续排在前10位的前列。它们分别都比2005年提升了1位。这意味着发展是这一阶段，也是未来一段时间内理论界研究的永恒主题。中国的现代化还远没有实现，据中科院的研究，我国的现代化水平离美国还有100年的差距，离日本也有50年的差距。迅速现代化仍是中华民族孜孜以求的首要目标。追求发展，效率自然也就成为首要的选择。所以胡锦涛同志《在中央人口资源环境工作座谈会上的讲话》中明确指出："树立和落实科学发展观，必须始终坚持以经济建设为中心，聚精会神搞建设，一心一意谋发展。科学发展观，是用来指导发展的，不能离开发展这个主题，离开了发展这个主题就没有意义了。发展首先要抓好经济发展。"这也正是中国经济增长与发展热点问题几年来始终排在前列的基本原因。同时，由于我国当前经济发展的核心问题是经济结构的优化，这就是产业结构、区域结构等结构性问题持续排在热点前列的基本原因。

5. 公共经济问题的关注度得到进一步强化，比2005年又提升了2位。这意味着公共经济理论短板在我国经济理论的发展中依然严重存在，还不能满足我国公共经济部门改革与发展实践的需要，特别是构建适合我国国情的公共经济理论与政策还是一个亟待强化研究的重大课题。同时,这也意味着理论研究的先行,将为公共经济领域的改革与发展带来春风。

6. 商业银行和对外贸易与贸易政策继续排在 2006 年热点的前 10 名。但它们的位次分别下降了 3 位和 1 位。2006 年商业银行改革取得重大进展,特别是工商银行的成功上市,不仅为银行业的发展,而且对资本市场的牛市形成都产生了重要的促进作用。此外,2006 年 10 月 13 日,2006 年度诺贝尔和平奖授予了孟加拉国的穆罕默德·尤纳斯及其创建的孟加拉乡村银行(也称格莱珉银行),这也引起了中国学者对乡村银行的极大兴趣。2006 年我国的对外贸易出乎意料地又取得了 23.8% 的增长速度,而且是在人民币升值趋势加快、贷款利率调高,国家采取了降低部分出口商品退税率、限制高能耗、高污染和资源性产品出口等调控措施的情况下取得的。外贸的快速增长为产能过剩下的中国经济增长注入了强劲的动力。

7. 2005 年排在第 7 位、第 10 位的公司治理结构和收入分配与收入差距退出 2006 年的前 10 名。它们分别排在第 18 位和第 15 位。这意味着这两个问题经过几年的持续研究(2003~2005 年都进入了前 20 名),在主要的基本理论方面已经达成了共识,更多的主要是实践层面的问题,从而有待实践的检验使理论进一步的升华。

8. 从经济运行的层面来看,2006 年前十大热点问题主要是宏观经济问题。这意味着随着国有企业改革的不断深化,以及民营经济的快速发展并在国民经济中发挥着越来越重要的作用,微观层面的改革与发展已取得重大进展,而宏观层面改革与发展的相对滞后已经成为制约我国发展与改革的主要问题。因此,加快宏观层面的改革与发展,特别是加快行政体制的改革和政府职能的转换,解决政府的越位与缺位,以及低效率,已成为深化改革与发展的关键环节。

9. 2006 年前十大热点的替换率只有 20%,相对于 2005 年的 30% 有所下降。这一方面说明了我国经济理论研究的相对稳定性和成熟性;另一方面也体现了我国经济理论研究面向发展与改革主战场的实践性,是实践导向型的理论研究,从而能够随着实践的变化而发生相应的变化。当然,我国经济研究热点的变化还带有很强的政策性特点,如社会主义新农村建设和自主创新,都是在国家作为重大战略决策提出后才迅速热起来的。

10. 2006 年中国经济研究热点的集中度有所下降。前二十大热点所集中的论文数量占全部样本论文的比重,2004 年为 50.16%,2005 年上升到 71.61%,但 2006 年则降为 68.28%;前十大热点的集中度相应分别为 37.27%、51.47% 和

49.97%，2006 年也趋于下降。集中度的下降，应该是我国经济研究向好的发展势头，因为随着经济研究的不断规范化和深化，需要学者们在专注的研究方向上进行精耕细作，而不应该是搞刮风式的研究。

此外，2006 年排名前 11～20 位热点的变化要远远大于前十大热点，与 2005 年相比，第 11～20 位热点的替换率达到了 70%，只有民营经济与家族企业、财政政策和外商直接投资仍保留在前 20 位。从这种大幅度的替换中，可以更进一步了解中国经济研究的变动，并从中透视出中国经济运行的变化。这些变化概括起来主要有：一是外商直接投资从 2005 年的第 20 位上升到第 11 位，是前二十大热点中上升幅度最高的，这反映了经济界对外商 2006 年大规模收购我国行业龙头企业、构筑行业垄断、提供问题产品等行为及其对我国经济安全与运行影响的强烈关注，以及对外商超国民待遇的反思。二是人民币汇率从 2004 年的第 10 位，到 2005 年退出前 20 位，再到今年排名第 16 位，是近几年波动最大的热点问题，这表明人民币汇率不仅仅是建立以市场供求为基础的、有管理的浮动汇率制度，而更重要的是这一制度建立后所表现出的人民币持续升值对我国经济的一系列影响，这种影响在 2006 年得到了明显的反映。三是金融体制、金融理论双双第一次进入前 20 名，反映了金融改革的艰巨性和复杂性，以及经济界对金融问题的关注程度。四是政府规制第一次进入前二十大热点问题，这反映了行政体制改革已经成为我国改革进程中的一个主要问题，同时政府规制改革也是构建适合我国国情的公共经济理论与政策的一个重要问题。五是财政体制第一次进入前二十大热点问题，这体现了在全面建设小康社会进程中，特别是在发展公共经济，实现城乡统筹、区域统筹发展中，财政体制的重要性。

三、2006 年经济研究热点的主要进展

相对于 2003～2005 年的经济研究热点，2006 年的经济理论研究进展就总体而言主要体现为以下五大亮点：

1. 对建设社会主义新农村做出了全面的理论研究。2006 年是建设社会主义新农村的开局之年，也是理论界以建设社会主义新农村为目标对"三农"问题展开深入研究的一年。这些研究包括：首先，建设社会主义新农村必须在统筹城乡经济发展进程中向前推进。世界各国经济社会发展的经验表明："三农"问题不可能在"三农"的框架内得到根本解决。学者们跳出"三农"在城乡经济一体化发展的大框架，对解决"三农"问题进行了有价值的研究：一是在工农业相互

关系的历史发展框架内证明了中国经济发展新阶段要求工农业关系发生历史性的转折，即从过去的农业支持工业转向工业反哺农业，并进而探讨了工业反哺农业的机制和方式；二是在城乡劳动力市场一体化的框架内探讨了农村劳动力向城市转移的动因、机制和障碍，特别是如何从制度上解决农民工的身份和地位，为农民市民化扫清障碍，因为没有大批农民的市民化，就不可能有社会主义新农村；三是在城乡产业一体化的框架内探讨了发展现代农业、转变农业经营方式、实现农业工业化的新路径。其次，建设社会主义新农村离不开财政金融的支持。学者们提出：一是要运用金融手段包括推进农村信用社改革、建立农村合作银行和非正规金融组织、发放小额信贷、实施农业保险、构建新的农村金融体系等，支持社会主义新农村建设；二是运用公共财政手段扩大农村公共产品的供给，增加教育、健康等农村人力资本投资，为发展现代农业、增加农民收入、促进城乡劳动力流动创造人力资本条件；三是通过城乡税制改革，为县乡两级财政解困。最后，建设社会主义新农村还取决于农民自身的行为。学者们通过对农民储蓄行为影响因素，以及农户融资等行为的理论分析、计量分析、案例分析，进一步说明了农户的金融行为，从而为农村金融体制改革和政府金融手段的运用提供了理论和实证的解释。

在社会主义新农村建设的理论和实证研究中，关注最多的还是农民工问题。农民工作为我国工业化、城市化进程中出现的特殊群体，打破了刘易斯二元经济理论中农民与市民之间劳动力流动的二元主体分析框架，形成了农民、农民工、市民三主体的劳动力流动格局。因此，对农民工的深入系统分析，是解释我国工业化、城市化特殊道路的钥匙；从根本上解决农民工问题，是社会主义新农村建设能否实现的关键。对农民工问题的研究主要有：一是通过对农民工的全方位调查，从各个角度、各个层面全面展示了农民工的现状和问题；二是从法律的角度对农民工的地位做出界定；三是从农民工工资和与农民收入、工人工资比较的角度解释农村劳动力流动的取向，以及验证社会对农民工的工资歧视；四是从城市就业市场的角度探讨了城市对农村劳动力的就业效应和城市失业对农村劳动力就业的影响，验证了托达罗理论在中国的适用性；五是从农民工的角度揭示了农民工对外出务工的工作满意度、外出务工对农村儿童的影响、外出务工对农业生产的影响等迁移效应。

2. 对自主创新进行了多角度、多层次的深入研究。一是从经济增长、企业竞争力、提高能源效率等多角度说明了自主创新的必要性。随着我国 GDP 总量跃居世界第四和 170 多种产品产量成为世界第一，我国缺乏自主技术、核心技术的弱点就充分显现出来，从而严重削弱了我国经济的国际竞争力，这就迫使我国的经济发展必须由做大向做强的新阶段转换。二是运用大量数据进行计量分析，对我国的技术进步贡献率，特别是工业的技术进步、技术选择、研发效率等做出实证描述，从而对我国的技术创新水平有一个准确的把握，为实施我国技术的自主创新找到现实的起点。三是从企业的制度变迁、学习能力、培训能力、融资能力、社会资本能力，以及企业所处的市场结构条件、政府政策等角度全面揭示了影响企业技术创新的内外部因素，这在一定程度上构建了企业技术创新的理论分析框架。四是探讨了我国技术创新的基本路径，这主要包括：通过对市场换技术的反思，检验外商直接投资对我国自主技术创新、技术进步的效应，比较技术引进的不同方式及其效应，为我国技术引进、学习，以及外商直接投资政策调整提供了理论解释和支持；通过对企业技术创新案例的研究，揭示技术创新的成功路径；通过对企业集群技术外溢的分析，揭示企业的集体式创新；通过对企业研发行为的分析，揭示提高研发效率和商业化能力的路径。五是从知识型企业或科技型企业的制度变迁、知识资产价值、知识员工管理和薪酬激励等方面探讨了知识型企业技术创新的特殊道路。

3. 对源自结构优化的经济发展理论做出了全面的阐释。随着我国经济增长方式从注重量的扩张向注重质的提升的转换，经济结构的优化就必须提到重要的地位，从而使这一时期的经济发展就总体而言表现为结构优化推动的经济发展，这在《十一五规划纲要》中得到了充分的体现。实际上，2006 年前十大经济研究热点基本可以归结为结构问题，除产业结构和区域结构外，"三农"体现为城乡结构，资本市场与商业银行体现为金融结构或企业的直接融资和间接融资结构，公共经济体现为公共部门与私人部门的结构或政府与市场的结构，自主创新体现为引进与创新的技术结构，对外贸易体现为国内和国外经济结构，科学发展观则要求经济发展与自然资源、环境的友好和谐。这种依据中国经济发展的伟大实践而提升总结出来的全面结构优化的经济发展理论，突破了以刘易斯、库兹涅茨、钱纳里等为代表的单一结构优化的经济发展理论体系，形成了中国版的发展经济学。这可以说是中国经济学界为经济发展理论的丰富和深化做出的中国式贡献，这一贡献也将得到中国经济又好又快发展实践的进一步验证。

4. 对货币政策作了进一步的深化研究。2006 年对货币政策的研究，除了继续深化 2005 年关注的利率市场化、货币政策中介目标的选择、货币供应量过大、开放中的货币政策调整等问题外，还表现出如下新的特点：一是从宏观调控的角度，对利率政策的执行效果进行实证分析，从而进一步探索我国利率市场化道路，以及利率的调整和利率结构的优化；二是针对房地产调控，特别是房地产上涨，探讨了房地产与货币政策的关系；三是结合宏观调控中货币政策的运用实践，探讨货币政策的有效性，寻求提升货币政策有效性的途径；四是运用实证分析的方法，证明了我国货币政策区域效应的存在，并揭示了其形成的原因，以及其存在的微观基础，从而为我国货币政策框架的调整和完善提供了理论说明。

5. 对公共经济理论与政策做了进一步的扩展研究。这突出表现在：一是在研究视角上，从单纯研究公共经济转向把公共经济放在经济增长的理论框架中进行研究，揭示了政府公共支出的规模与结构对经济增长的效应，并进一步分别深入分析了公共投资规模对经济增长的效应、公共投资结构对经济增长的效应和政府社会性支出对增长失衡的影响，从而全面阐述了公共支出在我国经济增长中的地位和作用，使公共经济成为经济增长理论体系中一个重要的组成部分，这也为政府公共支出规模与结构的调整找到了评价标准。二是在分析层面上，从对政府提供公共产品的职能定位的分析转向对政府提供公共产品有效性的研究，探讨了公共组织的决策、公共部门的激励、公用事业的运营与监管等，这就使政府在提供公共产品上不仅不能缺位，而且还要有效率。三是在公共产品的供给机制上，从强调政府的作用转向政府与市场相结合的新机制，提出了公用事业部门的市场化改革、公用事业的产权制度改革等政策建议，以借助市场的力量扩大公共产品的供给和提高供给的效率。

2007 年中国经济研究热点排名与分析[*]

一、2007 年中国经济研究前二十大热点

2007 年学术期刊统计样本的选取继续沿用 2006 年的标准,[①] 即以教育部的《中文社会科学引文索引》(CSSCI) 来源期刊的影响因子排名为基础。但与 2006 年不同的是，又加入了 2005 年和 2006 年的最新影响因子排名。这样，首先根据 2000～2006 年经济学类期刊影响因子平均值排名前 20 名杂志，然后依据二级学科平衡的需要，选择了作为 2007 年中国经济研究热点分析的经济类 15 本统计样本期刊。由于其他类别的杂志也刊有经济学的文章，为了保证覆盖面，我们又选择了其他 4 大类期刊的各 1 本杂志作为统计样本期刊，最终形成了 19 本统计样本期刊。它们分别是经济学类 15 本：经济研究、中国工业经济、金融研究、世界经济、经济社会体制比较、中国农村经济、经济科学、改革、经济学动态、财贸经济、经济理论与经济管理、财经研究、经济评论、经济学家、南开经济研究；社会科学总论类 1 本：中国社会科学；管理学类 1 本：管理世界；马克思主义类 1 本：教学与研究；高校综合性社科学报类 1 本：中国人民大学学报。与 2006 年相比，统计样本期刊只因为南开经济研究的影响因子排名进入经济学类期刊前 20 名而增加了 1 本，保证了与以往各年度的可比性。

对 2007 年在以上 19 本样本期刊上发表的全部学术论文（不包括书评和会议报道等）共 2 746 篇按专题进行分类统计，最终评出了 2007 年中国经济研究的前十大热点问题。它们分别是：（1）资本市场；（2）经济增长与发展；（3）"三农"；（4）产业结构与产业政策；（5）对外贸易与贸易政策；（6）公共经济；（7）货币政策；（8）区域经济发展；（9）自主创新；（10）商业银行。此外，

　＊　原载于《经济学动态》2008 年第 2 期，与张培丽合作。
　①　黄泰岩主编：《中国经济热点前沿》第 4 辑，经济科学出版社 2007 年版。

排在第 11～20 位的热点问题是：（11）经济学基本理论；（12）就业；（13）政府规制；（14）收入分配与收入差距；（15）外商直接投资；（16）财政体制；（17）企业成长；（18）企业理论；（19）人力资本；（20）人民币汇率。

二、2007 年中国经济研究热点排名变化

2007 年中国经济研究热点排名变化，相对于 2003～2006 年的研究热点排名而言具有以下主要特点：

1. 资本市场又重新回归第一位。2003～2005 年，资本市场都稳居第 1 位，但 2006 年随着建设社会主义新农村的兴起，资本市场被"三农"超过屈居第 2 位。2007 年再回榜首，最主要的原因还是 2007 年资本市场的蓬勃发展，从而导致：一是资本市场本身产生了许多在新的发展阶段需要解决的新问题；二是资本市场的快速发展对社会经济生活产生了多样化的影响，解释这些影响也就成为经济学的新任务；三是资本市场发展进程中的资料公开性也为理论研究，特别是实证和计量研究提供了优越的条件。从发表的论文数来看，2007 年从 2006 年的 230 篇增加到 282 篇，多了 52 篇；在全部论文中所占的比重也由 8.57% 提升至 10.27%。

2. 经济增长与发展首次超过"三农"跃居第 2 位。在前 4 年中，经济增长与发展都排在资本市场和"三农"之后位居第 3 位，甚至 2005 年排到第 4 位。2007 年这一变化标志着：一是发展是中国的头等大事。发展是硬道理；发展是执政党的第一要务；聚精会神搞建设，一心一意谋发展的治国理念，在经济理论研究中也得到了充分的体现。二是随着科学发展观的提出及其理论内涵的确立与完善，在发展过程中如何具体落实科学发展观成为新的重大课题。三是在改革与发展两大主题的关系上，改革已成为发展的动力和保障，中国经济学也已从"改革经济学"或"转轨经济学"转向"发展经济学"。与发展排在第 2 位相对应的是经济体制改革或经济转轨排到了第 23 位。发展经济学在中国的勃兴可能意味着中国的发展经验将给发展经济学注入新的活力或元素。四是中国的经济发展进入了重大历史机遇期和矛盾凸显期，在这样一个重要的历史转折期间，发展理念和发展政策的任何疏忽，都可能导致发展的曲折甚至灾难，因而对发展理念和发展政策的科学研究和缜密分析设计自然就成为国家的期待与学者的责任。

3. 对外贸易与贸易政策首次进入前 5 名。2003 年对外贸易与贸易政策没有进入热点前 20 名，2004～2006 年分别位于第 15、8、9 位，2007 年跃升 4 位，创

前十大经济热点升幅最高。对外贸易与贸易政策热点近几年被持续高度关注，主要是由以下两个因素决定的：一是我国经济发展的特定方式。我国的经济发展是典型的投资拉动型发展方式。在这种发展方式下，国民收入的分配倾向于资本积累而忽视消费，结果导致大规模的投资带来大规模的产能过剩，在国内消费需求增长有限的情况下，经济的进一步发展只能依赖大规模的出口。对外贸易成为中国经济发展的重要支点。但大规模出口的可持续性目前却遇到了前所未有的针对中国激烈的贸易摩擦困扰以及人民币升值的压力，这就需要根据变化了的条件转变我国的对外贸易方式和调整对外贸易政策。二是流动性过剩。2007 年我国出现了严重的流动性过剩，从而对国民经济的持续、稳定发展造成了相当大的冲击。流动性过剩是由多种因素造成的，但对外贸易的快速增长而形成的国内外经济失衡是其中一个重要的原因。

4. 货币政策作为一个持续的热点问题排位继续大幅提升。在 2003～2005 年间，货币政策只进入了热点前 20 名，分别排在第 15、12、17 位，2006 年首次进入前 10 位，2007 年进一步上升到第 7 位，显示了学界对货币政策的关注持续升温。造成这种结果的基本原因在于：一是 2007 年中国经济的快速发展以及相伴随的 CPI 逐月攀升，使货币政策担当起防止经济过热和防止通货膨胀的宏观调控重任，其重要性被进一步凸显出来。二是为了应对流动性过剩，2007 年货币政策被频频使用，全年先后 10 次提高存款准备金率。三是重提从紧的货币政策。四是货币政策在经济运行中的效果不明显，引起了学界对货币政策在中国有效性的深刻反思。

5. 公共经济问题的关注度连年升温。2006 年比 2005 年提升了 2 位，2007 年又上升到第 6 位。对公共经济对高度关注，一是与我国构建和谐社会对要求密切相关，因为统筹城乡、区域、人与自然、经济与社会的发展，都依赖公共经济发挥重要的作用。二是与我国经济体制改革的发展阶段密切相关。随着我国经济体制改革从微观向宏观领域的转换，政府职能转换以及特殊部门如教育、卫生、社会保障等改革呼唤着公共经济理论与实践的研究。三是与我国的经济发展阶段密切相关。改革开放以来我国经济的快速发展，在一定程度上依赖于廉价资源和廉价环境的支撑。随着我国经济规模的扩大，经济发展与资源环境之间的矛盾日益突出，从而要求发挥公共经济的调节作用。

6. 2007 年的前十大热点与 2006 年相比，除了位次发生变化外，没有新的进入或退出，这在以往各年的热点排名中是未曾出现的，体现了热点研究的相对稳定性。究其原因一是 2007 年我国经济政策主题没有发生大的变化，从而没有形成新的热点。二是这前十大热点问题都是我国经济发展面临的重大而长期的问题，从而为学界提供了持续研究的巨大空间。在前十大热点的位次变化中，"三农"从 2006 年的第 1 位第一次退居到第 3 位，但"三农"问题的论文总数却比 2006 年多了 5 篇，只是增长的速度没有资本市场和经济增长与发展快。产业结构与产业政策保持不变，体现了其位次的稳定性。自主创新和商业银行分别比 2006 年下降了 1 位和 4 位。商业银行位次几年来的快速下降，说明其基本理论问题可能已得到解决。

7. 经济学基本理论问题从 2006 年的第 38 位迅速上升到第 11 位。这显示了学界对基本理论问题的空前重视。对经济学基本理论的重新关注，从根本上说是源于 30 年来我国改革发展成功经验的积累，因为恰恰有了这样的积累，才使中国学者有能力运用中国的改革发展经验，推进经济学基本理论的创新。这具体表现在：一是推进马克思主义经济理论的中国化，深化和发展马克思主义经济理论，巩固马克思主义经济理论的指导地位。二是重新审视西方经济学，甚至改造西方经济学。中国作为一个大的发展中国家，与西方经济学形成的背景和条件存在相当大的差异，这就使许多问题是西方经济学无法解释的，有的至多能做部分解释，这就需要根据中国的实际对西方经济学做出中国化的分析和改造，如中国的发展经验就是对刘易斯二元经济理论的直接检验和批判。三是提升新的理论和概念，从而构建中国特色的社会主义经济理论新体系。中国 30 年经济改革与发展的成功经验，必然孕育着新的理论与规律，揭示这些理论和规律正是中国经济学者的历史机遇和责任。可以预见，在中国经济改革发展经验基础上对经济学基本理论的新探讨，必将迎来经济学理论范畴和体系的新革命，展示出中国经济学者对经济学大厦的理论贡献。

8. 就业问题从 2006 年的第 21 位迅速上升到第 12 位。这显示了就业作为重大民生问题的地位。2003 年就业问题没有进入前 20 位，2004 年和 2005 年分别排在第 13、18 位，2006 年又退出前 20 位。2007 年对就业问题关注的陡升，主要因为，一是构建和谐社会和关心弱势群体，就业自然就成为一个重要内容；二是随着我国经济增长动力由投资拉动向投资和消费协调拉动的转变，就业和工资的决定就成为影响消费的基本因素；三是随着我国原始资本积累时期的结束，改善劳资关系就被提到议事日程。

9. 企业成长和企业理论问题第 1 次进入前 20 位。2006 年企业成长仅排在第 32 位，企业理论排在第 24 位，2007 年的快速上升，主要原因在于：一是经济发展被空前重视，而发展首先是企业的成长。在经济全球化的竞争舞台上，中国企业的劣势仍相当明显，突出表现在企业规模小、核心竞争力不强。2006 年，中国企业 500 强资产规模只相当于世界 500 强资产规模的 7.1%；营业收入相当于世界 500 强的 9.32%；利润总额相当于世界 500 强的 6.6%。从技术水平的角度来看，据韩国国会发布的数据显示：在 99 个科技领域，如果把美国设定为 100 分的话，韩国为 65.1 分，落后美国 5.8 年，中国为 52.5 分，落后韩国 2.1 年。显然，在中国的经济发展从"制造大国"向"制造强国"的转变中，企业做大做强就成为一个非常急迫的任务。二是企业要做大做强，自然需要解决企业的基本理论问题，如企业的边界、企业的演进等。

10. 2007 年中国经济研究热点的集中度大幅提高。前十大热点所集中的论文数量占全部样本论文的比重，2004 ~ 2006 年分别为 37.27%、51.47% 和 49.97%，2007 年提高为 55.32%，创历史新高。前二十大热点的集中度相应分别为 50.16%、71.61%、68.28%，2007 年上升为 73.31%，也达到历史最高点。集中度的提高，从实践的角度来看，可能是随着我国经济改革与发展的不断深化，需要解决的重大问题越来越集中，这可能会使学者的智慧受到越来越大的挑战，研究进入门槛会提高，出局现象会发生，同时是否也意味着经济学作为显学的时间也不会太长了。从学者的角度来看，关注研究热点，容易进入主流，但研究热点的过度集中是否也是重复建设，造成智慧的浪费。从学术评价体系的角度来看，关注经济改革与发展的重大理论和实践问题自然是选题好，但追求学术的个性化和研究特色是否也应该得到应有的鼓励。

三、2007 年经济研究热点的主要进展

相对于 2006 年的经济研究热点，2007 年的经济理论研究就总体而言在以下几个方面取得了显著的进展：

1. 经济增长与发展的主要进展。（1）解释中国经济发展的经验，试图构建中国特色的经济发展理论体系。改革开放 30 年来，我国国民经济实现了近 10% 的年平均增长率，创造了举世闻名的"中国奇迹"。中国经济发展的成功原因，归结起来就是：开辟了中国特色社会主义道路，形成了中国特色社会主义理论体系。中国特色社会主义经济理论体系，自然是这一理论体系的重要组成部分。由于我国经济工作的主题或第一要务是经济发展，中国特色社会主义经济理论体系，也可以归结为中国特色的经济发展理论体系。2007 年学界从经济制度、自然禀赋、人口红利、知识经济、经济全球化、环境、经济结构优化、社会保障、

外贸、城市化、政府作用、资本形成、金融发展、企业家、消费和储蓄等方面解释了中国经济发展的成功原因及其实现机制。这些解释概括起来实际上就构成了中国特色的经济发展理论体系，即需求拉动的经济发展和供给推动的经济发展。需求拉动主要是投资和外贸拉动，现在正在向投资和消费协调拉动转变。供给推动主要是要素供给和制度供给推动，现在向结构优化推动转变。① （2）探讨转变经济发展方式的内涵和实现机制。胡锦涛在中央党校的讲话中用"转变经济发展方式"替代了已经讲了多年的"转变经济增长方式"，标志着我国经济发展理论的历史转型，即从适用于发达国家的经济增长理论转变为适用于发展中国家的经济发展理论。这就是说，要解决中国的经济发展问题，还必须把经济发展的一般理论与中国的具体国情相结合，找到中国特色社会主义的经济发展道路和方式。（3）经济发展的周期与波动。自 2003 年我国经济走出通货紧缩进入经济发展快车道以来，经济发展速度逐年加快，2007 年超过了 11%，并伴随着越来越快的物价上涨。为了防止经济过热和发展的大起大落，学者们对经济发展周期和波动进行了预警分析，并提出相应的政策建议，以期实现又好又快的发展。

2. "三农"问题研究的主要进展。（1）对工业反哺农业做出了进一步的深化分析，表现在：一是揭示了工业反哺农业的理论基础，构建了工业与农业相互依存的内生增长模型；二是提出了我国工业反哺农业的模式；三是从长三角的实践经验中理论提升出我国工业和城市反哺农业、农村的路径，从而在工业反哺农业的基础上又扩展到城市反哺农村。（2）农村土地制度改革与完善仍然是讨论的热点，显示了学者们在农村土地制度改革的思路上仍然具有相当大的分歧，看来解决这一问题需要找到新的分析范式。（3）发展现代农业的核心是用工业化和信息化的生产方式改造传统农业，这靠分散的单体农户是无法完成的，这就需要寻求发展现代农业的基本路径。2007 年的研究，一是提出了龙头企业带动型、中介组织联动型、合作社一体化、行业协会＋公司＋合作社＋专业农户等多种农业工业化模式；二是对合作社进行了制度探讨；三是研究了韩国、印度等国的合作社，以期为我国合作社的建设提供借鉴。（4）2007 年世界范围内的粮食短缺及粮价的快速上涨，使我国的粮食安全问题再度受到关注。这主要从粮食流通、粮食生产资源配置结构优化策略、城镇化对耕地的影响、财政成本及风险、土地制度、科技进步、粮食直接补贴、粮食生产效率、农民收入增长、粮食安全的成本与收益等角度构建了粮食安全问题的理论分析框架。

---

① 黄泰岩：《中国经济学的历史转型》，载于《经济学动态》2007 年第 12 期。

3. 货币政策问题研究的主要进展。（1）针对我国经济持续高速增长以及宏观经济失衡，特别是流动性过剩和资产价格泡沫等，进一步探讨货币政策在我国的有效性，试图揭示出货币政策在理论上的有效性与我国实践中效应被严重削弱这一矛盾的形成机理，并提出提高我国货币政策有效性的政策建议。（2）从融资结构、外汇储备、商业银行存贷差、不良资产等方面对中国 M2/GDP 过高做出了的解释，并探讨了 M2/GDP 过高与中国的金融深化、商业银行支付风险之间的关系。（3）从结构变化、外部影响、货币需求等方面对国际经济学界称为"中国货币之谜"现象进行解释，试图找到大量"迷失货币"的形成原因。（4）针对中国的区域经济发展严重不平衡条件，对货币政策的运行进行中国化的扩展，即全国层面的货币政策研究，扩展到货币政策的区域差异性、省际差异性和行业差异性的研究，从而使货币政策的研究越来越符合中国的实际。

4. 公共经济问题研究的主要进展。（1）随着对政府职能定位的逐步明确，以及政府财力的不断增强，如何提高政府管理效率就成为公共经济研究深化的亮点。这主要从政府体制改革、政府干预的效率边界、政府的公共支出规模、政府支出的经济增长效应等揭示政府的投入产出关系，甚至提出了政府提供服务的性价比的分析思路，这就把政府也真正作为一个市场经济运行主体放在经济学的分析范式中加以研究，从而为运用企业的精神改革政府体制和优化政府经济行为开辟了道路。（2）中国作为一个区域发展不平衡的大国，地方政府在经济发展中发挥着突出的作用，地方政府行为自然也就成为公共经济研究的主要内容。2007年的研究主要从中央与地方的关系、对地方政府的政绩考核、地方利益等方面解释了中国地方政府的行为，而且还具体针对中国加强房地产的宏观调控与房地产价格快速上涨这一矛盾现象，说明了地方政府在地方发展竞赛和利益诱导下的行为方式。（3）随着市场失灵出现而要求的政府职能强化，特别是在构建和谐社会面临诸多难题的情况下，对政府作用的期待就可能超越政府的能力以及政府管理的效率边界，从而导致新的政府失灵。为防止政府失灵的出现，就需要在政府和市场之外建立第三调节者，这就是发挥行业协会等中间组织的作用。2007年的研究深入探讨了政府与行业协会的合作、中间组织的作用等，这意味着我国公共经济管理理论越来越趋于完善。

5. 对外贸易和外贸政策问题研究的主要进展。（1）加大对外服务贸易的比重，是我国转变对外贸易发展方式的重要内容，也是我国加快发展服务业的重要举措。2007年的研究，一是努力揭示对外服务贸易发展的基本规律；二是依据中国的发展阶段和特殊国情寻求发展对外服务贸易的路径；三是探讨我国承接国际服务外包的机制与政策，以期通过融入国际服务产业链迅速拉升中国的服务业；四是对我国对外技术服务贸易、劳务输出等进行了具体探讨。对外服务贸易的研究标志着我国对外贸易理论的深化。（2）中国对外贸易的快速发展，使世界各国针对中国的国际贸易摩擦不断加剧，这就需要探寻我国应对国际贸易摩擦的方式和方法，以确保对外贸易的健康发展。这些探讨主要有：一是分析中国遭受反倾销的国别和商品结构，以及 WTO 成立以来的全球反倾销摩擦及其特点，以厘清中国遭受反倾销的原因和类型；二是提出化解国际贸易摩擦的基本途径；三是寻求我国外贸出口和谐发展的思路。（3）深入探讨了外贸顺差大幅增加导致流动性过剩，以及人民币升值对外贸产生的深刻影响，并提出了相应的应对策略。

6. 研究方法的重要特色。2007 年经济学研究的一个突出特色就是大量运用中国经济改革与发展的经验对已有的经典理论进行检验，找到这些理论对中国经济的有效性和历史局限性，这就为继承和创造性地发展马克思主义经济理论，并推进马克思主义经济理论的中国化，以及借鉴西方经济学的科学成分找到了实践的依据，也为构建有中国特色的社会主义经济理论体系奠定了方法论基础和积累了难得的素材。由此可以兴奋地看到：中国经济学"自主创新"的新时代已经来临。

2008 年中国经济研究热点排名与分析[*]

一、2008 年中国经济研究前二十大热点

2008 年学术期刊统计样本的选取继续沿用 2007 年的标准,[①] 即根据教育部的中国社会科学研究评价中心提供的各学科期刊总被引次数、2004～2006 年他引影响因子及其加权值数据确定的 2008～2009 年 CSSCI 来源期刊经济学类排名前 20 名杂志,然后依据二级学科平衡的需要,选择了作为 2008 年中国经济研究热点分析的 14 本统计样本期刊。由于其他类别的杂志也刊有经济学的文章,为了保证覆盖面,我们又选择了其他四大类期刊排名第一的各 1 本杂志作为统计样本期刊,最终形成了 18 本统计样本期刊。它们分别是经济学类 14 本:经济研究、中国工业经济、世界经济、金融研究、中国农村经济、经济科学、经济学动态、经济社会体制比较、财贸经济、财经研究、改革、南开经济研究、经济理论与经济管理、经济学家;综合性社科期刊类 1 本:中国社会科学;管理学类 1 本:管理世界;马克思主义类 1 本:教学与研究;高校综合性社科学报类 1 本:中国人民大学学报。与 2007 年相比,统计样本期刊中因经济评论排名掉出前 20 名而退出,但新进入前 20 名的 1 本期刊因二级学科重复而没有计入,这样经济学类样本期刊就比 2007 年的减少了 1 本。虽然进入统计样本的期刊的先后排位发生了较大变化,但进入统计样本的期刊基本没有替换,从而保证了与以往各年度的可比性。

对 2008 年在以上 18 本样本期刊上发表的全部学术论文(不包括书评和会议报道等,此外南开经济研究 2008 年仅出了三期)共 2 481 篇按专题进行分类统计,最终得出了 2008 年中国经济研究的前十大热点问题。它们分别是:(1)经

---

[*] 原载于《经济学动态》2009 年第 2 期,与张培丽合作。
[①] 黄泰岩主编:《中国经济热点前沿》第 5 辑,经济科学出版社 2008 年版。

济增长与发展；（2）资本市场；（3）"三农"；（4）产业结构与产业政策；（5）货币政策；（6）区域经济发展；（7）公共经济；（8）对外贸易与贸易政策；（9）经济体制改革；（10）收入分配与收入差距。此外，排在第 11～20 位的热点问题是：（11）商业银行；（12）自主创新；（13）金融体制；（14）财政体制；（15）公司治理；（16）国外经济理论与流派；（17）人力资本；（18）民营经济与家族企业；（19）社会保障；（20）政府规制。

二、2008 年中国经济研究热点排名变化

2008 年中国经济研究热点排名变化，相对于 2003～2007 年的研究热点排名而言具有以下主要特点：

1. 经济增长与发展首次超过资本市场跃居第 1 位。在前 5 年中，经济增长与发展从第 4 位、第 3 位上升到 2007 年的第 2 位，2008 年荣登榜首。这一变化标志着：在理论上，发展已成为中国经济学的主题，或者说是中国特色社会主义经济理论体系的主线。这既是发展中国家的共同要求，体现中国作为发展中国家的特色，也是社会主义经济制度确立后的首要任务，体现中国作为社会主义国家的特色。当然，在我国经济发展的新阶段，我国所追求的发展是科学发展、和谐发展、和平发展和永续发展，因而科学发展观已成为中国经济学的核心价值观。国家统计局 2008 年 11 月的调查显示：对我国发展方向、发展前景"很有信心"和"较有信心"的合计达到 91.5%；对 2020 年全面建设小康社会"很有信心"和"较有信心"的合计达到 86.4%。这表明中国特色社会主义发展道路已成为社会普遍共识。[①] 经济发展成为 2008 年经济研究的第一热点正是这一现实的理论反映。在实践上，2008 年的中国经济发展是冰火两重天的一年，冰雪灾害、汶川地震、世界金融海啸等对中国经济发展构成了严峻挑战。GDP 从第一季度的10.6% 陡降为第四季度的 6.8%；财政收入从上半年增速 33.5% 严重下滑到 10月份的负增长；企业信心指数急转直下。为了扭转经济严重下滑的走势，保持经济平稳较快发展，政府就必须采取"快、准、狠"的宏观调控政策。但是，宏观调控政策的出台要有科学的依据，从而需要中国经济学回答这个冬天究竟有多冷、这个冬天究竟有多长、我国如何面对寒冬转危为机等一系列亟待解决的重大理论与实践问题。对这些问题多角度、多层面的回答也就构成了 2008 年中国经

---

① 《党和国家发展方向得到人们高度认同　全社会的凝聚力向心力明显提升》，载于《光明日报》2009 年 1 月 24 日，第 3 版。

济学研究的最亮点。

2. 资本市场研究风光依旧。2008 年资本市场虽然第二次屈居第 2 位，但发文量仍然高达 227 篇，在全部论文中所占比重为 9.15%，高于 2006 年排名第 2 位时的比重（8.57%）。2008 年的资本市场演绎出了惊险的一幕，上证综指 2008 年跌逾 65%，创下 18 年来最大的年阴线，沪市总市值减少 17.26 万亿元，缩水了 63.96%，沪市股票年筹资仅 2 238.16 亿元，同比下降 67.11%。对此，中国经济研究自然要加以关注，重点研究了次贷危机、股市泡沫和资本市场风险等问题，提出了设立平准基金等具体政策建议。但是，从统计样刊上发表的论文来看，直接讨论资本市场下跌的并不多，更多的还是关注资本市场的一些基本问题，如从资本市场历史演进的数据中发现资本市场的发展规律等，这可能也是资本市场研究一直比较稳定，较少受到现实变化影响而始终排在前两位的主要原因。但中国资本市场研究远离市场现实也未必是一个好现象。

3. 经济体制改革首次进入前 10 名。经济体制改革 2007 年排在第 23 位，2008 年跃升到第 9 位，是所有热点中上升幅度最高的。这是因为：2008 年是中国经济改革开放 30 周年，科学总结 30 年的经验自然就成为 2008 年中国经济学研究的热点。中国 30 年改革开放的成功，使中国经济学具有了运用自己的经验检验已有理论、创造新理论的资本和发言权。这具体表现在：一是用中国实践检验马克思主义经济学已有的理论，对那些被实践证明是科学的基本理论与方法，应当继承和发展；而对已不符合现实的个别结论要敢于舍弃。根据中国的实践继承、补充、完善和发展马克思主义经济学，实现马克思主义经济学的中国化。二是根据中国的实际对西方经济学做出符合中国国情的分析和改造。中国作为世界上一个最大的发展中国家，与西方经济学形成的背景和条件存在相当大的差异，这就使许多问题是西方经济学无法解释的，有的至多能做部分解释，如中国的发展经验就是对刘易斯二元经济理论的直接检验和批判。三是提升新的理论和概念，从而构建中国特色的社会主义经济理论新体系。中国 30 年经济改革的成功经验，必然孕育着新的理论与规律，揭示这些理论和规律正是中国经济学者的历史机遇和责任。从发表的论文来看，对 30 年中国经济体制改革总结的目的概括起来有两个：一是从 30 年中国经济改革的成功经验中提升新理论，凝练新概念，形成中国特色的社会主义经济理论新体系；二是从 30 年中国经济改革的成功经验中把握中国未来深化改革的正确方向、模式和道路，从而保证深化改革的顺利进行。

4. 收入分配与收入差距重回前 10 名。收入分配与收入差距 2005 年曾排在第

10 位，2006 年退出前 10 名，排在第 15 位，2007 年回升到第 12 位。收入分配与收入差距再次回到第 10 位的主要原因在于：改革开放以来，我国实现了经济的快速发展，创造了世界的"中国奇迹"，但在国家财富、企业财富、居民财富共同增长的同时，却出现了严重的收入分配不公平。这突出表现在：一是居民收入在国民收入分配中的比重持续下降，导致严重偏低，而财政收入却超常增长；二是居民收入差距持续扩大，已超过收入分配不公的国际"警戒线"；三是不同部门、不同地区、不同所有制之间的收入分配出现严重不公。因此，深化收入分配体制改革和缓解收入分配差距已成为我国经济社会生活中亟待解决的重大课题。可以说，这个问题不解决，中国经济体制改革就难言获得最后的成功，正是由于这一问题的重要性，中国经济学界对此表示了持续的关注，自我们开始统计热点以来，它一直排进前 20 名。这两年对此问题关注的再次快速升温，是与我国构建和谐社会和倡导体现"以人为本"的科学发展观密切相关的。此外，从经济增长与收入分配的相互关系来看，中国的经济增长一直是投资拉动型的，并辅之以出口的扩张，但这种消费跛脚的发展方式是难以持续的。为了实现国民经济又好又快的持续发展，就需要发展方式向消费、投资和出口协调拉动转变。消费的扩张就需要改革收入分配制度和调节收入差距。

5. 货币政策作为一个持续的热点问题排位再次提升。2003～2005 年货币政策分别排在第 15、12、17 位，2006 年首次进入第 10 位，2007 年进一步上升到第 7 位，2008 年又上升 2 位。中国经济学界对货币政策关注的持续升温，就大的体制背景而言，是我国社会主义市场经济体制日趋完善，货币政策已成为宏观调控的常规政策工具，但由于货币政策的理论与运行机制是在西方市场经济条件下构建起来的，而中国市场经济体制运行的条件却与西方存在较大的差异，这就需要寻求货币政策理论的中国化，以及在中国运行机理的特殊性，从而使货币政策在宏观调控中真正能够发挥其应有的作用。2008 年中国经济学对货币政策研究的再次升温，也是与我国 2008 年宏观经济的走势密切相关的。随着我国经济增长从第一季度 10.6% 向第四季度 6.8% 的急速下滑，货币政策的职能也随之由"两防"转向"一保一控"，再转向"保增长"。在宏观经济形势剧烈变动的情况下，如何运用货币政策进行宏观调控，以及货币政策的有效性问题就自然受到人们的关注。

6. 2008 年的前十大热点与 2007 年相比，出现了 20% 的替换率，即商业银行和自主创新退出，分别排到第 11 位和第 12 位。实际上，2007 年自主创新和商业银行分别比 2006 年已下降了 1 位和 4 位。自主创新和商业银行两个热点排位的持续下降，可能意味着其基本理论问题已得到解决。特别是在美国发生次贷危机导致全球商业银行倒闭、拆分、亏损的情况下，中国经济学界对商业银行的研究并没有掀起新的高潮，证明了我国商业银行的体制改革是成功的，发展的成就是可观的。据当年发布的全球银行市值排名显示：受金融危机的影响，从前占据主导地位的花旗银行、美国银行和瑞士银行的排名下滑，而中国工商银行、中国建设银行、中国银行的排名迅速上升，分别排在前 3 名，中国交通银行位列第 10 位。同时这也说明中国银行业受世界金融海啸的冲击是有限的。

7. 2008 年的前二十大热点与 2007 年相比，出现了 70% 的替换率，表明中国经济学研究的热点在前十大热点相对稳定的情况下，后 10 个热点问题却存在较大程度的转换。在 2003～2007 年的前 20 个热点变化中也表现出同样的特征。这意味着：中国经济学的基本理论问题如中国的经济发展理论具有长期性和战略性，因而需要学者们聚焦进行长期的潜心研究，从而得出新理论，提出新举措，构建起中国经济学的基本理论框架。中国经济学运行层面的问题则具有时效性，会随着时间的推移不断提出新问题，特别是我国正处在经济社会迅速变化的大变革时代，运行层面的热点问题发生大面积的转换应在情理之中。从这个意义上说，高折旧率是经济学的本性，因为经济学是要解释世界和改造世界的。这就迫使经济学者要站在经济学研究的时代前沿，追踪经济运行的新变化，就要付出加倍的努力。

8. 公司治理在 2008 年再次进入前 20 位，说明美国次贷危机引发的金融海啸再次敲响了公司治理的警钟。公司治理在热点排名中的位次每年变化较大，而且每次排位的上升都与公司治理发生危机相联系。在 2003～2006 年中，公司治理分别排在第 14、5、7、18 位，2007 年退出前 20 名，2008 年又回到第 15 位。2004 年排位迅速上升与当年中国公司如中航油、伊利、长虹等频频出事有关。2008 年的金融海啸又使中国经济学深刻思考企业经营者的激励，以及利益相关者与公司治理问题。

9. 国外经济理论与流派第一次进入热点前 20 名。继 2007 年经济学基本理论从第 38 位迅速上升到第 11 位后，国外经济理论与流派 2008 年又排到第 16 位，这进一步证明了中国经济学对经济学基本理论的重视，也是中国经济学开始理论自主创新的具体体现。这是因为，中国经济学是开放的、发展的经济学。中国经济学不仅要继承和发展马克思主义经济学基本理论，而且还要以开放的胸怀吸收借鉴西方经济学各个流派的科学成分。只有这样，才能使中国经济学的理论创新始终沿着经济学的世界文明大道向前推进。

10. 人力资本的排位创出历史新高。在 2003 年、2005 年和 2006 年，人力资本都没有进入前 20 名，2004 年和 2007 年排到第 19 位，2008 年上升到第 17 位。人力资本位次的上升，意味着在践行科学发展观中对"以人为本"的重视，转变了以往"以物为本"的发展方式。以人为本的发展方式，强调发展依靠人民，突出人力资本的价值，特别在知识经济条件下人力资本已上升到核心资源的地位。因此，在构建中国特色社会主义经济理论体系时，人力资本或知识资本的积累将替代财务资本积累居于资源优化配置的中心地位。

11. 民营经济与家族企业一直是中国经济学研究的热点问题。在 2003～2007 年间，除 2007 年外，民营经济与家族企业都进入了前 20 名，分别排在第 6、9、11、12 位，2008 年又回到第 18 位。民营经济与家族企业在 2008 年重新受到关注，主要因为：一是民营经济的发展是总结我国改革开放 30 年的重要亮点；二是经过 30 年的发展，中国民营经济的发展进入了新的历史转型期，即从以往的制度优势向现在提升综合竞争力转型的过程中，如何做大规模、创新技术、打造品牌、建设文化等存在着许多亟待解决的新课题；三是中国民营企业普遍采取的家族企业制度形式，对企业做大、做强、做久是否存在制度约束，仍是一个需要破解的难题；四是民营企业不可能都要做大做强，大多数仍将以中小企业的形式而存在，这就需要寻求中小企业的特殊生存方式，特别是在 2008 年出现经济迅速下行的情况下，中小企业的生存自然就成为热门话题。

12. 社会保障再次入围前 20 位。在 2003～2007 年间，社会保障除了在 2003 年排在第 16 位外，其他年份都没有进入前 20 位，2008 年又回到前 20 位，排在第 19 位。中国经济学对社会保障的重视，一是因为社会保障是解决民生问题的重要制度安排之一，而我国的社会保障又相对滞后，加快社会保障制度的建设就成为我国当前推进社会转型的重要任务；二是因为中国经济要实现又好又快发展，就需要推进投资、消费和出口"三驾马车"的协调拉动，而实现协调拉动的关键是扩张消费，社会保障的建立则有助于解决消费的后顾之忧。

三、2008 年经济研究热点的主要进展

相对于 2007 年的经济研究热点，2008 年的经济理论研究就总体而言在以下几个方面取得了显著进展：

1. 经济增长与发展的主要进展。2008 年在 2007 年研究的基础上继续丰富和深化了我国经济发展的理论框架，主要表现在：（1）对中国经济发展的动力做出

实证解释。依据由不同动力引发的经济发展，我们可以把经济发展分为需求拉动和供给推动两种基本类型。从需求拉动型经济发展看，主要包括三个方面的拉动力，也就是通常所说的"三驾马车"，即消费、投资、出口。从供给推动型经济发展来看，也包括三个方面的推动力，即要素供给、结构供给、制度供给。从已有的文献来看，我国的经济发展通常被解释为供给推动型的经济发展，只是在制度变迁、要素投入和结构优化三方面寻求经济发展的主要推动力。在这方面有价值的研究在于把经济发展阶段引入分析框架，试图寻求不同阶段的主要发展动力。（2）对供给推动型经济发展做出了细化研究。一是在制度因素中引入环境管制、地方官员任期等，从而构建了环境友好型经济发展，以及解释了中国地方经济发展的特殊动力机制。二是在要素投入中除了继续探讨土地、资本、劳动、技术等要素对经济发展的贡献外，又引入了文化、教育等要素。文化作为一国的软实力，对经济发展具有重要的推动作用。联合国教科文组织的一项统计显示：现代经济的发展，人文因素在经济增长方式中已占有50%以上的份额。这样，我们经济的发展，在很大程度上已经决定于文化生产力的竞争。教育是人力资本形成的主要来源，因而教育就应纳入经济发展的理论框架。此外，我国的经济发展越来越受到资源有限性的约束，破解资源约束的理论与政策就深化了要素推动型经济发展的研究。（3）对需求拉动型经济发展做出了细化研究。一是从总体上探讨消费、投资、出口"三驾马车"的协调拉动，推动经济发展方式的转变。二是从投资与消费失衡的原因中探求投资与消费的协调，从而为扩大内需找到新的动力方向。三是从内需与外需失衡的原因中把握国内外的平衡，探求中国的和平发展之路。中国经济的对外依存度2007年达到了67%，从而外贸对中国经济发展的贡献度超过了1/3。中国经济从一定意义上说成为对外依赖型经济。世界金融海啸对中国经济的冲击，是对我国经济实现又好又快发展的极好提醒。

2. "三农"问题研究的主要进展。2008年对"三农"问题的研究相对于2007年而言发生了较大程度的转换，重点主要集中在：（1）对构建农村金融体系进行了系统研究。一是从金融排斥性、农户融资需求和行为实证考察的视角，证明了农村金融市场供求的失衡；二是通过对我国农村金融改革历史逻辑的梳理，从正规金融、非正规金融、小额信贷、工商资本参与等多层次构建农村金融体系，而且提出新的农村金融体系应该是"普惠型"的；三是在对农村小额信贷实证分析的基础上，提出了扩展业务、优化激励等政策建议。（2）对农村合作社进行了深化研究。2008年在2007年的合作社制度探讨和韩国、印度等国合作社经验借鉴的基础上对农村合作社做出了如下深入研究：一是对农户参加合作社的需求或意愿进行实证分析，并找到其影响因素，从而为要不要建立合作社、什么时候建立合作社、建立什么样的合作社提供了科学的依据，因为合作社毕竟是农民自愿参加的自我组织；二是对已有农村合作社的治理机制及其绩效做出评估，进而提出进一步优化的建议；三是通过案例分析，对新一代农业合作社做出设计。（3）对财政支农的深化研究。主要集中在对目前财政支农的能力、绩效做出评估，以及厘清影响财政支农资金运行的因素，为财政支农的进一步优化指出方向。（4）对"三农"问题的应急研究。农业作为国民经济的基础，一些突发事件的发生会对社会经济生活产生严重对影响，应急研究也就成为"三农"研究的一个重要特色。例如，针对食品安全事故而进行的农产品安全研究；针对猪肉价格上涨而进行的农户养猪行为分析；针对经济下滑导致的大批农民工返乡而提出的农民工回乡创业思路，等等。此外，2007 年重点分析的工业反哺农业问题在 2008 年则很少涉及。

3. 货币政策问题研究的主要进展。（1）针对我国 2008 年上半年经济持续高速增长以及伴随着物价的过快上涨和流动性过剩，进一步探讨货币政策对治理通货膨胀和流动性过剩的有效性。在研究中虽然学者们都运用实证分析和数据支持，但却得出了有效和无效两个截然相反的结论，甚至提出了继续实施上调利率的货币政策恐将有害无益的观点。造成这一结果的根本原因是对 2008 年上半年通货膨胀的性质认识存在分歧，有的学者还发出了是通货膨胀还是滞胀的疑问。（2）从开放经济的新视角构建开放经济条件下货币政策的分析框架。（3）强化了我国货币政策与财政政策相关性的实证研究。但是，从统计样本期刊发表的文献来看，对 2008 年下半年发生的货币政策转向却表现出了集体失语，没有对货币政策转向的及时性、有效性等问题做出分析，显示了货币政策研究严重脱离实践的发展。

4. 经济体制改革的主要进展。（1）对我国经济改革开放 30 年的经验进行了多层次、多视角的系统总结，丰富和完善了中国特色社会主义经济理论体系。（2）对国有企业改革做出了新的探索。从统计样本期刊发表的文献来看，国有企业改革的论文占有较高的比重，显示了国有企业改革仍然是经济体制改革的重点课题。学者们从国有企业目标、绩效、治理结构、地方国有企业并购、国有资产管理、"分享制"、主辅分离改革、社会责任等视角对国有企业进一步深化改革做出了新的设计。

5. 收入分配与收入差距的主要进展。（1）在二元经济的理论框架中对城乡居民收入差距做出了系统分析，不仅运用实证分析对城乡居民收入差距的形成及其影响因素做出了解释，而且还从财政保障、贫困救助、加快农村公共设施建设等方面提出了缩小城乡收入差距的建议，并设计了缩小城乡差距的优先次序。
（2）深入到初次分配层面探讨公平分配的实现。学者们从企业利润侵蚀工资、居民收入在国民收入分配中的比重持续下降等方面揭示了我国初次分配中存在着严重的分配不公，而实践证明由此造成的收入差距单纯依靠再分配是不可能解决的，这就必须把公平分配的调节制度延伸到初次分配领域，甚至提出了以初次分配为重点架构中国特色社会主义分配理论。

2009 年中国经济研究热点排名与分析[*]

一、2009 年中国经济研究前二十大热点

2009 年学术期刊统计样本的选取继续沿用教育部的中国社会科学研究评价中心提供的 2010 ~ 2011 年 CSSCI 来源期刊经济学类排名前 20 名杂志，然后依据二级学科平衡的需要，选择了作为 2009 年中国经济研究热点分析的 13 本统计样本期刊。由于其他类别的杂志也刊有经济学的文章，为了保证覆盖面，我们又选择了其他 4 大类期刊排名第一的各 1 本杂志作为统计样本期刊，最终形成了 17 本统计样本期刊。它们分别是经济学类 13 本：经济研究、中国工业经济、世界经济、金融研究、经济科学、中国农村经济、数量经济技术经济研究、财经研究、财贸经济、南开经济研究、经济学家、经济学动态、经济社会体制比较；综合性社科期刊类 1 本：中国社会科学；管理学类 1 本：管理世界；马克思主义类 1 本：教学与研究；高校综合性社科学报类 1 本：中国人民大学学报。与 2008 年相比，数量经济技术经济研究杂志新进入前 20 名被增选为统计样本期刊，但因《改革》和《经济理论与经济管理》两本杂志排名掉出前 20 名而退出统计样本期刊，这样经济学类样本期刊就比 2008 年的减少了 1 本。数量经济技术经济研究排名进入前 20 位，表明中国经济学在研究上越来越重视运用数量方法，同时中国经济从数量扩张向质量提升的历史转型，也凸显了技术经济的重要地位。改革杂志的退出，从一个侧面说明：中国改革的任务虽然还远没有完成，但改革经济学或转轨经济学让位于发展经济学已成为大势所趋。

对 2009 年在以上 17 本样本期刊上发表的全部学术论文（不包括书评和会议报道等）共 2 241 篇按专题进行分类统计，最终得出了 2009 年中国经济研究的

---

[*] 原载于《经济学动态》2010 年第 2 期。

前十大热点问题。它们分别是：（1）经济增长与发展；（2）资本市场；（3）"三农"；（4）产业结构与产业政策；（5）货币政策；（6）收入分配与收入差距；（7）对外贸易与贸易政策；（8）公共经济；（9）世界金融危机；（10）金融体制。此外，排在第 11~20 位的热点问题是：（11）区域经济发展；（12）自主创新；（13）就业；（14）商业银行；（15）外商直接投资；（16）财政体制；（17）消费；（18）企业成长；（19）国外经济理论与流派；（20）财政政策。

二、2009 年中国经济研究热点排名变化

2009 年是世界金融危机对中国经济造成灾难性影响的一年，也是中国应对金融危机实现"保增长"最艰难的一年，这就使 2009 年的中国经济研究热点排名变化，无处不带有金融危机及其应对的痕迹，从而形成了 2009 年相对于 2003~2008 年的研究热点排名而言具有的突出特征。就具体而言，2009 年中国经济研究热点排名变化具有以下主要特点：

1. 经济增长与发展、资本市场、"三农"、产业结构与产业政策和货币政策这前五大热点问题与 2008 年相比没有发生任何位次的变化。这在 7 年的研究热点排名中是第一次出现，显示了中国经济研究主题的稳定性。其实，2009 年我国经济压倒一切的任务是"保八"。8% 的增长是中国经济必保的一条底线，低了可能就要出问题，因为我国既要养活 13 亿多人口，还要满足每年新增人口，以及创造出一定的就业岗位以满足新增就业人口的需要。此外，还要应对我国跑步进入老年社会和不断强化的环保需要等。所以，当我国经济增长在 2008 年第四季度和 2009 年第一季度跌到 7% 以下时，政府就提出为保增长，出拳要及时、要重、要狠的要求。同时，2009 年又是新中国成立 60 周年。认真总结 60 年来我国经济发展的成功经验和教训，既是提升"中国模式"的理论要求，也是保证中国未来经济持续快速发展的实践需要。这两件大事就使经济学界对经济增长与发展问题给予了极高的关注，发文量与第 2 名的差距也创往年最高。

保增长，就需要资本市场和货币政策的强力支持。为此，我国出台了一系列繁荣资本市场的政策和宽松的货币政策。在这种情况下，沪指从 1 600 多点上升到最高 3 400 多点，为经济发展提供了源源不断的直接融资，也使资本市场排名第二成为可能。宽松的货币政策使信贷规模达到了创纪录的近 10 万亿元，为2009 年我国经济增长实现 V 型反转做出巨大贡献，但这也催生了资产价格的上涨，特别是房地产的泡沫，产生了对通货膨胀的预期。如何实现保增长与抑通胀

的平衡就使货币政策继续成为经济学界关注的热点。在中国经济从数量扩张向质量提升的历史转型新阶段，保增长更要靠调结构来实现，可以说，没有结构的优化，就没有中国经济长期稳定的快速增长。目前我国调结构最重要的两大任务：一是通过城市化解决"三农"问题，正如经济学诺贝尔奖获得者斯蒂格列茨所说：新世纪对中国有三大挑战，居于首位的就是中国的城市化。中国的城市化将是区域经济增长的火车头。二是产业结构升级，即运用产业政策推动工业向服务业的发展，以及制造业由一般制造业向现代制造业转型。这正是"三农"和产业结构与产业政策继续排在前三位的原因所在。

2. 收入分配与收入差距受到前所未有的重视。在 2003～2008 年的热点排名中，收入分配与收入差距最高排在第 10 位，2009 年却一举跃升到第 6 位，创出历史新高，显示了收入分配与收入差距问题受到了更高程度的重视。2009 年经济学界之所以对收入分配与收入差距重视，是因为世界金融危机迫使我国必须加快经济发展方式的转变，即从投资拉动型经济发展方式向消费、投资和出口协调拉动型经济发展方式转变。在投资拉动型经济发展方式下，国民收入的分配通常要有利于投资，劳动者报酬被压低到尽可能低的水平，这就是刘易斯二元经济发展理论所揭示的基本逻辑。我国改革开放以来 30 年的快速发展，在某种程度上就是自觉和不自觉地遵循了这一逻辑，1978 年我国居民消费率为 48.8%，到 2008 年降为 35.3%，远低于美国的 70.1%，也低于印度的 54.7%。消费对经济增长的贡献不断下降。但是，随着我国投资与消费结构失衡所导致的严重产能过剩，特别是世界金融危机造成的外需萎缩，使投资拉动型经济发展方式走到了尽头。据统计，2006 年国务院将 10 个行业列为产能过剩行业，2009 年 8 月达到 19 个，2009 年第三季度在国家统计局监测的 24 个行业中，有 21 个行业存在不同程度的产能过剩。更为严重的是，产能过剩不仅发生在传统行业，而且新兴行业如风能、多晶硅等也出现了产能过剩。这就要求我国必须通过增加消费实现投资与消费对经济发展的协调拉动，增加消费就成为后危机时代中国经济增长的新引擎。增加消费，首先取决于经济增长，但在后危机时代，当经济增长速度难以有大幅提升的情况下，决定居民消费增加的居民收入将主要取决于分配结构的调整，包括国民收入初次分配结构和再分配结构的调整，特别是在我国目前收入分配结构不合理和存在较大收入差距的情况下，调整收入分配结构和收入差距对增加消费就具有了更大的空间和可能。

3. 世界金融危机首次进入前 10 位。美国爆发的次贷危机，最终演化成为百年不遇的世界金融危机，世界各国经济因美国经济"故障"而出现了无一幸免的

"空难"现象,世界经济全面陷入萧条。根据国际货币基金组织的测算:2009 年世界经济下降了 1.1%。对于仅次于 1929~1933 年大萧条的这次世界金融危机,就需要在理论层面探讨世界金融危机爆发的制度原因;在体制层面寻找市场经济的机制缺陷;在运行层面发现世界金融危机对中国经济的影响;在政策层面选择应对世界金融危机的措施和道路。

4. 金融体制首次进入前 10 位。金融体制问题在 2007 年仅排在第 28 位,2008 年迅速上升到第 13 位,2009 年进入第 10 位。金融体制排名的快速上升,一方面与我国金融体制的大踏步改革相联系,另一方面与 2009 年的世界金融危机密切相关。世界金融危机给我国提出了一个尖端性的课题,即适应中国特色社会主义市场经济体制的金融体制究竟如何设计?危机表明,中国的金融体制不可能走全盘西化的道路,不可能按照"华盛顿共识"与国际全面接轨,但也不能因为中国金融体制改革的滞后减少了世界金融危机对中国经济的影响而反对或放弃中国金融体制的市场化、国际化改革。中国的金融体制改革只能在中国化和国际化之间找到自己的结合点。此外,单一美元的世界货币体系,是这次美国次贷危机引发世界金融危机的重要传导机制,也是美国利用金融霸权掠夺全球财富的制度基础,如何重构世界货币体系,防范金融风险,自然就成为研究的热点。

5. 对外贸易与贸易政策重要性进一步凸显。对外贸易与贸易政策在 2008 年位于公共经济之后列第 8 位,2009 年则超越公共经济上升到第 7 位。自我国"入世"以来,外贸成为中国经济增长的火车头,外贸对 GDP 的贡献率不断提高。但是,世界金融危机的爆发,使外贸的拉动力戛然而止,而且还出现了严重的负贡献。2009 年我国前三季度 GDP 增长 7.7%,其中投资贡献 7.3%,消费贡献 4.0%,出口负贡献 3.6%,与上半年的 2.9% 相比,出口负贡献进一步扩大。从这个意义上说,中国经济要从根本上好转,就必须实现外贸的正增长。2010 年虽然世界经济将由负转正,但贸易保护主义的盛行对中国外贸增长将带来巨大压力。据英国经济政策研究中心全球贸易预警处报告:自 2008 年 11 月至 2009 年 12 月,许多国家已累计推行 297 项贸易保护措施。中国是贸易保护主义最大受害国。2009 年 1 月 1 日至 11 月 3 日,全球已有 19 个国家或地区对中国产品发起贸易相关调查,中国已连续 15 年成为全球遭受反倾销调查最多的国家。为了促进出口贸易的增长,使中国经济真正走上健康复苏之路,就需要从出口产业升级、出口产品结构优化、贸易国和地区结构优化、国际反倾销应对、贸易保护主义成因、贸易政策调整、出口竞争力提升、环境规制影响等多视角、多层面寻找中国出口增长的路径与措施。

6. 消费首次进入前 20 位。消费问题在 2007 年排在第 30 位，2008 年又掉到第 34 位，2009 年跃升到第 17 位，显示消费在中国经济中的重要性得到迅速提升。这主要是因为：一是增加消费已成为拉动中国经济增长的核心。此次世界金融危机告诉我们：中国经济要实现平稳较快发展，就必须解决外需与内需的失衡，解决之道是扩大内需的政策；而扩大内需则需要解决投资与消费的失衡，解决之道是增加消费。二是增加低收入群体的消费既是构建和谐社会的重要环节，也是增加消费的重点。据中国社科院"中国社会状况综合调查"数据显示：我国低收入家庭消费率高达 90% 以上，也就是说低收入家庭每年收入几乎全部用于消费，高收入家庭消费率城市和农村分别为 57.9% 和 53.9%，比低收入家庭低30 多个百分点。这意味着增加低收入家庭的收入比增加高收入家庭的收入，更有利于刺激消费的增加。为了确立消费的核心地位，就需要从居民收入增长、居民收入分配、财政政策、居民消费行为、居民消费与政府消费的关系等诸多视角解释中国低消费率的形成原因，并找出我国提高消费率的具体政策和措施，从理论上确立我国消费率合理性的标准。

7. 就业问题再次受到关注。就业问题在 2007 年排在第 12 位，2008 年退出前 20 位，排在第 21 位，2009 年又回升到第 13 位。就业问题的再次升温，与 2009 年世界金融危机给就业带来巨大冲击密切相关。人力资源和社会保障部提供的数据显示：2009 年全年需要就业的人员总数超过 2 400 万，供求缺口为1 200 万左右。为了有效缓解就业的巨大压力，就需要从全民创业、劳资关系改善、劳动政策调整、劳动合同法影响、劳动力市场、产业结构变动等方面对就业做出理论与实证的研究。

8. 企业成长再次进入前 20 位。企业成长问题 2007 年排在第 17 位，2008 年跌到第 23 位，2009 年回到第 18 位。企业是国民经济的细胞，保增长实际上就是保企业的生存和发展，特别是在国际金融危机的影响下，企业死亡率大幅攀升。国家发改委中小企业司统计显示：全国 2008 年上半年 6.7 万家规模以上的中小企业倒闭；广东中小企业局提供的数据表明：广东省 2008 年 1 ~ 9 月企业关闭总数为 7 148 家，到 10 月份这个数字就上升到了 15 661 家，一个月就翻了 1 倍。保企业就成为 2009 年应对金融危机的首要任务，这也是许多地方政府纷纷把 2009 年确定为"企业服务年"的原因所在。同样，学界也从增值税转型、资源整合方式、战略规划、企业国际化、企业社会责任、政治关系等方面对企业成长进行了探讨。此外，在金融危机和产能过剩的大背景下，保企业也不是什么企业都保，对于那些处于产能过剩行业的落后产能，政府运用"有形之手"加大淘汰力度，如水泥行业 3 年将淘汰 3 000 余家企业，山西煤炭企业从 2 200 家减为 130 家；市场运用"无形之手"加快兼并收购进程。政府产业重组规划、跨国并购、企业并购后的整合等内容也就成为企业成长研究的主要内容。

9. 区域经济发展首次跌出前 10 位。2003～2008 年的 6 年间，区域经济发展问题都进入前 10 位，分别排在第 5、4、6、5、8、6 位，2009 年意外退出前 10 名，排在第 11 位。实际上，我国在 2009 年为保增长启动了一系列的区域发展政策，如先后经国务院批准，9 个经济区已由区域战略上升为国家战略、东盟自由贸易区正式启动、西部大开发 10 周年纪念等，这种密集的区域发展政策出台在我国经济发展史上都是前所未有的。在这种情况下，为什么区域经济发展问题还会退出前 10 位？究其原因可能是：2009 年是世界金融危机年，世界金融危机虽然对区域经济发展产生了一定的影响，但短期内的表现并不突出，从 2009 年在样本期刊上发表的全部论文来看，区域经济方面的文章没有一篇与金融危机相关。学界对世界金融危机，以及与金融危机相联系热点的集中关注，就对区域经济发展问题产生了挤出效应。但从区域经济发展研究的内容来看，目前还主要集中在区域发展差异、特定区域经济如西部开发、长三角、珠三角等多年的研究课题上，缺少新的关注亮点可能也是区域经济发展遇冷的原因之一。区域经济发展，就发展的趋向而言，应该重点推进区域经济内的产业一体化，因为产业一体化是区域经济一体化发展的灵魂，如日本的三大经济圈内，各个城市群内部形成了产业联系的高度一体化，三大城市群之间的物资流量较低，仅占全部物资流量的 1.5%，而三大城市群内的货物流量达到 85.3%。我国由于行政体制的制约，区域内产业一体化整合进展缓慢影响了区域经济研究的拓展。

10. 热点问题的替换率常态化或规律化。2009 年前 10 大热点问题的替换率与 2008 年相同，也为 20%，后 10 大热点问题的替换率比 2008 年的 70% 略低为 60%，显示了我国经济研究变动的规律性。

三、2009 年经济研究热点的主要进展

相对于 2008 年的经济研究热点，2009 年的经济理论研究就总体而言在以下几个方面取得了显著进展：

1. 经济增长与发展研究的主要进展。在世界金融危机的大背景下，2009 年

对经济增长与发展的研究主要围绕"保持经济平稳较快发展"这一主题展开。但与以往对经济发展的研究不同，2009 年的研究主要不再注重单一发展因素的研究，而转向不同发展因素的协调与平衡，从而将科学发展、协调发展、和平发展注入发展经济学的新体系。2009 年经济增长与发展研究的主要进展概括起来就是：要实现我国经济平稳较快发展，就需要处理好以下八大关系：（1）经济发展与经济转型的关系。人均 GDP 达到 3 000 美元，从世界经济发展的历史经验来看，这是一个低中等收入国家能否完成产业升级、步入高收入国家的敏感阶段，也是各种矛盾的突发期。很多发展中国家在这一阶段由于发展战略失误或者受到外部冲击，经济发展长期低迷，陷入"中等收入陷阱"。造成这一结果的原因主要是收入差距过大造成内需增长过缓；城市化进程出现问题；资本项目开放造成金融风险；一般制造业向高端产业和服务业升级出现障碍等。这些问题在我国目前都不同程度地存在着，这就需要我国在保持经济平稳较快发展的基础上，更加注重推进经济转型和结构升级。（2）城乡关系。中国正处于城市化的加速时期，城市化过程完全能够为中国经济的可持续增长提供巨大的内需空间。按照 2020 年我国城市化率达到 60% 的发展目标，我国将有 3 亿多农民进城，这相当于要制造近 20 个北京。这就需要在解决城市人口就业的同时，更加注重把农业转移人口逐步在城镇就业和落户作为推进城镇化的重要任务，并以此带动农业的工业化和农村的城镇化。（3）重化工业与服务业的关系。我国虽然仍处在重化工业的发展阶段，需要集中资源大力发展重化工业，但这并不排斥服务业的发展，特别是与重化工业发展相联系的生产性服务业的发展。这就需要在推进工业化进程的同时，更加注重发展服务业，推进产业结构的升级。（4）内需与外需的关系。此次世界金融危机告诉我们：一个经济大国的发展绝不能形成对国际市场的过分依赖。特别是在世界各国纷纷看好中国市场并设法进入的情况下，我们更应努力开发和占领自己的市场。这就需要在千方百计扩大出口的基础上，更加注重扩大内需，实现内需与外需的平衡。（5）投资与消费的关系。在我国工业化的任务仅完成 50% 多的情况下，投资仍然是推动我国经济发展的重要动力，但消费贡献的相对偏低，已经严重制约了我国经济的发展。这就需要在保持投资拉动的前提下，更加注重把增加居民消费作为扩大内需的重点。（6）经济发展与环境承载力的关系。美、日、欧等发达国家共仅有 7 亿多人口，就已经占有并消费了目前地球年产出资源总量的 80% 左右，中国 13 亿人要实现工业化，受资源有限性的约束，显然不可能走传统工业化道路，这就需要在推进工业化进程中更加注重知识和技术对传统产业的改造，大大降低单位 GDP 的资源消耗，以及开发新资源和保护环境，为我国经济的长期发展拓展空间。（7）政府与市场的关系。在应对世界金融危机保增长的过程中，要主要发挥政府的推动力量，如中国经济在2009年上半年增长达7.1%，但这其中的86%要归功于政府投资的作用。随着中国经济走向复苏，特别是政府投资的不可持续，就需要民间投资接过投资的"接力棒"。因此，为了中国经济完全走向复苏，就需要在适度发挥政府作用的同时，更加注重发挥市场的内生动力。（8）财政政策与货币政策的组合关系。我国实施的积极财政政策和宽松的货币政策在应对世界金融危机保增长中发挥了重要作用，但随着资产泡沫和通货膨胀预期的出现，就需要适时地在保持积极财政政策的同时，更加注重调整货币政策的松紧度，以及财政政策和货币政策松紧度的搭配，以推动后危机时代中国经济发展和经济结构调整的顺利进行。

2. 收入分配与收入差距研究的主要进展。2009年对收入分配与收入差距的研究，突破了以往公平与效率的主要理论框架，拓展到了收入分配与经济增长的新分析框架。由于2009年的经济增长主要转向消费拉动，因而2009年的收入分配与收入差距研究主要以增加居民消费需求，增强消费对经济增长拉动力为目标取向。研究的主要内容有：（1）对国民收入初次分配进行了全面深入的研究，表现在：一是对我国国民收入初次分配的变动进行了实证描述；二是从我国税收负担的走势、产业发展、经济发展方式、工资增长机制、劳动制度变迁等多角度、多层面解释了国民收入初次分配格局变动的原因；三是提出了提高居民收入在国民收入初次分配中所占比重的政策目标和措施。改革开放以来我国居民收入在国民收入分配中所占比重不断下降，有经济发展阶段的客观必然性，不能因为今天要增加消费，就全盘否定以往的收入分配制度，否则就无法解释中国经济发展的奇迹。（2）培育中等收入者群体。中等收入者群体是消费的主力军，但我国目前中等收入阶层规模偏小，据中国社科院2010年《社会蓝皮书》披露，在工业化中期阶段，一个国家和地区中等收入阶层规模值一般在22.5%～65%之间，但2007年我国的中等收入阶层规模只有约22%。因此，培育中等收入阶层，并不断提高其比重，就成为增加居民消费的重要任务。（3）增加居民的财产性收入。增加居民的财产性收入，一方面可以不通过增加工资，从而不增加企业用工成本的情况下增加居民的收入水平，促进居民消费的增加；另一方面可以扩展居民的收入渠道，防范家庭财政风险而起到稳定消费增长的作用。

3. 居民消费研究的主要进展。2009年对居民消费问题的研究进展主要体现在：（1）从中国家庭收入—消费关系的研究中揭示增加消费的收入基础，为提高居民收入提供政策依据；（2）从收入分配对我国居民总消费需求的扩张效应中揭示调整收入分配结构是增加消费的核心，为收入分配制度改革确立客观评价标准；（3）从我国低消费率现象出发，揭示造成消费率偏低的主要原因，为提高消费率提出有针对性的政策建议；（4）通过我国消费率合理性评判标准的设计，为提高消费率确定目标值；（5）依据我国城乡居民边际消费倾向的变化特征，提出调整城乡居民收入分配结构的政策措施；（6）从政府民生消费性支出与居民消费的关系，提出改善民生是实施扩大内需战略和推动经济发展方式转变的重大举措。

2010 年中国经济研究热点排名与分析[*]

一、2010 年中国经济前二十大热点

2010 年学术期刊统计样本的选取继续沿用 2009 年的 17 本期刊[①]。它们分别是经济学类 13 本：经济研究、中国工业经济、世界经济、金融研究、经济科学、中国农村经济、数量经济技术经济研究、财经研究、财贸经济、南开经济研究、经济学家、经济学动态、经济社会体制比较；综合性社科期刊类 1 本：中国社会科学；管理学类 1 本：管理世界；马克思主义类 1 本：教学与研究；高校综合性社科学报类 1 本：中国人民大学学报。

对 2010 年在以上 17 本样本期刊上发表的全部学术论文（不包括书评和会议报道等）共 2 203 篇按专题进行分类统计，得出了 2010 年中国经济研究前十大热点问题，它们分别是：（1）经济增长与发展；（2）资本市场；（3）"三农"；（4）产业结构与产业政策；（5）收入分配与收入差距；（6）货币政策；（7）对外贸易与贸易政策；（8）自主创新；（9）低碳经济；（10）区域经济发展。此外，排在第 11 ~ 20 位的热点问题是：（11）公共经济；（12）企业成长；（13）消费；（14）人民币汇率；（15）公司治理；（16）商业银行；（17）财政体制；（18）就业；（19）民营企业与家族企业；（20）政府规制。

二、2010 年中国经济热点排名变化

2010 年是我国全面加快转变经济发展方式的启动年，"十二五"则是进入具体实施的关键期和重大战略机遇期，中国经济学自然要对这一决定中国未来能否

---

    * 原载于《经济学动态》2011 年第 2 期。
    ① 黄泰岩、张培丽：《2009 年中国经济研究热点排名与分析》，载于《经济学动态》2010 年第 2 期。

再来 30 年平稳较快发展的奠基性工程做出全面深入的研究，以发挥理论指导实践的巨大推动作用。这就决定了 2010 年中国经济研究热点排名变化必然带有加快转变经济发展方式的突出特征。具体表现在以下几个方面：

1. 自主创新再受重视。加快转变经济发展方式，就需要坚持把科技进步和创新作为重要支撑。2006 年响应胡锦涛同志提出构建创新型国家的伟大号召，我国经济学首次掀起了自主创新的研究高潮，自主创新也首次进入热点排名前 10，排在第 8 位，2007 ~ 2009 年分别降到第 9、12 和 12 位。此次自主创新重回第 8 位，显示了自主创新对我国加快经济发展方式转变的重要性。2010 年我国在 GDP 总量上已超越日本成为世界第二大经济体，但我国还不是经济强国，这就决定了我国经济未来的发展方向就是实现由经济大国向经济强国的历史转变，这也是加快转变经济发展方式的发展阶段特征和时代要求。这是因为，只有依靠科技进步和创新，我国才能实现从经济大国向经济强国的转变；才能促使经济发展由主要依靠资金和物质要素投入带动向主要依靠科技进步和管理创新带动转变；才能建设资源节约型、环境友好型社会。在加快经济发展方式转变的新框架中，我国经济学对自主创新的研究内容就从以往主要侧重技术创新向全面创新提升：一是在国家战略层面提出构建创新型经济的新战略，强调我国应从跟随战略向引领战略转变、从比较优势向竞争优势转变。二是从产品创新、管理创新、服务创新、低碳技术创新、组织创新等方面对自主创新做出了全面分析，丰富了自主创新的理论体系。三是从不同区域、不同产业、不同企业和不同组织等层面探寻了自主创新的差异，为构建灵活的自主创新体制和机制提供了理论解释和政策基础。

2. 低碳经济首次进入前 10 位。加快转变经济发展方式，就需要坚持把建设资源节约型、环境友好型社会作为重要着力点。2009 年低碳经济研究仅排在第 27 位，2010 年迅速上升到第 9 位，是热点排名上升幅度最大的。低碳经济研究排名的上升，意味着我国经济发展必须适应生态、促进生态，建设生态产业体系，实现经济与生态的和谐。特别是随着全球变暖和极端天气的频频出现，节能减排、保护生态环境成为各国经济发展的硬性约束。我国作为负责任的发展中大国，自然需要大力发展低碳经济，努力使单位国内生产总值能耗、单位国内生产总值二氧化碳排放大幅下降。2010 年我国确立了首批发展低碳产业、建设低碳城市、倡导低碳生活的试点城市。构建低碳经济，实现低碳发展，也是我国实现工业化、现代化的基本保障。因此，低碳经济研究就成为中国经济学者面临的重要任务。在研究内容上，一是从不同产业、生产和消费、城市化、能源效率、低碳技术、碳排放交易市场等多视角全面探讨了影响碳排放的主要因素，寻求降低碳排放的途径与机制；二是从开征碳税、环境税、碳关税等方面进一步完善政府的环境规制，促进节能减排；三是将低碳经济置于中国经济发展框架体系中，丰富了中国经济发展的理论体系。

3. 区域经济发展重回前 10 位。加快转变经济发展方式，就需要坚持把经济结构战略性调整作为主攻方向。缩小区域差距，实现区域经济协调发展，是我国经济结构战略性调整的重要内容之一。2003～2008 年的 6 年间，区域经济发展问题都进入前 10 位，分别排在第 5、4、6、5、8 和 6 位，2009 年意外退出前 10 位，排在第 11 位。2010 年重回前 10 位，意味着区域经济发展对加快转变经济发展方式的重要性。2009 年以来，我国先后推出的区域经济发展的国家战略，都赋予其特定的经济社会发展特色，体现加快转变经济发展方式的要求，如推出武汉城市圈和长株潭城市群两型社会建设综合配套改革试点，落实两型社会战略；推出黄河三角洲高效生态试验区和鄱阳湖生态经济区，落实经济与自然的统筹发展战略；推出了统筹城乡的综合配套改革试点，落实城乡统筹发展战略；推出福建海峡西岸经济区和图们江区域发展规划，落实对外开放与合作战略。区域经济发展新格局、新内容、新特色的形成，为中国区域经济研究开辟了新领域、注入了新活力。在研究内容上，一是从产业分布、自主创新、城市化、区域要素丰裕度、区域全要素生产率、外商直接投资、制度等多视角探讨了我国区域发展差距的形成原因及其协调发展的对策；二是从区域经济融合、区域创新体系、区域市场效应、区域空间效率、环境约束、区域政策等方面深化了区域经济发展战略研究；三是把低碳经济、生态环境等要素纳入区域经济发展的理论体系；四是从西部开发、长三角、珠三角等大区域的研究拓展到辽宁沿海经济区、天津滨海新区等地区经济发展战略研究。

4. 收入分配与收入差距关注度再创历史新高。加快转变经济发展方式，就需要坚持把保障和改善民生作为根本出发点和落脚点。在 2003～2008 年的热点排名中，收入分配与收入差距最高排在第 10 位，2009 年上升到第 6 位。2010 年排名再次上升，表明收入分配与收入差距在加快转变经济发展方式中的特殊地位。转变经济发展方式，就是要求经济发展从主要依靠投资拉动向主要依靠消费拉动转变；从依靠外需拉动向主要依靠内需拉动转变；从以资本为中心向以人为本转变，突出人力资本在经济发展中的作用和明确发展的最终目的是提高全体人民大众的福祉。这就要求改革收入分配制度，优化收入分配结构，抑制收入差距扩大的趋势，为全体人民共享经济发展成果、提升消费对经济发展的拉动力奠定坚实的收入基础。在研究内容上，一是继续探讨收入分配不公的主要矛盾、根源和解决途径；二是从国民收入结构失衡、技术进步、市场力量、出口贸易、地方政府行为等视角探求劳动收入份额变动及其提升的途径，优化国内需求结构；三是揭示了增加居民财产性收入的主要影响因素及其措施；四是关注城市低收入群体和城市贫困问题，努力提高他们的收入水平；五是将幸福指数纳入收入分配研究，拓展了收入分配理论体系。

5. 经济体制改革位次大幅提高。加快转变经济发展方式，就需要坚持把改革开放作为强大动力。2010 年经济体制改革从 2009 年的第 29 位上升到第 22 位，体现了要切实转变经济发展方式，就必须形成有利于经济发展方式转变的体制和机制，如要切实把需求结构从投资为主转向消费为主，就必须改革有利于投资的国民收入分配制度，提高劳动报酬所占份额；要切实推进低碳发展，就必须改革资源定价机制；要切实推进自主创新，就必须改革科技和教育体制；要切实加大民计民生建设，就必须改革财政体制和税收体制。在研究内容上，一是从以往对改革模式、道路、方式和经验总结的一般研究深化到具体领域和层面的改革，如国民收入分配制度改革、财政体制和税收体制改革、资源定价改革、科技和教育体制改革、医疗卫生体制改革、土地制度改革、住房制度改革等；二是关注国有企业改革，对国有经济存在的依据、国有企业改革的定位、国有企业分布的边界、国有企业的经营效率及其考核、国有企业改制效果等展开了深入的研究，使国有企业成为加快转变经济发展方式的排头兵。

6. 消费的位次再次上升。消费问题在 2007 年排在第 30 位，2008 年又跌到第 34 位，2009 年升到第 17 位，2010 年再上升到第 13 位，创历史新高。这表明增加消费，特别是增加中低收入阶层的消费对我国加快转变经济发展方式具有直接的推动作用。在研究内容上，一是从经济增长、财政支出结构、社会保障和保险、居民收入结构、住房等资产价格波动、商贸流通业的发展等多视角、多层面对影响居民消费的因素做出了全面分析，为提高居民消费提供了理论解释和政策支持；二是从消费者偏好、顾客价值、流动性约束、营销模式等方面对我国居民的消费行为做出了阐述；三是将绿色消费引入消费理论研究。

2010 年经济研究热点的变化，虽然具有突出的特色，但仍然遵循了往年的一些变化规律，表现在：一是经济增长与发展、资本市场、"三农"、产业结构与产业政策这前四大热点问题与 2009 年相比没有发生任何位次的变化，显示了中国经济研究前沿问题的稳定性。二是每年都有一个新热点闯入前 10 名，成为年度符号，如 2008 年是改革开放 30 周年，经济体制改革首次进入前 10 名；2009

年世界金融危机肆虐，世界金融危机就首次进入前 10 名；2010 年加快转变经济发展方式，低碳经济跃入前 10 名。三是 2010 年前十大热点问题的替换率为 30%，虽然略高于 2009 年 20% 的水平，但仍然保持了较低的替换率。四是后十大热点问题的替换率为 50%，保持了较高的替换率，但与 2008 年的 70% 和 2009 年的 60% 相比，呈现出逐年稳定的变动趋势。

三、2010 年经济研究热点的主要进展

相对于 2009 年的经济研究热点，2010 年的我国经济理论研究在以下几个方面取得了显著进展：

1. 经济增长与发展研究的主要进展。2010 年对经济增长与发展的研究主要围绕"加快转变经济发展方式"这一主线展开，主要进展是：（1）将加快转变经济发展方式置于经济发展的一般规律中加以提升和认识，证明了加快经济发展方式转变是经济发展必经的历史发展阶段，而且经济发展方式转变能否成功，对中国经济最终能否崛起具有决定性的作用。从世界经济发展的历史经验来看，世界许多国家经过努力，都先后进入了中等收入国家之列，但最终却只有少数国家和地区如日本、韩国、新加坡以及中国的台湾、香港等进入高收入行列。其他大多数国家由于各种各样的原因，都一直徘徊在中等收入水平上，迟迟不能进入发达国家。这种现象被称为陷入"中等收入陷阱"。更进一步来看，第二次世界大战之后，迈过"中等收入陷阱"的国家和地区，一是小国和地区；二是都得到美国的保护。作为发展中的大国，特别是与美国的经济社会性质不同的国家没有一个跨入发达国家。这就给中国的经济发展提出了严峻挑战，我国要确保"中国模式"的最终成功还任重而道远。从大多数陷入"中等收入陷阱"的国家来看，主要原因是收入差距过大造成内需增长不足、城市化进程出现问题、一般制造业向高端产业和社会服务业升级出现障碍等。我国 2010 年人均国内生产总值已经达到 4 000 美元以上，进入中等收入国家行列，同时造成陷入"中等收入陷阱"的主要原因在我国也都不同程度存在。诺贝尔经济学奖得主罗伯特·福格尔讲到：中国未来 30 年的经济发展将面临贫富高度不均、社会动荡、领土争端、油料匮乏、缺水、环境污染和脆弱的银行体系等需要解决的问题。英国《金融时报》副主编、首席经济评论家马丁·沃尔夫也认为，中国有潜力将过去 30 年的经济增速再延续 20 年，但必须处理好目前面临的重大风险，主要有 6 类：生产率、投资、金融、资源、外部需求和地缘政治。因此，加快转变经济发展方式，

必须置于迈过"中等收入陷阱",实现中国几代人孜孜以求的工业化、现代化这一高度加以正确认识和贯彻落实。正如温家宝总理早在 2004 年讲到的那样:中国发展前景有两种"可能性":一种可能性是顺利实现工业化、现代化,进入发达国家的行列;另一种可能性就是落入"中等收入陷阱",经济社会发展长期徘徊不前,甚至出现社会动荡和倒退[①]。这就意味着在未来的经济发展中,我国只有通过加快转变经济发展方式,才能规避第二种可能性,舍此别无选择。(2)对加快转变经济发展方式做出了进一步的拓展研究,从以往对转变经济发展方式的内涵、特征、必要性、存在的主要问题以及实现途径等要不要转变的研究深化到我国如何转变经济发展方式难点问题的研究,突出表现在:一是在努力"加快"上做文章;二是在"成效"上找办法。试图从经济发展条件、经济发展阶段、制度缺陷、发展观念等方面系统揭示发展方式转变难的成因,并设计出我国加快转变经济发展方式的目标模式和具体道路。(3)从产业结构升级、区域经济一体化、资源约束、低碳经济、城镇化、农民工市民化、民生等方面将加快转变经济发展方式的新要求新任务充实到经济增长的理论分析框架中,拓展和细化了经济增长理论体系。

  2. "三农"问题研究的主要进展。用加快转变经济发展方式解决"三农"问题也是 2010 年"三农"问题研究的主要亮点,具体体现在:(1)在农业发展上推进传统农业向现代农业的转变。一是把农产品生产的高效、优质、安全和农业产业结构的优化升级作为农业现代化的主攻方向,重点研究了我国农产品价格波动的影响因素,以及工业化、城镇化进程中的我国粮食安全问题;从技术进步、人力资本提升、农业产业集群优化、对外贸易等角度探讨了发展现代农业的道路和措施;从农民采用技术的行为和接受现代服务业的行为分析农业产业升级的路径和机制。二是把农村土地流转,实行农业规模化、产业化经营作为农业现代化的重要手段,强调农地产权是农业增长的重要源泉,并分析了农地产权制度变革对农业经济增长的贡献;从种粮大户行为,以及借鉴亚洲和拉美地区经济转型过程中小规模农业面临的挑战和机遇,探讨我国农业规模化发展道路;从粮食市场、蔬菜市场、期货市场等角度分析农业产业化经营的影响因素和发展方向。三是把农业机械化、农田水利基本建设等农业硬件建设作为发展现代农业的重要支撑,探讨了在土地家庭承包制度不变下的中国农业机械化独特道路;揭示农业机械购置补贴对农户购机行为的影响机制,并对其有效性做出评价,为财政支持

---

  ① 人民论坛"特别策划组":《中国会掉入中等收入陷阱吗?》,载于《人民论坛》2010 年第 17 期。

农业机械化做出政策解释和完善建议；从农田水利的利益主体及其成本收益来分析我国的农田水利基本建设，为农田水利基本建设主体选择做出理论说明。四是把低碳发展作为农业现代化的基本要求，明确提出了我国发展低碳农业的减源型和增汇型发展模式，以及发展低碳农业的路径选择和目标。五是把建立农民专业合作经济组织作为农业现代化的重要经营主体，揭示了以农业专业大户、农民专业合作社和农业龙头企业为代表的新型农业经营主体，已经成为现代农业发展的"主力军"，分析了其现状特征、成长路径及政策需求；探讨了农民专业合作经济组织的服务功能和影响因素。（2）在农民问题上推进农民向市民的转变。一是加速推进城市化进程，通过定性分析和运用时间序列预测法，估计我国城镇化率仍将以年均提高1个百分点左右的速度推进，在2020年将实现城镇化率60%的目标；提出了我国从半城市化经济发展模式向城市化经济发展模式转变，以及走新型城市化道路的设想。二是对农民工在城市定居进行理论研究和政策设计，通过对农民工定居地选择意愿和影响因素分析，以及农民非农就业决策机制的揭示，发现农民市民化进程中的关键问题和解决途径；继续强调通过户籍制度改革推进农民工在就业城市的落户。三是通过分析农民创业行为的影响因素，鼓励农民创业，实现农民就地向市民转变。（3）在农村问题上推进新农村建设。一是从财政支农、金融服务、社会保障等方面推进城乡公共服务均等化，并用时序数据证明，金融支农对农村产值增长、粮食增产、农民增收均具有显著的长期经济效应，而财政支农对农村产值增长、粮食增产具有经济效应，对农民增收则效应微弱。二是通过典型调查揭示农村问题的新变化，即农村负担问题上升到发展问题，如何促进农村全面发展面临挑战；农村矛盾爆发点由乡村转移到县级政权以上，如何转变政府职能化解矛盾成为农村基层的工作重点；基层民主从选举民主向以"阳光财政"为核心的民主管理转变，乡村公共决策机制成为新的问题。三是以中部地区新农村建设的经验，总结提炼了初见雏形的十种典型模式，分析了十种模式的共同路径。

3. 产业结构与产业政策研究的主要进展。加快转变经济发展方式在产业结构与产业政策研究中主要体现为推进产业结构的高端化、高质化和高新化。（1）产业结构高端化的研究内容主要有：一是推进产业结构从一般制造业向现代制造业等产业高端演进，抢占产业制高点，提升产业附加值。具体机制是通过"两化融合"，促进传统产业升级；通过制度创新，形成产业结构升级的机制和体制；通过与跨国公司的资本合作和技术模仿，谋求全球产业链核心环节，进入研发的全球网络。二是从工业经济向现代服务经济等高端产业演进，实现三次产业竞相发展。从服务业发展的总体思路、服务业支柱产业的选择、服务业结构优化、服务业集群、文化创意产业发展、服务外包等方面全面阐述了服务业的发展。（2）产业结构高质化的研究内容主要：一是强调产业的技术升级，揭示了自主创新对产业升级的推动机制和路径。二是强调产品质量和品牌升级，提出了通过制定质量规划、质量管理方法应用、技术改造和实施品牌战略等实现产品质量提升的具体措施。三是强调产业集群的质量升级，提出了集群跨越式升级战略思路，以及通过网络化、产权结构优化、区位选择、产业链整合等方式促进产业集群升级。四是强调产业生态化升级，找到了通向中国未来双赢发展的最优节能减排路径，并证明了改革开放以来我国实行的一系列节能减排政策有效推动了工业绿色生产率的持续改善，为我国进一步推进节能减排提供了政策的理论解释。（3）产业结构高新化的研究内容主要为：一是加快新兴战略产业的发展，提高其在产业结构中所占比重。以新能源、新材料为代表的新兴战略产业的兴起，为发展中国家实现产业升级提供了历史机遇，我国应通过制定产业发展规划、产业基地建设、参与经济全球化进程、国际外包，以及发挥政府的财税支持作用等加快新兴战略产业的发展。二是加快高新技术产业的发展，通过对我国高新技术产业发展影响因素的揭示，提出了加快其跨越式发展的路径。三是运用高新技术和适用技术推进传统产业的技术改造，提升传统产业的生命力和竞争力。

2011 年中国经济研究热点排名与分析[*]

一、2011 年中国经济研究前二十大热点

2011 年学术期刊统计样本的选取采用了教育部中国社会科学研究评价中心最新提供的 2012~2013 年 CSSCI 来源期刊经济学类排名前 20 名杂志，然后依据二级学科平衡的需要，选择了作为 2011 年中国经济研究热点分析的 13 本统计样本期刊。由于其他杂志也刊有经济学的文章，为了保证覆盖面，我们又选择了其他 4 大类即马克思主义类、管理学类、社会科学总论类和高校综合性社科学报类各 1 本杂志作为统计样本期刊。其中《马克思主义研究》在马克思主义类期刊中的影响因子排名第二，但因其有经济学的栏目而被入选，其他三本都是所属类期刊中影响因子排名第一的期刊。最终形成了 17 本期刊，作为我们研究的统计样本期刊。与 2010 年的统计样本期刊相比，2011 年虽然有 3 本期刊发生替换，但基本保持了统计样本期刊的稳定性，具有年度的可比性。

对 2011 年在以上 17 本样本期刊上发表的全部学术论文（不包括书评和会议报道等）共 2 014 篇按专题进行分类统计，得出了 2011 年中国经济研究的前十大热点问题，它们分别是：（1）经济增长与发展；（2）资本市场；（3）"三农"；（4）收入分配与收入差距；（5）产业结构与产业政策；（6）自主创新；（7）对外贸易与贸易政策；（8）货币政策；（9）低碳经济；（10）区域经济发展。此外，排在第 11~20 位的热点问题分别是：（11）公共经济；（12）就业；（13）企业成长；（14）资源经济；（15）房地产；（16）消费；（17）民营经济与家族企业；（18）金融秩序与金融安全；（19）财政体制；（20）公司治理。

---

* 原载于《经济学动态》2012 年第 4 期，与张培丽合作。

二、2011 年中国经济研究热点排名变化

2010 年我国 GDP 达到 58 791 亿美元，超过日本，成为仅次于美国的世界第二大经济体。2011 年作为"十二五"的开局之年，我国开启了从经济大国向经济强国转变的历史新征程。中国经济学自然要对这一决定中华民族未来是否能够立于世界强国之林的伟大工程做出全面深入的研究，以发挥理论指导实践的巨大推动作用。这就决定了 2011 年中国经济研究热点的排名变化必然带有从经济大国向经济强国转变的突出特征。具体表现在以下几个方面：

1. 收入分配与收入差距关注度创历史新高。从经济大国向经济强国转变，必须要以内生经济增长为基础。转向内生经济增长，就要求我国经济发展实现从依靠投资和出口拉动为主向依靠消费拉动为主转变，而实现这一转变的关键不在于简单地直接刺激消费，而在于深层次的收入分配制度改革。通过改革现行的收入分配制度，夯实消费增长的收入基础。近年来我国出台的一系列消费刺激政策效果不明显的一个根本原因，就是收入分配体制和机制没有发生根本性的转变，没有提升居民的收入信心和改变居民的收入预期。中国人民银行 2011 年 4 个季度的城镇储户问卷调查报告显示：居民当期收入感受指数 4 个季度分别为 54.5%、52.1%、50.3%、50.9%；居民未来收入信心指数分别为 55.4%、55.3%、54.3%、55.3%。两大指数的下降和低位运行态势，是我国收入分配改革方案迟迟没有出台的直接反映。因此，学界对收入分配与收入差距问题的持续高度关注也就在情理之中。在 2003~2008 年的热点排名中，收入分配与收入差距最高排在第 10 位，2009 年和 2010 年分别上升到第 6 位和第 5 位，2011 年再上升 1 位，排在第 4 位，这是自 2003 年该研究统计以来的最高位次。在研究内容上，一是从产业结构、对外贸易、劳动力流动和行业选择等方面研究了工资增长的影响因素，试图建立工资稳定增长的体制和机制；二是继续深化分析了劳动收入占比下降的国民收入分配格局现状，从结构调整、贸易扩张、政府主导、要素贡献等方面对劳动收入占比下降的原因进行了阐释，为改革国民收入初次分配制度提供了思路；三是从社会资本、基础设施、农业技术、农业产业化和劳动力流动等方面揭示了影响农民收入的因素，为提高农民收入提出了相应的对策；四是从农业增长、新型合作医疗、最低工资等角度提出了农村减贫的政策建议；五是探讨了行业垄断、财产性收入、金融发展、通货膨胀、对外开放等因素对收入差距的影响，提出了缩小居民收入差距的对策；六是深化了幸福指数的研究，进一

步丰富了收入分配理论体系。

2. 自主创新位次明显前移。从经济大国向经济强国转变，必须要以不断提升自主创新能力为核心。突出表现在：一是我国实现从经济大国向经济强国转变的历史性任务需要不断提高技术研发和自主创新能力，逐步向产业链高端升级。长期以来，由于我国技术水平和自主创新能力低，在国际产业链价值分配中我国企业获取的利润非常微薄。以苹果公司的 iPad 为例，中国组装工人仅仅能够获得全部售价的 2% 左右。二是在加快经济发展方式转变进程中，无论是改造传统产业、发展战略性新兴产业，还是发展低碳经济、实现可持续发展，都需要技术进步和自主创新的支撑和引领。因此，学界对自主创新的研究，2006 年首次进入热点排名前 10 位，2006 年和 2010 年分别达到第 8 位，2011 年再上升到第 6 位。在研究内容上，一是继续从国家层面探讨了构建创新型经济的途径和方法，主要包括发挥后发优势、充分运用技术和知识溢出效应，以及统筹国内外资源等；二是从组织学习、技术生态、创新文化、技术和知识外溢、集成创新和知识产权保护等角度研究了自主创新的基本形式和内在机制，进一步深化了自主创新理论体系；三是考察了企业规模、金融发展、企业组织形式和要素市场等对企业研发投入的影响，完善了企业自主创新投入体制和机制；四是提出了包括校企合作、加大人力资本投入、发挥政府研发投入引导作用、进行模仿创新等在内的企业创新路径，完善了企业自主创新能力体系。

3. 资源经济大幅跨越挺进前 20 位。从经济大国向经济强国转变，必须要以稳定的资源供给为保障。从 2005 年开始，资源经济问题进入中国经济研究的视野，当年排在第 43 位。2009 年上升到第 25 位，2010 年又退回到第 35 位，2011年一跃进入前 20 位，排在第 14 位。资源经济位次的大幅上升，是我国追求可持续发展与资源供给严重短缺巨大矛盾的理论反映。诺贝尔经济学奖获得者罗伯特·福格尔认为，中国完全有潜力再实现 20～30 年的快速经济增长，但必须解决能源匮乏和水资源短缺问题。英国《金融时报》副主编沃尔夫同样认为，中国有潜力将过去 30 年的高速经济增长再延续 20 年，但必须确保资源能以合理价格的供应。资源的确已成为我国实现工业化现代化的巨大瓶颈，在我国人均 GDP仅有 5 000 美元左右的情况下，原油对外依存度已达 57% 左右，首次超过美国；铁矿石对外依赖度也已超过 50%；假定《全国水资源综合规划》确定的到 2030年全国万元 GDP 用水量降到 70 立方米以下的目标得以实现，按照年均 7% 的经济增长速度，到 2030 年我国对水资源的需求总量将达到 10 780 亿立方米[①]，较国务院提出的到 2030 年全国用水总量控制在 7 000 亿立方米以内的红线，存在 3 000 多亿立方米的缺口。在资源严重短缺的同时，我国的能耗水平却依然较高，2010 年我国单位国内生产总值能耗是世界平均水平的 2.2 倍。因此，资源安全问题，已经成为我国能否跨越"中等收入陷阱"，实现工业化现代化的战略性世纪难题。解决这一难题，是对中国学者的巨大智力考验。在研究内容上，一是探讨了我国经济发展过程中对石油、铁矿石、煤炭、电力和水资源等资源的需求总量与需求结构，将资源纳入经济发展的研究框架；二是实证分析了经济增长、所有制结构、外商直接投资、产业集聚和技术创新等对提高能源效率的影响，总结了经济增长过程中能源效率的变化趋势，初步形成了能源经济的理论分析框架；三是通过垄断性资源定价、政府与市场关系、人民币汇率对资源价格的影响，以及资源价格变化规律探讨了资源价格形成机制，为资源价格改革提供了思路。

4. 就业位次再回历史高位。从经济大国向经济强国转变，必须要以不断创造出更多的就业岗位为条件，这是由我国的具体国情决定的。通常情况下，随着产业的升级，特别是劳动密集型产业向资本密集型和技术密集型产业的转型，就业压力就会日趋增大。这就要求我国在向经济强国转变过程中，必须处理好经济转型与增加就业的关系，需要学界作出理论和政策的解释，甚至需要修改主流经济学的分析范式，创新出中国特色的就业理论，并指导中国的实践。因此，自 2004 年以来，就业的位次基本保持在第 20 位左右，其中 2004 年、2007 年和 2009 年位次最高，分别是第 13、12 和 13 位。2010 年降至第 18 位，2011 年再次回升至第 12 位。在研究内容上，一是从劳动力结构、农村剩余劳动力等视角深入探析用工荒问题，从理论上探究中国的"刘易斯拐点"是否提前到来；二是从货币政策、资本驱动、外贸顺差、政府干预、跨国外包等视角，解释了中国高增长与低就业的形成机制，对我国的低就业率作出了理论解释；三是用信号传递的有效性、大学扩招和大学生就业能力分析了大学生就业难的原因，为解决大学生就业提供了新的思路；四是从社会网络、资源和创业动机等方面构建了创业问题的新分析框架，深化了创业的理论研究；五是以《劳动合同法》和社会保障状况等为背景构建我国的和谐劳动关系，使其成为构建和谐社会的重要组成部分。

5. 房地产问题引起高度重视。从经济大国向经济强国转变，必须要以保障和改善民生为根本出发点和落脚点。实现经济强国的一个重要标志就是广大居民

---

① 张培丽：《我国经济持续稳定增长下的水资源安全》，载于《经济理论与经济管理》2011 年第 9 期。

的安居乐业，而安居却成为目前我国社会最关注的民生问题，也是大多数居民面临的难题，中国人民银行 2011 年 4 个季度的城镇储户问卷调查报告显示：居民认为房价高，难以承受的比例分别是 74.4%、74.3%、75.6% 和 72.9%。加之 2011 年我国实施了一系列严格的房地产市场调控措施，这些措施对我国经济增长、金融稳定、房地产价格、地方财政等产生了重要影响。因此，学界对房地产问题的研究必然升温。2005 年以来，房地产的最高位次为 2008 年的第 24 位，2009 年降至第 40 位，2010 年回升到 27 位，2011 年迅速上升到第 15 位。在研究内容上，一是围绕消费决策、利率、城市化、税收、预期和货币政策等研究了房地产价格的影响因素，从理论上剖析了这些因素对房地产价格的影响机理；二是从租金房价比、房价收入比和居民支付能力等角度对我国房地产价格是否过高做出判断，为房地产价格的合理回归提供标准；三是实证分析了限购和保障性住房等房地产调控政策的实施效果。

6. 金融秩序与金融安全首次进入前 20 位。从经济大国向经济强国转变，必须要以经济安全特别是金融安全为前提。在国际金融环境发生深刻变化的情况下，金融安全对我国经济持续稳定增长的重要性日益凸显，主要表现在：一是在金融日益深化的国际环境中，金融危机在国际间的蔓延速度更快，传染性更强，国际经济的多米诺骨牌效应更加明显，美国次贷危机引发的金融格局重构，东欧国家的经济危机，以及欧洲深陷主权债务危机都是对此最好的注解。这就要求我国必须改革金融制度，完善金融体系，增强自身免疫力，构筑强有力的防火墙。二是在经济环境发生重大变化的背景下，我国中小企业经营面临极大困难和挑战。北京大学国家发展研究院联合阿里巴巴集团 2011 年 9 月进行的一项调查显示：72.45% 的小企业预计未来 6 个月没有利润或小幅亏损，3.29% 的小企业预计未来 6 个月可能大幅亏损或歇业。中小企业的经营困难不仅加大了银行的信贷风险，而且使民间借贷乱象浮出水面，金融秩序和金融安全受到重大挑战。因此，学界对金融秩序和金融稳定的研究自 2005 年以来基本都排在 30 位以外，只有 2009 年在世界金融危机发生的背景下排位上升到第 26 位，2010 年又下降到 38 位，2011 年则强势跃升至第 18 位。在研究内容上，一是从金融危机预警指标、防范机制、风险衡量、机构间博弈、风险传导机制等方面，构建了金融安全研究的理论框架；二是从金融机构的系统性风险、房地产市场和银行体系的稳健性角度对中国的金融稳定性和金融安全进行了测量和评价；三是研究了国际资本流动、金融开放和主权货币与金融安全之间的关系，将金融安全的研究视角扩展到了国际金融体系。

2011 年的中国经济研究热点，除以上突出变化外，还表现出了研究的稳定性和连续性。主要体现在：一是经济增长与发展、资本市场和"三农"排位前 3 的热点问题与 2010 年相比没有发生任何位次变化，延续了 2009 年以来的稳定特征，显示了学界对这三大问题的持续追踪研究。二是前十大热点与 2010 年完全一致，没有新热点闯入前 10 名，只是个别热点的位次发生变化。这既打破了以往各年前十大热点替换率为 20% ~ 30% 的变动规律，也终止了以往每年都有一个新热点闯入前 10 名，成为当年的年度符号的变动特征。三是排名第 11 ~ 20 位的热点替换率仅为 30%，远远低于 2010 年的 50%，更低于以往的各年份（2008 年为 70%、2009 年为 60%），改变了以往较高替换率的变动特征。①

三、2011 年中国经济研究热点的主要进展

相对于 2010 年的中国经济研究热点，2011 年的我国经济理论研究在以下几个方面取得了显著进展：

1. 经济增长与发展研究的主要进展。实现我国从经济大国向经济强国的转变，必须切实推进加快转变经济发展方式。2011 年学界围绕这一主题对经济增长与发展进行了如下新的研究：（1）构建了加快转变经济发展方式的理论框架。一是确立了加快转变经济发展方式的目标体系；二是从包容性增长和可持续增长角度深入阐述了加快转变经济发展方式的动力机制；三是从价值创造、资本深化、最终需求等方面论证了加快转变经济发展方式的主要抓手；四是从经济安全、人力资本产权、发展战略等角度分析了加快转变经济发展方式的保障机制；五是构建了加快转变经济发展方式的测评指标体系。（2）细化了经济增长的影响因素分析。一是细化了经济增长理论分析框架中的科技进步和自主创新要素，着重探讨了 R&D 投入、人力资本积累、知识产权等深层次问题对经济增长的影响和作用；二是依据后金融危机时期国际经济环境的新变化，着重探讨了贸易深化和服务业贸易、金融发展和稳定、全球流动性等对经济增长理论的改变与修正；三是将财税体制改革纳入经济增长分析框架，着重探讨了财政分权、政府支出、最优税收规模、扩权强县改革等对经济增长的影响。（3）深化了经济周期的理论研究。主要从产能过剩、技术扩散、货币政策、资源价格、体制转轨、外国经济周期性波动、汇率变化等方面探讨了中国经济波动的影响因素，运用中国经济波

---

① 黄泰岩、张培丽：《中国经济热点前沿》第 8 辑，经济科学出版社 2011 年版。

动的现实发展和提升了经济周期理论。(4) 将文化因素纳入经济增长的理论分析框架。着重探讨了文化软实力、传统文化和儒家孝道等对经济增长和经济实力的影响和作用机制，为加快文化体制改革，推进文化大繁荣提供了理论依据。

2. "三农"问题研究的主要进展。没有农业的现代化、农民的市民化和农村的城镇化，我国就不可能实现从经济大国向经济强国转变。围绕这一主线，学界对"三农"问题的研究进展具体体现在：(1) 全面摸底和评估"三农"问题的现实基础和条件，勾勒了"三农"领域在向经济强国转变中存在的主要问题，对"三农"向经济强国转变的方向和着力点进行了实践验证。主要内容：一是从动态变化、地区差距、耕地利用效率、要素配置、不同类型农户等角度，运用农户调查和数据修正等方法综合考察了农业全要素生产率；二是从农地流转市场发展、农户土地流转的参与状况、准市民参与、农户土地流转意愿等角度考察了当前农地流转现状，以及影响农地流转的因素，为推进农业现代化经营提供土地制度保障；三是从人才配置、与资源环境的适应性和循环农业等方面考察了农业发展的协调性；四是通过调查问卷等方式，从经济转型、贫困型农户、农户行为、社会资本、农村金融体制、家庭结构等层次全面分析农户融资需求和借贷行为，为提高通过农村金融体系改革推动农村经济发展有效性提供理论支撑。(2) 深化了农业经济组织的研究。主要从交易成本、潜在收益、规模经济、信贷可得性等方面为农民专业合作社发展提供理论解释，为农业生产的规模化、组织化和商业化提供了新的路径选择。(3) 针对极端天气频发和农产品市场结构的新变化，突出强调了粮食安全问题。一是从自然灾害、突发事件、气候变化、粮食生产收益等方面探讨了粮食产量的变化趋势，分析了粮食安全所面临的严峻形势；二是研究了外部冲击、国际粮食价格、流动性约束、市场竞争等对我国农产品价格波动的影响，实证检验了我国的粮食安全现状。(4) "三农"政策效应评估。从农业补贴政策、农村基础设施、农村政策等方面评估了农村经济发展的政策效应，从加快金融体制改革、农村土地制度改革、农业经营管理方式转变等方面提出了加快农村经济发展的政策建议。(5) 深入求解农民的城市融入问题。一是从城市化质量评价入手，积极探索适应中国国情的中国特色社会主义的城镇化道路和新型城镇化道路，提高农民的城市融入度；二是从农民工政策、失地农民市民化和农民工组织等方面深入探讨了农民城市融入问题，以切实推进农民市民化进程。

3. 产业结构与产业政策研究的主要进展。从经济大国向经济强国转变的核心任务就是不断推进产业结构的高级化，即向产业高端和高端产业进军。2011年学界围绕这一主题推进了以下研究：(1) 构建和完善了产业结构升级研究的理论分析框架。一是对产业结构升级的内涵和模式做出了理论阐释；二是从产业间互动关系、生产性服务业对农业和制造业改造的内在机理、产业结构调整与要素的关系、需求结构对产业结构的影响等方面，全面梳理了产业结构升级的作用机制；三是对战略性新兴产业的进入时机进行了理论分析；四是从理论上提出了产业结构升级的方向与路径。（2）全方位衡量制造业和工业生产效率。一是从市场扭曲、资源配置、经济转型、基础设施、对外贸易、外包等方面分析了制造业和工业生产效率的影响因素；二是对制造业和工业的生产效率进行了多方面的测度和评估。（3）从产业演化、新经济地理学、产业链、组织创新、集群风险等视角搭建了产业集聚的理论分析框架。一是从专业市场、资本积累、垂直专业化、政府推动、财政支出、行政层级、交易费用、区位选择、对外开放等对产业集聚的影响，分析了这些要素与产业集群形成的互动机理；二是以钢铁产业集聚等为例从理论和实证两方面分析了产业最优集中度决定；三是从产业集聚的外溢效应、是否有利于国际化等角度探讨了产业集聚的经济效应。（4）从区域间、城乡间和国际间三个层面分析了产业转移的发展趋势。

2012 年中国经济研究热点排名与分析[*]

一、2012 年中国经济研究前二十大热点

2012 年学术期刊统计样本的选取采用了教育部中国社会科学研究评价中心提供的 2012 ~ 2013 年 CSSCI 来源期刊经济学类排名前 20 名的杂志，然后依据二级学科平衡的需要，选择了作为 2012 年中国经济研究热点分析的 13 本统计样本期刊。由于其他杂志也刊有经济学的文章，为了保证覆盖面，我们又选择了其他 4 大类即马克思主义类、管理学类、社会科学总论类和高校综合性社科学报类各 1 本杂志作为统计样本期刊。其中《马克思主义研究》在马克思主义类期刊中的影响因子排名第二，但因其有经济学的栏目而被入选，其他三本都是所属类期刊中影响因子排名第一的期刊。最终形成了 17 本期刊，作为我们研究的统计样本期刊[①]。统计样本期刊保持了稳定性，增加了年度可比性。

2012 年在以上 17 本样本期刊上发表的全部学术论文（不包括书评和会议报道等）共有 1 962 篇，论文篇数比 2011 年的 2014 篇有所下降，体现了各杂志现在倾向于发一些大篇幅的文章。对以上论文按专题进行分类统计，得出了 2012 年中国经济研究的前十大热点问题，它们分别是：（1）经济增长与发展；（2）资本市场；（3）"三农"；（4）收入分配与收入差距；（5）产业结构与产业政策；（6）货币政策；（7）自主创新；（8）对外贸易与贸易政策；（9）低碳经济；（10）区域经济发展。此外，排在第 11 ~ 20 位的热点问题分别是：（11）公共经济；（12）财政体制；（13）消费；（13）计量经济（并列）；（15）公司治理；

* 原载于《经济学动态》2013 年第 4 期。

① 17 本样本期刊分别为：《经济研究》《世界经济》《中国工业经济》《经济学（季刊）》《金融研究》《数量经济技术经济研究》《中国农村经济》《经济科学》《财经研究》《财贸经济》《南开经济研究》《经济学家》《云南财经大学学报》《中国社会科学》《管理世界》《中国人民大学学报》《马克思主义研究》。

（16）资源经济；（17）社会保障；（17）金融秩序与金融安全（并列）；（19）商业银行；（20）企业融资。

二、2012 年中国经济热点排名变化

实现经济转型，是我国经济持续健康发展与社会和谐稳定的关键，更是实现"中国梦"的根本条件。根据日本、韩国的经验，经济转型需要有一个过程，更何况是我国这样一个人口和区域经济发展严重不平衡，以及面临经济转型和体制转型"双转型"压力的大国，转型的难度可想而知，所以"急不得"，当然也"慢不得"。对此，唐双宁先生总结得好，认为当前"急不得慢不得，但关键是慢不得"。中国实践提出的迫切要求在经济学研究上的反映就是：急不得，就要通过对经济转型的持久深入研究，全面揭示经济转型的规律、道路和方式，为顺利实现经济转型提供理论指导；慢不得，就是要集中优势兵力打歼灭战，就重点热点问题率先取得突破。这就决定了 2012 年中国经济研究热点排名变化的主基调，具体表现为以下十大特点：

1. 前十大热点问题连续 3 年保持基本稳定。主要体现在：一是 2012 年仍然没有新的热点成为年度符号闯入前 10，而且这自 2010 年以来连续 3 年没有变化，也是自建立热点排名统计数据以来从未出现过的现象，表明中国经济学研究的稳定性和连续性进一步增强。二是前十大热点中只有货币政策前进了两位，自主创新和对外贸易与贸易政策两个热点各下降一位，位次变动幅度也是热点排名统计以来最小的。三是排名第 11～20 位热点替换率为 40%，依然保持较低水平。中国经济学研究的这种新特点主要是因为：一是在推进经济转型发展的新阶段，以科学发展为主题，以加快转变经济发展方式为主线，以经济结构调整为主攻方向，是我国新阶段实现持续健康发展的基本原则和根本要求。经济转型的长期性和艰巨性，要求经济学研究的稳定性和连续性。二是前十大热点问题基本都是实现经济转型需要解决的关键与核心问题，或者说，这些问题是实现经济转型的"牛鼻子"，解决了这些问题，其他问题也就迎刃而解，从而也就成为经济学研究的集中关注点。三是推进经济转型的各项经济政策实施效果都有一个滞后期，解决经济转型这样实践性极强的现实问题，不仅需要理论研究，还需要经验的评估与验证，这就需要持续的跟踪研究，为政策的完善提供支持。

2. 自主创新和低碳经济继续充当年度符号。使经济发展更多依靠科技进步，更多依靠节约资源和循环经济推动，是实现经济转型的基本要求。自 2010 年自

主创新和低碳经济双双进入热点排名前 10 位，成为当年年度符号以来，至今没有出现替代两者的新年度符号。这表明：在推进经济转型的进程中，除了学界持续关注的其他前 10 位热点外，自主创新和低碳经济比其他问题都更为重要，或者说，这两个问题不解决，经济转型就无法向前推进。具体体现在：一是产业升级和产业转型需要创新驱动。在技术更新速度加快的信息经济社会，核心技术缺乏已成为阻碍中国产业竞争力提升的命门，甚至威胁到产业安全。中国经济必须从过去的成本优势向技术优势转型，走技术立国之路。但目前，我国在音像电子产品、智能通讯产品、汽车等很多高端制造业中，都因为不掌握核心技术，导致这些行业在竞争中处于劣势。根据工信部数据，2012 年我国电子信息百强企业主营业务收入合计 1.76 万亿元，利润总额为 884 亿元（合约 138.85 亿美元），虽然主营业务收入差不多是苹果公司的 2.6 倍，但利润仅为苹果公司的 53%，整个行业比不过一家企业，反映了我国电子信息行业在国际产业链分工中的地位。即使我国发展较好的家电行业，如平板电视、3D 电视等核心技术也都掌握在索尼、三星等外国厂商手里，随着智能电视的兴起，Google、苹果等的加入，整个电视行业将可能面临洗牌，中国电视产业也急需核心技术突破。二是经济转型必须发展低碳经济。我国经济持续健康发展已面临极大的资源压力，目前，我国石油、铁矿石、精炼铝、精炼铜、钾盐的对外依存度都超过了 50%。不推进低碳发展，"中国梦"就可能中断和夭折。同时，党的十八大报告首次提出要建设美丽中国，然而近期北方大部分地区出现的连续阴霾天气所昭示的空气污染、水污染、土壤污染等，对美丽中国提出了巨大挑战，我国的低碳发展已经"等不得"。三是低碳发展离不开自主创新。这是二者双双充当年度符号的内在联系。我国的低碳发展，不是不要发展，而是既要发展还要低碳，发展还不能是慢发展。破解这一两难困境的唯一出路就是通过自主创新推进技术进步。据统计，我国单位 GDP 能耗约为世界能耗的 2.2 倍。这虽然与经济发展阶段有关，但也与我国的技术水平和粗放发展模式有关。从日本、韩国应对 20 世纪 70 年代石油危机的经验来看，技术进步完全可以既实现发展，又构建"两型社会"。

3. 收入分配与收入差距的关注度创历史新高。推进经济转型的核心基点就是扩大内需，特别是扩大消费对经济增长的拉动作用，构建扩大消费的长效机制就是收入分配制度改革，实现居民收入的"两个同步增长"和缩小收入分配差距。2012 年收入分配与收入差距虽然在热点排名中仍排在第 4 位，与 2011 年的历史最高位持平，但与 2011 年相比，2012 年发表的文章数量却多于上年，与排在第 3 位的"三农"问题的文章数量相比从 2011 年的相差 23 篇缩小到 7 篇，与排在第 5 位的产业结构与产业政策的文章数量相比，从 2011 年的高出 8 篇扩大到 13 篇。这表明学界对收入分配热点的关注度达到了历史最高。这是与我国近几年来将民生问题提到前所未有的高度密切相关。民生的核心是收入分配问题，具体包括三方面的含义：一是人民要分享经济发展的成果。2001～2005 年，城镇居民收入增长速度分别为 8.5%、13.4%、9%、7.7% 和 9.6%，农村居民收入分别为 4.2%、4.8%、4.3%、6.8% 和 6.2%，除 2002 年城镇居民收入外，其他均低于国民经济增长速度。2006 年以后，居民收入增速长期低于国民经济增长的现象才逐步改观。但是，这 5 年来，虽然居民收入增速有了很大提高，城镇居民人均可支配收入和农村居民人均收入增长分别为 8.8% 和 9.9%，然而与同期年均 9.26% 的经济增长速度相比，城镇居民收入的增速仍然没有跑赢 GDP。这就需要从根本上改革收入分配制度，从制度上保障实现居民收入的"两个同步增长"。二是经济发展的成果要由全体人民共享，实现公平公正和共同富裕。最近，国家统计局首次公布的 2003～2012 年基尼系数显示，10 年间全国居民收入基尼系数一直在 0.4 以上，2008 年达到最高值 0.491，此后虽然有所逐步回落，但 2012 年仍高达 0.474。根据李实的研究，把世界上所有国家的基尼系数进行排序，基尼系数比中国高的国家不到 10%，主要分布在南美、非洲以及亚洲的部分国家，这意味着绝大多数国家的基尼系数都比中国低。[①] 收入差距过大的直接后果就是财富在少数人手中高度集中。根据世界银行最新研究报告显示，中国 1% 的家庭掌握了全国 41.4% 的社会财富，远远超过了美国 5% 的人口掌握 60% 财富的财富集中度。我国如此之高的收入分配差距，不仅与一般的市场经济体制不相容，更有悖于我国以公有制为基础的社会主义市场经济体制。拉美和部分亚洲国家的发展经验证明：收入差距过大是陷入"中等收入陷阱"难以自拔的最重要原因。三是民生不仅是经济发展的结果，更是经济发展新的强大动力。居民收入增长相对缓慢和收入分配的严重不公平，就会损害大多数居民的生产积极性和经济持续健康发展的消费需求基础，甚至如果一旦出现马克思所说的财富在一端积累，贫困在另一端积累的情况时，就会动摇这个社会的基本经济制度。

4. 财政体制位次大幅前移。推进经济转型需要财政体制改革激发增长活力。我国现行的财政体制基本框架已经运行了近 20 年，已严重滞后于经济体制改革，特别不适应于经济转型的要求，其矛盾已日益凸显，高培勇甚至认为，财政体制改革是新一轮经济体制改革的突破口。

---

① 《专家称不到 10% 国家基尼系数比中国高》，载于《新京报》2013 年 2 月 5 日。

财政体制热点自 2006 年进入前 20 位以来，始终保持在前 20 位之内，2012 年财政体制排名大幅上升 7 位，排在第 12 位，创历史最高。

在经济转型新阶段，财政体制被高度关注的原因在于：一是税收制度调整是促进消费的必要手段。在我国国民收入初次分配结构中，居民收入所占份额明显偏低，而政府收入所占份额近些年来不断提高，这是导致居民收入增长缓慢，居民消费需求不足的重要原因。通过财政体制改革，提高居民收入所占份额，就成为扩大内需增加消费的必然选择。二是税收制度调整是工资侵蚀企业利润得以可行的必要条件。在能源和原材料价格、人工成本、环境成本不断提高导致企业利润普遍偏低的情况下，大幅提高职工工资，侵蚀企业利润，企业就会不堪重负，甚至导致大批倒闭。这就要求在提高职工工资的同时，对企业实施减税和调整税收结构，为企业生存和成长提供必要的空间和条件，提振企业家信心，吸引民间投资，激发经济活力。三是增加政府用于民生的公共支出是扩大消费的重要保障。消费增长缓慢，除了收入水平限制以外，消费环境也是重要的影响因素。要真正能够让居民增加消费，就需要进一步扩大政府在教育、住房、医疗等方面的公共支出，减少居民消费的后顾之忧，降低居民的预防性储蓄。四是中央和地方政府财政收入关系的理顺是提高地方政府公共服务能力和效率的关键。1994 年实行分税制改革以来，随着中央和地方财政权力的重新分配，中央财政实力有所加强，中央财政收入占全部财政收入的比重已经超过了 50%，但由于财权与事权不匹配，导致许多地方政府面临财政困难，严重影响了地方政府尤其是基层政府在提供公共服务上的积极性和效率，不利于经济持续健康发展。学界对财政体制研究的主要内容集中在：一是重点考察了增值税试点改革对企业税负和企业行为的影响，综合评估了中国税负水平，从增值税、财产税和个人所得税改革的角度，提出了税制改革的思路；二是从财政支出结构和效率等角度分析了均衡性转移支付机制，为规范转移支付制度，实现公共服务均等化提出了建议；三是从地方政府的土地财政依赖、地方财力等角度分析了中央和地方的财政关系和当前财政体制对经济增长的制约，提出了财政体制改革的设想。

5. 社会保障重回前 20 位。构建扩大消费的长效机制，使经济发展更多依靠内需特别是消费需求拉动，离不开社会保障制度的保驾护航。

社会保障曾在 2003 年和 2008 年两度进入热点排名前 20 位，但很快就被其他热点所替代，2012 年社会保障大幅跨越，从 2011 年的第 35 位，上升到第 16 位，与 2003 年排位相同，创历史最高位，也是位次上升幅度最大的一年。学界关注社会保障的根本原因在于，它对建立扩大消费需求长效机制、释放居民消费潜力具有不可替代的重要作用。

具体表现在，一是有助于降低居民的预防性储蓄，增加消费需求。根据中国人民银行 2013 年 1 季度储户问卷调查显示，在消费、储蓄和投资意愿中，居民倾向于"更多储蓄"的比例为 44.5%，一直处于高位，倾向于"更多投资"的比例为 37.6%，而倾向于"更多消费"的比例仅为 17.9%。造成这种格局的主要原因在于，我国社会保障体系的不健全和不完善使居民的自我保障成为不得已的选择，降低了居民的消费能力和意愿。因此，加快推动医疗、养老、社会保障性住房等在内的社会保障体系改革和建设，无疑将会提高居民的消费能力。二是有助于增强居民的社会安全感，改善居民的未来预期，增强消费意愿。三是增加对低收入居民的转移支付，可以直接扩大他们的消费需求。在研究内容上，一是实证研究了医疗保险尤其是农村新型合作医疗对居民医疗负担，从而对资产配置的影响，对现有医疗保险绩效进行了评估，为完善和深化医疗保险改革提供了理论支持。二是从理论上分析了养老金保险与消费和储蓄的关系，以及养老金保险账户的可持续性，构建了养老金指数，初步确立了养老金保险分析的理论框架。三是对农民参加新农保的意愿和缴费能力进行了实证研究，为充实农村养老保险资金提供了思路。四是探讨了以公租房建设为主的城镇住房制度综合配套改革，尝试为实现住有所居的民生目标设计改革方案。

6. 企业融资强势进入前 20 位。着力激发各类市场主体发展新活力，着力构建现代产业发展新体系，是加快形成新的经济发展方式，把推动发展的立足点转到提高质量和效益上来的基本要求，而达到这一目的，就需要解决企业的融资问题。企业融资 2009 年开始进入学界的研究视野，但排名一直比较靠后，2012 年的排名从 2011 年的第 58 位直接跃升至第 20 位，成为 2012 年度位次升幅最大的热点，凸显了企业融资在"发展中促转型、在转型中谋发展"战略中的特殊地位。

这具体体现在：一是企业融资关乎经济的稳定持续发展，发展是转型的基本前提，不谋发展，转型就成了无源之水。企业融资困境带来的企业生存压力就有可能破坏这个转型的发展前提。2008 年世界金融危机的冲击，以及国内经济的下行，使许多企业运营出现困难，尤其是中小企业遭遇了前所未有的困境，企业融资难题尖锐化，从而导致中小企业大量倒闭。二是解决企业融资难题就是优化经济结构，是经济转型的应有之意。解决企业融资难，需要构建多层次的资本市场体系，形成多元化的银行组织体系，改善企业特别是中小企业的分工协作体系等等，这都是产业组织的升级换代。三是中小企业经营困境引发的民间金融乱象凸显了改革企业融资制度的紧迫性。在缺少正规融资渠道的情况下，中小企业通过民间借贷进行融资在一些地区比较普遍。2008 年以来的中小企业经营困难，资金链断裂，中小企业老板跑路等现象，使民间金融问题浮出水面，引发了学界对企业融资环境的高度关注。

在研究内容上，一是研究了宏观冲击、货币政策、财政政策以及产权性质等对企业资本结构的影响，从企业成长角度为推进金融体制改革提供了理论依据。二是从所有制、禀赋、企业规模等角度实证研究了企业信贷资金配给差异，对目前中小企业存在的融资约束做出了理论解释。三是对企业可能运用的可转换债券、类金融模式、或有资本、双重上市等多元化融资模式进行了探讨，为通过金融产品创新缓解企业融资约束提供了新的思路。

7. 公司治理位次大幅上升。使经济发展更多依靠管理创新驱动，是推进经济转型的基本要求。公司治理是企业管理创新的集中体现。

公司治理问题 2004 年曾排在第 5 位，2005 年排在第 7 位，此后排位有所下降，2007 年掉到排名 27 的最低位，之后又有所上升。2012 年较 2011 年上升 5 位，排在第 15 位。

学界对公司治理关注度的上升，主要是因为，一是 2012 年共有 79 家中国企业进入世界 500 强，其中中国内地企业的数量达到 69 家，首次超过了日本的 68 家，与世界第二大经济体的地位相一致。但中国企业在做强方面与国际一流企业相比，还存在很大差距，这就需要将立足点转到提高质量和效益上来，从而依靠公司治理创新管理。二是我国的国有企业在一些关键领域已经发挥出中流砥柱的作用，这就需要亟须探讨国有企业的特殊公司治理模式，提高国有企业的治理效率。三是我国民营企业虽然经过 30 多年的快速发展，在国民经济的总体贡献上已成为主要力量，但还存在着个体规模偏小、寿命短等一系列问题，这就需要优化民营企业的治理结构，提高其竞争力。

在研究内容上，一是从董事会文化、董事网络、股权分置改革、税收负担、政府管制、私募股权投资、股权激励计划等方面研究了影响企业高管薪酬激励的因素，分析了高管薪酬激励对公司投资行为、公司治理决策和企业绩效的影响，为设计高管薪酬激励制度，调动经理人积极性提供了理论依据。二是从社会关系、独立董事职责和行为等考察了独立董事的独立性，分析了影响独立董事独立性的主要因素。三是从公司治理内在逻辑关系、公司复杂性和董事市场供给角度分析了董事会的独立性，为完善公司治理结构提供了思路。四是研究了内部控制对企业税负、风险管理、企业创新、企业创业、企业成本等的影响，进一步细化了内部控制的理论研究。

8. 货币政策位次进一步上升。推进经济转型，必须发挥货币政策的调节作用。

货币政策从 2006 年开始，一直排在前十大热点中，分别居第 8、7、5、5、6、8 和 6 位。2012 年货币政策虽然没有达到历史最高位，但却是 2012 年前十大热点中唯一一个位次上升的热点问题，这说明货币政策在当前经济运行中的重要性。具体体现在：一是如何把握好货币政策在促进经济增长、稳定物价和防范金融风险几大目标之间的平衡，特别是在我国近几年通货膨胀压力加大而稳增长任务繁重的情况下，对运用货币政策的"度"的把握就显得更为重要。二是如何发挥好货币政策的逆周期调节作用，这就需要增强货币政策运用的前瞻性、针对性和灵活性。三是如何守住不发生系统性和区域性金融风险底线。郎咸平在最近一次高峰论坛上提出："中国的金融危机开始爆发，而银行危机已正式爆发"[①] 虽然有些言过其实，但可以算是一种警醒。在研究内容上，一是区分了我国通货膨胀的类型和特征，继续深化研究了货币发行、国际大宗商品价格、货币政策等对通货膨胀的影响；从美元贬值、全球化、能源价格、宏观经济波动、贸易开放度、产业结构调整、流动性过剩、市场竞争、预算软约束、农产品价格等方面，进一步拓展了通货膨胀影响因素研究，分析了中国通货膨胀的传导途径和机制；构建了金融状况指数、通货膨胀分类指数等评估和预测通货膨胀，从通货膨胀预期管理、货币政策操作方式选择、货币供给等角度提出了应对通货膨胀的建议，进一步补充和完善了通货膨胀研究的分析框架。二是从基准利率确定、价格型调控条件，以及利率和存款准备金率的关系等方面，进一步细化和深化了货币政策工具研究，为货币政策工具选择提供了理论基础。三是从银行信贷与经济周期关系、货币需求、货币供给和金融形势指数等多角度对我国货币政策效果进行评估，为货币政策选择提供依据。

9. 商业银行重回前 20 位。2003 年以来，商业银行始终受到学界的高度关注，到 2007 年，商业银行位列前十大热点。然而，随着国有银行改制逐步完成，对商业银行问题的研究也有所减少，2011 年商业银行甚至跌出前 20 位。

2012 年学界对商业银行关注度提升的主要原因：一是银行业的高利润引发了对行业垄断的声讨和加大改革的呼声。2011 年，在许多行业出现亏损的情况下，商业银行却普遍出现高利润，全年净利润增长率高达 36%，其中 12 家上市

---

① 郎咸平：《中国金融危机正在爆发，银行首当其冲》，大公网，2013 年 3 月 20 日。

银行净利润占全部上市公司利润总额的51.3%。这种现象凸显了我国金融体制改革的相对滞后。二是在金融改革和开放即将加快的大背景下，如何提升商业银行的质量和效益，增强其竞争力，成为亟待解决的问题。三是在2012年经济下行的情况下，如何防范银行业风险需要未雨绸缪。

在研究内容上，一是拓展了商业银行尤其是城市商业银行贷款行为研究，将地方官员治理、政治关联，以及市场竞争和产权改革纳入研究范畴，丰富了商业银行贷款行为的影响因素研究。二是研究了商业银行网点布局、股权结构、信贷行为、战略群组新业务等对商业银行绩效的影响，从商业银行的劳动效率、技术效率、生产效率、风险水平等角度，全面评估了商业银行绩效和效率，为提升商业银行竞争力指明了方向。三是研究了次级债、货币政策、银行资本、价格竞争、宏观经济波动、资本充足率、银行特征、外资进入和制度变迁等对银行风险的影响，深化了商业银行风险的影响因素分析，为防范商业银行风险提供了参考。四是从银行业市场竞争程度、经济增长模式、银行类型等视角研究了银行业收入结构和盈利优势，为银行业高利润作出了理论解释。

10. 计量经济首次进入前20位。我国经济发展立足点向提高质量和效益的转变，越来越需要对经济运行做出精细化的研究，提供数量的解释和支持。以2009年《数量经济技术经济》杂志首次进入CSSCI经济类杂志排名前20位为标志，计量经济热点的排名近几年稳步上升，2009年为第38位，2010年上升到第30位，2011年进一步提高到第22位，2012年跃升到并列第13位。

学界对计量经济方法的广泛运用，主要是基于：一是与世界主流经济学研究方法的接轨。中国经济学虽然有不同于其他经济学的中国风格、中国气派，但中国经济学作为经济学大家庭中的一员，又必须遵循经济学的一般概念、范畴和规律，从而在世界文明的大道上，兼收并蓄，根深叶茂。这就使中国经济学研究越来越注重计量经济方法的引进、改造和运用。二是对经济学研究方法必要的完善。经济学研究既需要理论逻辑研究方法，又需要数量研究方法和经验研究方法。很长一段时期，理论逻辑方法一直是我国经济学研究的主要方法，缺乏数理研究方法的运用应该是研究方法的一个不足。三是我国改革开放30多年的成功实践，积累了丰富的经验和数据，这就为计量经济研究方法的广泛运用提供了必要条件。

在研究内容上，一是介绍VAR宏观计量经济模型、全球向量自回归模型等国外计量经济学的最新研究成果，为引进和运用新的经济模型分析中国经济问题提供了条件。二是从计量经济学应用研究的可信性和数据库使用角度，评价了当前计量经济学发展现状，指出了计量模型和数据库使用存在的问题，改进了计量经济学研究方法。三是从 EM 算法和 MCMC 算法、参数估计，以及协整和误差模型等检验方法角度，深化了面板数据运用和面板模型研究，使面板模型研究更加完善。四是对 STAR 模型、广义 Breitung 非参数、局部多项式回归趋势等的单位根检验、线性检验、异方差检验等检验方法进行了研究和改进，试图提高计量经济模型的科学性。五是研究了计量经济模型在工农业产品比价、基尼系数几何算法、保险产品中的动态死亡率建模等实践中的应用，丰富了现实问题研究的理论工具。

三、2012 年经济研究热点的主要进展

相对于 2011 年的中国经济学研究进展，2012 年学界对前十大经济热点的理论研究在以下几个方面又取得了新的进展：

1. 经济增长与发展的主要研究进展。（1）进一步完善了加快转变经济发展方式的理论分析框架。一是从碳强度约束、环境管制政策、人口老龄化、刘易斯拐点、技术差距、资源配置效率等新角度探讨了经济发展方式转变的影响因素；二是从深化改革、政府转型和经济增速适度放缓等角度，探讨了中国经济转型的可能路径；三是从不确定性、家庭生产函数、预期寿命、市场化改革和国民储蓄率决定机制等角度着重分析了国民储蓄率，为增加消费，加快经济发展方式转变提供了思路；四是从包容性发展理念、内涵，以及经济增长、民生建设与包容性发展的关系角度，深化了中国经济转型的机制研究；五是系统分析了幸福感的影响因素，设计了幸福感评价指标体系，对中国社会福利水平进行了测度，初步构建了幸福感研究的分析框架。（2）继续拓展经济增长的影响因素分析。一是强调人口因素在经济增长分析框架中的重要性。着重分析了人口红利、人口老龄化、人口结构、劳动力资源、人口道德，以及人力资本等对经济增长的影响，探讨了人口结构新变化对经济增长机制的修正。二是将基础设施纳入经济增长分析框架，着重探讨了交通基础设施质量和基础设施资本存量等对经济增长的影响，评估了交通基础设施投资对经济增长的作用。三是围绕经济发展方式转变中的新变化，从产业结构调整、技术选择、服务贸易出口、知识产权保护、社会保障、公共支出、制度软环境等角度，进一步丰富了经济增长分析框架。四是从金融改革、金融效率、保险业结构、非正规金融、金融战略、汇率和货币供给等角度细化了金融因素对经济增长的影响。（3）拓展了经济周期理论。从国际分工、技术

冲击、碳排放、金融资产结构、国有经济改革、国际贸易、国际利率等角度，继续推进中国经济波动影响因素的研究，根据中国经济运行面临的时代要求进一步深化和拓展了经济周期理论。（4）初步确立了内生经济增长的理论分析框架。从要素市场扭曲、税收、收入分配、产业结构变迁、资本误配、技术进步、对外开放、资本深化等角度考察了我国全要素生产率和增长效率，探讨了提高经济效率的内在机制。

2. "三农"的主要研究进展。（1）探索了有中国特色的城市化道路。一是明确和深化了城市化的内涵。从土地城镇化与人口城镇化协调、产业结构与城市化耦合、工业水平升级等，丰富了城市化的内涵。二是归纳比较了不同模式的城市化。根据各地城镇化实践，总结和评估了双轨制城市化、农村工业模式、城郊新型农村城镇化等模式，推进了中国城镇化道路探索进程。（2）持续关注农村金融问题。一是继续实证研究农户信贷需求和借贷行为。仍然借助调查问卷方式对农户民间信贷需求行为、借贷行为进行考察，突出强调了社会资本对农户借贷需求与行为的影响。二是进一步强调农村的信贷配给。从家庭社会网络、农村非正规金融、小额信贷服务、利率浮动政策、差别定价策略、信息生产能力等角度，实证研究了当前农村的信贷配给现状及其影响，再次揭示了农村金融存在的主要问题。（3）继续关注农村土地制度。一是从土地流转的影响因素转向对土地流转新形式问题的研究。对成渝地票实践、农户兼业、土地股份合作制、农地资本化流转等存在的问题和风险进行了探讨，为完善土地流转操作，加快土地流转，实现农业现代化提供了思路。二是细化了征地补偿政策研究。从货币补偿、程序公正和征地补偿政策效应角度探讨了农地征用，为提高农民征地满意度提出了对策建议。三是再度争论农村土地产权制度改革。前几年关于农村土地产权制度的讨论和争论很多，2012 年再度从马克思分析模型、农地使用权确权、农地私有化反思等角度进行了讨论，提出了农村土地制度改革的不同设计方案。（4）分析了中国农业现代化的水平和发展方向。一是评估了现代农业发展状况。从现代农业发展的阶段定位、农业可持续发展水平、农业产业链整合、农地经营模式选择、经营主体变化趋势和农户家庭经营面临的困境等，考察了我国现代农业的发展水平，描绘了农业现代化的发展基础。二是初步探索了农业的对外开放。从中国与俄罗斯的农业合作、中美农业的产业关联，以及农业对外开放的影响和战略选择，对中国农业对外开放的可能和趋势进行了研究，为加大与国外农业合作提供了思路。（5）深入分析了农产品价格传导机制。从国际农产品价格、大宗商品期货价格、国际粮价、农产品市场整合、供给冲击、供求缺口，以及信息等影响因素分析了农产品价格，尤其是粮食价格的传导机制，为有效控制农产品价格快速上涨提供了理论基础。（6）基本确立了农业经济组织的分析框架。一是进一步细化了农民参与经济组织的意愿和影响因素。从农民参与专业合作社、产销组织、农工专业合作社等视角研究了农民参与经济组织的意愿及影响因素，为提高农民参与度提供了工作着力点。二是研究了农业经济组织效率。从合作社服务功能、不完全契约、内部监督、信任机制建立、合作社治理等方面，探讨了提高农业经济组织效率的制度演进方向和路径选择。（7）研究了农民工劳动供给。从金融危机对农村劳动力非农就业冲击、健康对劳动供给时间的冲击、新生代农民工对工作满意度的影响、社会保险福利对农民工流动的影响等方面，探讨了农民工劳动供给的影响因素，为近年来出现的"民工荒"现象做出理论解释。

3. 收入分配与收入差距的主要研究进展。（1）构建了劳动收入份额研究的理论框架。一是拓展了要素收入决定理论。用国际贸易、偏向型技术进步、两税合并等当前中国经济增长中的现实问题，扩展了要素收入决定理论，为国民收入分配格局研究提供了新的视角。二是改进了测算方法。讨论了要素收入分配测算和劳动份额占比测算的理论和方法，增强了收入分配问题研究的科学性。三是对劳动收入份额下降做出了新解释。从最终需求、技术效率、融资约束、产业结构调整、收入差距、FDI、劳动异质性、人口结构、国际贸易、工资刚性、劳动力流动等角度，解释了劳动收入份额下降的原因，进一步丰富了劳动收入份额影响因素分析。四是提出了提升劳动收入份额的建议。从结构优化、政府收支、税收等角度提出了改变劳动收入份额下降趋势的政策建议，为优化国民收入初次分配格局提供了政策选择。（2）进一步丰富了工资决定理论。一是从最低工资、集体议价、外资进入、社交网络、职业资格、劳动力市场名义工资粘性、技术进步等方面，研究了工资增长的影响因素，为构建工资合理增长的内在机制提供了理论基础。二是从城镇正规和非正规就业、外包、所有制差异等分析了工资差距的影响因素，对工资收入差距进行了理论解释。三是多角度研究了国有企业的高工资。从国有企业工资状况、产业垄断与高工资、工资结构和就业规模变化的收入分配效应，以及内部薪酬差距等角度，探讨了国有企业高工资的状况和原因，对国有企业高工资进行了理论解释。（3）完善了收入差距研究理论分析框架。一是对当前收入分配状况进行再评估。通过对省域居民收入基尼系数、基于分组数据的基尼系数的重新测算，进一步评估了当前收入差距状况，试图展现当前收入差距真实状况。二是继续深化收入差距的影响因素分析。将金融发展、产权制度、权力寻租、税收制度、财政均衡激励政策等新内容纳入收入分配差距的影响因素分析，深化了收入差距产生的内在机制研究。三是探讨了城镇居民间收入差距形成的原因。从体制转型、家庭成员行为、所有制、贸易开放、财产性收入，以及外资进入等视角，分析了城镇居民收入差距产生的深层次原因，提出了缩小城镇居民间收入差距的有针对性建议。四是深化了城乡居民收入差距研究。从城市化、初次分配扭曲、财政支出城市偏向、人口流动、对外贸易、金融发展、劳动力市场的户籍分割等角度，分析了城乡居民收入差距产生的原因，提出了缩小城乡居民收入差距的对策建议。五是研究了收入差距对经济发展的影响。探讨了收入差距对产业内贸易、居民消费、金融选择、非正规经济规模、经济转型和经济增长等的影响，为加快收入分配制度改革做出了理论解释。六是提出了缩小收入差距的解决方案。从税收制度改革、转变经济发展方式、金融体制改革和人力资本等角度提出了缩小收入差距的政策建议，为加快收入分配制度改革提供了参考。（4）深化了收入分配的价值标准理论研究。从共同富裕道路选择的原因、社会主义本质、邓小平的共同富裕理论等方面对共同富裕进行了新的理论解读，丰富了共同富裕的理论内涵。（5）将收入流动性分析纳入收入分配研究的理论框架。从基于收入流动性评估机会公平、代际收入流动性趋势和传递机制、收入流动性与收入不平等的关系等角度，研究了收入流动性在收入分配中的影响和作用，扩展了收入分配的理论研究。（6）深化了农村贫困研究。一是对农村贫困进行了新的测量。从家庭脆弱性、暂时性贫困、不同指标及权重选择等角度，全面评价了农村贫困状况。二是丰富了农村贫困形成的内在机制研究。从经济增长、公共支出结构、健康、自然地理环境、收入不平等、社会资本等新角度，研究了造成农村贫困的原因，提出了农村减贫的新路径。

4. 产业结构与产业政策的主要研究进展。（1）进一步拓展了产业结构升级的影响因素分析。将区域房价差异、劳动力流动、预期、全球价值链、就业、金融集聚、刘易斯拐点、财政政策、国际分工演进等新要素纳入产业结构升级研究理论框架，从新的视角审视了推动产业结构升级的工作着力点。（2）探讨了工业和制造业的效率及其转型。一是继续考察工业和制造业效率。从市场规模、工业企业、行业间生产率联动、市场竞争、生产性服务业空间集聚等角度，评估了工业和制造业的生产率。二是提出了中国工业经济转型的方向。从工业经济增长方式、工业大国国情、节约型增长等角度，提出了我国工业经济转型发展的战略选择。（3）全面研究了服务业发展。一是评估了我国服务业的发展现状。从服务业分行业生产率、服务业比重变化、服务业天花板效应、服务业增长速度、景气指数等方面，分析了当前服务业发展的现状，为服务业的进一步发展找到了现实的基础。二是阐述了服务业发展滞后的原因。从部门全要素生产率、替代弹性、劳动力流动等方面，分析了我国服务业发展悖论，给出了服务业发展滞后的原因。(4) 继续推进产业集聚的影响因素分析。将产业链治理、市场潜能、地理溢出、转移支付、市场距离、金融环境、产业关联、资源短缺、马歇尔外部性等因素纳入分析框架，丰富了产业集聚理论。(5) 扩展了产业转移理论。从运输费用、需求分布、比较优势、劳动力流动、劳动报酬上涨等角度分析了产业转移和承接产业转移等问题，为产业转移和承接产业转移提供了新的思路。

5. 自主创新的主要研究进展。(1) 完善了企业自主创新的理论分析框架。一是继续深化了企业研发投入的决定因素研究。从信贷融资、融资约束、人力资本和地方政府行为等新角度，研究了企业研发投入的内在机制，考察了研发投入对企业利润、生产率和产业创新绩效的影响，深化了企业研发投入理论分析。二是多角度分析了企业自主创新的影响因素。从企业性质、所有制类型、创新环境、技术差距、金融自由化、外包和技术转移等角度，考察了影响企业自主创新的内在原因，为完善企业自主创新体制机制提供了新的思路。三是分析了自主创新的效果。从技术创新水平对企业财务绩效、主营业务行业变更、企业绩效的正向影响，进一步验证了自主创新对企业成长的重要性。四是扩展了中小企业自主创新研究。主要从利用国家科技计划扶持视角揭示了中小企业自主创新的特征和路径，为中小企业自主创新提供了思路。(2) 推进了对外经济往来的技术溢出分析。从技术差距门槛、区域创新能力差异门槛、是否存在门槛条件等角度考察了FDI 和 OFDI 技术溢出发生作用的约束条件，实证验证了中国出口扩张和参与全球生产链的技术溢出效应，为提高国际经济往来中的技术外溢效应做出了理论分析。(3) 构建了高技术产业发展的理论分析框架。一是评估了高新技术产业的发展现状。从高新技术产业技术创新动态能力和省际高新产业效率等方面，勾勒了高新技术产业的现实基础。二是分析了高新技术产业与经济要素的互动关系。从研发投入、政策突变、产权市场、企业衍生效应、原始创新风险等，考察了高新技术产业产生和发展的内在机理，从理论上提出了促进高新技术产业发展的着力点。(4) 继续深化构建创新型国家研究。一是深化技术进步影响因素研究。从无形技术外溢、环境规制、地方政府教育和科技支出、金融发展、经济极化、收入差距等新角度，探讨了技术进步的影响因素，完善了提高技术创新能力的内在机制研究。二是继续探索构建创新型社会的路径选择。从社会资本、开放式创新、破坏性创新等角度，提出了提升自主创新能力的新路径。

6. 低碳经济的主要研究进展。(1) 初步形成了环境经济学分析的理论框架。

一是分析了环境全要生产率。基于工业行业面板数据和要素投入与污染治理等，对环境全要素生产率进行了分解和影响因素分析，将环境作为单独要素纳入经济增长函数。二是多角度研究了环境污染的影响因素。从经济增长、环境所有权、贸易结构变迁、外商直接投资等方面，揭示了环境污染的原因。三是提出了环境治理的政策手段。从最优环境规制强度、产业间环境责任分配、信息披露、清洁空气定价等，研究了环境治理手段的作用机制，为增强环境治理政策效果提供了理论基础。（2）建立了比较完善的碳排放理论分析框架。一是评估了我国二氧化碳排放现状。从对外贸易二氧化碳排放结构、消费品载能碳排放变动和工业碳排放效率的区域差异等，测评了我国二氧化碳排放的现状。二是深入研究了二氧化碳排放的影响因素。从贸易开放、经济增长、技术进步、梯度发展模式等视角，探讨了以上因素对二氧化碳排放的影响。三是提出了减少碳排放的技术手段。借鉴国外经验，从许可证拍卖机制、碳税、碳金融等角度，提出了通过碳交易减少碳排放的技术手段。（3）深化了低碳经济转型研究。一是评估了低碳经济的转型进程和转型绩效。二是探讨了低碳经济转型的影响。从经济绩效、工业行业贸易比较优势、环境治理的经济价值、市场效应、全要素能源效率等角度，研究了低碳经济转型带来的影响。三是分析了低碳经济转型路径。从开放的宏观视角、资源贸易、激励机制、低碳彩票等角度，探讨了低碳经济转型的战略选择，尝试提出低碳经济发展的新路径。

7. 对外贸易与贸易政策的主要研究进展。（1）扩展了企业出口行为影响因素的分析。从融资约束、贸易成本、补贴、要素价格扭曲、地理集聚、行业集中、人民币升值等方面，考察了以上因素对企业出口参与和出口模式等行为的影响，为企业的出口行为做出了理论解释。（2）将农产品贸易纳入对外贸易研究分析框架。分析了中国与东盟和非洲等的农产品贸易现状和贸易结构，重点关注了生物安全监管政策、卫生检疫壁垒等对农产品贸易的影响。（3）深化了服务贸易理论研究。一是分析了服务贸易的经济效应。从服务业占比、创新、生产率提升、国际价值转移等，探讨了服务贸易对经济发展的影响；二是深入研究了区域贸易安排及其影响。从服务出口、贸易和产业、双边服务贸易效应、特惠实质等方面，分析了区域贸易安排，及其在对外贸易中的地位和作用。（4）继续深化反倾销反补贴研究。一是集中用显性比较优势等解释了美国对中国产品的反倾销现状和原因。二是从企业所有权、出口补贴等角度分析了中国产品遭受调查的原因。（5）初步构建了转变外贸发展模式的分析框架。一是从出口产业结构优化、外贸增长质量等角度构建了评价外贸发展方式的指标体系。二是探讨了外贸发展方式转变的影响因素。从内需对制造业的影响、刘易斯拐点、比较优势、对外贸易可持续发展、微观生产组织控制等视角，揭示了它们对转变外贸发展方式的影响，勾勒了转变外贸发展方式的实现机制。

8. 区域经济的主要研究进展。（1）进一步完善区域差距分析框架。一是从更为微观的层面分析了区域经济差距表现。从地区税负、低收入群体分享经济发展成果、债务结构、财政收入、地区经济周期、基本公共服务投入、资源诅咒、软实力、资本边际报酬等多个层面，进一步细化了区域间差异分析。二是扩展了区域经济差距的影响因素分析。从人口与产业分布不匹配、资本投入、制度环境、空间和动力、国际生产网络、集聚和交通基础设施等新视角，分析了区域经济差距的形成原因，提出了缩小区域差距的对策建议。（2）探讨了我国经济发展新阶段所需要的新增长极。在对长三角、珠三角、京津冀三大经济区研究的同时，增加了对北部湾经济区、中部城市群、边境经济区、成都经济区等新经济区的探讨，为打造中国经济的新增长极进行比较和选择研究。（3）深入探讨了国际区域经济合作。一是将新出现的国际区域经济合作纳入研究框架。研究了后发大国之间、新兴经济体之间、金砖五国和大湄公河区域的经济合作，探讨了国际经济合作的新动向及其影响。二是探讨了中国与其他国家的区域经济合作。从海峡两岸 IT 产业合作、两岸综合实验区、中国—东盟区域货币合作、中国与金砖国家外贸共享、西部参与国际区域经济合作、培育区域性国际金融中心等方面，探讨了我国新的国际区域经济合作增长点。

四、存在的主要问题及进一步研究的方向

在对中国经济学研究文献进行梳理的过程中，我们也发现，中国经济学研究还表现出一些需要改进的不足和问题，主要有：

1. 对研究主题的已有文献梳理不足。可能由于各方面的原因，许多论文都缺乏对所研究问题已有文献的系统梳理，造成的直接后果就是论文没有站在已有成果的基础上向前推进，从而使论文的创新性不足，甚至对有的问题的研究几年来一直原地转圈，甚至很多重复研究。随着各个学术杂志开始对长篇论文的刊用，应该逐步要求每篇论文首先做文献回顾，表明论文的研究起点和在已有研究成果基础上的观点深化和发展，从而形成一种研究规范。

2. 缺乏对经济转型大战略大思路的宏观构架。我国已进入经济转型的关键期，在这个新的发展阶段，既有的发展目标、发展思路、发展模式、发展路径，

都要做出适时的调整，因而是全面的转型，这就需要经济学理论对中国经济转型的方向、路径等大战略进行深入思考和研究，以确定中国经济转型的大战略，否则，过多地注重细节问题的研究，就可能得出"盲人摸象"的结论。这就要求我们应该跳出"三农"看"三农"，跳出收入分配谈收入分配，甚至跳出经济，从政治、社会、文化、历史、军事、哲学的大背景中认识中国经济，设计中国经济转型的整体方案。

3. 对经济体制改革的研究明显不足。经济体制改革除了在 2008 年因纪念改革开放 30 周年而进入热点前 10 名外，这些年就经济体制改革的总体思路、战略、路线图等方面发表的论文日渐稀少。2001 年该热点排在第 25 位，2012 年进一步降到第 26 位。深化改革是发展的强大动力，更是加快转变经济发展方式的关键。党的十八大要求必须以更大的政治勇气和智慧，不失时机深化重要领域改革。我国的改革已进入深水区，改革的主体、改革的动力、改革的方式、改革的突破口等一整套改革的大思路都需要重新设计。而且根据我国改革开放 30 年的经验，每一次改革的启动都会带来新一轮的经济大发展。所以，中国经济学应该启动新一轮的经济体制改革研究。

4. 对经济学基本理论的研究重视不够。经济学基本理论在 2011 年排名为第 26 位，2012 年降到第 34 位。虽然中国经济学需要解决中国经济改革与发展面临的众多实践问题，而且中国经济学还没有足够的学术积淀和经验构建新的经济理论体系大厦或去修改主流经济学的框架，但是，这都不应成为轻视基本理论研究的理由。这是因为；一是经过 30 多年的改革发展，并创造世界经济发展的"奇迹"，中国经济学在某些方面已经具备了建立新概念、新范畴的能力和可能，应该着手构建中国经济学的话语体系，这就需要在基本理论上要有大胆的探索。二是即使是面向实践和解决现实问题的经济学研究，也离不开基本理论的支撑，往往由于在基本理论上的混乱，结果导致政策方向的迷失。

5. 在研究方法上，要把握好理论逻辑、经验逻辑和数理逻辑的平衡。经济学作为一门理论学科，必须要有理论的逻辑，要有思想。经济学又是一门经验科学，这就要求运用世界的发展经验和中国的发展经验检验已有的理论，以及从这些经验中总结和提炼出新的运行规律和理论。经济学的科学性还在于能够对理论和经验做出数理和计量的验证，找到不同变量之间的数量关系。建立起以上三大逻辑的协调与平衡，应该是经济学的基本要求。

2013 年中国经济研究热点排名与分析[*]

一、2013 年中国经济研究前二十大热点

2013 年学术期刊统计样本的选取采用了教育部中国社会科学研究评价中心最新公布的 2014～2015 年 CSSCI 来源期刊经济学类排名前 20 名杂志，然后依据二级学科平衡的需要，选择了作为 2013 年中国经济研究热点分析的 13 本统计样本期刊[①]。由于其他杂志也刊有经济学的文章，为了保证覆盖面，我们又选择了其他 4 大类即马克思主义类、管理学类、社会科学总论类和高校综合性社科学报类各自排名第一的期刊，组成了共 17 本统计样本期刊[②]。2013 年的 17 本样本期刊与 2012 年的样本期刊相比，仅有 1 本期刊出局。这样，在 17 本样本期刊中，有 16 本保持不变，一方面表明我国前 20 位杂志的学术地位比较稳固，其他杂志要有所突破还要付出艰辛的努力；另一方面由于样本期刊没有发生较大变化，从而保持了期刊统计样本的相对稳定性和与以往年度热点比较研究的可比性。

对 2013 年在以上 17 本样本期刊上发表的全部学术论文（不包括书评和会议报道等）共 1 869 篇按专题进行分类统计，得出了 2013 年中国经济研究前二十大热点问题（见表 1），它们分别是：（1）经济增长与发展；（2）"三农"；（3）收入分配与收入差距；（4）产业结构与产业政策；（5）资本市场；（6）货

---

  * 原载于《经济学动态》2014 年第 5 期。

  ① 在排名前 20 的期刊中，依据二级学科平衡需要，保留相同学科的排名靠前的杂志，从而得出经济类的 13 本样本期刊。

  ② 在 17 本样本期刊中，经济类分别为：《经济研究》《世界经济》《经济学（季刊）》《中国工业经济》《数量经济技术经济研究》《金融研究》《中国农村经济》《经济科学》《财经研究》《财贸经济》《南开经济研究》《经济理论与经济管理》《经济学家》；其他类分别为：《中国社会科学》《管理世界》《中国人民大学学报》《马克思主义研究》。

币政策；（7）自主创新；（8）对外贸易与贸易政策；（9）低碳经济；（10）公
共经济；（11）区域经济发展；（12）消费；（13）计量经济；（14）人民币汇率；
（15）公司治理；（15）财政体制（并列）；（15）企业成长（并列）；（18）经济
体制改革；（19）民营经济与家族企业；（20）社会保障。

表1   2013 年排名及与 2012 年排名相比的新变化

热点	2013 年排名	2012 年排名	变化
经济增长与发展	1	1	未变
"三农"（含城市（镇）化）	2	3	上升 1 位
收入分配与收入差距	3	4	上升 1 位
产业结构与产业政策	4	5	上升 1 位
资本市场（含上市公司、资产定价等）	5	2	下降 3 位
货币政策（含流动性过剩、通货膨胀）	6	6	未变
自主创新	7	7	未变
对外贸易与贸易政策	8	8	未变
低碳经济（含环境污染）	9	9	未变
公共经济（含公共管理、食品安全）	10	11	上升 1 位
区域经济发展（含国际区域经济合作）	11	10	下降 1 位
消费（包括消费市场、消费经济）	11	13	上升 2 位
计量经济	13	13	未变
人民币汇率（含汇率理论、人民币国际化）	14	21	新加入
公司治理	15	15	下降 2 位
财政体制（含税制）	15	12	下降 4 位
企业成长（企业兼并、公司绩效、企业效率）	15	27	新加入
经济体制改革（含国有经济、国有企业改革、转轨经济）	18	26	新加入
民营经济与家族企业（含中小企业）	19	24	新加入
社会保障	20	17	下降 3 位
企业融资（含企业资本结构、资本运营）	23	19	退出
资源经济（含能源、石油、电力等）	25	16	退出
商业银行	26	19	退出
金融秩序与金融安全（含金融稳定）	30	18	退出

二、2013 年中国经济研究热点排名变化

历经 30 多年的高速增长，我国经济步入新的发展阶段，原有保持经济高速增长的内外部条件都已发生了根本性的改变。要使我国经济再来 10～20 年的快速增长，创造中国经济持续快速增长的奇迹，实现全面小康社会和中华民族伟大复兴的"中国梦"，就需要重新构建经济快速增长的内外部条件。为此，2012 年11 月召开的党的十八大明确提出："要适应国内外经济形势新变化，加快形成新的经济发展方式，把推动发展的立足点转到提高质量和效益上来，着力激发各类市场主体发展新活力，着力增强创新驱动发展新动力，着力构建现代产业发展新体系，着力培育开放型经济发展新优势"。2013 年是贯彻落实十八大精神的第一年，体现在经济学研究上，党的十八大提出的这四个"着力"和形成的四个"新"，就构成了 2013 年中国经济学研究的主基调，从而决定了 2013 年中国经济研究热点排名变化的新特点，如经济体制改革、政府改革即公共经济、收入分配制度改革等热点的升温，体现了学界对"着力增强创新驱动发展新动力"的关注；"三农"和城市化、产业结构调整等热点的升温，体现了学界对"着力构建现代产业发展新体系"的关注；企业成长、民营经济发展和居民消费热点的升温，体现了学界对"着力激发各类市场主体发展新活力"的关注；人民币汇率等热点的升温，体现了学界对"着力培育开放型经济发展新优势"的关注。具体表现在：

1. 公共经济重回排名前 10 位。改革是创新驱动发展的强大动力，改革的核心问题就是处理好市场与政府的关系，即放开市场这只"看不见的手"，用好政府这只"看得见的手"，公共经济就是研究怎样用好政府这只"看得见的手"。公共经济自 2005 年进入前 10 位以来，连续 5 年保持在前 10 位，2007 年达到最高的第 6 位。2010 年退出前 10 位，2013 年再次挺进前 10 位，成为本年度唯一进入前 10 的新热点，打破了连续 3 年前 10 个热点不变的沉寂。这表明，党的十八大报告将处理好市场与政府的关系置于改革的核心位置，激发了学者们对市场与政府关系这一古老话题的当代中国化研究。我国虽然已初步建立起了社会主义市场经济体制，但体制转型还远没有完成，表现在市场与政府的关系上，就是市场在资源配置中的决定性作用和政府职能定位仍不能适应市场经济体制的一般要求。具体表现在：一是政府对微观经济活动干预过多，"越位"严重。根据最新数据显示，国务院各部门目前正在实施的行政审批事项总数仍有 1 235 项，而且

在这些显性行政审批以外,还存在很多隐蔽性较强的隐性审批。这些种类繁多的行政审批事项,不仅为腐败滋生提供了温床,而且还增加了企业成本,抑制了市场活力,降低了资源配置效率。二是政府公共服务有待加强与优化,"缺位"明显。我国社会经济生活中群众普遍关注的教育医疗等公共资源分配不均、社会保障缺乏、环境恶化、安全事故频发、收入差距过大、假冒伪劣商品流行、物价虚高等问题的存在表明,政府在这些领域提供的公共产品数量和质量都远远不能满足人民群众的基本需求,政府弥补市场失灵的作用未能得到有效发挥。三是政府行政管理体制改革是政府的自我改革,动力不足。推动政府职能转变,简政放权,还权于市场,是政府推动的对自我权力的精简与约束,特别是"负面清单"管理模式,更是政府的自我彻底革命,这就需要政府有壮士断腕的决心和背水一战的气概。因此,从政府自身改起,加快转变职能、简政放权就成为新一届政府开门的第一件大事。学界对公共经济问题的研究升温也就自然在情理之中。

2. 收入分配与收入差距再创历史新高。改革就是利益的重新分配,是驱动发展的最根本、最重要的动力。当年小平同志的"让一部分人先富起来",使千千万万人的创业激情得以迸发,创造了中国经济发展的世界奇迹。今天,不合理的收入分配制度又成为经济持续快速发展的掣肘,加快收入分配制度改革就成为人们的新期盼。自 2003 年以来,收入分配与收入差距热点一直位列高位,尤其是 2006 年以来排名一路走高,从第 15 位上升到 2012 年的第 4 位,2013 年则再上新台阶,创历史新高。学界对收入分配热点关注度的持续升高,主要是因为:一是跨越"中等收入陷阱"的发展要求。我国已步入中等收入国家的行列,如何跨越"中等收入陷阱"成为我国面临的重大课题,需要学者们做出理论上的解释和实践上的指导。世界各国的发展经验表明:收入差距会随着经济发展而趋向扩大,但经济发展本身并不会自动缩小收入差距。因此,当经济发展走到收入差距的扩大不再有利于效率提高的"拐点"时,就应适时地推出以缩小收入差距为价值取向的收入分配制度改革。从跨越和陷入"中等收入陷阱"国家(地区)正反两方面的经验可以看出:跨越"中等收入陷阱"的国家和地区收入分配比较公平,基尼系数较低,如韩国的基尼系数在发展过程中一直没有超过 0.4;日本长期稳定在 0.30~0.37 之间;我国台湾地区 20 世纪 60 年代以来始终保持在 0.35 以下。相反,陷入"中等收入陷阱"的国家收入分配差距较大,基尼系数较高,如马来西亚为 0.492(1997),墨西哥为 0.531(1998),智利为 0.571(2000),巴西为 0.553(2001)。在马来西亚,有 60% 的移居国外者将"社会不公"列为他们离开的关键原因。二是构建消费增长长效机制的要求。我国以往的经济发展方式自觉或不自觉地遵循了二元经济理论的逻辑，即通过压低工人工资的方式，维持较高的资本积累，依靠投资不断扩大，确保经济高速增长。这就导致了随着经济的增长，劳动报酬在国民收入初次分配中的比重不断下降。根据国家统计局数据，我国劳动者报酬占 GDP 的比重，从 20 世纪 90 年代初到 2008 年下降了 6.7 个百分点，政府所得比重略升 1.6 个百分点，企业营业盈余年均增长 18.02%。毫无疑问，低劳动力成本为我国 30 多年的高速增长做出了重要贡献，但是，在投资和消费结构失衡导致严重产能过剩的今天，主要依赖投资拉动经济增长的发展方式已走到尽头。更何况，中国成为世界第二大经济体的辉煌，理应让广大人民群众共享发展成果。因此，改革国民收入初次分配制度，提高居民收入占比，从而增强居民消费力就成为历史发展的必然要求和唯一选择。三是提高社会整体消费倾向的要求。据调查，我国低收入家庭消费率高达 90% 以上，高收入家庭消费率相对较低，城市和农村分别为 57.9% 和 53.9%，均远远低于低收入家庭。[①] 因此，改革国民收入再分配制度，通过再分配增加中低收入人群的收入水平，将显著提高居民消费倾向，从而做到即使在居民整体收入增量不变的情况下，也会有助于提高消费对经济增长的贡献度。这是因为，提高劳动者报酬所占比重，虽然有助于扩大消费促进增长，但工资的上涨必须与经济发展同步，与劳动生产率的提高同步，否则，很有可能在摆脱产能过剩的同时，又遇上了增长乏力。在不改变其他条件的情况下，尤其是在能源、原材料、环境等成本大幅提高的背景下，过快提高工资，带来的结果将可能不是企业转型升级，而是大量倒闭死亡。这样，居民收入提高就丧失了经济增长的支撑，成为无源之水。《2012 中国经济时报小微企业生存状况调研组调查报告》披露，劳动力成本上升居小微企业发展面临的困难之首，这一比例高达 69.6%。[②] 因此，收入分配制度改革必须是初次分配制度和再分配制度的全面协调改革。

3. 经济体制改革再次回归前 20 位。改革是最大的红利。改革开放以来，中共中央先后推出了四个关于经济体制改革的决定，即 1984 年的《中共中央关于经济体制改革的决定》、1993 年的《中共中央关于建立社会主义市场经济体制若干问题的决定》、2003 年《中共中央关于完善社会主义市场经济体制若干问题的决定》和 2013 年《中共中央关于全面深化改革若干重大问题的决定》。审视前三次改革，可以发现一个周期性的运动规律，即每个改革决定的推出，都会带来

---

① 中国社科院"中国社会状况综合调查"课题组：《当前中国城乡家庭消费状况》，载于《光明日报》2009 年 1 月 20 日。

② 《劳动力成本上升再居困难之首——小微企业负重难行》，载于《中国经济时报》2013 年 12 月 17 日。

5 年左右的快速经济增长，但之后，新体制的活力和动力逐渐衰减，经济增长进入调整期直至跌入低谷，新的改革诉求又开始酝酿形成，这一变动周期大约为9～10 年。按照改革的周期变动规律，2013 年就是改革决定的酝酿、起草和出台之年，这就必然引起学界的高度关注和积极参与。经济体制改革热点仅在 2005 年和 2008 年两次进入热点排名前 20 位，其中，2005 年由于改革进入攻坚阶段，对中国改革方向的重新反思和讨论增加，经济体制改革热点排在第 16 位；2008 年则由于纪念改革开放 30 周年，学界对改革开放进行了大量回顾与展望，使其上升至历史最高位，排在第 9 位。2013 年经济体制改革再次回归前 20 位表明：上一轮改革的制度红利已经释放完毕，我国又到了不改革就无法发展的历史节点。具体表现在：一是经济增长面临下行压力，稳增长需要促改革。按照我国9～10 年的经济周期变动规律，从 2009 年进入谷底算起，到 2013 年通常 5 年的调整期应该结束，但我国经济没有出现明显的向好走势，一个重要原因就是：处在攻坚期和深水区的这一轮改革与以往改革相比更加复杂、更加艰难，改革的红利还未显现。但是，稳增长从根本上还得靠改革，通过改革固本培元、增强经济发展元气。因此，2013 年底我国公布改革决定后，波士顿咨询集团（the Boston Consulting Group）的米歇尔·希尔弗斯坦（Michael J. Silverstein）就立即对中国未来经济增长做出了积极乐观的预测。[①] 二是经济转型需要制度创新。我国经济正处于结构升级的转型期，也是因经济转型而使经济增长面临严峻挑战的阵痛期，因为这是一个过去的发展方式已经失效而新的发展方式尚未建立起来的"空档期"。为了缩短这一阵痛期，就需要制度创新助产新的发展方式。只有建立起一整套促进、引导和保障经济转型升级的制度、体制和机制，转型升级才能从外部强制转变成为强大的内生驱动，成为各个经济运行主体的自觉行动。也只有在这种条件下，才能充分发挥市场机制对资源配置的决定性作用，加快经济转型升级。三是我国经济是政府主导型经济，政府这只"看得见的手"的作用发挥得如何，对经济发展具有至关重要的作用，但我国政府职能的转换和政府行政体制的改革一直严重滞后于整体经济体制的改革，从而严重抑制了企业活力和市场机制对资源配置的决定性作用的发挥。随着我国经济增长的动力从单纯依靠扩张需求向改善供给的转变，就迫切需要推进政府改革，在最大程度上激发企业活力和发挥市场机制的决定性作用。四是学界对经济体制改革热点的研究升温，还在于党的十八大提出了到 2020 年，我国要构建起"系统完备、科学规范、运行有效的

---

① Michael J. Silverstein, Ten Predictions for China's Economy in 2014, Harvard Business Review Blog Network, Nov. 21, 2013.

制度体系，使各方面制度更加成熟更加定型"的改革任务。要完成这一任务，不能仅仅依靠"摸着石头过河"，还需要理论先行，进行顶层设计。

4. "三农"问题回归排名第 2。着力构建现代产业发展新体系，就是要促进工业化、信息化、城镇化、农业现代化同步发展，其中城镇化、农业现代化是解决"三农"问题的根本途径，也是政府工作的重中之重。因此，"三农"问题一直是学界关注的重点。自 2003 年我们课题组开始统计热点排名以来，"三农"问题始终占据前三的位置，在取消农业税的 2006 年，甚至排在了首位，之后连续 5 年稳定在第 3 位。今年"三农"问题的研究升温表明：城镇化、农业现代化在构建现代产业发展新体系中的地位更加凸显，具体表现在：一是城镇化是推进工业化，实现经济快速发展的重要动力。按照我国城市化的发展目标，到 2030 年达到 70%，基本实现城市化。但是，2013 年我国城镇化率仅为 53.73%，要实现 70% 的发展目标，今后每年城镇化率至少要提高一个百分点，显然我国仍处于城镇化的加速期。从日本、韩国、我国台湾地区等经济体的发展经验看，城镇化发展均与经济高速增长在时间上表现出高度的一致性，在结束城镇化之前，日本、韩国和我国台湾地区分别连续 18 年、29 年和 29 年保持经济高速增长，年均经济增长率分别高达 9.2%、9.6% 和 9%。由此看来，我国城镇化将带动我国经济保持近 20 年的持续快速增长。城镇化也是产业发展的强大动力，例如，人口向城市的集聚，城市就需要建设新的住房，就需要提供交通、教育、医疗等公共服务设施，这方面的投资估计至少在 20 万亿元以上。另据美国世界市场情报公司估计：2005～2009 年，中国建筑业的规模几乎翻了一番。未来 20 年，整个中国的城市化进程预计还将吞噬全球 40% 的水泥和钢铁产量。二是城镇化是人的城镇化，即农民进入城市要安居乐业，这就需要城镇化与工业化的同步发展。城镇化不仅仅是人口的城镇化，更不仅仅是土地的城镇化，首要的是产业的城镇化，即产业在城镇的集聚，从而在城镇创造出更多的就业岗位，吸引农民进入城镇，获得稳定的就业、稳定的收入和稳定的社会保障，真正融入城市，成为市民。工业化是城镇化的灵魂，城镇化是工业化的载体。因此，只有推进城乡产业的一体化，用工业化的方式改造传统农业，用工业反哺农业，才能走出城乡一体化发展的中国道路。由于我国需要转入城镇的农民数量巨大，这就决定了我国要构建的产业新体系，不仅要大力发展战略性新兴产业、现代服务业，而且还要改造传统产业；不仅要发展资金密集型和技术密集型产业，还要发展劳动密集型产业。三是城镇化是农业现代化的前提。只有农村人口大批融入城镇，大多数农民放弃土地，才能实行土地经营的规模化，引入现代化的生产方式，实现从小农经济向现代农业经济的转变。我国以往让农民到城市就业但不直接成为市民的半城市化道路，由于阻碍了农民的市民化进程，导致农业生产难以规模化、机械化，农业现代化进程严重滞后，同时，由于农民离土不离乡，新农村建设也难以有效推进。

5. 产业结构和产业政策位次再回高位。着力构建现代产业发展新体系，就要积极推进产业结构的优化升级。产业结构与产业政策一直是学界关注的热点，2003～2010 年除个别年份外均排在第 4 位，但 2011 年和 2012 年下降到第 5 位。2013 年重回第 4 位说明：产业结构的优化升级在加快转变经济发展方式的新时期遇到了亟待解决的新问题。具体体现在：一是战略性新兴产业低水平重复建设严重且缺乏核心技术支撑，急需寻求新的突破。2012 年我国出台了《"十二五"国家战略性新兴产业发展规划》，并提出力争到 2020 年战略性新兴产业占 GDP 的比重达到 15%。在一系列政策措施促进下，我国战略性新兴产业取得较快发展，部分行业具有了较强的竞争力。但也出现了国内生产的无序和低水平重复建设，导致产能过剩和国外对我国掀起频繁的"双反"活动。以光伏产业为例，根据德勤发布的《2013 中国清洁技术行业调查报告》显示，2013 年上半年我国光伏业产能达到 40GW，实际出货量仅 11.5GW。不仅如此，更为严重的是，该产业技术含量高、附加值高的环节仍然掌握在发达国家手中。二是传统产业的技术改造缓慢，急需调整产业政策加以引导。突出表现在规模以上工业企业 R&D 支出占主营业务收入比重提高缓慢，仅从 2004 年的 0.6% 提高到 2012 年的 0.8%，不仅远低于世界平均水平，而且也远低于《国务院办公厅关于强化企业技术创新主体地位全面提升企业创新能力的意见》提出的到 2015 年达到 1.5% 的水平。三是随着制造业成本优势的丧失，制造业经营遇到前所未有的困难，急需寻求价值链提升的方向，从而构建新的产业发展优势。我国规模以上工业企业主营业务利润率，由于成本大幅上涨等原因连年下跌，已从 2010 年的 6.79% 下降到 2013 年的 6.04%，这不仅导致一批中小企业死亡，而且一些大中型企业也面临倒闭风险。四是服务业的大发展急需理论和经验的引导。2013 年我国服务业增加值比重达到 46.1%，首次超过第二产业，成为我国产业结构升级的一个重要里程碑，也预示着我国服务业进入快速发展期。这就需要强化对服务业的理论和经验研究，找出保持我国服务业健康持续快速发展的有效路径。

6. 企业成长再次进入前 20 位。在国际竞争日益激烈和国内经济运行日趋复杂的情况下，促进企业健康成长，是激发各类市场主体发展新活力的首要课题。企业成长热点在 2011 年排位达到历史最高，位列第 13 位，2012 年下降至第 27 位，2013 年再次进入前 20 位，排在第 15 位，大幅上升 12 位。这表明，在今天复杂、艰难、多变的国内外经济形势下，企业是否能够做到"适者生存"，已经成为经济能否健康持续快速的关键。主要表现在：一是在产能严重过剩，市场竞争日趋激烈，而同时劳动力、能源原材料、环境等成本大幅上涨的双重夹击下，企业经营困难，盈利水平持续下降，企业面临生死考验。对此，民营企业 500 强排名第一的沙钢董事长沈文荣都感慨道：我做了 30 多年企业，从没见过比今天更糟的局面，过去遇到经济形势不好，能知道 3 个月或者半年后就能回升，如今看不出低谷期是 3 年还是 5 年。大企业尚且如此，更何况大量中小企业。二是行业洗牌成为重要年度标志，对企业生存构成巨大压力。2013 年的行业洗牌具有全面性和颠覆性的特点，不仅发生在餐饮业、运动品牌等传统行业，如高档餐饮企业的营业额北京市下降了约 35%，上海市下降超过 20%，甚至像宁波这类城市也都下降 30% 左右，而且风电、电商等新兴行业也在劫难逃，如 2013 年微信的迅速崛起，不仅对移动运营商形成了巨大的竞争压力，而且掀起了对阿里巴巴网购平台的争夺，引发了电商竞争的白热化。三是企业并购重组对企业成长提出新挑战。汤森路透数据显示，2013 年底，中国参与的并购交易总金额达到 2 619 亿美元，创历史年度金额最高。跨境并购也成为并购的重要形式，到 2013 年底，跨境并购总金额达到 964 亿美元，创下自 2008 年（971 亿美元）以来的年度并购交易最高记录。并购重组是企业成长重要形式，但在并购过程中也面临资源整合、文化整合等重重困难，尤其是跨境并购中，整合的难度更大，不乏大量失败的案例。因此，如何进行有效整合，实现 "1 + 1 > 2" 的协同效应，就成为当下企业成长必须回答的重大课题。

7. 民营经济与民营企业重回前 20 位。激发各类市场主体发展新活力，唯一的途径就是竞争，而竞争的前提则是放宽市场准入，打破行业垄断，特别是行政垄断，允许民营企业与国有企业一视同仁地自由进出产业，形成各类企业平等竞争的发展格局。因此，在我国建立社会主义市场经济新体制的进程中，民营经济与民营企业的研究自然成为学界关注的重点问题。2003 年以来，该热点除 2007 年、2009 年和 2012 年跌出前 20 位外，其他年份都在前 20 位，甚至 2003 年和 2004 年进入前 10 位，分别位列第 6 位和第 9 位。2013 年民营经济与民营企业上升 5 位，排在第 19 位。这表明，虽然我国陆续推出和实施了减轻小微企业税负、取消下放 49 项企业投资项目核准事项、扩大民间资本进入金融业等一系列鼓励和扶持政策措施，但民营企业的经营环境和经营状况依然非常艰难，因而急需对其做出有针对性的研究，使其在稳增长中发挥应有的作用。具体表现在：一是民营经济与民营企业热点排名变化与经济周期的变化密切相关。当我们把民营经济与民营企业热点排名变化与经济周期的变化联系起来考察时就会发现，在经济进入快速增长的年份，学界对民营企业的关注度就会提高。如 1997 年的亚洲金融危机使我国进入 5 年的通货紧缩，2003 年开始步入快速发展期，2003 年和 2004年民营企业研究热点进入前 10 位。2008 年世界金融危机使我国至今又经历了 5年的经济困难期，在这个历史节点上，2013 年民营企业研究热点又出现大幅上升，这意味着我国经济即将进入新的快速发展期。这是因为，只有民营经济和民营企业的活跃，才会有中国经济的全面启动和繁荣。这从私营企业开户数增长率的历史变化可以得到进一步的证明，1992 年私营企业开户数开始出现一个高峰期，随后是 5 年的经济繁荣；2002 年私营企业开户数又出现一个高峰，随后又是5 年的经济繁荣。2013 年全国新注册企业增长 27.6%，民间投资所占比重上升到63%，中国经济新一轮的繁荣已见端倪。二是民营企业的经营环境急需采取有力措施加以改善。据上海新沪商联合会与零点研究咨询集团发布的《2014 中国民营企业发展指数》显示，融资难、人工成本上升和行业内无序竞争仍然是民营企业面临的三大困境，其中 51% 的受访者认为融资难是民营企业成长的最大困境。综合企业环境、行业环境和宏观环境三大指标的 2014 年中国民营企业发展总指数得分仅为 62.5 分，其中宏观环境的得分仅为 56.1 分。对于经济危机下的政策扶持，仅 30.7% 的民营企业家认可利好作用。另外，民营企业家的安全感自评得分均值仅为 6.09（10 分制），其中，政策波动带来的不确定感占 31.5%，是安全感缺失的最主要来源，还有 10.7% 的企业家认为，人身和财产安全没有保障，甚至有 33.3% 的受访企业家已经或打算移民。[①] 调查数据还显示，有超过六成的受访企业家认为，"政府应该为企业发展困境负主要责任"。这说明，深化政府改革，转变政府职能，为企业松绑，成为目前激发民营企业活力的关键。三是民营企业急需在转型期提升自身的市场竞争力。美国《福布斯》网站 2003 年 11 月 4日在总结"中国失去制造业优势的六点原因"时，将企业仍固守过时的经营模式放在第一位。表明中国企业要重塑竞争优势，必须转换传统的经营模式。同样，上海新沪商联合会与零点研究咨询集团发布的《2014 中国民营企业发展指数》显示，民营企业发展指数中的企业管理指标得分也仅为 65.5 分。因此，提升民营企业的管理水平也是增强民营企业竞争力的迫切要求。

8. 消费排位创新高。激发各类市场主体发展新活力，不仅指市场的供给主体，而且还包括市场的消费主体。激发市场消费主体的活力，就是通过改善居民

---

① 上海新沪商联合会、零点研究咨询集团：《2014 中国民营企业发展指数》，上海社科院出版社2014 年版。

的消费环境和消费条件，提高居民的消费能力和消费水平。消费热点在 2003 年曾经进入前 20 位，位列第 16 位，但随后退出。直到 2009 年，消费才再次进入前 20 位，之后其位次不断前移，2013 年较 2012 年再前进两位，居第 12 位，为有史以来最高排位。消费热点排名的不断走高表明，在从以投资为主的发展方式向以消费为主的发展方式转变过程中，理论上消费的地位和作用不断提高，而实践上则是消费启而不动，增长乏力，如 2012 年全年社会消费品零售总额增速较上年同比回落了 2.8 个百分点，2013 年同比又回落 0.6 个百分点，而且更值得深思的是，消费增长的乏力还是在近些年来居民收入大幅增长，甚至有些年份超过 GDP 增长率的情况下发生的。这种理论与实践的严重背离，收入增长与消费下降悖论的出现，主要原因在于：一是公共服务不到位带来的后顾之忧影响了居民消费增加。在推进市场化改革进程中，很多应该由政府提供公共服务的领域也过度市场化了，比如住房、教育、医疗等。中国社科院"中国社会状况综合调查"数据显示，在城乡家庭居民的消费结构中，排在前三位的分别是：食品（34.0%）、教育（11.5%）和医疗（10.6%）。居民在这些方面的刚性需求和潜在需求，增加了居民的预防性储蓄，挤出了居民消费。二是消费环境不佳制约着消费增长。当前，由于产品结构与消费需求脱节、国内部分商品价格过高，以及产品和服务质量差等原因，导致国内消费能力严重外流。我国消费者从过去到国外买奢侈品，发展到现在到国外大量购买日用消费品；从过去主要是富裕阶层购买，发展到现在普通大众成为主流。2013 年中国人在海外的消费额高达 1 200 亿美元，旅游收支逆差为 720 亿美元，而 2009 年仅为 40 亿美元，短短 4 年，扩大了 18 倍。中国已成为全球最大的旅游收支逆差国。[①] 此外，海外代购也迅速发展。据中国电子商务研究中心监测数据显示，2012 年中国海外代购市场交易规模达 483 亿元人民币，较 2011 年增长 82.2%。[②] 有专家预测，2013 年中国海外代购交易规模将达 744 亿元，增速超过 30%，2014 年海外代购交易规模或将超千亿元。[③] 这表明，当前优化居民消费环境比提高居民消费能力更为重要。

9. 人民币汇率回归高位。着力培育开放型经济发展新优势，就需要进一步完善人民币汇率形成机制。人民币汇率热点曾经在 2004 年位列第 10 位，达最高位次，此后大部分年份都未能进入前 20 名。2013 年人民币汇率大幅上升 7 位表明，完善人民币汇率形成机制，已成为当前适应经济全球化新形势，完善开放型

---

① 《日媒：中国成全球最大旅游收支逆差国》，载于《参考消息》2014 年 2 月 18 日。
② 《海外代购反映中国消费能力外流》，载于《联合早报》2013 年 3 月 21 日。
③ 《2013 年中国海外代购交易规模将达 744 亿元增速超过 30%》，载于《北京商报》2014 年 1 月 3 日。

经济新体系急迫需要解决的问题。主要表现在：一是人民币汇率的单边加速升值，使我国外贸企业的经营日趋困难。据《进出口经理人》发布的《2013 年外贸企业生存现状调查报告》显示，2013 年影响企业出口的前三大因素是：国际市场需求减弱（占比 23%）、汇率波动（占比 22%）和成本上升（占比 21%），与 2012 年相比，汇率波动的影响更加突出。① 深圳一达通发布的 2013 年《中小微外贸企业生存状况调查报告》也显示，有 20.09% 的企业因为汇率波动而推掉订单；78.63% 的企业主认为，人民币升值成为当前影响外贸尤其是出口的最重要因素之一。② 二是外汇储备节节攀升迫切要求推进人民币汇率市场化改革。2013 年我国外汇储备再创历史新高，达到 3.8 万亿美元。巨量的外汇储备导致由于外汇占款投放大量基础货币，加大了通货膨胀压力，减弱了货币政策的独立性。三是目前推进人民币汇率市场化改革的条件逐渐成熟。一方面，外汇市场不断完善，交易品种逐渐增多，交易主体日益成熟，市场定价的意愿和可能都有所提高；另一方面，我国经常项目顺差占 GDP 的比重已经大幅下降，2013 年已降至 2.1%。四是人民币汇率的市场化改革是人民币国际化的基础。随着人民币跨境交易和结算系统趋于完善，以人民币作为结算货币的跨境贸易逐渐增多。2013 年跨境贸易人民币结算业务累计为 4.63 万亿元人民币，较上一年增加 57%。据国际清算银行（BIS）2012 年 9 月公布的调查显示，人民币交易在国际外汇市场的交易量比三年前已经增长了两倍多，位列交易最活跃货币的第九名。我国要完成从世界经济大国向世界经济强国的转变，就需要确立货币的国际地位，推进人民币国际化，这就需要首先推进人民币汇率的市场化改革。

10. 经济学研究热点的稳定性和持续性依然继续。主要体现在：一是 2013 年仅有公共经济热点代替区域经济热点闯入前 10 位，成为年度符号。这虽然打破了自 2010 年以来连续 3 年前十大热点没有改变的格局，但前十大热点的替换率仅为 10%，是 2003 年以来最低的变动率。二是在前十大热点中，有 5 个热点的位次没有发生任何变化，仅有"三农"、收入分配与收入差距和产业结构与产业政策分别上升一位，位次发生较大变化的只有资本市场一个热点。2013 年资本市场排名出现大幅下滑的原因在于：资本市场表现持续低迷、IPO 暂停使资本市场的融资功能受限，以及资本市场改革没有出现新的亮点，这都直接导致资本市场趋向边缘化。三是排名第 11~20 位热点的替换率依然是 40%，与前两年持平，

---

① 李璐：《2013 年外贸企业生存现状调查报告》，载于《进出口经理人》2013 年第 9 期。
② 《广东逾千家中小微外贸企业中两成曾因汇率波动而推掉订单》，载于《广州日报》2013 年 10 月 11 日。

保持了较低的变动水平。中国经济研究热点排名变化之所以表现出稳定性的突出特点，主要是因为：一是从我国的基本国情或总的发展阶段来看，我国仍处于并将长期处于社会主义初级阶段的基本国情没有变，人民日益增长的物质文化需要同落后的社会生产之间的矛盾这一社会主要矛盾没有变，我国是世界最大发展中国家的国际地位没有变。这就决定了立足于这个最大国情的中国经济学研究主题也不会发生根本性的改变，需要做出长期的持续性研究。二是从当前我国面临的改革与发展任务来看，稳增长、调结构、促改革、惠民生不是一两年就能解决的艰巨任务，如就改革的任务来看，到 2020 年才能完成本次改革决定提出的任务。三是从 2013 年中国经济研究的特点来看，虽然四个"着力"和形成的四个"新"，构成了 2013 年中国经济学研究的主基调，但这只是完成近几年一直坚持的"稳中求进"工作总基调的具体措施和途径。因此，在工作总基调不变的情况下，每年改变的只是适应新形势和新情况的工作重点。

三、2013 年经济研究热点的主要进展

相对于 2012 年的中国经济学研究进展，2013 年学者们对前十大经济热点的理论研究在以下几个方面又取得了新进展：

第一，经济增长与发展的主要研究进展。（1）进一步丰富和完善了加快转变经济发展方式的理论分析框架。一是从全面深化改革开放、污染损害与环境管理、能源约束和刘易斯拐点等角度，探讨了经济可持续增长的内在机制；二是从金融抑制和利率市场化、能源替代弹性、地方政府竞争、发展阶段转变、马克思发展观、发展惯性等角度，深入探讨了经济转型的影响机制；三是从房地产市场、经济发展阶段、人口红利和养老保险制度等新视角，分析了国民储蓄率的影响因素，丰富了加快转变发展方式的影响因素分析；四是重点考察了科技创新和全要素生产率驱动经济转型的路径，完善了加快经济发展方式转型的路径选择。（2）进一步深化了经济增长的影响因素分析。一是从金融环境、金融发展、最优金融条件、货币结构等角度，拓展了宏观金融对经济增长的影响机制；二是从进口贸易结构、贸易制度变迁和出口技术结构等方面，强调了对外贸易在经济增长中的作用；三是在继续分析人口老龄化、人口结构和人力资本等影响经济增长的基础上，进一步延伸到人口政策和劳动力结构等方面，探讨它们对经济增长的影响，为通过调整人口政策创造新的人口红利奠定了理论基础；四是从生产技术进步、R&D 规模和机构等角度，进一步强调了技术进步对经济增长的贡献和作用；

五是从环境管制、金融发展、国有经济、金融危机等方面，考察了我国劳动生产率和全要素生产率的变化，进一步完善了内生经济增长的理论分析框架。（3）确立了中国经济发展模式的分析框架。一是从中国经济发展历程、产能过剩形成机制、资产短缺和储蓄率生命周期分布、动力转换、增长的内在机理等方面，对我国经济发展模式进行了回顾总结，概括了中国经济模式的突出特征；二是从金融抑制、财政政策、城市化等角度考察了对投资和出口的影响，寻求拉动中国经济发展的新动力；三是从二元经济结构、能源价格上涨、环境约束、发达国家再工业化、经济环境不确定等角度，分析了中国经济模式运行的新约束条件；四是从城乡一体化、宏观政策抉择、对外贸易、外资引进、各种所有制共同发展、组织创新、科教兴国、金融引擎、第三次工业革命、全面提高开放型经济水平等视角，提出了完善中国经济模式的政策选择。（4）完善了经济周期理论分析框架。一是从货币政策、政府支出、流动性冲击、外包、企业投资效率、金融摩擦、利率调节、金融中介、消费习惯、金融冲击、间歇性制度创新等方面，探讨了以上因素影响经济波动的内在机制，为中国经济波动提供了新的理论解释；二是通过对中国经济周期与世界经济周期的趋同性实证检验，将国际因素纳入中国经济波动的分析框架；三是从宏观经济波动时点、劳动力无限供给、成本—收益比较等角度，归纳了中国经济周期变化的表现与特点，揭示了我国经济周期波动的特殊性，为熨平经济周期提供了政策解释。

第二，"三农"的主要研究进展。（1）进一步丰富和完善了城市化研究的理论框架。一是从金融服务、土地制度改革、空间溢出、城镇定居意愿、资本全球性空间生产、国际贸易等角度，研究了人口集聚的影响因素，论证了"城"与"市"的关系，揭示了人口集聚的内在机制；二是从现代农业、城乡要素错配、资本密集型投资、城市化的经济效应等方面，探讨了工业化、城市化和现代化之间的互动关系，将城市化纳入整个经济系统进行研究，拓展了城市化研究的理论视野；三是从农民工留城意愿、迁移模式、就业稳定性、农民工权益维护、留守儿童等方面，揭示了影响农民工劳动供给的主要因素，深化了农民工劳动供给的理论研究，为解决"用工荒"提供了有针对性的政策解释；四是从农民工自我雇佣、工作条件和社会资本等方面，考察了影响农民工收入的主要因素，为增加农民工收入做出了理论解释；五是从城乡一体化、金融服务、公共服务均等化、体制改革等视角，进一步探索了我国新型城市化道路。（2）进一步深化了农村金融研究。一是从信贷约束、信用评级、农户融资渠道选择等方面，深化了农户借贷行为研究；二是从金融联结、土地金融供给、降低农村金融机构交易费用等新视角，提出了缓解农村金融约束的路径选择，设计了农村金融的创新模式；三是从公共财政补贴、农户互助等方面，考察了农业保险需求的影响因素，深化了农业保险保障农民收入的研究。(3) 进一步深化了农村土地制度改革研究。一是从妇女权利保障、农地投资、社会主义新农村建设、农民财产权等角度，进一步论证了农村土地制度变革的必要性；二是从马克思地租理论、动态合作博弈、双轨制等方面，探讨了政府征收农村土地中的利益分配，为增加农民征地补偿，减少征地过程中的矛盾提供了新的思路。(4) 进一步深化了农业现代化的理论研究。一是从配置效率、生产效率、生产技术效率、农业技术效率等层面，全方位考察了我国农业全要素生产率，测度了我国的农业发展水平；二是从农户类型划分、家庭农场、新型农业经营主体等方面，提出了塑造现代农业经营主体的新思路；三是从最优农业契约、农业产业链融资、现代农业产业基地建设等角度，设计了新的农业现代化模式；四是从合作社的运作机制和治理结构、契约安排、国外合作社发展经验等方面，进一步深化了农业经济组织理论研究。(5) 进一步完善了粮食安全的理论分析框架。一是考察了农产品价格、种粮效益、财政支农、农民素质、农村劳动力流动、农民收入等因素对农民种粮决策的影响，深化了确保粮食安全的动力机制研究；二是将农业 FDI、国际玉米价格波动等影响粮食安全的国际因素，纳入确保我国粮食安全的理论分析，构建了开放型经济下的粮食安全保障体系。

第三，收入分配与收入差距的主要研究进展。(1) 完善了劳动收入份额的理论分析框架。一是通过实证考察技术偏向、经济发展战略、工会、外资进入、偏向性效率改进、信贷融资约束、股权性质、国际贸易、外资企业加工贸易、技术进步、政治关系、制度环境等因素与劳动收入份额之间的内在联系，解释了我国劳动收入份额占比下降的原因，拓展了劳动收入份额的决定因素；二是从发展战略、技术选择、金融发展水平、营商环境、制度质量等角度，提出了提高劳动收入份额，优化国民收入分配格局的政策选择。(2) 深化了收入差距理论研究。一是根据中国的具体国情，通过对基尼系数分解、城市家庭收入分布估计方法改进、基于间接洛伦兹曲线加总等，改进了基尼系数的测算方法，为准确反映我国收入差距状况提供了适用性工具；二是从城镇化、通货膨胀、职位隔离、区域经济集中、性别歧视、国有企业垄断、异质性人力资本、地区专业化、财政分权、所有制结构变迁等方面，探讨了收入差距的成因，丰富和深化了收入差距影响因素的分析；三是从户籍歧视、二元经济结构、政府政策、土地市场化、城乡融合、服务业增长、路径依赖、财产性收入、城镇化、家庭创业、间接税归宿等视角，探讨了城乡居民收入差距扩大的原因，为缩小城乡收入差距提供了思路；四是从社会性支出、税收负担、城镇劳动力市场结构变迁、非正规就业、物价指数、碳税等视角，解释了城镇居民收入差距的形成原因，提出了有针对性的解决方案；五是从国民收入倍增规划、建立公平与效率协调统一的收入分配制度、发挥个人所得税作用、维护科学发展和共同富裕的经济基础、完善社会福利制度等方面，提出了缩小收入差距的制度改革建议。（3）进一步完善了减贫的理论分析框架。一是从慢性贫困、重点国有林区贫困、山区贫困、贫困变动等不同角度测度了农村贫困状况，完善了对农村贫困状况的测度；二是通过考察农户经济作物收入、财政分权、农村非正规金融、政府救助、金融支持等因素与农村贫困之间的内在机制，丰富了造成贫困的影响因素分析，为找准减贫的政策着力点提供了思路。（4）深化了工资差距决定理论。从信息产业技术进步、就业稳定性、出口、国有经济等方面探讨了造成工资差距的影响因素和影响机制，对各领域存在的工资差距给出了新的理论解释。（5）将幸福感纳入收入差距评价体系。考察了收入、个人权益、住房改造、财富、收入预期、亲贫式支出等与幸福感的关系，将收入差距评价扩展到收入以外的多种要素，深化了收入差距评价体系研究。（6）实证验证了我国的收入流动性。对代际收入流动性、城乡居民收入流动性、代际效应对劳动收入份额变动的影响等进行了实证考察，描绘了当前我国收入流动性的状况，为缩小收入差距提供了新的政策工具。

第四，产业结构与产业政策的主要研究进展。（1）深化了新型工业化的理论研究。一是从资源配置、金融集聚、贸易自由化、要素市场扭曲、所有权结构改革、产品替代性和人民币汇率等方面，分析了它们影响工业或制造业效率的内在机制，为提高工业企业效率提供了理论解释；二是从不确定技术变革、市场要素、组织要素等视角，考察了制造业的成本优势是否已经丧失，并解释了成本上涨和利润增加并存的原因，为形成制造业发展新优势提供了思路；三是从产品内分工、微笑曲线、反向服务外包等方面，分析了制造业价值链攀升方向，为制造业的升级路径提供了理论解释。（2）深化了服务业研究。一是从国际比较、服务业生产率、投资效率等方面，考察了当前我国服务业的发展状况，并从汇率制度、进入管制等方面解释了服务业发展滞后的原因；二是从全要素生产率、生产服务业比率时序稳定性和利润率差异，测算了生产性服务业效率，并从政府规模、劳动密集型产业、要素市场扭曲、行业效应等方面，探讨了生产性服务业效率的影响因素，为促进生产性服务业发展奠定了理论基础。（3）深化了产业集群研究。一是从劳动生产率、企业间商业信用等方面，考察了产业集聚对产业发展的促进效应，进一步证明了发展产业集聚的方向是正确的；二是从流通成本、城镇化、空间外部性、技术扩散、市场规模、企业行为转型等角度，分析了产业集群形成和发展的内在机制，为促进产业集群进一步发展提供了新思路。（4）进一步完善了产业结构升级的理论分析框架。一是从政府补贴、成本倒逼、产业转移、货币政策、对外贸易、新型城镇化、技术创新、贸易开放、垂直专业化分工、税收、价格操控、国际金融危机、区域市场分割、地方政府行为、国有企业垄断、环境规制等方面，分析了产业结构升级的影响机制，进一步深化了产业结构升级的影响因素研究；二是从产业升级目标、产业升级时机选择、产业升级动力、产业升级障碍等层面，全面分析了我国产业升级面临的问题，完善了产业结构升级的理论框架，并提出了地方政府引领、推进制度创新、发挥市场机制的决定性作用等推动产业结构升级的路径选择。（5）初步建立了战略性新兴产业的分析框架。通过重点考察政府创新基金投向、产业生态系统、政府补贴方式等对新兴产业发展的作用机制，提出了阶梯式发展、适应市场需求发展等发展思路。

第五，资本市场的主要研究进展。（1）综合考察了资本市场效率。一是从信息发布者、内幕消息、政治关联、噪声交易、潜规则等方面，深化了资本市场效率影响因素的分析；二是从前瞻性信息、预测信息披露制度等信息不对称因素，考察了资本市场效率，增加了审视资本市场效率研究的新视角；三是从机构投资者、证券分析师、股票评级机构、会计师事务所等机构的分析角度，实证考察了我国资本市场的有效性，从而将机构独立性纳入资本市场效率的分析框架。（2）探讨了 IPO 的时机选择。从新股回报率、首日汇报、定价效率、行业效应等方面考察了我国 IPO 市场表现，探讨了投资者情绪、承销商定价、询价制度、机构投资者报价行为、会计信息质量、价格管制等对 IPO 市场表现的影响，给出了 IPO 时机选择的政策建议。（3）深化了资本市场风险研究。从股票价格波动、系统性风险、股价崩盘、噪声交易风险等方面，分析了当前资本市场存在的各种风险及其形成机制，为我国有效控制资本市场风险提供了理论解释。（4）完善了资本定价理论。通过实证考察奈特不确定性、产权性质、信息质量、中央银行沟通、人民币汇率、短期国际资本流动等因素，对非流动资产、可转换债、股票、复杂衍生品，以及金融资产价格的影响，对资本资产定价理论进行了经验检验。（5）深化了投资者保护理论。从制度经济学、中小股东参与、公司治理、政治关联、媒体监督、声誉共同体等方面，提出了加强投资者保护的政策建议。

第六，货币政策的主要研究进展。（1）进一步完善了货币政策的理论分析框架。一是通过与 M2、信贷规模等比较，重点考察了社会融资规模作为货币政策中介目标的适用性，拓展了货币政策的中介目标选择；二是从总量融资结构、银行治理、银行资本约束等方面，考察了货币政策传导的信贷渠道，深化了货币政策传导机制研究；三是从货币政策超调、企业资产负债表等方面，实证考察了货币政策的有效性，并分析了信贷市场扭曲、预期异质性、泰勒规则、资本市场开放等对货币政策有效性的影响机制，深化了货币政策有效性的理论研究；四是通过考察流动性、资产价格波动的隐含信息、美国利率政策、偏向性技术变迁等因素对我国货币政策选择的影响，进一步细化了我国货币政策选择的约束条件；五是从货币政策工具选取、货币政策目标、最优货币政策、操作程序等方面，提出了我国货币政策改进的政策建议。（2）进一步完善了通货膨胀研究的理论框架。一是从 CPI 权重调整、改进 CPI 编制和数据发布、纳入住房和大宗商品价格等方面入手，对通货膨胀指数进行了改进与修正，使其更符合我国的实际；二是从 CPI 与 PPI 的传导、资本轮动、行业潮涌和二元劳动力结构等视角，揭示了我国通货膨胀的形成机制和传导机制；三是通过分析贸易开放、地区市场规模、经济增长、部门间工资、人民币汇率传递、行业进口价格、货币供应量、人口年龄结构等要素对通货膨胀的影响机制，拓展了通货膨胀的影响因素分析；四是从存款准备金率、铸币税、居民幸福感等方面，估计了通货膨胀带来的福利成本；五是基于通货膨胀预期管理、控制货币供应量、通过汇率政策和信贷政策搭配等，提出了防范通货膨胀的政策建议。

第七，自主创新的主要研究进展。（1）扩展了企业自主创新的影响因素。将融资约束、营运资本管理、知识产权保护、所得税改革、财政补贴、财务政策、企业家精神、市场需求、劳动力成本上升等新要素，纳入企业自主创新理论分析框架，探讨了以上各因素对企业自主创新的影响机制，为完善企业自主创新体制机制拓展了思路。（2）完善了制造业技术进步的理论分析框架。一是通过测量制造业出口产品技术含量、技术复杂度等，对我国制造业的技术进步水平状况做出了较为科学的描述；二是从人民币汇率、网络基础设施、国际垂直专业化分工等因素对我国制造业技术进步的影响，拓展了技术进步的影响因素。（3）进一步完善了高技术产业创新绩效的评估体系。从产出、关联效应、行业市场进程、内部动力、后发分工地位升级、创新红利等指标，评估了高新技术产业的创新绩效，对我国高新技术产业的发展状况做出了新的判断。（4）进一步深化构建创新型国家理论研究。一是从促进企业 R&D 投资、推动高技术产业投资、税收优惠政策激励、全要素生产率等方面，评价了政府 R&D 投入的创新效果，为进一步完善政府 R&D 投入提供了理论解释；二是在界定协同创新概念的基础上，从协同创新网络结构、多元互动等视角，考察了协同创新的内在机理，为产、官、学、研、用协同创新提供了新思路；三是通过比较利用自有资金和利用信贷资金的可行性，拓展了构建创新型国家的资金来源；四是从最优知识产权保护区间、产业升级等方面，考察了自主创新能力演化路径和驱动因素，提出了我国构建创新型国家的新路径。

第八，对外贸易与贸易政策的主要研究进展。（1）深化了出口企业生产率研究。一是从出口质量、出口企业生存率、进口、企业盈利能力等方面，测度了出口企业的生产率水平；二是从市场规模、贸易成本、出口密度差别、市场进入成本、政府行为等方面，解释了出口企业生产率悖论产生的原因，为消除出口企业生产率悖论提供了新思路。（2）深化了企业出口行为影响因素分析。主要从金融危机、融资成本、内外需平衡、扩大内需、工资上涨、贸易自由化、最低工资制度、外资进入速度、异质企业、出口退税结构等因素对企业出口行为的影响，解释了我国出口贸易变动的内在原因和机制。（3）多角度测度了我国出口竞争力。从出口产品品质、出口产品价格、出口弹性、出口竞争新优势（包括技术含量、品牌价值、质量水平）等指标，对我国出口竞争力进行了多角度测评。（4）继续深化贸易摩擦研究。一是从社会网络、反倾销跨越动机对外直接投资、主动反倾销等视角，深化了反倾销对经济增长的传导机制研究，为应对反倾销提供了新思路；二是考察了非正式贸易壁垒等贸易摩擦的微观形成机制，为减少贸易摩擦提供了政策解释。（5）深入分析了中美贸易失衡。通过对中美贸易失衡的程度、原因、效应进行深入分析，得出了解决中美贸易失衡的途径和措施。

第九，低碳经济的主要研究进展。（1）进一步完善了低碳经济的理论分析框架。一是从环境规制、财政分权、企业环境责任的角度，对环境污染的原因做出了新解释，拓展了环境污染的影响因素分析；二是确定了大气污染物排放权分配和最优排污费确定，从理论上设计了治理环境，减少污染的政策手段；三是测度了生态文明发展水平，考察了生态环境动态变化的区域差异和影响机制，深入探讨了生态补偿的理论标准和协调机制，将生态经济纳入环境经济学的分析框架。（2）深化了碳排放理论分析框架。一是从能源使用、规模、工业结构、能源结构、要素禀赋、技术、环境规制、外资等多个维度，测评了我国碳减排效率，检验了碳减排工作的阶段性成果，并预测了碳排放拐点和排放重点转移，为我国未来碳减排指明了方向；二是从经济增长阶段、环境管制、承接外包、区域经济增长、经济发展指标等因素对碳排放的影响，拓展了减少碳排放的影响因素。（3）深化了碳转移研究。从避难所区域效应、碳泄漏、内嵌碳成本、隐含碳核算等方面，对污染避难所做出了新的解释，并尝试估算了全球最优碳税，以解决由于国际贸易和产业转移带来的碳转移问题。（4）探讨向低碳经济转型的路径和措施。主要从地方财政支出、环境规制、文化非正式制度、低碳技术、碳金融等方面，拓展了向低碳经济转型的路径选择和政策选择。

第十，公共经济的主要研究进展。（1）深化了政府官员考核和晋升机制研究。主要从地方官员晋升锦标赛、准官员晋升、战略绩效管理与战略规划关系等视角，实证考察了官员考核和晋升机制，为优化政府官员考核和晋升机制提供了理论解释。（2）拓展了腐败的影响因素分析。从企业寻租、土地征收、地区间策略互动、不完全信息等视角，分析了腐败产生的内在机制，为杜绝腐败提供了理论依据。（3）进一步深化了公共物品供给研究。从社会角色、个体异质性、土地一级市场垄断、惩罚机制、地区间外溢、公共支出等方面，研究了公共物品供给的影响因素，完善了公共物品供应的理论分析框架。（4）进一步完善了公共服务理论分析框架。一是从公共服务增量供给、均等化、结构效应等方面，衡量了公共服务水平，探讨了公共服务的发展空间；二是从制度的顶层设计、模块化等角度，提出了提高公共服务的政策建议。（5）进一步完善公共管理的理论分析框架。一是考察了食品安全、煤矿安全生产等产生的内在原因，为减少和杜绝此类安全事故发生提供了思路；二是从信息技术与制度安排相结合、应急救援、社会风险等方面，设计了提高政府公共管理能力的制度框架。

四、存在的主要问题及进一步研究的方向

在对中国经济学研究文献进行梳理的过程中，我们也发现，中国经济学研究还存在着一些需要改进的地方，甚至有的是需要引起高度重视的问题，主要有：

1. 经济学研究的理论性和思想性有待强化。经济学来源于最初的政治经济学，虽然今天经济学已经演化成理论经济学和应用经济学两个一级学科，以及下属众多的二级学科，研究领域日益广泛和细化，但经济学研究的本源，即研究国家范围和社会范围的经济问题的任务不能有任何的轻视，否则，就可能舍本求末，经济学大厦的根基就会不牢。但从世界经济学发展的现状来看，舍本现象还是较为突出，如英国女王视察伦敦经济学院时提出"为什么没能预测到这次世界金融危机"的发问就令英国经济学界汗颜。他们在回复女王的信中坦诚道：没能预测出这次危机的时间、幅度和严重性，最主要的原因是没能从整体上理解系统的风险，也就是在金融风险的研究中常常只见树木，不见森林。此外，有的英国

经济学家还认为，在经济学研究中，对数学技术的过度偏好使经济学偏离了对现实世界的观察和经济社会发展大局的把握。因此，经济学家缺乏的是由一套丰富的知识体系形成的一种专业智慧。这就是要求经济学研究的理论性和思想性。中国经济学研究过去重宏观轻微观、重整体轻局部、重理论轻技术的偏向的确严重存在，因而近些年来许多经济学人向重视微观经济问题、局部经济问题研究转变，以及在研究中广泛运用数学技术，这是中国经济学走向成熟的一个重要标志，但也要防止矫枉过正。然而不幸的是，我国经济学研究中的确出现了矫枉过正的现象，需要尽早引起足够的警惕，以免重蹈西方经济学的覆辙。我们之所以如此警醒这一点，主要因为：一是我国的经济改革与发展已进入了全面、综合、协调、可持续的新阶段，因而需要进行系统性的分析，以及提出整体性的战略方案。有的看似是一个局部问题，或者是个别问题，但都需要纳入整个经济系统，甚至更大的系统中加以认识和解决。例如，我国的经济发展，绝不仅仅是要素投入的问题，甚至也不全是经济问题，而且还是政治、文化、社会、生态等问题。美国为什么要遏制中国的发展，这也绝不仅仅是经济的较量，更重要的是政治和文化的较量，是冲破普世价值观的较量。从这个意义上说，要治好和预防中国经济改革与发展可能出现的各种"疾病"，不仅需要"专科医生"，而且还需要一批"全科医生"。二是我国社会主义市场经济体制的各项制度、体制和机制还没有定型，这一方面要求我们的研究要具有前瞻性、预见性和方向性，属于战略层面的问题，因而需要战略思维，而不仅仅是技术思维；另一方面由于制度和体制总是处在不断改革变动中，这种制度和体制的不确定性，大大损害了模型和数学技术运用的有效性。

2. 经济学研究的协同性有待加强。我国的经济改革与发展已进入这样一个新的阶段，即在发展上不再单纯以 GDP 论英雄，而是要全面落实经济建设、政治建设、文化建设、社会建设、生态文明建设五位一体总布局；在改革上，也不再仅仅是经济体制改革，而是推进经济体制、政治体制、文化体制、社会体制、生态文明体制和党的建设制度的全面的综合改革。要完成全面建设和综合改革的历史任务，一是需要经济学人们要有更大的研究视野，将经济改革与发展不仅要置于经济系统中，而且还要置于政治、文化、社会、生态等系统中加以认识和把握，找出新时期、新阶段的经济运行规律；二是需要加强不同学科之间的融合，推动交叉学科研究，比如经济学与哲学、社会学、心理学、文学、环境学等的协同研究。正如英国经济学家回复英国女王的信中所要求的那样，经济学家需要具备一套丰富的知识体系，这个知识体系需要对心理学、哲学、体制结构和历史熟谙于心，因而对经济学家狭隘的培养，是我们这个职业失败的主要原因。因此，经济学研究中急切呼唤能够驾驭全局、熟悉多学科知识，并能加以整合运用的"大师"级人物，同时对大多数人而言，应该放弃个人英雄主义，以专业化分工为基础进行联合协同攻关。在当今世界，由于学科众多，知识爆炸，以及知识之间的错综复杂，成就"大师"级人物相当困难。因此，经济学研究就急需要建立起"互联网思维"。

3. 虚体经济的研究要在与实体经济研究相结合中寻求突破。近些年来，我国的虚体经济得到了快速发展，与之相适应，学界对虚体经济的研究也达到了相当高的热度，如资本市场自 2003 年开始统计排名以来，一直排在前两位；商业银行最高排在第 3 位，多年排在前 10 位。但是，虚体经济的发展必须依赖于实体经济的发展，这是世界金融危机爆发的宝贵经验。在研究中，虚体经济问题研究虽然也具有很强的独立性，有其特有的发展规律，但如果长期与实体经济研究脱节，就虚体经济谈虚体经济，就难以在虚体经济的自我框架中寻求理论上的突破，特别是当虚体经济领域中没有重大变革发生的时候，研究也就无法找到新的切入点，2013 年资本市场、商业银行、金融秩序与金融安全、企业融资等虚体经济问题研究排名的集体下降，就说明了这一点。因此，要解决虚体经济问题就必须跳出虚体经济，与实体经济的研究相结合，在二者的相互联系、相互作用中寻求理论热点和突破。

4. 经济学研究中的"重复建设"仍有待改进。在梳理文献中我们发现，有的论文无论在选题上，还是在论证上，甚至在结论上都完全重复，虽然有点"英雄所见略同"，但如果偶尔出现，也属正常，常常发生，就是问题了。为了避免经济学研究中的"重复建设"，我在 2012 年的热点分析论文中提出应该逐步要求每篇论文首先做文献回顾，表明论文的研究起点和在已有研究成果基础上的观点深化和发展，从而形成一种研究规范。[①] 但这种规范只能解决前后不同时期研究的"重复建设"，在同一时间要避免研究的"重复建设"，就需要学者们加大对论文选题视角的研究，以视角的"特、新"取胜，做到"人无我有，人有我优"。这是因为，目前我国经济学研究的热点集中度相当高，如前 10 个热点的论文数在所有论文中所占的比重 2003 ~ 2012 年分别是 32.74%、37.27%、51.48%、49.97%、55.31%、55.82%、51.53%、51.20%、52.58%、50.97%，也就是说，有一半以上的论文选题都集中在前 10 个热点上；前 20 个热点的论文

---

① 黄泰岩：《2012 年中国经济研究热点排名与分析》，载于《经济学动态》2013 年第 4 期。

数在所有论文中所占的比重 2003～2012 年分别是 46.20%、50.16%、70.11%、67.13%、73.31%、75.72%、70.59%、69.95%、72.49%、70.39%，也 就 是说，有 70% 以上的论文选题都集中在前 20 个热点上。热点问题研究的高集中度，更显出加强选题角度选择的重要性。

5. 经济学研究中的"形式主义"还有待于进一步改进。反对"四风"是当前群众路线教育实践活动中要着力解决的突出问题，将其落实到经济学研究中，最主要的就是反对"形式主义"。我们在梳理文献中发现，经济学研究中的"形式主义"主要表现在两个方面：一是不解决实际问题的"新八股""洋八股"，用了巨大的篇幅、复杂的论证，说明了一个大家都知道的道理，把简单问题复杂化了。形式固然重要，但脱离了内容的形式，再完美也是形式主义。正如英国经济学家在回复英国女王信中所讲的那样，许多前沿经济学家将经济学变成了与现实世界脱节的学科，在研究中强化了不切实际的假设。二是在文献中还有不切实际的空话和大话。经济学的本质是致用之学，要经邦济世，因而应该倡导"空谈误国、实干兴邦"的价值取向。

6. 在研究方法上还需要加强经验研究方法的运用。虽然在改革上，我国所进行的事业前无古人，没有可资借鉴的经验，但在经济转型和跨越中等收入陷阱问题上，已经有很多国家和地区成功进行了经济转型并跨越了"中等收入陷阱"，同时，也有一些国家陷入了"中等收入陷阱"而不能自拔。跨越和陷入"中等收入陷阱"正反两方面的经验和教训对我国这样一个处于中等收入阶段的经济转型国家而言尤为珍贵。强化经验研究方法，从这些国家的发展经验中总结归纳出经济转型和跨越"中等收入陷阱"的一般规律，为我国发展提供借鉴，避免误入歧途，将是重要的理论贡献。同时，我国经历了 60 多年的经济建设，特别是改革开放 35 年的市场化改革经验和创造世界经济发展奇迹的发展经验，为加大经验研究方法的运用提供了丰富的资源和广阔的领域，从中可以总结出改革与发展的一般规律，构建中国特色社会主义经济理论体系，为经济学的理论大厦贡献中国经济学人的智慧。

2014 年中国经济研究热点排名与分析[*]

2014 年是全面深化改革的开局之年，也是中国经济增长下行压力更大的一年。在这样一个特殊背景下，学界对中国经济学的研究体现出了新的特色和进展。

一、2014 年中国经济研究前二十大热点

2014 年学术期刊统计样本的选取采用了教育部中国社会科学研究评价中心最新公布的 2014～2015 年 CSSCI 来源期刊经济学类排名前 20 名杂志，然后依据二级学科平衡的需要，选择了作为 2014 年中国经济研究热点分析的 13 本统计样本期刊[①]。由于其他杂志也刊有经济学的文章，为了保证覆盖面，我们又选择了其他 4 大类即马克思主义类、管理学类、社会科学总论类和高校综合性社科学报类各自排名第一的期刊，组成了共 17 本统计样本期刊[②]。由于 CSSCI 来源期刊排名每两年公布一次，因此 2014 年的 17 本样本期刊与 2013 年的样本期刊完全一样，从而保持了期刊统计样本的稳定性和可比性。

2014 年我国专家学者在以上 17 本样本期刊上发表的全部学术论文（不包括书评和会议报道等）共 1 816 篇，较 2013 年进一步减少，说明当前主要学术期刊刊发长篇幅文章的特点进一步突出。我们对 1 816 篇文章按专题进行分类统计，得出了 2014 年中国经济研究前二十大热点问题（见表 1）。它们分别是：（1）经济增长与发展；（2）资本市场；（3）"三农"；（4）收入分配与收入差

　＊　原载于《经济学动态》2015 年第 6 期。
　①　在排名前 20 的期刊中，依据二级学科平衡需要，保留相同学科的排名靠前的杂志，从而得出经济类的 13 本样本期刊。
　②　在 17 本样本期刊中，经济类分别为：《经济研究》《世界经济》《经济学（季刊）》《中国工业经济》《数量经济技术经济研究》《金融研究》《中国农村经济》《经济科学》《财经研究》《财贸经济》《南开经济研究》《经济理论与经济管理》《经济学家》；其他类分别为：《中国社会科学》《管理世界》《中国人民大学学报》《马克思主义研究》。

距；（5）产业结构与产业政策；（6）自主创新；（7）货币政策；（8）对外贸易与贸易政策；（9）低碳经济；（10）区域经济发展；（11）经济体制改革；（12）公共经济；（13）财政体制；（14）就业（含失业、创业）；（15）消费；（16）资源经济；（17）金融秩序与金融安全；（18）社会保障；（19）企业融资；（20）计量经济。

表 1   **2014 年排名及与 2013 年排名相比的新变化**

热点	2014 年排名	2013 年排名	变化
经济增长与发展	1	1	未变
资本市场	2	5	上升 3 位
"三农"	3	2	下降 1 位
收入分配与收入差距	4	3	下降 1 位
产业结构与产业政策	5	4	下降 1 位
自主创新	6	7	上升 1 位
货币政策	7	6	下降 1 位
对外贸易与贸易政策	8	8	未变
低碳经济	9	9	未变
区域经济发展	10	11	进入前 10 位
经济体制改革	11	18	上升 7 位
公共经济	12	10	退出前 10 位
财政体制	13	16	上升 3 位
消费	15	11	下降 4 位
社会保障	18	20	上升 2 位
计量经济	20	13	下降 7 位
就业	14	21	新进入前 20 位
资源经济	16	26	新进入前 20 位
金融秩序与金融安全	17	30	新进入前 20 位
企业融资	19	23	新进入前 20 位
人民币汇率	23	14	退出前 20 位
企业成长	24	15	退出前 20 位
公司治理	22	17	退出前 20 位
民营经济与家族企业	39	19	退出前 20 位

二、2014 年中国经济研究热点排名变化

2014 年，习近平总书记用"新常态"描述中国经济发展的阶段性特征，为中国经济指明了方向。从"旧常态"向"新常态"转变的主要特征表现在：一是双目标，即从高速增长转向中高速增长；产业从低端迈向中高端。二是双动力，即技术创新驱动和制度创新驱动，简称创新驱动经济发展。三是双协调，即实现城乡协调发展，重点推进新型城镇化；实现区域协调发展，重点推进"三大战略"。四是双适应，即经济发展要适应人口资源环境的约束；经济发展要适应民生的诉求。五是双结合，即宏观政策稳定性与灵活性的结合；微观放活与管好的结合。在对中国经济新常态的新的认识起点上，认识新常态、适应新常态、引领新常态就必然成为 2014 年中国经济学研究的主基调，从而也就决定了 2014 年中国经济研究热点排名变化的新特点。在前 20 大热点中，经济增长与发展和产业结构与产业政策体现的是双目标；自主创新和经济体制改革体现的是双动力；"三农"和区域经济发展体现的是双协调；低碳经济、资源经济、就业、收入分配与收入差距、社会保障、消费体现的是双适应；货币政策、财政体制、公共经济、金融秩序与金融安全、资本市场、企业融资体现的是双结合。具体表现在：

1. 经济增长与发展继续高居榜首。从"旧常态"向"新常态"的转变，最突出的标志就是经济增长速度从高速增长转为中高速增长。何为中高速增长？中国经济能否实现中高速增长？中国经济能实现多长时间的中高速增长？等等一系列问题，都需要学者们在进入新常态的起点上做出科学的回答。因此，对经济增长与发展的继续研究高居榜首，就在情理之中。这具体体现在：（1）2008 年美国次贷危机引发的世界金融危机，重创了世界经济，深度调整至今仍然复苏乏力和不确定。我国虽然采取了积极财政政策和货币政策加以应对，但经济下行的压力不断加大，经济增长速度从 2007 年 14.2% 的高点一直下行到 2015 年一季度的 7%，出现了腰斩！从 2015 年经济运行的总体情况来看，经济下行的压力还在加大，中国经济是否还会继续下行，引起了国内外人们的担忧，如美国学者沈大伟 2015 年 3 月 6 日预言：中国经济已经开始崩溃，而且不会是"和平的崩溃"，这个过程是"长期的、复杂的、暴力的"。这就需要学者们对中国经济能否实现中高速增长做出科学的判断，对中国经济崩溃论做出有理有据的回应，这也是我国增强理论自信、道路自信、制度自信的需要。（2）中国经济增长将从过去 30 年

近 10% 的速度下调，已成为学界的共识，但增长速度下调到什么位置，仍是学者们争论的重点，这也是中国经济进入中高速增长新常态必须要界定清楚的问题。从日本、韩国等实现经济高速增长经济体的发展经验来看，他们在实现了近 30 年 9% 以上的高速增长之后，都进入到了近 20 年 4%～6% 的中速增长阶段。中国经济在书写了 35 年近 10% 高速增长的辉煌之后，是否会重复日本、韩国等经济体当年的故事，就成为学者们当下必须回答的首要问题。既然日本、韩国等经济体高速增长后实现的 4%～6% 的经济增长被界定为中速增长，那么，我国提出的中高速增长就至少应该保持在 6% 以上。① 同时，还应看到，我国毕竟是不同于日本、韩国的人口大国，这就需要依据我国的具体国情找到我国经济增长不能滑出的底线。按照稳增长就是为了保就业的逻辑，我国要实现比较充分就业的经济增长下限就一定会是高于 6% 的增长速度，这也是将 2015 年经济增长速度确定为 7% 左右的原因。(3) 随着我国经济进入新常态，宏观调控也随之走向科学的宏观调控，其中，一个重要的特征就是对经济增长速度的宏观调控从以往"保 8"的点调控转向了保持经济增长在合理区间的"区间调控"，这就需要确定实现中高速增长的合理区间。(4) 我国经济进入新常态，既然是"常态"，就不应是短期的，而是长期的概念，那么这就需要学者们回答中国经济的中高速增长能够持续多长时间，这就需要解决中高速增长的空间、新的增长点、新的增长动力，以及支撑中高速增长的资源、环境等条件。

2. 经济体制改革大幅上升，距进入前十大热点问题仅一步之遥。经济体制改革从 2013 年的 18 位上升到 2014 年的 11 位，跃升 7 位。从 2003 年以来的历次排位高低来看，只有 2008 年由于纪念改革开放 30 周年，经济体制改革问题排到第 9 位的历史最高位，2014 年的排位仅以两位之差屈居第二。2014 年经济体制改革问题再回新高的根本原因在于：2013 年 11 月，党的十八届三中全会通过了《中共中央关于全面深化改革若干重大问题的决定》，这就使 2014 年成为全面深化改革的开局之年。同时，随着中国经济进入新常态，就需要形成与之相适应的新体制、新机制，为经济新常态提供新动力、新活力。具体体现在：(1) 新一轮改革需要新的改革理论指导。新一轮改革与以往历次改革最大的不同在于，一方面经过 30 多年的改革开放，我国改革已进入深水区和攻坚期，容易的、皆大欢喜的改革已经完成了，好吃的肉都吃掉了，剩下的都是难啃的硬骨头，这就需要进一步解放思想，提出新理论，拿出新举措；另一方面这一轮改革是涉及经济、

---

① 日本、韩国等经济体在工业化时期均实现了 30 年左右的 9%～10% 以上的高速增长，随后转入 4%～6% 的增长阶段，被认为进入中速增长阶段。

政治、社会、文化、生态等全面的改革，这就突破了原有在经济框架中研究经济体制改革的传统思维，上升到从经济与政治、社会、文化、生态的相互联系和相互作用中探寻经济体制改革的新规律。（2）新一轮改革是实现中高速增长新目标的关键一招。改革开放以来，我国经济增长形成了三个完整的经济周期，当我们把这三个经济周期与前三个中共中央关于经济体制改革决定的酝酿和出台联系起来考察时就会发现①，每一轮改革的启动都是发生在经济进入调整和谷底阶段。经济周期孕育了改革周期，改革周期促成了经济周期，二者互为因果。2014 年作为全面深化改革的开局之年，新一轮"改革红利"就开始显现。据统计，2014年，新登记注册市场主体达到 1 293 万户，其中新登记注册企业增长 45.9%，形成新的创业热潮。② 从历史经验来看，1992 年和 2002 年私营企业开户数都在中共中央关于经济体制改革决定出台前后出现一个高峰期，随后是 5 年的经济繁荣。自 2008 年进入经济调整以来已经经历了 6 个年头，迫切需要改革这个"点火器"。（3）新一轮改革需要新动力。新一轮改革的主要任务是全面清理审批事项，构建负面清单管理模式，切实为市场主体松绑。为此，就需要政府制定权利清单、责任清单和负面清单。因此，新一轮改革的突出特色是加快政府体制改革和政府职能转变。但是，以往我国经济体制改革的突出特征是政府主导型或政府推动型的，如今让政府推动政府自身的改革，从而自己革自己的命是相当困难的，这需要具有巨大的改革勇气和敢于做出巨大的权力和利益牺牲。显然，这就需要寻求新时期全面深化改革的新动力。但这个新动力必须是完善的社会主义市场经济体制内生的，因为单纯依靠外在的力量是不可能推动改革成功的。

3. 区域经济发展再次进入前 10 位。2009 年以来，对区域经济发展问题的研究都是在第 10 位和第 11 位之间徘徊，2014 年再次回到第 10 位，主要原因在于：区域经济协调发展，为实现中高速增长提供了新的空间和增长点，如从东中西三大区域差距来看，中西部的发展潜力巨大。③ 中部和东北相当于东部的 3/4，西部不到东部的 2/3；从全面小康指标的实现程度来看，西部仅相当于东部的80%，大约晚 7 年左右。④ 加快中西部和东北地区的发展，即使达到目前东部发达地区的水平，也将支撑我国 10 年左右的快速发展。在经济发展新常态下，区域经济协调发展的核心思想是，在继续实施东部率先发展、中部崛起、西部大开

---

① 黄泰岩：《中国经济的第三次动力转型》，载于《经济学动态》2014 年第 2 期。
② 资料来源：《2015 年政府工作报告》。
③ 李建平、李闽榕、高燕京：《中国省域竞争力蓝皮书：中国省域经济综合竞争力发展报告（2011－2012）》，社会科学文献出版社 2013 年版。
④ 国家统计局：《中国全面建设小康社会进程统计监测报告（2011）》。

发和东北振兴"四大板块"基础上，重点推进"三大战略"，具体体现在：（1）推进京津冀协同发展。改革开放以来，我国逐步形成了珠三角、长三角和京津冀三大经济圈。三大经济圈中的城市群总人口约占全国的 18%，GDP 占全国总量的 36%，为高速增长做出了重要贡献。[①] 但是三大经济圈的人口集聚和产业集聚与美国和日本三大经济圈相比仍存在较大差距，二者人口和 GDP 占全国的比重分别为 33%、68% 和 50.2%、70%。[②] 这意味着在市场对资源配置起决定性作用的新体制下，我国的人口和产业会继续向三大经济圈中的城市群集聚。在三大经济圈中，京津冀经济圈的人口集聚和产业集聚相对于珠三角和长三角经济圈而言显然是滞后的，珠三角的国土面积只有 5.48 万平方公里，但却集聚了 5 700 万人口，4.8 万亿的 GDP；长三角的国土面积为 11 万平方公里，集聚了 1 亿人口，9 万亿的 GDP；京津冀的国土面积也达到 18.27 万平方公里，但却只有 8 700 万人口，5.2 万亿的 GDP。[③] 如果从首都经济圈的视角来看，京津冀的发展空间更加巨大，如东京经济圈的国土面积小于北京市，但集聚的人口却达到 4 300 多万，多于北京的 2 100 多万；GDP 占全日本的 37.5% 以上，而北京市占全国的比重达不到日本的零头。[④] 因此，探寻京津冀协调发展的模式和道路，就成为当前学界的一个迫切任务。（2）推进长江经济带建设。美国和日本的人口和产业虽然主要向三大经济圈集聚，但我国却是一个地域和人口大国，虽然需要继续发展三大经济圈，但是否需要谋划第四经济圈，甚至第五经济圈，以支撑我国经济未来 10 ~ 20 年的快速健康发展，实现中国几代人梦寐以求的工业化、现代化，这就需要做出理论和实践上的探索。长江经济带战略的推出，就是探索长江中游城市群发展，构建中三角经济圈或第四增长极的积极行动，具有突破发达国家区域发展模式的理论价值和实践价值，值得学界做出深入的研究，而且中三角经济圈的实验取得成功，就可以向西三角经济圈、东北三角经济圈复制，形成沿海三大经济圈、中西部三个次级经济圈的区域发展格局。（3）推进"一带一路"建设。"一带一路"建设，谋划出了我国新常态下高水平全方位对外开放的新格局。我国过去 30 多年的对外开放，从区域来看，主要是沿海地区的对外开放；从开放国家来看，主要是对发达国家的开放；从资金流来看，主要是单向的流入我国。

---

① 资料来源：《国家新型城镇化规划（2014 – 2020 年）》。
② 牛文元：《中国城市发展报告（2002 – 2003）》，商务印书馆 2004 年版。
③ 转引自：《三大城市群（珠三角、京津冀、长三角）对比》，珠江三角洲全域规划网站，2014 年，http：//www. gdupi. com/prd2014/productshow. asp？ id = 90。
④ 刘瑞、伍琴：《首都经济圈八大经济形态的比较与启示》，载于《经济理论与经济管理》2015 年第 1 期。

在中国经济日益融入世界经济的大背景下，中国的对外开放必须是全方位的对外开放，这一方面可以为中西部地区发展提供新的空间和动力；另一方面可以使中国经济摆脱对发达国家资源和市场的过度依赖，开拓发展中国家和新兴市场国家的新市场和新资源。"一带一路"建设虽然可以借鉴过去30年沿海开放的经验，但是，这毕竟是不同于沿海开放的沿边开放，是对发展中国家的开放，是资金的双向流动，而且更多的是"走出去"，因而具有自身的特殊规律，这就需要学者们站在商品、资本、劳动等要素双向大流动的新视域中揭示"一带一路"建设的新模式和新道路。

4. 自主创新的地位日益突出。自我国2006年提出构建创新型国家以来，自主创新一直是学者们关注的热点问题，而且近几年来对其关注度保持在第6位和第7位，2014年比2013年上升1位，达到历史最高。自主创新地位凸显的原因在于：自主创新是实现经济发展新常态的强大动力和唯一途径。具体体现在：（1）自主创新是决定能否跨越"中等收入陷阱"的关键。从跨越和陷入"中等收入陷阱"国家的经验来看，是否依靠技术创新驱动经济发展是造成不同国家不同发展结果的根本原因。据诺贝尔奖得主麦克·斯宾塞领导的增长委员会的研究，第二次世界大战以后，有13个经济体充分利用后发优势实现技术创新和产业升级，推动了7%以上的经济增长达25年之久，[1] 成功跨越了"中等收入陷阱"，进入高收入经济体。相反，陷入"中等收入陷阱"国家的技术进步则非常缓慢，从研发经费占GDP的比重来看，从1996~2009年的10多年间，阿根廷徘徊在0.4%~0.6%之间，墨西哥徘徊在0.3%~0.4%之间，马来西亚徘徊在0.2%~0.7%之间，没有发生质的飞跃。[2]（2）自主创新是实现中高速增长目标的关键。我国经济下行压力加大的一个主要原因就是经济增长受到人口资源环境的硬约束，而突破约束的唯一途径就是推进技术创新。例如，美国通过技术进步使人工成本相对下降，实施再工业化带来了产业的回流；又如，2009年我国单位GDP能耗是美国的2.9倍、日本的4.9倍、欧盟的4.3倍，世界平均水平的2.3倍[3]，这意味着我国通过技术进步完全可以做到在能源消耗不增加的情况下实现GDP总量的倍增；再如，在近5年中，经合组织成员国经济增长了近7%，

---

[1] 林毅夫：《中国的增长奇迹是否可持续？》，载于《参考消息》2014年12月12日。
[2] 资料来源：世界银行数据库。
[3] 霍建国：《近看中国外贸》，2011年，http://www.npc.gov.cn/npc/zgrdzz/2011-11/29/content_1680808.htm。

而碳排放却减少了 4%①，这意味着我国通过技术进步可以实现经济增长与碳排放减少的并行不悖。（3）自主创新是产业迈向中高端水平的关键。产业迈向中高端水平，需要完成改造传统产业、发展服务业和打造新兴战略产业三大任务，而这都离不开技术创新。例如，据韩国《2012 年度技术水平评价》显示，2012 年韩中之间的国家战略技术水平差距为 1.9 年，而韩国与美国相比，则落后 4.7 年，二者相加，我国落后美国 6.6 年。② 这种技术上的差距，体现在产业上差距就相当显著，如从参与 iPhone 生产各国的利润分成可以看出，技术的落后决定了我国处在产业分工的低端，在全部的利润中，美国占 49.4%，日本占 34%，韩国占 13%，而我国则不足 4%。③ 虽然自主创新对我国进入经济发展新常态如此重要，但在新常态下，自主创新却遇到了必须寻求突破的新瓶颈。这就是：经过 30 多年的学习、引进、消化、吸收，我国的技术水平与发达国家的差距不断缩小，如韩国《2012 年度技术水平评价》显示，韩中之间的国家战略技术水平差距从 2010 年的 2.5 年缩短到 2012 年的 1.9 年。④这造成一方面发达国家为了遏制中国，开始阻止对中国的技术出口；另一方面中国技术进步所缺乏的核心技术和关键技术已不可能靠学习和引进。这就迫使我国的技术进步必须从学习引进型向自主创新型转变，因而需要学者们给出技术进步的理论指导和政策建议。

5. 资本市场研究热度再度高企。资本市场自 2003 年以来一直排在热点的第 1 位或第 2 位，仅在 2013 年意外跌到第 5 位，2014 年重返第 2 位。资本市场的再度雄起，从根本上说得益于新一轮改革的"制度红利"，具体体现在：（1）2013 年 11 月推出的《中共中央关于全面深化改革若干重大问题的决定》以较大篇幅对资本市场改革进行了顶层设计，指出了改革的方向和路线图，引起了学者们对健全多层次资本市场体系、推进股票发行注册制改革、多渠道推动股权融资、推动资本市场双向开放等改革措施如何落地进行深入研究。（2）为贯彻落实《中共中央关于全面深化改革若干重大问题的决定》，2014 年 5 月国务院印发了《关于进一步促进资本市场健康发展的若干意见》，这为资本市场的健康发展奠定了坚实的制度基础。从历史经验来看，2004 年 1 月老"国九条"的出台，就为当时资本市场的改革发展提供了制度条件，带来了巨大的政策红利，A 股由此进入了牛市通

---

① 《英媒称 2014 年碳排放停止上升：中国减排功不可没》，参考消息网，2015.3.15. http://science. cankaoxiaoxi. com/bd/20150315/705074. shtml。

②④ 未来创造科学部与韩国科学技术评价院（KISTEP）：《2012 年度技术水平评价》，韩联网，http://chinese. yonhapnews. co. kr/domestic/2013/08/12/0402000000ACK20130812002200881. HTML。

③ 《商务部官员：iphone 利润分成中国占比不足 4%》，2013 年 7 月 17 日，中国新闻网，http://www. chinanews. com/gn/2013/07 - 17/5052692. shtml。

道。此次新"国九条"的面世，是否会奠定股市未来牛市的制度基础引起了学者们的关注。（3）沪港通的开闸推进了我国资本市场的对外开放，为我国资本市场注入了新的活力与生机，有助于中国资本市场长期健康的发展。这是因为，我国股票市场与作为国际上比较成熟市场的香港股票市场的对接，必将会推动我国资本市场的制度、规则、理念、文化、监管等方面的深化改革，走向国际化、标准化、合理化的发展轨道。我国股票市场从2014年第三季度开始由熊转牛，而且牛市持续至今，应该就是这一轮改革的"制度红利"。如果将其置于改革周期与经济周期的互动关系框架中加以理解，这是否意味着新一轮改革启动的新一轮发展周期即将到来。对此，我们将1990年以来上证指数收盘价平均值与同期经济增长率进行比较发现（见图1），在2005年实行股权分置改革之前，收盘价平均值与同期经济增长率不相关；股权分置改革之后，收盘价平均值与同期经济增长率变动表现出高度的一致。由此推论，我国资本市场表现出的改革红利应该扩展到经济增长的改革红利，股票市场的牛市应该是新一轮快速经济增长的先导，至少可以证明人们对未来充满了信心。

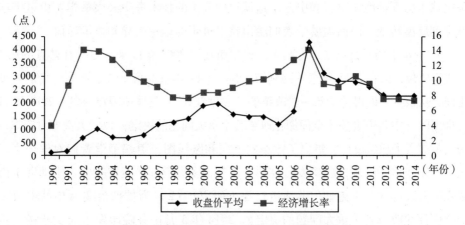

图1 上证指数变动与经济增长率变动的关系

资料来源：年度上证指数为每日上证指数收盘价平均，经济增长率为国家统计局公布数据。

6. 就业问题研究大幅上升再次进入前20位。就业问题从2013年的第21位大幅上升到2014年的第14位，已经接近2007年第12位的历史最高。就业问题之所以备受关注，主要是与经济发展进入新常态密切相关，可以说，随着经济进入新常态，就业的压力会日益加大，甚至在今后几年中有可能加速爆发。具体体现在：第一，随着经济增长从高速增长转向中高速增长，在其他条件不变的情况下，经济增长创造的就业岗位就会随之减少，就业的压力就会增大。从这个意义上说，在新常态下，经济增长可以降速，但决不能失速。因此，经济增长率合理区间的下限，就要由失业率的上限来决定。我国是一个发展中的人口大国，就业压力巨大，而就业又是最大的民生，为了确保实现比较充分的就业，就需要一个最基本的经济增长速度。第二，随着产业迈向中高端水平，一方面会对高素质和高技能劳动力形成需求，排出低技能的劳动力，造成结构性失业的增加；另一方面会通过技术进步和提高劳动生产率，直接减少对劳动力的需求，造成总失业人口的增加。这意味着经济转型越快，对就业的压力就越大。第三，随着人工成本的上升，一方面一些劳动密集型企业会向海外转移或选择关闭，造成劳动就业岗位的减少；另一方面人工成本一旦超越临界值，企业就会选择用机器替代劳动，近几年我国机器人产业年均增长 20% 以上就是明显的证明。① 第四，随着资源环境约束的硬化，一些高消耗、高污染的企业会被强制关停，造成就业岗位的减少。如何缓解经济转型对就业的巨大压力，学者们从两个视角给出了建议：一是大力发展服务业，服务业每增长 1 个百分点，就可以创造 100 万个新就业岗位②，远远高于制造业创造的就业岗位；二是推动大众创业、万众创新，用创新带动创业，用创业扩大就业。这两个渠道本身又可以推动经济转型，从而形成经济转型与增加就业的良性循环。

7. 资源经济成为年度上升幅度最大的热点问题。资源经济从 2013 年的第 26 位跃升到 2014 年的第 16 位，以上升 10 位的幅度夺得年度上升最快冠军。习近平总书记在 2014 年 4 月会见欧盟主席时明确讲到：中国是世界上最大的发展中国家，至少还有 10～20 年的快速发展机遇期。从工业化、城市化、区域发展等视角来看，我国完全有空间再实现 10～20 年的快速发展，但是，我国的资源条件还能支撑 10～20 年的中高速增长吗？这是学者们讨论的一个焦点问题。具体体现在：第一，支撑中高速增长的能源存在缺口。2013 年全国一次能源消耗折37.5 亿吨标准煤，消耗了世界 22% 的能源。③ 根据 BP 最近发布的《2035 世界能源展望预测》显示，我国能源生产的总产量到 2035 年将增加 47%，消费量增加60%；我国在全球能源需求中的比重将从目前的 22% 升至 2035 年的 26%，存在

---

① 《中国机器人产业发展现状与机遇分析》，中国机器人网，http：//www.robot-china.com/news/ 201405/16/10336.html。

② 《迟福林：服务业将成主导 健康市场前景好》，中国改革论坛，http：//www.chinareform.org.cn/ people/c/chifulin/media/201412/t20141201_212974.htm。

③ 《〈中国能源发展报告 2014〉在京发布》，中国储能网，http：//www.escn.com.cn/news/show- 137794.html。

巨大的能源缺口，因而我国到 2035 年将超过欧洲，成为世界上最大的能源进口国，进口依存度从 15% 升至 23%。[①] 第二，支撑中高速增长的矿产资源存在缺口。2012 年我国经济总量占世界的比重为 11.6%，但却消耗了全世界 54% 的水泥、45% 的钢。[②] 我国铁矿石的对外依存度将超过 80%。[③] 第三，支撑中高速增长的水资源存在缺口。根据麦肯锡研究报告预测：我国 2030 年水资源需求量将达到 8 180 亿立方米，与国家规划确定的供给量相比存在较大的缺口，而且工业化和水污染会使中国 21% 的地表水资源无法运用于农业和生活，因而考虑水源质量，供需缺口更为严重。[④] 第四，我国的粮食安全也面临巨大压力。虽然我国粮食生产实现"十一连增"，但粮食自给率却出现连年下降，2014 年粮食自给率已降至 87%。我国不能因为资源的约束，放弃工业化、城市化和现代化，因而如何确保实现中高速增长的资源支撑，迫切需要学者们在深入研究基础上拿出切实可行的政策建议。

8. 金融秩序与金融安全排位创历史最高。金融秩序与金融安全问题在 2005 年排在第 41 位，之后位次不断升高，2011 年达到第 18 位，2014 年进一步上升到 17 位。金融秩序与金融安全问题关注度的提高，与我国经济进入新常态主动下调经济增长速度密切相关，具体体现在：第一，随着经济增速的下行，以及加快推进经济转型升级，一些企业经营困难甚至倒闭，造成不良贷款累积和金融风险增加。第二，随着房地产行业的深度调整，房地产的直接贷款，以及以地产做抵押而获得的贷款出现巨大的金融安全问题，据测算这方面的贷款占到银行贷款的 40% 以上。[⑤] 第三，随着经济增速的下行，影子银行带来的金融风险凸显。根据奥纬咨询公司的数据：2013 年中国影子银行规模在 31 万亿元人民币，不良贷款率估算在 10%（基准情景）至 23.9%（灾难情景）。其中约有 22% ~ 44% 的影子银行不良贷款会转移至商业银行体系，进而导致银行不良贷款率最多提高 1.8%（基准情景）至 4.3%（灾难情景）。另据银监会的数据，2014 年末我国银行业金融机构不良贷款率为 1.64%；商业银行不良贷款率 1.29%。影子银行

---

① 《BP2035 世界能源展望——中国专题》，http：//www.bp.com/content/dam/bp-country/zh _ cn/Download_PDF/EnergyOutlook2035/《BP2035 世界能源展望》 – %20 中国专题. pdf。

② 资料来源：《国务院关于节能减排工作情况的报告》。

③ 《中钢协：内地铁矿石对外依存度将逾 80%》，证券时报网，2015 年 4 月 29 日，http：//stock. stcn. com/common/finalpage/edNews/2015/20150429/483635647634. shtml。

④ 张培丽：《我国水资源能否支撑中高速经济增长吗》，载于《经济学动态》2015 年第 5 期。

⑤ 《惠誉：抵押增多令房地产风险成中资银行最大弱点》，华尔街见闻，2015 年 5 月 8 日，http：//wallstreetcn. com/node/217824。

将使商业银行不良贷款率提升至 3.09%~5.59%。[1] 2008 年美国次贷危机引发的世界金融危机至今还没有摆脱，我国金融安全存在的隐患就必然引起学者们的高度关注。

9. 企业融资再度引起关注。企业融资 2009 年开始进入学界的研究视野，但排名一直比较靠后。2012 年的排名从 2011 年的第 58 位直接跃升至第 20 位，2013 年又下降至 23 位，2014 年回升到第 19 位，创历史排位最高。上海新沪商联合会与零点研究咨询集团发布的《2014 中国民营企业发展指数》显示：融资难、人工成本上升和行业内无序竞争是民营企业发展面临的三大困境，其中 51% 的受访者认为融资难是民营企业成长的最大困境。该报告还显示，对于经济危机下的政策扶持，仅 30.7% 的民营企业家认可利好作用，因而有超过六成的受访企业家认为，"政府应该为企业发展困境负主要责任"。[2] 造成这种现象的主要原因在于：我国经济在经过 30 多年近 10% 的高速增长后，进入了经济增速换挡期、经济转型阵痛期和前期政策消化期"三期"叠加的发展新阶段，从而对企业融资带来了更加不利的宏观环境，特别是为了化解前期我国为应对 2008 年世界金融危机而采取积极财政政策和货币政策逐步累积和显露的地方政府性债务、影子银行、房地产等领域的风险，就不得不采取去杠杆、去泡沫的宏观调控措施，在经济下行压力加大的情况下仍保持稳健的货币政策，这也是企业普遍感到目前比 2008 年还困难的原因所在。如何在稳健货币政策的背景下寻求企业，特别是中小微企业的融资通道，考验着中国经济学人的智慧。

10. 财政体制又重回高位。财政体制问题自 2006 年以来一直保持在前 20 位，2012 年达到第 12 位的历史最高，2014 年从 2013 年的第 16 位重回第 13 位的高位。财政体制再度引起关注的原因主要在于：经济发展新常态需要形成与之相适应的新的财政体制，具体体现在：（1）新一轮改革的核心是要处理好政府与市场的关系，改革的主要方向就是要大幅度减少政府对资源的直接配置，推动资源配置依据市场规则、市场价格、市场竞争实现效益最大化和效率最优化。2014 年国务院共召开了 40 次常务会议，其中有 21 次部署了"简政放权"。这就要求财政体制向公共财政体制转变，2014 年我国财政用于民生的支出比例达到 70% 以上，就是要将民生底线兜住兜牢。（2）随着简政放权，就需要处理好中央与地方的财政体制问题。目前我国地方财政债务负担沉重，还债能力弱，隐藏着巨大的

---

① 胡群：《影子银行或致银行不良率上升至 5.59%》，经济观察网，2015 年 2 月 7 日，http://www.eeo.com.cn/2015/0207/272338.shtml。

② 上海新沪商联合会、零点研究咨询集团：《2014 中国民营企业发展指数》，上海社会科学院出版社 2014 年版。

地方债务风险。根据审计署公布数据，截至 2013 年 6 月底，我国地方债务规模超过 20 万亿元。而根据 2013 年数据计算，地方政府收入对土地和房地产的依赖度超过了 56%（见图 2），全国有 23 个省份最少的也有 1/5 债务靠卖地偿还。[①]在房地产市场深度调整的情况下，地方政府还债能力大打折扣。在这种情况下，如果不改革中央与地方的财政体制体制，简单地将中央权力下放给地方，地方政府将难以承担起应担当的职责，甚至可能导致企业办事比以前更难、成本更高。（3）在现行的财政体制下，企业和消费者的税负过高，不利于营造大众创业、万众创新的宏观环境。据估算，综合考虑税收、政府性基金、各项收费和社保金等项目后的税负达 40% 左右，而 OECD 国家的平均宏观税负水平为 24% ~ 27%，日本、韩国和美国的宏观税负相对较低，在 20% 左右。[②] 在财政收入增长放缓，财政支出压力加大的背景下，如何推进财政体制改革，迫切需要学者们拿出破解的创新性思路与政策。

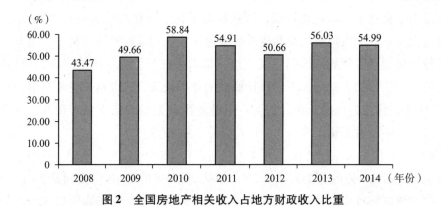

图 2　全国房地产相关收入占地方财政收入比重

资料来源：根据财政部公布的税收、国有土地使用权出让收入和地方财政收入数据计算。

三、2014 年中国经济研究热点的主要理论进展

相对于 2013 年的中国经济学研究进展，2014 年学者们对前十大经济热点的理论研究在以下几个方面又取得了新进展：

① 《各省份土地财政依赖度排名：浙江最高》，人民网–中国经济周刊，2014 年 4 月 15 日，http：//politics. people. com. cn/n/2014/0415/c1001 – 24896100. html。
② 《财政部报告：企业综合税负达 40%》，每经网，2013 年 7 月 25 日，http：//www. nbd. com. cn/articles/2013 – 07 – 25/760984. html？ bsh_bid =264713087。

1. 经济增长与发展的主要研究进展。与经济新常态相对应，学界对经济增长与发展研究进展突出表现在：（1）从潜在增长率角度深入探讨经济减速的根本原因，从理论上对经济进入新常态做出解释。学者们基本达成共识认为，潜在增长率下降引起了当前经济减速，并从不同侧面论述了潜在增长率下降的原因。具体有：第一，认为 2010 年以来我国劳动年龄人口发生根本性变化，人口红利消失，潜在增长率下降；第二，认为资本存量增速下降是潜在增长率下降的主要原因；第三，认为除上述两个方面的原因外，"干中学"技术进步效应消退和全社会劳动生产率下降等也造成了潜在增长率下降。（2）强调未来政策取向应以供给管理为主，为新常态的宏观调控定调。与潜在增长率带来经济减速相适应，学者们普遍认为，继续从需求侧调控经济将会使得实际经济增长率超过潜在增长率，加剧产能过剩，并可能引发通货膨胀，应转向供给管理为主，创造潜在增长率提高的条件。具体包括：第一，强调深化改革，以改革红利促进潜在增长率提高；第二，强调推进第三次动力系统转型，主要依靠供给推动经济增长；第三，强调通过生育政策、延迟退休、提高劳动参与率和人力资本水平等人口政策调整，提高未来潜在增长率；第四，强调提高教育水平，促进人力资本积累的重要性；第五，强调了提高资源配置和资本积累效率，提高劳动生产率；第六，强调创新驱动和产业结构调整，提高经济质量。（3）构建经济增长质量评估体系并评估经济增长质量，为加快经济发展方式转变提供理论支持。学者们突破了之前运用全要素生产率（TFP）等表示经济发展质量的分析框架，开始探索能够全面评估经济增长质量的方法，以准确判断我国的经济增长质量。主要有：第一，将微观层面纳入经济增长质量分析框架，拓展了经济增长质量的内涵。第二，从经济增长质量的内涵出发，构建了多样化的经济增长质量评估体系。一方面学者们继续从宏观角度完善经济增长质量评估体系，如从经济增长效率、结构优化、经济增长成果的可分享性和经济增长的环境代价四个方面测度经济增长质量；另一方面将微观层面的因素纳入经济增长质量评价体系，如将产品标准能力、投入要素质量、经济活动过程质量等纳入评价体系。第三，对当前经济增长质量进行评估，但得到的结果存在较大分歧。一种观点认为，经济增长质量与经济增长水平之间并非简单的线性关系，而是呈现倒 U 型关系，测算结果发现，西部经济增长质量指数要远高于东中部地区。另一种观点认为，我国经济增长质量自 2000 年以来有了很大提升，2012 年经济增长质量相对于 2000 年增长了 118%。有的学者甚至认为，中国增长质量的各主要指标，如投资效率、劳动生产率增长，TFP 增长、技术进步、能源效率、消费增长等，都非常优秀，超过了其他国家各个时期的水平，认为中国经济是"高投资、高效率、高技术进步"和"低能耗"的高质量增长，其结果是 GDP 和消费同步高速增长，从而反驳了认为我国经济增长是粗放型增长的流行认识。

2. 资本市场的主要研究进展。主要表现在：（1）随着 2014 年重启 IPO，学者们重点深化了 IPO 效率研究。具体有：第一，将询价机构报价中意见分歧、董事会经历等纳入 IPO 定价研究框架，认为媒体报道、重大风险提示、券商背景风险投资等均能在一定程度上降低 IPO 抑价，提高 IPO 定价效率；第二，从投资者保护、双重保荐制度、国有企业改制等角度，构建了 IPO 资源配置效率分析框架，为进一步完善新股发行制度、稳定资本市场提供了理论依据。其中，投资者保护通过有效降低寻租，高声誉保荐机构通过提高企业过会概率，有效提高了 IPO 的资源配置效率。然而，对政策性负担处置不彻底企业给予更高融资规模的国有企业改制则有损 IPO 资源配置效率。（2）完善了股价波动分析框架。第一，将融资融券纳入研究框架，对降低标的证券股价特质性波动和矫正高估股价，提高市场定价效率给予了肯定，然而由于融资融券制度实施时间较短，还有待于时间的检验；第二，从宏观经济、投资者、股权分置改革和收入不平等的新视角，探讨了股价波动性的影响机制，丰富了股价决定理论，为稳定股票市场提供了理论基础。其中，宏观经济基本面、机构投资者、股权分置改革和透明度都有助于降低股市波动；收入不平等程度增加将导致股市波动加剧。（3）从行为金融学视角研究投资者行为。第一，从投资者理性程度、信息获取能力等层面考察了投资者行为，在肯定投资者具有信息获取和风险识别能力的同时，也关注了投资者的股市赌博动机、投资者非持续性过度自信等非理性行为；第二，将投资者情绪、异质信念、股利偏好等投资者行为纳入资本市场研究框架，考察了其对国家产业政策、投资者权益和基金溢价等的影响，为监管层引导投资者行为提供了理论基础。

3. "三农"问题研究进展。主要表现在：（1）拓展和深化城市化质量研究。第一，将财政体制因素纳入城市化质量分析框架，从地方政府土地财政对空间城镇化和人口城镇化推动力度差异，以及省级承包式分税制造成地方利益分割的刚性，深入探究造成城市化失衡和扭曲的原因。第二，从地区资源配置、户籍身份福利和政府调控失效等新角度，重点探讨了城市化发展中的城市规模格局，基本得出了控制大城市规模，发展城市群、以发展中型城市为主体，以及缩小不同规模城市经济社会发展水平差距的未来城市化发展路径。（2）扩展农民工研究。第一，将多维贫困、农民工生命价值、农民工疲惫感、医疗保险、父母健康和生活满意度等新因素纳入农民工城市融入度评估，提出了通过完善工会制度、城市医疗保险制度，以及改善预防性保障等提高农民工城市融入度，为加快农民市民化提供了理论依据；第二，将人力资本概念纳入农民工劳动供给分析框架，从农民工数量供给扩展到质量供给，提出了通过提高劳动生产率，挖掘第二次人口红利，提高农民工供给质量。(3) 突破了就农村土地制度谈农村土地制度的分析框架，从农村土地经营权抵押等新角度探讨农地财产属性，将农村土地制度改革纳入农村金融范畴探讨农地的资产化和金融化。

4. 收入分配与收入差距研究进展。主要表现在：(1) 将研究视野拓展至农村收入不平等增加了收入差距研究的层次性。第一，从适应性角度和区域角度分析了农村居民收入差距的现状和变动趋势，发现当前农村居民收入差距超出了合理界限，省际农村居民呈现双峰锁定式俱乐部趋同；第二，从人力资本、人口老龄化、农村金融抑制等角度探讨了农民内部收入不平等的影响因素，资本和人力资本积累、人口老龄化、县域农村金融抑制都加剧了农民收入不平等，这为加快农村教育发展和农村经济转型，缩小农民收入不平等提供了理论依据。(2) 深化了收入流动性研究。第一，将居民收入流动性研究从静态推向动态，测算了我国居民收入流动性中结构性因素的调整周期约为 12.25 年左右[1]；第二，从家庭经济状况、职业和工作经验差别等角度深入考察了收入的代际流动，强调了教育和人力资本对代际流动性的重要性，提出了通过增加公共教育支出、保障教育机会和就业机会均等、破除劳动力市场分割等提高收入流动性，为合理调节收入分配结构提供了新视角。(3) 进一步丰富了收入差距的影响因素研究。突破了影响收入差距的经济因素，从气候变化、户口、社会资本、商业制度环境等制度和社会因素角度探讨对收入差距的影响，提出了面对未来气候变化等外生风险时扶贫政策应分类区别对待，消除职业准入障碍，以及改善企业商业环境等矫正收入分配扭曲，为缩小收入差距政策提供了新视角、新选择。

5. 产业结构与产业政策研究进展。主要表现在：(1) 进一步深化产业集聚研究。第一，测度我国制造业的集聚程度，但是结果存在分歧。相当一部分观点都认可我国制造业集聚度虽然不高但不断加深，然而也有观点认为，制造业集聚度仅在 1998 ~ 2001 年短暂上升，2004 年以后明显下降。另外还有观点认为，出口类企业出现了过度集聚。第二，从避税、企业创新、学习能力等角度考察了产业集聚效应，认为产业集聚能够为企业提供减轻税负的避税港、企业创新在生命

---

① 牛晓健、裘翔、王全：《中国城乡居民收入流动性研究》，载于《金融研究》2014 年第 4 期。

周期不同阶段受益于不同类型集聚，以及在集聚中提高学习能力等，为促进产业集聚提供了理论依据。第三，从集聚经济、空间外部性、资本密集度、规模经济等角度探讨了影响产业集聚的因素，发现集聚经济、空间外部性和资本密集度与产业集聚正相关，然而规模经济对制造业集聚影响并不显著，为推动产业集聚提供了理论依据。（2）深化了战略性新兴产业研究。第一，从技术效率和全要素生产率分解角度评估了战略性新兴产业效率，均得出了我国战略性新兴产业技术效率水平低下，产业低端化发展的趋势，挑战了认为战略性新兴产业高端化的传统认识；第二，从政府规制、地方政府行为等角度对政府的战略性新兴产业补贴绩效进行了考察，结果存在明显差异。一种观点认为，政府对战略性新兴产业的补贴绩效和创新外溢效应是显著的；另一种观点认为，政府补贴并没有促进战略性新兴产业的科研投入，是无效的，而且造成了战略性新兴产业发展的政策依赖。

6. 自主创新的研究进展。（1）从工业行业层面研究了自主创新。第一，通过与 OECD 主要国家对照和技术创新效率测度，评估了我国工业行业技术水平，发现除 1993～1998 年外与 OECD 国家间的技术差距几乎停滞不变，2008～2009 年间技术差距在缩小但速度放慢，到 2009 年 58.8% 工业行业技术水平达到或接近世界技术前沿[1]，工业行业技术创新效率在 0.5～0.6 之间[2]，扩展了以全要素生产率评估技术水平的分析框架。第二，从环境管制、信息化、市场化和房价上涨等角度探讨了技术创新效率的影响因素，并推演出合理的环境管制、信息化建设、非市场化导向和稳定房价有助于提高技术水平和效率，为提高工业行业技术创新提供了理论依据。（2）深化了 FDI 技术溢出的影响因素研究。从制度约束、要素市场扭曲、信贷约束、企业产权结构和经济转型等角度研究了 FDI 技术溢出的影响机制，得出了转轨过程中的制度约束、地方政府扭曲要素市场换取 FDI 的激励政策、信贷约束、国有企业和市场化程度低的经济转型都影响了国内企业技术吸收能力，为提高 FDI 技术溢出提供了理论依据。

7. 区域经济的研究进展。2014 年区域经济研究的最大亮点是对推进"一带一路"建设、长江经济带建设和京津冀协同发展三大区域发展战略的研究。（1）谋划"一带一路"建设构想。第一，从国家整体发展战略、国际区域经济合作和国内西部大开发等角度，指出了"一带一路"建设的战略价值，即建构中国全方位开放新格局、构建亚欧经济一体化发展新机制、形成以中国为主导的国

---

① 陆剑、柳剑平、程时雄：《中国与 OECD 主要国家工业行业技术差距的动态测度》，载于《世界经济》2014 年第 9 期。

② 肖文、林高榜：《政府支持、研发管理与技术创新效率》，载于《管理世界》2014 年第 3 期。

际区域经济合作的新局面，以及推动新一轮西部大开发以促进区域均衡发展。第二，通过打造亚欧利益共同体、构建起全方位的交流互动平台、构建高标准的自由贸易区网络、搭建跨境贸易电子商务平台等途径和措施加快"一带一路"建设。（2）提出长江经济带建设思路。第一，从国家整体发展战略、区域经济协调发展的角度，指出长江经济带建设，将有助于推进区域经济的协调发展，是稳增长、调结构的最佳结合点，是实现中高速经济增长的新的战略支撑。第二，提出了建立高效务实的区域协调分工机制、形成立体的综合的高效密集的交通网、构建合理的分工和紧密的产业联系、形成"东西互补、海陆联动、双向开放、双边出海"的区域产业发展新格局等举措推进长江经济带的建设。（3）为京津冀协同发展出谋划策。第一，在我国三大经济圈建设中，就区域经济一体化而言，京津冀与长三角和珠三角存在比较大的差距，加快京津冀协同发展势在必行。因为京津冀是环渤海经济圈的核心区，是国家自主创新战略的重要承载地，以及应是世界级城市群。第二，提出应当处理好中心城市与所在区域共生互动关系、北京与天津两大核心城市分工合作关系，以及建立沟通协调机制，突破地域发展瓶颈等措施推进京津冀协同发展。

四、中国经济学进一步研究的方向

增强中国经济学的理论自信，是在中国成为世界第二大经济体，并进一步实现工业化、城市化、现代化进程中必须解决的重大问题，更是全体中国经济学人的责任担当，也将是中国经济学人对世界经济学理论大厦的思想贡献。

要增强中国经济学的理论自信，首先要有中国经济学。构建中国经济学，不能离开世界经济学文明发展的大道。正如马克思主义经济学来源于古典经济学，但又不同于古典经济学。世界经济学的文明成果是中国经济学的重要来源之一，但中国经济学又必须有自己的特色。因此，构建中国经济学的理论大厦，既要遵循经济学的一般规律，更要接中国地气，拥有中国风格和中国气派，彰显中国道路、中国理论和中国制度的独特优势。这就决定了中国经济学是超越了现有经济理论框架的一个全新的理论体系。

要增强中国经济学的理论自信，不仅仅要有中国经济学的理论体系，而且中国经济学还必须要有用，能够解决中国问题，既要能够解释中国，而且更重要的还要能够改造中国，成为改造中国、发展中国、强大中国的有力理论依据。

依据对增强中国经济学理论自信的以上界定，我们就可以对目前所处的中国经济学研究时代特征做出如下判断：

1. 中国经济学研究进入全面自主创新时代。中国 30 多年改革开放的成功，以及经济发展创造的"中国奇迹"，使中国经济学具有了运用自己的经验检验已有理论、创造新理论的资本和发言权。中国经济学进入了全面自主创新的新时代。这具体表现在：第一，用中国实践检验马克思主义已有的理论，对那些被实践证明是科学的基本理论与方法，应当继承和发展；而对时过境迁已不符合现实的个别结论要敢于舍弃。第二，根据中国的实际对西方经济学做出符合中国国情的分析和改造，中国作为世界上一个最大的发展中国家，与西方经济学形成的背景和条件存在相当大的差异，这就使许多问题是西方经济学无法解释的，有的至多能做部分解释。因此，不对经济学做出科学的理论分析和改造对中国经济学的发展是有害的。第三，提升新的理论概念、范畴，并解释出这些概念和范畴之间的内在联系和区别，为构建中国特色社会主义理论新体系奠定坚实的理论基础。中国 30 多年经济改革与发展的成功经验，必然孕育着新的理论与规律，揭示这些理论和规律正是中国经济学人的历史机遇和责任。可以预见，在中国经济改革与发展经验基础上对经济学基本理论的新探讨，必将迎来经济学理论范畴和体系的新革命，展示出中国经济学人对世界经济学的理论贡献。

2. 中国经济学进入理论体系创新时代。改革开放以来，在解放思想、实事求是的推动下，中国经济学获得了一系列重大理论成果，如概括总结出了"社会主义初级阶段理论""社会主义初级阶段基本制度理论""社会主义市场经济理论""以公有制为主体多种经济成分共同发展的所有制理论""以按劳分配为主体多种分配方式并存的分配理论""中国经济发展理论"等奠基性的基本理论。这些理论既是对我国经济改革与发展伟大实践的总结，反过来又指导了我国经济改革与发展的新实践，得到了我国实践的进一步检验。

党的十七大报告首次明确提出了中国特色社会主义理论体系，并认为改革开放以来我们取得一切成绩和进步的根本原因，归结起来就是：开辟了中国特色社会主义道路，形成了中国特色社会主义理论体系。这个理论体系理应包括中国特色社会主义经济理论体系。这意味着中国经济学已经开始进入从个别理论、概念、范畴升华为理论体系的创新时代，对中国特色社会主义经济理论体系的科学研究就成为新时代的重要任务。

3. 中国经济学进入向第一生产力转化的新时代。我国已进入全面提升国家实力的新发展阶段。国家实力既包括硬实力如经济总量、科技水平等，也包括软实力如思想、文化力等。我国经过改革开放以来 30 多年的快速发展，硬实力有了很大提高，而软实力却相对不足。这就使社会科学的地位不断提高，并与自然科学一样成为第一生产力。但社会科学要成为生产力，也有一个成果向实践转化的重要任务。

因此，在已经变化了的时代背景下，中国经济学的理论研究就需要推进如下转型：

（1）从单兵突进转向联合攻关。经济学从个别理论创新向理论体系自主创新的时代任务转变，就要求中国经济学的理论研究要告别"个人英雄主义"时代，进入到团队联合攻关的新时代。组建团队通常有两种形式：第一，正式组织，如在高校、研究机构内部或联合打造科研平台，组建创新团队等；第二，非正式组织，通常以课题为纽带将具有互补优势的相关人员组织起来，课题结束后团队自然解散。这两种形式各有优势，需要根据具体情况做出选择。

（2）从自我资源转向社会资源。要完成中国经济学理论体系的自主创新，显然仅仅依靠个人的资源是力不从心的，这就需要整合社会资源以达到预期的目标。今天的经济学研究，已经不在乎你自己拥有多少资源，而在乎你能调动多少资源，你能利用多少资源。调动和利用社会资源就需要大智慧。调动社会资源，既包括研究所需要的物质资源，而且更重要的是人力资源和知识资源。

（3）从单纯研究转向综合开发。社会科学的研究要服务于我国经济改革与发展的伟大实践，在实践中检验，在实践中发展，从而转化为创造社会财富的巨大动力，与自然科学一样成为第一生产力。这就需要转变社会科学研究的传统思维，即社会科学的研究成果，不仅要获奖，得到理论的认可，为社会创造精神财富，而且还要能够运用于实践，转化为生产力，为社会创造物质财富。

2015 年中国经济研究热点排名与分析[*]

2015 年是"十二五"规划的收官之年，是"四个全面"战略布局的开局之年，同时还是中国经济增长面临更大下行压力的考验之年。在这种特殊背景下，学界对中国经济的研究体现出了新的特色和进展。

一、2015 年中国经济研究前二十大热点

2015 年学术期刊统计样本的选取继续采用教育部中国社会科学研究评价中心公布的 2014 ~ 2015 年 CSSCI 来源期刊经济学类排名前 20 的杂志，然后依据理论经济学和应用经济学下二级学科平衡分布的需要，选择了作为 2015 年中国经济研究热点排名和分析的 13 本统计样本期刊①。由于其他类别的杂志也刊有经济学类的文章，为了保证覆盖面和代表性，我们又选择了其他 4 大类即马克思主义类、管理学类、社会科学总论类和高校综合性社科学报类各自排名第一的期刊，构成了共 17 本统计样本期刊②。由于 2015 年的 17 本样本期刊与 2014 年的样本期刊完全一样，从而保持了期刊统计样本的稳定性和可比性。

2015 年我国专家学者在以上 17 本样本期刊上发表的全部学术论文（不包括书评和会议报道等）共 1 777 篇，较 2014 年的 1 816 篇进一步减少，说明样本期刊刊发长篇幅论文的特点进一步突出。我们对 1 777 篇论文按专题进行分类统计，得出了 2015 年中国经济研究前二十大热点问题（见表1）。它们分别是：（1）经济增长与发展；（2）"三农"；（3）收入分配与收入差距；（4）资本市场；（5）产业结

---

  * 原载于《经济学家》2016 年第 11 期。

① 在排名前 20 的期刊中，依据二级学科平衡分布的需要，保留相同学科的排名靠前的杂志，从而得出经济类的 13 本样本期刊。

② 在 17 本样本期刊中，经济类分别为：《经济研究》《世界经济》《经济学（季刊）》《中国工业经济》《数量经济技术经济研究》《金融研究》《中国农村经济》《经济科学》《财经研究》《财贸经济》《南开经济研究》《经济理论与经济管理》《经济学家》；其他类分别为：《中国社会科学》《管理世界》《中国人民大学学报》《马克思主义研究》。

构与产业政策；（6）对外贸易与贸易政策（并列）；（7）公共经济；（8）自主创新；（9）货币政策；（10）区域经济发展；（11）低碳经济；（12）企业融资；（13）财政体制；（14）金融体制；（15）经济体制改革；（15）企业成长（并列）；（17）资源经济；（18）社会保障；（19）计量经济；（20）消费。

表1 　　　　　　　　　　2015 年排名及与 2014 年排名相比的新变化

热点	2015 年排名	与 2014 年相比变化
经济增长与发展	1	未变
"三农"（含城市（镇）化）	2	上升 1 位
收入分配与收入差距	3	上升 1 位
资本市场（含上市公司、资产定价等）	4	下降 2 位
产业结构与产业政策	5	未变
对外贸易与贸易政策	5	上升 3 位
公共经济（含公共管理、食品安全）	7	上升 5 位，进入前 10
自主创新	8	下降 2 位
货币政策（含流动性过剩、通货膨胀）	9	下降 2 位
区域经济发展	10	未变
低碳经济（含环境污染）	11	下降 2 位，退出前 10
企业融资（含企业资本结构、资本运营）	12	上升 7 位
财政体制（含税制）	13	未变
金融体制（含金融环境、混业）	14	新进入前 20
经济体制改革（含国有经济、国有企业改革、转轨经济）	15	下降 4 位
企业成长（企业兼并、公司绩效、企业效率）	15	新进入前 20
资源经济（含能源、石油、电力等）	17	下降 1 位
社会保障	18	未变
计量经济	19	上升 1 位
消费（包括消费市场、消费经济）	20	下降 5 位
就业（含失业、创业）		退出
金融秩序与金融安全（含金融稳定）		退出

二、2015 年中国经济研究热点排名变化

2015 年我国经济在"四个全面"战略布局下继续"稳增长、调结构、促改革、惠民生",取得了 6.9% 来之不易的经济增长,经济总量达到 67.67 万亿,人均 GDP 达到 8 000 美元,充分显现了全面深化改革、全面依法治国、全面从严治党的制度红利,从而为"十三五"决胜全面小康社会奠定了坚实基础。

但是,2015 年的经济增长却创下了 25 年来的最低,是改革开放以来的第四低,仅高于 1981 年的 5.1%、1989 年的 4.2% 和 1990 年的 3.9%。如果考虑到 1981 年、1989 年和 1990 年的特殊历史背景,2015 年经济下行所带来的挑战就更为严峻、更为特殊,引发了对中国经济发展前景的担忧。

按照国际发展经验,人均 GDP 达到 8 000 美元之后,跨越"中等收入陷阱"进入决胜阶段。将我国的经济下行置于跨越"中等收入陷阱"的发展规律中加以考察就会发现,凡是跨越"中等收入陷阱"的经济体在进入中等收入阶段后都实现了快速增长,到进入高收入经济体大体经历了 14 ~ 17 年的时间;凡是陷入"中等收入陷阱"的经济体在中等收入阶段经济增长都比较缓慢,在中等收入阶段大约停留了 30 ~ 50 年的时间。我国自 2001 年开始进入中等收入国家至今已快速发展了 14 年,表现出与跨越"中等收入陷阱"经济体同样的增长曲线和趋势。但是,近几年经济增长速度的持续下行,引起了人们对我国陷入"中等收入陷阱"的担忧,甚至认为我国陷入的可能性比较大,如楼继伟讲到:我国经济发展"也有另一种前景,即今后的五年十年,滑入中等收入陷阱的可能性是非常大,我甚至觉得是五五开。"[1] 如果从世界银行的经验数据来看,形势就更加严峻,在 1960 ~ 2008 年间,先后有 101 个经济体进入中等收入阶段,但只有 13 个经济体实现跨越。[2] 跨越的概率相当低。不仅如此,我国与已跨越的经济体相比还有两大特点:一是已跨越的经济体的人口和地域都比较小,我国却是一个幅员辽阔、人口众多的发展中大国,大国实现跨越目前尚无先例;二是已跨越的经济体大都受到美国等发达国家的支持和保护,我国却经受着西方发达国家的遏制。这就意味着我国跨越"中等收入陷阱"是难上加难。

因此,能否保持中高速增长,顺利跨越"中等收入陷阱",就成为我国经济

---

[1] 楼继伟:《中高速增长的可能性及实现途径》,载于《比较》2015 年第 78 期。
[2] 这 13 个经济体是:赤道几内亚、希腊、中国香港地区、爱尔兰、以色列、日本、毛里求斯、葡萄牙、波多黎各、新加坡、韩国、西班牙和中国台湾地区。

社会发展亟待破解和必须破解的重大理论和实践课题，引起了学界的极大关注，从而成为 2015 年中国经济研究的主基调，并决定了 2015 年中国经济研究热点排名变化的新特点。

1. 经济增长与发展继续排在首位。自 2008 年以来，经济增长与发展一直是学者们关注的首要问题，而且我们根据 2015 年样本论文所列出的共 6 544 个关键词的词频统计显示，经济增长也是排在首位。这表明，自 2008 年世界金融危机以来，我国经济一直处在应对金融危机的深度调整中。但是，实现全面小康社会，跨越"中等收入陷阱"，又需要保持可持续的中高速增长。在当前经济下行的巨大压力下，保持可持续的中高速增长，就需要学者们解决以下两大难题：

第一，在"三期叠加"期间实现稳增长。我国经济发展之所以要保持中高速增长，主要来自三方面的要求或约束：一是实现全面小康社会目标。到 2020 年实现我国经济总量和人均 GDP 比 2010 年翻番的目标，就要求"十三五"期间的经济增长速度必须达到年均 6.5% 以上，这是底线。2015 年为 6.9%，2016 年上半年继续下行至 6.7%，已经接近底线，而且占我国全社会固定资产投资 60% 以上的民间投资其增速大幅滑落到 2.8%，对未来稳增长构成巨大压力。二是稳就业。就业是最大的民生，而"以人民为中心"是发展的出发点和落脚点。稳就业，必须稳增长。2016 年高校毕业生是 765 万人，加上中职毕业生和不再继续升学的初高中毕业生大约有 1 500 万人左右，这还不包括城镇化每年提升 1 个百分点带动的农民进城和留学回国人员的就业需求量。为了实现比较充分的就业，我国每年需要新增城镇就业 1 000 万人以上。按照目前我国的产业结构，经济每增长 1 个百分点，大约可以新增就业 150 万人左右，增长速度需要稳在 6.5% ~ 7%。三是制度优越性。中国特色社会主义的制度优越性就在于，他能够创造出比其他一切社会更快的经济增长。改革开放 30 多年来我国创造了世界经济发展的"中国奇迹"，特别是在 2008 年世界金融危机的重创下，以及在经济转型和体制转型的双重压力下，我国仍保持了中高速增长，成为世界经济增长的主要拉动力，使我们具有了理论自信、道路自信、制度自信和文化自信。要继续增强这种自信，就需要继续保持中高速增长。从这个意义上说，我国能否稳增长，规避"中等收入陷阱"，还是一场理论、道路、制度和文化的较量。在经济发展"三期叠加"的新常态下，经济增长速度必然会放缓，但经济社会发展阶段的硬约束虽然有空间允许经济增长减速，但绝不允许失速，不允许滑出底线。这就给学者们提出了一个非常纠结，但又必须解决的两难课题，从而引发了学者们热烈而深入的讨论。

第二，保持中高速增长。我国是否有条件、有空间实现较长时期的中高速增长，是稳增长的前提和基础。对于我国实现中高速增长的空间和条件，可以从以下几个视角进行探讨：一是潜在经济增长率。主要通过对我国潜在经济增长率的估算，找到我国经济增长的理论值，并以此确定我国经济增长可实现的速度。二是经济周期规律。主要依据经济周期的变动规律，确定经济周期对我国经济增长速度的长期影响。三是国际经验。主要依据日本、韩国和我国台湾地区等经济体实现近30年高速增长的经验，找到我国还可实现快速增长的时间区间。四是中国实践。主要依据我国改革开放30多年来经济体制改革的红利，揭示我国正在进行的全面深化改革和快速增长之间的关系，找到实现中高速增长的强大动力。五是经济转型。主要依据我国正在进行的经济转型进程，特别是新经济对经济增长的贡献度，找到我国经济进入持续增长的产业基础。这种在理论层面、经验层面、实践层面和未来变动趋势层面的多视角研究，无疑吸引了学者们的更多关注。

2. 收入分配与收入差距再回历史最高位。收入差距与收入分配从2004年的第20位逐年攀升，到2013年达到历史最高的第3位，2014年下降1位，2015年再回到第3位，这表明收入分配与收入差距已成为社会经济中的焦点问题。公平分配对跨越"中等收入陷阱"具有决定性意义，其内在联系主要体现在：一是决定着经济制度的成败。根据马克思主义政治经济学的基本原理，资本主义基本矛盾决定了财富在资本家一端的积累和贫困在工人阶级一端的积累，最终会导致资本主义制度的灭亡。所以，邓小平明确指出：社会主义就是要实现共同富裕，不是两极分化。如果我们的政策导致两极分化，我们就失败了。二是决定着经济运行的健康和可持续。根据经济发展的历史经验，收入差距扩大到一定程度，就会导致金融危机和经济危机，如1929~1933年大危机和2008年世界金融危机都是发生在美国基尼系数达到最高的历史时点上。从跨越和陷入"中等收入陷阱"经济体的发展经验来看，凡是跨越"中等收入陷阱"经济体的基尼系数都比较低，如日本和韩国，在整个跨越进程中，都没有超过0.4；相反，凡是陷入"中等收入陷阱"经济体的基尼系数都比较高，低的如马来西亚为0.492（1997年），高的如智利为0.571（2000年）。三是决定着稳增长与和谐社会的构建。根据我国基尼系数的变动，如果不及时采取政策调整收入差距，就会不利于稳增长和和谐社会构建。我国基尼系数2008年达到0.491的历史高点，虽然通过加大收入分配制度改革，到2015年逐步降到0.462，但在世界上仍然是偏高的国家之一。这就急切需要贯彻和落实"共享发展"的新理念，坚持把"人民为中心"作为发展的出发点和归宿，采取有力政策推进共同富裕。四是决定着经济转型的成败。根据我国经济转型的需要，经济增长应从以往以投资拉动为主转向以消费拉动为主。消费的增长，不仅需要居民收入总量的增长，更需要扩大中等收入阶层的比重和提高低收入阶层的收入，这就需要深化收入分配制度改革缩小居民收入差距。

3. 公共经济重回前 10 位。公共经济从 2014 年的第 12 位快速上升到 2015 年的第 7 位，距 2006 年第 6 位的历史最高仅一步之遥，也是 2015 年前 10 大热点中上升幅度最大的热点。从跨越"中等收入陷阱"的需要来看，公共经济存在着许多亟待解决的重大问题，主要有：一是宏观政策的选择。作为一个后发国家跨越"中等收入陷阱"，可以借鉴先发国家的经验，更好地发挥政府的作用，加快跨越进程。但是，这需要有一个前提，就是政府宏观政策不出现大的失误。陷入"中等收入陷阱"经济体的一个重要原因就是"由于政策失误，没有处理好金融危机或债务危机，出现了经济萧条"。[1] 当前我国的改革与发展已从以往的"摸着石头过河"转向"顶层设计"，确保宏观政策不出现失误就显得更加突出和重要。二是政府职能的厘清。改革是发展的强大动力，本轮改革的重点是以"壮士断腕"的决心、"背水一战"的意志推进政府下放权力，让市场对资源配置发挥决定性作用。这就需要厘清政府在社会主义市场经济体制中的职能，形成政府的权力清单、责任清单和负面清单，规范政府的职能。按照全面深化改革的目标设计，到 2020 年基本建成比较成型和完备的新体制，厘清政府职能还是相当急迫的问题和难啃的"硬骨头"。三是债务风险的防范。虽然我国政府债务总体而言还处在警戒线以内，但地方政府债务却隐含着巨大的风险。2015 年全国财政总收入 15.4 万亿元，地方政府 2015 年的债务余额是 16 万亿元，地方政府负债率超过 100%。特别是作为地方政府债务主体的地方融资平台在 2014～2015 年出现数次违约事件，以及地方财政收入过度依赖土地财政等，债务危机导致经济硬着陆的风险更大。据测算，我国目前房地产总值已相当于同期 GDP 的 250%，高于日本房地产泡沫破灭时的 200% 和美国发生金融危机时的 170%。这就需要找到土地财政不可持续情况下化解地方政府债务的新路子。四是居民消费结构的变化。根据麦肯锡 2016 年 3 月发布的报告显示：中国消费者正在从大众产品向高端产品升级，50% 消费者声称自己追求优质且昂贵的产品，比上次调查有明显提高。消费者对产品质量、安全、健康的关注，就要求政府承担起相应的责任，为

---

[1] 德怀特·帕金斯：《后发大国怎样跨越"中等收入陷阱"》，载于《中国中小企业》2016 年第 9 期。

消费者创造良好的消费环境。否则，消费者就会将消费力转向海外，如中国游客 2015 年境外旅游消费额高达 2 150 亿美元，同比上涨 53%[①]。

4. 对外贸易与贸易政策重回历史最高位。对外贸易在 2008 年和 2009 年由于受到世界金融危机的重创，成为学者们研究的热点，排名达到历史最高的第 5 位，之后一直稳定在第 8 位，2015 年重回第 5 位。对外贸易与贸易政策的战略失误是陷入"中等收入陷阱"的一个重要原因，如帕金斯说："有的国家是由于它们的经济增长在很大程度上依靠出口自然资源，而这些自然资源的价格波动很大，当价格较低的时候，增长就会放缓或停滞；有的国家主要依赖低成本劳动力发展制造业，这种低成本劳动力的优势随着收入的增加而消失，也会导致经济的衰退或滑坡；有的国家是由于……与邻邦的冲突，导致经济停滞"。[②] 从跨越"中等收入陷阱"的需要来看，我国对外贸易与贸易政策需要解决以下三大问题：一是周边国家的贸易挤出。随着我国人均 GDP 达到 8 000 美元，制造业的人工成本大幅提升。据美国波士顿咨询公司《全球制造业的经济大挪移》报告：我国制造业工人的时薪从 2004 年的 4.35 美元，涨至 2014 年的 12.47 美元，涨幅达 187%[③]。周边国家的人工成本却不足我国的 50%，甚至仅为 1/3。这就使我国产品在国际市场上失去了低成本竞争优势，从而需要转换对外贸易增长模式。二是发达国家的贸易遏制。随着我国成为世界第二大经济体，以及在世界上的影响力持续增强和参与全球治理的不断深化，形成了当今世界两种制度、两种文化的较量，以美国为首的西方发达国家自然借助自己的霸权地位，对发展中的我国实行各种形式的贸易遏制。这就需要构建在斗争中合作，在合作中斗争的新型大国关系。三是"一带一路"的贸易突围。为应对以美国为首的西方国家的贸易遏制，我国还需要构建新型的全方位对外开放体系，即从主要向发达国家开放转向对发达国家和发展中国家的全面开放；从主要是沿海开放转向沿海沿边全面开放；从主要是引进来转向引进来和走出去双向开放。这就需要全面落实"一带一路"的伟大构想。

5. 自主创新持续居于高位。自主创新自 2011 年以来一直处在第 6 或第 7 的位置，显示了自主创新是我国保持中高速增长和跨越"中等收入陷阱"持续的强大动力。2015 年学界对自主创新的持续关注，有其重要的理论和实践原因，主要体现在：一是学习贯彻落实新发展理念。党的十八届五中全会提出了创新、协

---

① 《港媒：2015 年中国游客海外消费 2150 亿美元》，参考消息网，2016 年 4 月 5 日，http://www.cankaoxiaoxi.com/finance/20160405/1118499.shtml。

② 德怀特·帕金斯：《后发大国怎样跨越"中等收入陷阱"》，载于《中国中小企业》2016 年第 9 期。

③ 《美国波士顿咨询集团报告：中国制造成本已接近美国》，载于《北京日报》2015 年 8 月 8 日。

调、绿色、开放、共享的新发展理念，把创新作为引领发展的第一动力，并要求必须把创新摆在国家发展全局的核心位置。这就更加突出了创新驱动发展战略的重要地位和作用，从而需要找到创新发展推动跨越"中等收入陷阱"的实现机制。二是研究创新理论的新体系。新的创新理论把创新的内涵进一步扩展为理论创新、技术创新、制度创新、文化创新等，超越了已有的创新理论，这就需要不仅研究每一个创新的内涵与机制，而且还要探讨各个创新之间的相互联系和相互作用，构建创新理论的新体系。三是揭示理论创新的基础作用。理论创新是技术创新的基础，没有重大的理论创新，就不会产生真正的自主技术创新，获取关键技术和核心技术。麦肯锡 2015 年 10 月 22 日发布的报告指出：迄今为止，中国的大部分创新工作都是比较容易进行的，中国在渐进性创新方面成绩显著。但是，中国在"更具挑战性"的创新领域成就有限①。更具挑战性的创新要依赖科学或工程领域的突破。这是就自然科学而言的。同样，就哲学社会科学而言，已有的经济发展理论没有给出像中国这样的发展中大国如何完成经济转型的解决方案，因而需要经济发展理论的自主创新，构建中国特色的社会主义经济发展理论，以指导中国经济的成功转型。四是探求自主创新的中国道路。根据麦肯锡的报告，我国要能在未来 10 年实现 6.5% 的年经济增长率，就需要将全要素生产率带来的经济增长在 GDP 中所占份额从目前的约 30% 增长到 50%②。在与发达国家存在巨大技术差距，同时又受到发达国家遏制的情况下，我国怎样走出一条进入创新国家前列的新路子，需要学者们做出智慧贡献。

6. 产业结构与产业政策一直稳居高位。产业结构与产业政策多年来一直稳定在前 5 的位次，表明产业结构与产业政策对我国经济持续发展和跨越"中等收入陷阱"的极端重要性。从跨越和陷入"中等收入陷阱"经济体的经验来看，凡是跨越"中等收入陷阱"的经济体，产业结构都实现了升级和优化；相反，凡是陷入"中等收入陷阱"的经济体，产业结构都毫无例外地没有迈上中高端。这就迫切需要学者们做出以下努力：一是破解服务业的发展难题。按照国际经验，人均 GDP 超过 3 000 美元后，消费进入加速增长阶段，从而带动服务业的快速发展。我国 2008 年人均 GDP 超过 3 000 美元，与此相适应，2008 ~ 2013 年，我国服务业增加值实现翻番。另据波士顿咨询集团的数据：到 2020 年，我国中上阶层和富裕家庭的数量将增长 1 倍，达到 1 亿户，占城市家庭的比重从 2015 年的

---

① 《境外媒体："双创"关乎中国经济的未来》，载于《参考消息》2015 年 10 月 23 日。
② 史蒂夫·约翰逊：《中国实现增长预期必须靠创新》，载于《金融时报》2015 年 10 月 23 日。

17%快速上升到30%①，从而预示着服务业未来发展的巨大空间。这就需要揭示消费者的消费结构变动及其趋势，引领服务业的发展方向和服务业结构的优化，特别是处理好服务业与制造业、生产性服务业和生活性服务业、生产性服务业内部各产业的关系。二是破解战略性新兴产业的发展难题。按照发展规划，我国战略性新兴产业增加值占GDP的比重从2015年的8%迅速提升到2020年的15%，根据国家发改委测算，2015年战略性新兴产业拉动GDP增长约1.4个百分点②。按此推算，到2020年，战略性新兴产业拉动GDP增长就可以达到3个百分点左右。这样，我国经济就可以基本转入依靠新经济推动的持续增长轨道，跨越"中等收入陷阱"就毫无悬念。这就需要学者们探讨如何保持战略性新兴产业以同期国内生产总值增速两倍以上的速度增长，而且还要实现更好质量、更高效益、更可持续的发展。三是破解传统产业的改造难题。我国作为经济大国，特别是人口大国，不可能没有传统产业，但传统产业必须建立在更高效率、更高技术的基础之上，因而改造传统产业就成为我国产业结构升级和优化不可或缺的重要任务。这就需要学者们提出运用信息技术和现代技术改造传统产业的措施和路径。四是破解产业结构与产业政策相互关系的难题。我国作为一个发展中国家，产业结构的优化升级是否可以借鉴发达国家的经验，运用产业政策加速推进，需要学者们给出科学地解答。破解这一难题，应该跳出一般的议论，将其置于我国跨越"中等收入陷阱"的特定发展阶段，针对我国经济转型和体制转型的特殊任务，构建市场和政府共同推动产业结构升级优化的最优组合。

7. 货币政策的位次有所下降。货币政策自2008年达到第5位的历史高位以来，除2011年排在第8位，其余年份都排在第5或第6的位次。2014年降到第7位，2015年再降到第9位，跌到了2008年以来的最低点。货币政策位次的持续下降，表明货币政策在"三期叠加"的经济发展阶段对保持中高速增长和跨越"中等收入陷阱"的作用有所减弱。这突出表现在：一是货币政策对缓解人口资源环境的经济增长制约作用有限。由于人口红利逐步减少和资源环境的硬约束，我国经济从高速增长转入中高速增长，但解决人口资源环境的天花板制约，保持中高速增长，最关键的是技术创新、经济结构的优化升级和深化经济体制改革，将人口红利转变为人才红利，实现资源节约、碳排放下降与中高速增长并行不悖。二是货币政策对促进经济加速转型的作用有限。我国经济的成功转型，最集

① 《港媒称中国富裕家庭和中上阶层家庭2020年将超过1亿》，载于《参考消息》2015年12月22日。
② 《发改委：战略性新兴产业成为稳增长重要支撑》，中国证券网，2015年11月5日，http://www.cnstock.com/v_news/sns_bwkx/201511/3613565.htm。

中的体现就是产业迈上中高端，特别是战略性新兴产业的快速发展，成为引领经济增长的核心产业，但实现经济的成功转型，更多的需要财政政策、产业政策、科技政策的作用，以及加快教育科技体制的深化改革。三是货币政策在消化前期政策压力期的作用受限。为应对世界金融危机对我国经济发展的严重冲击，自 2008 年以来，我国充分发挥货币政策的作用，实现了经济的稳定增长，但也付出了信贷规模膨胀的代价。据国际清算银行 2016 年 9 月 18 日对我国信贷规模的估算，到 2015 年底，我国的信贷总额达到 GDP 的 255%，8 年激增了 107 个百分点。信贷规模/GDP 缺口已明显高于 1997 年亚洲金融危机和美国次贷危机爆发时的水平。[1] 此时如果继续加杠杆促进经济增长，就可能诱发金融风险，甚至金融危机。四是货币政策对扩大有效需求的作用有限。从投资需求来看，2016 年 1～7 月，民间固定资产投资同比增长只有 2.1%，但同时国家发改委官方网站披露：到 2016 年 7 月末，广义货币（M2）余额 149.16 万亿元，同比增长 10.2%，狭义货币（M1）余额 44.29 万亿元，同比增长 25.4%，M1 与 M2 剪刀差进一步扩大，意味着企业有大量活期存款没用。这表明企业投资不足主要不是资金问题。从消费来看，虽然我国社会消费品零售总额保持了较快增长，但消费力的海外转移增长的更快。据海淘网站提供的数据显示：国内海淘市场从 2010 年起开始迅猛增长，5 年来该站海淘规模增长了近 40 倍，2015 年上半年保持着同比 147% 高增长率，远高于国内电商 46% 的平均增速[2]。这就使货币政策对国内消费需求的提升大打折扣。总之，为保持中高速增长，学者们将注意力的重点，从以往的需求端转向了供给侧的结构性改革。

8. 企业融资位次达到历史高位。企业融资 2009 年开始进入学界的研究视野，但排名一直比较靠后，2012 年开始引起学者们的关注，排名从 2011 年的第 58 位直接跃升至第 20 位，2014 年再上升 1 位，2015 年达到第 12 位的历史最高位，也是 2015 年前 20 大热点问题中上升幅度最大的。企业融资受到学界空前关注的原因在于：一是融资难。据中国中小企业发展促进中心发布的《2015 年全国企业负担调查评价报告》显示，融资难是企业面临的一个主要困难。[3] 企业融资难的根本原因之一是企业过度依赖银行贷款，直接融资在整个社会融资中的比重过低，如 2014 年美国直接融资的占比平均为 89.93%，而我国仅为 14.93%[4]。在

---

① 见《参考消息》2016 年 9 月 20 日。
② 《中国海淘数据分析》，环球网，2015 年 7 月 22 日，http://finance. huanqiu. com/cjrd/2015 – 07/7066081. html。
③ 《为企业降成本也是政府对自己动刀》，载于《人民日报》2016 年 1 月 4 日。
④ 《四个全面告诉你中国资本市场未来》，载于《上海证券报》2015 年 3 月 16 日。

目前去杠杆的大背景下，企业融资自然越来越难，成为压死许多企业的最后一根稻草，如今年上半年，全国注销、吊销企业达87.82万家，是上年同期的2.11倍①。二是融资贵。据《人民日报》的调查显示，企业融资成本高的达到13%以上，低的也接近10%。如果是过桥资金，每天的利息大约是2.5%，贷款1 000万元，一天就要25万元利息。② 一些企业的利润都不够支付利息。融资贵也成为我国企业成本高企的重要原因之一。据波士顿咨询公司2013年报告，在美国制造商品的平均成本只比在中国高5%，2015年在美国低成本州生产已经与在中国生产相当，2018年美国制造的成本将比中国低2%～3%③。在美国大力实施"再工业化"的冲击下，我国制造业将面临巨大压力。三是债务高。标准普尔2015年6月发布研究报告显示：我国企业债务规模高达14.2万亿美元，占全球三成的份额，成为全球企业债务规模最高的国家。因此，国际货币基金组织2016年8月12日在对我国经济考察后明确指出：要采取全面措施解决企业债务问题④。企业背负着如此沉重的债务负担，如何去跨越"中等收入陷阱"？

9. 经济体制改革仍然受到重点关注。自2013年发布《中共中央关于全面深化改革若干重大问题的决定》开启新一轮改革以来，经济体制改革一直受到学界的高度重视，2013年的排名从2012年的第26位直接跃升到第18位，2014年再上升到第11位，2015年虽然有所下降，但仍排在第15位。经济体制改革持续排在高位，这是自2003年课题组开展《中国经济研究热点》课题研究以来该热点排名没有出现过的现象。学者们对经济体制改革的持续关注，主要是因为，我国能否保持中高速增长，跨越"中等收入陷阱"，关键在于能否取得新一轮改革的成功。美国顶级中国问题专家霍普金斯大学教授戴维·兰普顿在接受《环球时报》采访时讲到：如果你们能够落实十八届三中全会提出的60项改革任务，能让市场成为各种资源配置的决定性力量，未来你们还将在相当长时间内保持经济高速增长。⑤ 经济体制改革对跨越"中等收入陷阱"的作用在于：一是创新发展需要改革。推动创新驱动发展战略，就必须深化教育体制改革、科技体制改革、人事制度改革、投融资体制改革等，激发科技人员的积极性、主动性和创造性，形成产官学研用协同创新格局。二是协调发展需要改革。推进协调发展，就必须

---

① 《6.7%的含金量——从新动能的崛起看经济核心竞争力》，载于《光明日报》2016年7月28日。
② 《民企融资有多难？成本可高达到13%》，载于《人民日报》2016年6月1日。
③ 《美国波士顿咨询集团报告：中国制造成本已接近美国》，载于《北京日报》2015年8月8日。
④ 《IMF：中国急需解决企业债务问题》，财新网，2016年8月12日，http://economy.caixin.com/2016－08－12/100977471.html。
⑤ 《美国专家兰普顿：美中在相互塑造对方的选择》，载于《环球时报》2015年9月17日。

全面深化改革，特别是财政体制改革、户籍制度改革、国有企业改革等，协调各方面的利益关系。三是绿色发展需要改革。推进绿色发展，就必须深化财税体制改革、官员晋升制度改革、政府规制体制改革等，形成绿色发展的规制基础和利益诱导。四是开放发展需要改革。推进开放发展，就必须构建全方位开放新体制，鼓励从沿海开放扩展到沿边开放，从对发达国家开放扩展到对发展中国家和新兴国家开放，从"引进来"扩展到"走出去"，从对外贸易扩展到对外全面合作。五是共享发展需要改革。推进共享发展，就必须全面深化收入分配制度改革，一方面使居民收入的增长与经济增长同步，让全体人民分享改革发展成果；另一方面缩小居民收入差距，提高中等收入阶层的比重，走共同富裕道路。

10. 房地产经济重回高位。自 2009 年应对世界金融危机冲击以来，房地产成为拉动我国经济的重要力量，房地产作为研究热点也随之进入学者们的视野，2010 年的排名从 2009 年的第 40 位跃升为第 27 位，2011 年再上升到第 15 位的历史高位，其后均排在 20 多位，2014 年排在第 25 位，2015 年回到第 21 位。学者们对房地产经济关注度的回升，关注的不是房地产对我国经济的拉动作用，而是对我国经济的稳定作用，以及防范房地产泡沫风险，吸取 2015 年股市的教训，规避重蹈日本房地产泡沫破灭的覆辙。这是因为：一是房地产泡沫应给予高度警惕。对冲基金总经理詹姆斯·查诺斯早在 2013 年就认为，中国当下的房地产热酷似 20 世纪 80 年代后期的日本，巨大的房产泡沫规模无疑将载入历史，并将对中国的实体经济和金融体系产生深重打击。据其试算，从建设成本来看中国房产市场的价值已升至 GDP 的 300% ~ 400%，1989 年日本的这一比例为 375%。[①] 在经历了今年上半年一批城市新一轮房地产价格暴涨之后，王健林也表示，中国房地产目前的市场泡沫是历史上最大的泡沫。[②] 我国的房地产泡沫究竟有多大？累积的风险有多大？以及我国房地产在世界上是否是例外等问题，需要学者们做出深入的探讨。二是房地产去库存压力大。在一、二线城市房地产泡沫不断增大的同时，三、四线以下城市的房地产去库存压力却日益加大，而且一些城市的房价出现下跌，房地产企业遇到前所未有的困难。如何化解这些城市的房地产库存压力，也需要学者们给出相应的政策建议。三是房地产对整体经济的影响日益加深。从家庭来看，据统计，2016 年 1 ~ 7 月个人按揭贷款 13305 亿元，增幅高达 54.6%，家庭负债率大幅提高，对居民消费和人工成本产生重大影响。从企业来

---

① 《大空头查诺斯：中国房产热酷似泡沫期的日本》，新浪财经，2013 年 7 月 10 日，http: //finance. sina. com. cn/china/20130710/164316079810. shtml。

② 见《每日经济新闻》2016 年 9 月 29 日。

看，房地产价格的上涨，特别是卖两套北京学区房就可以使上市公司扭亏为盈事件的出现，就会诱导许多实体企业进入房地产，冲击实体经济。目前我国制造业所占比重的快速下降就应给与足够的重视。从金融业来看，房地产贷款在整个贷款中的比重不断提高，会加大金融风险。从政府来看，"地王"的频现，使地方财政对土地收益的依赖度进一步提高，如苏州土地财政依赖指数从 2015 年的40.58%迅速蹿升到 2016 年 1～8 月的 82.6%[①]，从而一方面加大地方财政风险，另一方面阻碍地方政府的创新发展。这就需要学者们揭示这些影响及其程度，防范房地产可能带来的系统性风险。

三、2015 年中国经济研究热点的主要理论进展

相对于 2014 年的中国经济研究进展，2015 年学者们对前十大经济热点的理论研究在以下几个方面又取得了新进展：

1. 经济增长与发展研究的主要进展。（1）全方位解读新常态的特征与内涵，构建新常态理论分析框架。一是从我国的发展目标、潜在增长率和国际经验等角度，判断新常态的合理增长速度。在增长速度上，学者的判断相对比较悲观。二是从产业结构、动力结构、区域结构等角度，阐释新常态的经济结构优化升级特征。三是从供给侧、需求侧、经济发展面临的重大问题等角度，全面剖析新常态的动力转换。（2）高度关注劳动要素在经济增长中的作用，寻求未来经济增长的新动能。一是在不断修正和拓展刘易斯二元经济理论基础上，实证检验劳动力配置对我国经济增长的效应，以增强二元经济理论对我国经济的解释力和指导力。二是将寿命延长的储蓄动机和谨慎性投资等因素纳入分析框架，有效解释了我国存在的储蓄率并未随着人口老龄化而下降这一与"生命周期理论"相悖的现象，并以此对我国未来储蓄率变动作出预测和对全球经济失衡进行新解释。三是从产业结构的人力资本支撑、适宜技术选择与经济发展水平的匹配程度等角度考察我国人力资本贡献，描绘第二次人口红利的经济增长空间。（3）高度重视对外开放，强化经济增长的全球视角。一是突破过去以贸易投资数量增长作为主要指标的评价体系局限，纳入对外开放新价值取向、新格局、新目标等构建开放绩效评价新体系，谋划对外开放新战略。二是从全球价值链分工与双边经济周期联动性和国际风险传导关系角度，将全球价值链分工纳入经济周期研究，探索新常态下

---

① 《"滚烫"的土地财政：苏州前 8 月土地依赖指数高达 82.6%》，载于《上海证券报》2016 年 9 月 22 日。

参与国际分工的新选择。三是从促进经济增长和潜在风险两个方面深入探讨国际资本流动影响经济增长的内在机制，为国际资本流动管理提供建议，以稳步有序推进我国资本账户开放。

2. "三农"问题研究的主要进展。（1）逐步形成中国特色新型城镇化分析框架。一是突破传统城镇化理论，将所有制基础、户籍制度、行政区划、村域城镇化等中国特色元素纳入城市化研究框架，构建中国特色的新型城镇化理论体系。二是从城乡户籍歧视、以人为核心、人口集聚、城市规模与劳动生产率关系等城市化发展质量新角度，测度城市化发展水平，明确了以提高城市化质量为主的城市化发展方向。三是将金融因素纳入城镇化动力研究范畴，实证检验了金融支持对城镇化水平提升的重要作用，为推进城镇化发展提供了新的视角。（2）深入推进现代农业经营主体研究。一是从农业经营组织体系变迁和国际经验角度探讨了农业经营体系创新，明确了经营主体的多元化趋势。二是通过国外经验研究探讨了家庭农场规模决定的影响因素，为家庭农场规模决定和发展趋势提供了理论依据。三是将农业产业链变化、交易成本纳入农业合作社理论模型构建，从理论和实证分析两个方面勾勒了农业合作社在现代农业中的突出地位。（3）进一步拓展农地制度研究。一是将城市工资水平、就业机会、农户自身收益或效益最大化、农地产权安全性、农户的羊群效应等纳入分析框架，不断扩展农地流转的影响因素分析。同时，随着宅基地制度改革试点和基本思路的确立，学者们开始关注宅基地腾退问题，为顺利推进宅基地制度改革提供理论基础。二是从土地对农民收入影响的新视角探讨农村土地流转意愿，为完善农村土地制度提供了新思考。三是从农户参与农地经营权抵押融资需求和意愿、农地抵押融资运行模式等方面深化农地抵押融资研究，为农地金融试点改革提供参考。

3. 收入分配与收入差距研究的主要进展。（1）突破主要从收入维度研究不平等问题的传统范式，丰富不平等的内涵。一是从存量角度将收入不平等拓展至财富不平等。二是将健康、教育等非货币因素纳入不平等范畴，将收入不平等拓展至福利不平等。三是将污染带来的健康不平等纳入地区不平等研究，认为污染健康负担影响了地区内和城乡间不平等，需要警惕"环境健康贫困"陷阱风险。[①]（2）不断丰富工资差距影响因素研究。一是从产业集聚新角度探讨了区域工资差距，认为随着产业集聚和劳动力流动，工资在空间上呈现"俱乐部"效

---

① 祁毓、卢洪友：《污染、健康与不平等——跨越"环境健康贫困"陷阱》，载于《管理世界》2015 年第 9 期。

应①。二是深化所有制对工资差距的影响研究，为缩小工资差距提供了新视角。三是实证考察最低工资制度、工会、打破垄断等制度安排对缩小工资差距的政策效果，评估收入分配制度改革取得的成效。（3）多角度考察减贫的政策效果，确定全面小康的工作重点和难点。一是改进测度方法对贫困状况和动态变化进行评估，发现多维视角下的减贫效果好于单一收入指标的减贫效果②。二是对转移支付、农村非正规金融、重点县扶贫等措施的减贫效果和效率进行评估，认为五保户补助、低保、无保障老人补助、特困户补助等政府转移支付，以及农村非正规金融对贫困的针对性较好，但对于互助资金是否能有效瞄准贫困农户仍存在争议。

4. 资本市场研究的主要进展。（1）关注股价崩盘风险。2015 年股价的大幅波动，引起了学者们对股价崩盘风险的研究。一是从企业社会责任、货币政策、流动性不足、现金股利、控制权结构、企业过度投资等角度分析了导致股价崩盘风险的影响因素。二是从提高内部控制信息披露、鼓励封闭或半封闭基金类、保险类、法人类等机构投资者参与、提升公司治理水平、更强的税收征管和强化大股东地位等角度，提出了维护金融稳定的对策建议。（2）深化了多层次资本市场研究。一是从创业板公司业绩变脸、风险投资的认证效应和市场力量等角度，总结出了创业板市场特征。二是从沪深 300 指数期货市场分形特征、交易特征和对股市的影响等角度，探讨了股指期货交易特征和在多层次资本市场发展中的作用，认为股指期货对股市跳跃风险具有"双刃剑"作用，我国股指期货功能有待健全。（3）拓展资本市场的信息获取和信息引导研究。一是从上市公司调研、媒体报道、与机构投资者关系、参股基金公司持股、公司规模、性别等角度研究了专业的资本市场参与者——分析师预测精度的影响因素，反映了资本市场的复杂性。二是从对分析师的影响、媒体跟踪报道、新媒体等角度探讨了媒体在资本市场中的角色和作用，为完善资本市场信息披露制度提供了新的视角。

5. 产业结构与产业政策研究的主要进展。（1）深化工业结构升级研究。一是对制造业的竞争力状况进行评估。认为目前我国制造业企业全要素生产率增长空间不断缩小，在全球价值链中比较优势仍然集中在劳动密集型制造业领域，但有弱化迹象③。二是从增值能力、嵌入位置、核心能力特异性等角度构建制造业

---

① 谢露露：《产业集聚和工资"俱乐部"：来自地市级制造业的经验研究》，载于《世界经济》2015 年第 10 期。

② 张全红：《中国多维贫困的动态变化：1991－2011》，载于《财经研究》2015 年第 4 期。

③ 戴翔：《中国制造业国际竞争力——基于贸易附加值的测算》，载于《中国工业经济》2015 年第 1 期。

融入新全球价值链分析框架，提出了升级要素结构、培育技术优势，以提升嵌入位置为抓手提升国际分工地位的对策建议。三是从精益化生产和自主创新、架构创新和标准创新、提升复杂装备的架构创新和集成能力、进行合理的技术选择、推动工业绿色低碳转型等角度，勾勒了工业结构升级的方向和路径。（2）将制造业和服务业融合发展纳入产业结构升级研究框架。一是评估制造业与服务业融合发展状况，发现二者的关联效应总体上趋于上升趋势，其中服务业对制造业的支持作用更为明显，[①] 二者之间的互动发展有待加强。二是从制造业企业全要素、技术溢出效应、产业集聚等角度，探讨服务业对制造业发展的作用机制，整体上服务业对工业发展具有正向的技术外溢效应、制造业企业全要素生产率提升效应和制造业升级效应。（3）反思产业政策。一是从产业结构升级、产能过剩、出口额、产业集聚等角度评估了产业政策实施效果，基本都得出了产业政策实施效果不佳的结论，为产能过剩和产业结构低下提供了新的理论解释。二是从政府不当干预、地方跟风、追求短期增长、土地财政、寻租成本等角度分析了导致产业政策实施效果不佳的原因，为提升产业政策效果提供了努力方向。

6. 对外贸易与贸易政策研究的主要进展。（1）将汇率变动对贸易总量的影响推进到微观层面，深化了汇率变动对我国贸易格局的影响研究。一是从美国、东盟国家、"一带一路"沿线不同国家和地区角度，考察汇率变动对不同贸易伙伴贸易影响的异质性，为完善对外贸易发展战略提供理论参考。二是从出口产品质量、出口产品排序和出口价格等角度，探讨人民币汇率变动对微观企业行为的影响机制，为预测和判断未来经常账户发展趋势提供理论基础。（2）深化进出口质量研究。一是将出口质量纳入出口贸易增长研究框架，考察出口产品"质"与出口"量"和出口价格的关系，弥补了以往忽视从出口质量提升满足国外需求角度考察出口贸易增长的不足；二是从政府补贴、市场竞争、国际生产分割、中间投入品进口等角度探讨了出口质量的影响因素，为我国贸易转型升级提供了新思路；三是测算和评估了我国贸易进口质量，认为我国进口产品质量呈上升趋势，但进口质量提升对出口产品质量的提升存在"拐点"，弥补了对进口贸易特别是进口结构研究的欠缺。（3）从将贸易伙伴国环境规制水平纳入研究框架、完善加入环境因素的国际贸易模型和优化控制变量等角度和方法，深化和细化了环境规制对贸易影响的研究，增强了贸易开放和环境良性互动对策的针对性。

7. 公共经济研究的主要进展。（1）深化了地方债务研究。一是从地方官员

---

① 余典范、张亚军：《制造驱动还是服务驱动？——基于中国产业关联效应的实证研究》，载于《财经研究》2015 年第 6 期。

变更、财政转移支付、权责分离、地方政府利益行为选择等角度，阐释了地方债务超常规增长的内在机制，为遏制地方债务过快增长提供了努力方向。二是从政府债务对经济增长的作用、政府融资需求、将地方债务纳入债务存量等角度估算了我国的最优债务规模，但由于口径、数据来源和研究方法的差异得出的适度债务率存在较大差别。三是从拓展数据范围、改善预测方法和将经济景气变化纳入分析框架等角度，全面评估和预测我国政府债务风险，评估结果显示，我国债务规模总体基本可控，但由于不确定性和政府财务透明度问题也提出了风险警示。
(2) 深化了政府规模决定研究。一是从转移支付、经济开放、政府职能、区位、部门利益分化等角度，分析了政府规模决定的内在机制，为推进简政放权改革提供了理论依据。二是从地方决策层的博弈和权力平衡、大城市化导致高行政级别城市膨胀等角度，探讨了我国政府规模高居不下，机构精简改革成效低下的原因，为找准简政放权的着力点提供了方向。(3) 深化了地方公共品供给研究。一是运用实验经济学的研究方法研究公共品提供，丰富了公共品理论研究方法。二是从财政体制、县级财政负担、公共服务资本化、公共品外溢性、公共服务供需匹配等角度，探讨了地方公共品和公共服务提供的困难和障碍，为化解地方公共投资不足提供了理论思路。三是从农村税费改革、社会信任、关系网络、农村非正式组织、农户参与等角度研究了农村公共投资缺口，为推进公共服务均等化明确了工作重点。

8. 自主创新研究的主要进展。(1) 深化了自主创新的影响因素研究。一是将腐败纳入企业创新影响因素分析框架。腐败对企业创新的影响存在着正向和倒U型关系的分歧。二是从跨国公司进入、进口、关税减让、研发外包等角度探讨了外向型经济对企业创新的影响机制，为通过外向型经济促进创新提供了理论支持。(2) 评估了鼓励创新的政策绩效。从工业创新能力、创新支持效率、发明专利等角度，对政府补贴、知识产权保护、国产化率保护、政府专项项目、科技金融等鼓励创新的政策绩效进行评估，总体上认为鼓励创新政策较好地促进了自主创新，但政府补贴对创新的激励存在一个"适度区间"。(3) 深化了新兴经济体对外投资逆向技术溢出效应影响因素研究。从与东道国之间的技术差距和研发支出差距、母国制度环境、吸收能力等角度，探讨了影响新兴经济体 OFDI 逆向技术溢出效应的内在机制，为提高东道国技术溢出提供了理论依据。

9. 货币政策研究的主要进展。(1) 将房价纳入货币政策分析框架，为运用货币政策调控房价提供了思路。(2) 深化了货币政策独立性研究。一是从通货膨胀传导效应、资产价格变动、国际货币等角度，验证了国际因素对一国货币政策独立性影响的日益深化,为提高货币政策有效性提供了新视角。二是从汇率传递、利率和汇率政策协调等角度,深化了"不可能三角"假说研究,强调了货币政策独立性的复杂性。(3)推导和评估高货币投放政策效果。一是基于公众异质性预期、货币流通速度、货币供给等角度,研究了美国等西方国家量化宽松货币政策对大宗商品市场、通货膨胀、贸易平衡、钱荒等的影响机制,认为美国第一轮量化宽松政策起到了刺激经济增长的目的,但也给发展中国家带来了较大风险。二是从货币需求、钱荒、数量规则等角度,探讨了"中国货币之谜",为提高货币政策有效性提供了理论依据。

10. 区域经济发展研究的主要进展。(1)深化"一带一路"理论研究。一是从全球价值循环、全球治理、生产关系重构、资源全球化配置等角度,构建了"一带一路"倡议的理论框架,升华了"一带一路"倡议的时代意义。二是从中国企业走出去、全球经贸格局、人民币国际化等角度,提出了落实"一带一路"倡议的新思路。(2)将技术偏向性、人力资本、市场化进程和政府干预等软环境角度,拓展了区域经济差距的影响因素研究,为缩小区域经济差距提供了新视角。

四、中国经济学进一步研究的方向和重点

构建中国特色社会主义经济学的学科体系、学术体系和话语体系,已经成为我国经济学者们必须担当的时代责任。这是因为:一是中国经验孕育新的理论。我国已经发展成为世界第二大经济体,创造了世界经济发展的"中国奇迹"。但是,对于中国的成功发展经验,经济学的现成理论无法给出满意的解释,这就需要依据中国经验创新和发展已有的经济理论。二是中国实践需要新的理论。我国作为一个人口和区域大国,正在跨越"中等收入陷阱",迈入高收入国家行列。但是,从理论上来看,已有的经济发展理论主要是指导发展中国家如何从低收入国家发展成为中高收入国家,而对中高收入国家如何通过成功经济转型发展成为高收入国家缺乏系统的理论体系指导;从实践上来看,虽然 1960 年以来已有 13 个经济体成功进入高收入经济体,但尚没有一个大国成功跨越"中等收入陷阱",因而 13 个经济体的成功跨越对中国经济发展失去了整体的借鉴价值。这就迫切需要创新经济发展理论,指导我国新的发展实践。三是中国的个别理论需要系统化为经济学说。新中国成立以来,特别是改革开放以来,我国已经总结提炼出了许多新的个别理论,如社会主义初级阶段理论、社会主义基本经济制度理论、社

会主义市场经济理论、社会主义对外开放理论等。但是，面对我国全面实现小康社会、全面深化改革、全面实现现代化等发展改革任务，就需要在已有创新理论基础上构建系统化的经济学说，以指导"四个全面"的改革发展实践。

构建中国特色社会主义经济学的学科体系、学术体系和话语体系，就需要开创当代中国马克思主义经济学的新境界。因此，中国经济学在继续完善和规范基本概念、范畴和基本原则的基础上，需要努力在以下四个方向上推进中国经济学的系统化、科学化和现代化。

第一，研究对象。中国特色社会主义经济学理论体系的科学构建，首先需要准确界定它的研究对象。马克思将自己创立的经济学研究对象界定为联系生产力研究生产关系的运动规律，以揭示资本主义必然被社会主义代替的客观规律。但是，在社会主义已经取代资本主义的今天，社会主义的任务已发生了根本性的改变。马克思、恩格斯在《共产党宣言》中明确指出，无产阶级将利用自己的政治统治，"尽可能快地增加生产力的总量"。[①] 我们党早在 1956 年的八大《关于政治报告的决议》中指出，国内的主要矛盾，"已经是人民对于建立先进的工业国的要求同落后的农业国的现实之间的矛盾，已经是人民对于经济文化迅速发展的需要同当前经济文化不能满足人民需要的状况之间的矛盾"，"也就是先进的社会主义制度同落后的社会生产力之间的矛盾"。[②] 因而要集中力量发展生产力，解决这个矛盾。党的十八大报告仍然认为："我国仍处于并将长期处于社会主义初级阶段的基本国情没有变，人民日益增长的物质文化需要同落后的社会生产之间的矛盾这一社会主要矛盾没有变"。[③] 邓小平同志将发展生产力归结为社会主义的本质规定，认为"社会主义的本质，是解放生产力，发展生产力，消灭剥削，消除两极分化，最终达到共同富裕。"[④] 因此，习近平在《庆祝中国共产党成立95 周年大会上的讲话》中要求：坚持不忘初心，进一步解放和发展生产力。

既然社会主义的本质和主要任务是解放和发展生产力，那么，中国特色社会主义经济学的研究对象就应顺应时代的变化而与时俱进，将生产力也作为研究对象，构建既研究生产关系又研究生产力的中国特色社会主义经济学。这就需要我们在继承马克思主义经济学基本理论和方法的基础上，研究在引入生产力研究后

① 马克思、恩格斯：《共产党宣言》，引自《马克思恩格斯文集》第 2 卷，人民出版社 2009 年版，第 52 页。

② 《中国共产党第八次全国代表大会关于政治报告的决议》，载于《人民日报》1956 年 9 月 28 日。

③ 胡锦涛：《坚定不移沿着中国特色社会主义道路前进 为全面建成小康社会而奋斗》，人民出版社 2012 年版，第 16 页。

④ 《邓小平文选》第 3 卷，人民出版社 2001 年版，第 373 页。

的当代中国马克思主义经济学的学科体系、学术体系和话语体系。

第二，逻辑主线。中国特色社会主义经济学要成为科学的理论体系，就必须确定它的逻辑主线。创立了马克思主义经济学科学理论体系的《资本论》，以资本与劳动的对立关系为逻辑主线，深刻揭示了资本主义的基本矛盾，再现了资本主义的运动规律，为我们创新发展中国特色社会主义经济学提供了理论指导。资本主义的基本矛盾是资本与劳动的对立，矛盾的主要方面是资本对劳动的剥削，解决矛盾的出路是消灭剥削，重建劳动者个人所有制，即用社会主义公有制取代资本主义私有制。研究对象自始至终都是生产关系。与此相对应，社会主义的主要矛盾是人民日益增长的物质文化需要同落后的社会生产之间的矛盾，矛盾的主要方面是生产力的发展水平不高，解决矛盾的出路就是尽快提高生产力的发展水平，实现生产力与社会主义生产关系相适应，如实现共同富裕；实现生产力与人民日益增长的物质文化需要相适应，如让全体人民过上更加幸福美满的生活。提高生产力的发展水平，有两条路径：一是解放生产力，即通过全面深化改革，破除一切束缚生产力发展的体制机制障碍，促进生产力的发展；二是发展生产力，即坚持创新、协调、绿色、开放、共享的新发展理念，通过资源的优化配置，实现更好质量、更高效率、更可持续的发展。这样，生产关系和生产力就被统一到中国特色社会主义经济学的研究对象中。由于解放生产力和发展生产力都可以归结为发展，我国又是世界上最大的发展中国家，发展中国家面临的共同问题则是发展，同时中国经验的最大特色还是实现了最快的发展，因而可以将中国特色社会主义经济学理论体系的逻辑主线确定为发展。这既可以体现发展中国家的一般特征，也可以用中国经验彰显中国特色。这就需要我们运用马克思主义经济学的理论和方法，通过百家争鸣的科学讨论，确立中国特色社会主义经济学的逻辑主线。

第三，理论体系。在确立逻辑主线的基础上，运用经济学的逻辑体系，将已有的中国特色社会主义经济学创新观点和个别理论系统化为经济学说，构建中国特色社会主义经济学的理论体系。例如，如果可以把发展确定为逻辑主线，那么，中国特色社会主义经济学的理论体系就应包括以下主要内容：发展的理念、发展的目的、发展的目标、发展的速度、转型发展、发展的动力、发展的道路、发展的资源支撑、发展的国际环境、发展的制度保障等。这就需要学者们群策群力，为构建中国特色社会主义经济学的理论体系贡献智慧。

第四，研究方法。构建中国特色社会主义经济学的科学理论体系，就必须运用科学的研究方法，做到以下三个坚持：一是坚持马克思主义经济学的科学方法论，既要坚持辩证唯物主义、历史唯物主义、科学抽象、逻辑与历史相统一等基本方法论，还要继承和发扬马克思的经验分析、计量分析、案例分析、比较分析等科学方法。二是坚持问题导向。中国特色社会主义经济学是来自于实践，必须服务于实践，在实践中不断发展创新。对此，习近平总书记明确指出："只有聆听时代的声音，回应时代的呼唤，认真研究解决重大而紧迫的问题，才能真正把握住历史脉络、找到发展规律，推动理论创新。"① 三是坚持具体问题具体分析。要针对不同的问题，运用不同的方法，甚至创造新的方法，但方法的灵活运用，必须服从于认识问题和解决问题的目的和任务。

---

① 习近平：《在哲学社会科学工作座谈会上的讲话》，新华网，2016 年 5 月 18 日。

2016 年中国经济研究热点排名与分析[*]

2016 年是实施"十三五"规划、决胜全面小康的开局之年，是贯彻落实新发展理念的关键之年，是中国经济增长面临更大下行压力的考验之年，是世界经济形势复杂多变、"黑天鹅"事件频出的多事之年。在这种特殊的国内外发展背景下，学界对中国经济的研究呈现出了新的特点和进展。

一、2016 年中国经济研究前二十大热点

2016 年学术期刊统计样本的选取继续采用教育部中国社会科学研究评价中心公布的 2017 ~ 2018 年 CSSCI 来源期刊经济学类排名前 20 的杂志，然后依据理论经济学和应用经济学下二级学科平衡分布的需要，选取了作为 2016 年中国经济研究热点排名和分析的 15 本经济学统计样本期刊[①]。由于其他类别的杂志也有经济学的栏目和文章，为了保证覆盖面和代表性，我们又选取了其他四大类即马克思主义类、管理学类、社会科学总论类和高校综合性社科学报类各自排名第一的学术期刊，构成了共 19 本统计样本期刊[②]。2016 年的统计样本期刊与 2015 年相比发生了如下变化：一是增加了进入经济学类前 20 名的《产业经济研究》和《经济评论》；二是《中国农村经济》因排名位次下降被《中国农村观察》替换。但是，2016 年统计样本期刊总体变化不大，保持了期刊统计样本的稳定性和可比性。

---

* 原载于《经济学家》2017 年第 7 期，与许悦雷合作。

① 在排名前 20 位的期刊中，依据二级学科平衡分布的需要，仅保留相同学科排名靠前的杂志，这样就去掉了前 20 名杂志中的 5 本杂志，剩下 15 本样本期刊。其中，"三农"类的杂志，《中国农村观察》位次最高，为第 11 位，《农业经济问题》为第 13 位，《中国农村经济》为第 14 位；金融类杂志，《金融研究》位次最高，为第 4 位，《国际金融研究》为第 15 位；世界经济国际贸易类杂志，《世界经济》位次最高，为第 3 位，《国际贸易问题》为第 17 位。另外，还有排在第 6 位的《会计研究》，由于属于管理学，因此没有纳入我们样本期刊。

② 在 19 本统计样本期刊中，经济类分别为：《经济研究》《经济学（季刊）》《世界经济》《金融研究》《中国工业经济》《数量经济技术经济研究》《经济学家》《经济科学》《中国农村观察》《财经研究》《南开经济研究》《财贸经济》《经济评论》《经济理论与经济管理》《产业经济研究》；其他类分别为：《马克思主义研究》《管理世界》《中国社会科学》《中国人民大学学报》。

243

2016 年学者在以上 19 本统计样本期刊上发表的全部学术论文（不包括书评和会议报道等）共 1 829 篇，较 2015 年的 1 777 篇有所增加，主要是因为新增了两本统计样本期刊，如果剔除两本新增期刊发文 135 篇，2016 年发文数量比 2015 年继续减少，意味着论文的平均篇幅又有所增加。我们对 1 829 篇论文按专题进行分类统计，得出了 2016 年中国经济研究前二十大热点问题（见表 1）。它们分别是：（1）经济增长与发展；（2）资本市场；（3）收入分配与收入差距；（4）对外贸易与贸易政策；（5）产业结构与产业政策；（6）"三农"；（7）自主创新；（8）货币政策；（9）绿色经济（低碳经济）；（10）马克思主义经济学及其中国化（马克思主义经济学）；（11）公共经济；（12）企业成长；（13）区域经济发展；（14）金融秩序与金融稳定；（15）财政体制；（15）企业融资（并列）；（17）中国对外投资；（17）金融体制（并列）；（19）就业；（20）经济体制改革。为了更准确反映热点的内涵，并结合时代的变化，今年我们将其中两个热点的名称做了调整，即将"马克思主义经济学"调整为"马克思主义经济学及其中国化"；将"低碳经济"调整为"绿色经济"。

表 1　　　　　　　　**2016 年排名与 2015 年排名相比的新变化**

热点	2016 年	2015 年	2016 年比 2015 年变化
经济增长与发展	1	1	未变
资本市场（含上市公司、资产定价等）	2	4	上升 2 位
收入分配与收入差距	3	3	未变
对外贸易与贸易政策	4	5	上升 1 位
产业结构与产业政策	5	5	未变
"三农"（含城市（镇）化）	6	2	下降 4 位
自主创新	7	8	上升 1 位
货币政策（含流动性过剩、通货膨胀）	8	9	上升 1 位
绿色经济（含低碳经济、环境污染）	9	11	上升 2 位，进入前 10
马克思主义经济学及其中国化	10	26	上升 16 位，进入前 10
公共经济（含公共管理、食品安全）	11	7	下降 4 位，退出前 10
企业成长（企业兼并、公司绩效、企业效率）	12	15	上升 3 位
区域经济发展（含国际区域经济合作）	13	10	下降 3 位，退出前 10
金融秩序与金融安全（含金融稳定）	14	22	上升 8 位，进入前 20
财政体制（含税制）	15	13	下降 2 位

热点	2016 年	2015 年	2016 年比 2015 年变化
企业融资（含企业资本结构、资本运营）	15	12	下降 3 位
中国对外投资（企业走出去）	17	31	上升 14 位，进入前 20
金融体制（含金融环境、混业）	17	14	下降 3 位
就业（含失业、创业）	19	24	上升 5 位，进入前 20
经济体制改革（含国有经济、国有企业改革、转轨经济）	20	15	下降 5 位
社会保障	21	18	下降 3 位，退出前 20
计量经济	23	19	下降 4 位，退出前 20
消费（包括消费市场、消费经济）	26	20	下降 6 位，退出前 20
资源经济（含能源、石油、电力等）	31	17	下降 14 位，退出前 20

从 2015 年开始，我们又引入了按论文列出的"关键词"进行统计的方法，根据出现的频次列出前 20 位的"关键词"（见表 2）。用"关键词"进行统计的方法可以帮助验证我们按专题分类统计得出的前二十大热点问题的可信度。例如，"经济增长"和"全要素生产率"两个关键词排在前两位，与"经济增长与发展"热点排在第 1 位完全一致；"对外直接投资"关键词排在第 5 位，与"中国对外投资"热点排名大幅上升 14 位，首次进入前 20 位相一致；"收入分配""收入不平等"两个关键词分别排在第 9 和第 12 位，与"收入分配与收入差距"热点问题相适应；等等。

表 2　　　　　　　　2016 年与 2015 年相比前二十大关键词变动情况

2016 年排位	关键词	与 2015 年比较排位变动	2016 年词频	2015 年词频
1	经济增长	未变	57	50
2	全要素生产率	上升 1 位	36	24
3	货币政策	下降 1 位	33	26
4	融资约束	上升 1 位	28	18
5	产业结构	上升 2 位	21	15
5	对外直接投资	上升 4 位	21	13
7	全球价值链	上升 5 位	16	12
7	金融发展	上升 1 位	16	14

2016 年排位	关键词	与 2015 年比较排位变动	2016 年词频	2015 年词频
9	国有企业	未变	14	13
9	企业创新	上升 32 位，进入前 20	14	7
9	收入分配	上升 12 位，进入前 20	14	9
12	比较优势	上升 41 位，进入前 20	13	6
12	环境规制	上升 29 位，进入前 20	13	7
14	创新	上升 11 位，进入前 20	12	8
14	公司治理	下降 2 位	12	12
14	人力资本	上升 27 位，进入前 20	12	7
14	社会资本	上升 158 位，进入前 20	12	3
14	收入不平等	上升 56 位，进入前 20	12	5
14	通货膨胀	上升 39 位，进入前 20	12	6
14	制造业	未变	12	11
21	技术进步	下降 15 位，退出前 20	11	16
21	城镇化	下降 7 位，退出前 20	11	11
39	产能过剩	下降 25 位，退出前 20	9	11
46	新常态	下降 37 位，退出前 20	8	13
57	技术创新	下降 50 位，退出前 20	7	11
94	互联网金融	下降 90 位，退出前 20	5	20
96	溢出效应	下降 77 位，退出前 20	5	10
131	企业异质性	下降 117 位，退出前 20	4	11

但是，我们一直没有使用"关键词"出现频次多少排序的统计方法进行本书的热点分析，主要是因为：一是有的关键词只是一个词，无法单列作为一个热点问题进行分析和比较；二是在关键词之间往往存在很强的重复性，如"收入分配"和"收入不平等"、"创新"和"企业创新"等，其实前者包含了后者；三是如表 2 所示，关键词的年度变动幅度相当大，如"社会资本"上升 158 位，而"企业异质性"下降 117 位，这种不稳定性也难以进行热点分析和比较。

二、2016 年中国经济研究热点排名变化

中国经济发展进入新常态，治国理政就需要新思想新理念新战略，以及新的政策框架。做好新常态下的经济工作，必须以新发展理念为指导。

由于理念决定理论的观念体系和结构框架，因而 2016 年中国经济研究前二十大热点问题基本聚焦于落实创新、协调、绿色、开放、共享新发展理念。马克思主义经济学及其中国化、自主创新、经济体制改革等体现了创新发展所要求的理论创新、技术创新和制度创新；"三农"、产业结构与产业政策、区域经济发展等体现了城乡结构、产业结构、区域结构三大宏观结构协调发展的要求；绿色经济、经济增长与发展、企业成长、消费等体现了绿色生产方式、绿色消费方式、绿色思维方式、绿色领导方式等绿色发展的要求；对外贸易与贸易政策、中国对外投资等体现了更高层次开放、全方位开放的开放发展要求；收入分配与收入差距、公共经济、就业和金融秩序与金融安全等体现了全民共享、全面共享、共建共享和渐进共享的共享发展要求。

学界将 2016 年经济研究主要聚焦于落实新发展理念，主要是因为，我国经济发展进入了全面建成小康社会的决胜期，全面深化改革的攻坚期，经济结构优化升级的关键期，跨越"中等收入陷阱"的重要期，从而中国经济发展面临着新形势新任务新矛盾新难题，然而已有的经济理论，包括西方发展经济学理论和西方主流经济学的发展理论和增长理论，都难以破解我国经济发展新常态面临的新的重大理论和实践难题。我国创立的中国特色社会主义经济理论，在经济发展新常态下必须坚持，但还必须依据新任务新矛盾新难题推进新的理论创新，开拓当代中国马克思主义经济学的新境界，形成新的理论体系和学说。西方发展经济学理论主要解决的是发展中国家从低收入阶段向中高收入阶段的发展问题，而对我国现在从中高收入向高收入发展面临的经济转型问题表现出了历史局限性和理论局限性。西方经济学的经济增长理论主要解决的是发达国家的经济增长问题，虽然对我国的发展具有借鉴意义，如技术进步对经济增长的作用，但其基本框架毕竟不是解决发展中国家的"发展"问题，特别是经济转型问题。因此，这就需要落实新发展理念，创新经济发展理论，以指导我国新的发展实践。这就决定了2016 年中国经济研究热点排名的新变化新特点，主要体现在：

1. 马克思主义经济学及其中国化成为年度符号。马克思主义经济学及其中国化在 2016 年中国经济学研究中创造了两个第一：一是从 2015 年排名第 26 位

一跃进入 2016 年的前 10 位，上升幅度在前二十大热点变化中排在第一；二是打破了自 2011 年以来连续 5 年没有新的热点进入前 10 位的超稳定状态，第一次出现新的年度符号。

学界对马克思主义经济学及其中国化问题研究的高度关注，主要是因为：一是在理论层面，改革开放以来，我国在前无古人的伟大实践中，不断总结提炼新理论、新观点，逐步提出和完善了社会主义初级阶段理论、社会主义基本经济制度理论、社会主义基本分配制度理论、社会主义市场经济理论、对外开放理论、宏观调控理论、新型工业化道路等中国特色社会主义经济理论和观点。这些理论和观点又用于指导我国经济改革发展实践，创造了世界经济发展史上的"中国奇迹"，经受了实践的检验，成为中国经济理论创新的宝贵财富，而且对世界上所有发展中国家提供了不同于西方国家的发展理论、发展方式、发展道路、发展制度、发展文化等，从而也成为经济学的世界财富，为经济学的世界文明贡献了中国智慧。因此，今天中国有必要、也有可能和条件将这些理论和观点系统化为经济理论体系或经济学说，从而将当代中国马克思主义政治经济学推上新的境界，形成中国气派、中国风格、中国特色的经济理论体系。二是在经验层面，经过 30 多年近 10% 的高速增长，2016 年我国经济总量已达到 74.41 万亿，超出日本 1 倍以上，稳定成为世界第二大经济体；2016 年我国人均 GDP 达到 8 000 多美元，进入中高收入国家行列。中国经济发展的巨大成就证明：中国是世界上发展最好的社会主义国家，而且没有遵循西方经济学开出的各种药方，而是遵循中国特色社会主义经济理论，走出了一条完全不同于西方国家的发展道路；中国实现了比其他一切资本主义国家更快更长时期的高速增长，体现了社会主义基本经济制度的巨大优越性。根据经济学的创新规律，经济学的产生和发展都是源自成功的经济发展实践。我国作为世界上最大的发展中国家，在成功发展的实践经验中，理应孕育着并可以总结提炼出指导发展中国家推进工业化、城镇化和现代化的中国经济学，这就成为这一代中国经济学者必须和应该担当的历史责任。三是在实践层面，中国经济发展进入新常态，从而面临着需要加快经济转型和体制转型的新任务新挑战新难题，许多发展中国家在进入这一阶段后，由于战略失误、创新不足、产业升级受阻、收入差距扩大等各种原因，大多都陷入了"中等收入陷阱"，而且长期难以自拔，如拉美各国长达四五十年，患上"拉美病"，东南亚一些国家也有三十多年。我国目前也出现了陷入"中等收入陷阱"的种种迹象，一旦陷入，中华民族的伟大复兴就会"搁浅"。这就迫切需要提出适应新常态和引领新常态的中国特色社会主义经济理论新体系用于指导新的实践，破解新难题，引领我国跨越"中等收入陷阱"，实现"两个一百年"的发展目标。

2. 经济增长与发展自 2008 年以来持续排名第一。2008 年的世界金融危机，叠加上我国的周期性和结构性因素，特别是结构性因素，对我国的稳增长构成巨大冲击和压力，增长速度 2012 年破"8"为 7.9%，2015 年破"7"为 6.9%，2016 年降到了 26 年来的最低点，2017 年规划目标为 6.5% 左右，如果从上一轮经济周期的峰值 2007 年的 14.2% 算起，现在的增长速度已是腰斩有余，从而引发了国内外对中国经济发展前景的担忧。因此，稳增长就成为当前和今后一个时期经济工作的主基调，成为大局。

中国经济只要能够稳住，就是成功，就是胜利，就是"进"。这主要体现在：一是只要在"十三五"期间能够稳住年均 6.5% 左右的经济增长速度，就可以实现我们党确定的到 2020 年 GDP 总量和人均居民收入比 2010 年翻一番的发展目标；就可以解决每年 1 000 万以上的新增就业岗位，保证社会的基本和谐稳定；就可以确保不发生大的系统性金融风险。二是只有做到稳增长，才能为经济转型和体制转型赢得时间和创造相对宽松的社会经济条件。经济结构的优化升级，特别是新兴战略产业的培育和成长需要一个发展期、培育期，如"十二五"期间，我国战略性新兴产业占 GDP 的比重从 3% 提高到 8%，对经济增长的贡献达到 1.4 个百分点。按照《"十三五"国家战略性新兴产业发展规划》，战略性新兴产业占 GDP 的比重将从 8% 进一步提高到 15%。届时战略性新兴产业对经济增长的贡献就可以达到 3 个百分点左右，加上服务业保持 8% 左右的增长，我国经济就可以进入持续稳定健康发展的轨道，顺利实现新旧动能的转换；同样，全面深化经济体制改革进入攻坚期，制度红利的释放也要有一个过程，而且改革还需要有一个稳定的宏观经济和社会环境，这都有赖于稳增长提供保障。三是稳增长追求的不是短期的稳，而是长期的、持续的、根本的稳。要做到这一点，就必须在稳的前提下在一些关键领域有所进取，在把握好度的前提下奋发有为，通过"进"实现更加稳定持续的"稳"，所以实现"稳"是为了更好地"进"。"进"的重点就是深化供给侧结构性改革，推进产业结构、技术结构、制度结构、收入结构、经济与社会自然结构、国内外结构等重大结构的优化，加快培育新的经济内生动力。

3. 绿色经济（低碳经济）再次进入前 10 位。绿色经济（低碳经济）2010 年首次进入前 10 位，之后只有在 2015 年被挤出前 10 位，排在第 11 位，2016 年重新回到第 9 位。从 2016 年文献的前 20 个关键词来看，"环境规制"排在并列第 12 位，而且比 2015 年位次大幅提高了 29 位。

绿色经济的回归，表明我国推进绿色发展的重要性。主要体现在：一是绿色发展成为新发展理念的重要组成部分。绿色发展从以往的发展战略提升到发展理念的高度，是中国特色社会主义经济理论的一个重要创新：一方面，作为发展理念，就需要将绿色发展贯穿于经济发展的全过程，体现在经济工作的方方面面；另一方面，绿色发展就需要把绿水青山看作就是金山银山，保护绿水青山就是保护生产力，从而将我国的生产力内涵从以往的解放生产力和发展生产力两要素，进一步扩展到保护生产力三要素。二是绿色发展成为我国永续发展的必要条件。2013 年我国 GDP 占世界的比重为 11.6%，但消耗的能源占世界的比重却高达 21.3%[①]，2000 年美国能源消费量是我国的两倍，到 2009 年我国超过美国成为世界最大能源消费国[②]，而 2016 年我国的 GDP 仅相当于美国的 60% 多。显然，以这样的单位 GDP 能源消耗量不可能支撑我国长期的中高速增长，不可能支撑我国实现工业化、城镇化和现代化。同时，高消耗必然带来高排放、高污染，2013 年我国碳排放总量已远远超过美国和欧盟，甚至人均碳排放量也已超过欧盟的水平[③]，致使我国的环境承载力已经达到或接近上限。三是绿色发展成为人民对美好生活追求的重要体现。我国粗放式发展所带来的空气污染、水污染和土壤污染，对我国居民的健康造成严重影响，世界卫生组织 2016 年 9 月 27 日报告显示：中国是室外空气污染致死水平最高的国家，人数超过 100 万，印度至少 60 万，俄罗斯超过 14 万，全球为 300 万。[④] 清新的空气、干净的水和安全的食品成为人们走向全面小康的基本诉求。

4. 资本市场再次回到前 2 位。自 2003 年进行热点统计排名以来，资本市场在 2012 年前都排在第 1 或第 2 位，2013 年掉到第 5 位，2014 年重回第 2 位，2015 年再次掉到第 4 位，2016 年又回到第 2 位。资本市场的变化，一方面凸显了其在我国经济社会生活中的重要地位，另一方面也反映了其近几年的起伏跌宕。

2016 年资本市场重回第 2 位，突出反映了 2016 年资本市场贯彻创新发展理念，推进重大制度创新所产生的重要影响，主要体现在：一是 IPO 改革。这一重大制度变革将对资本市场运行产生积极效应：一方面上市公司"壳"资源不再那

---

① 徐绍史：《国务院关于节能减排工作情况的报告》，全国人大网，2014 年 4 月 21 日，http://www.npc.gov.cn/npc/xinwen/2014-04/21/content_1860424.htm。

② 沈玮青、钟晶晶：《国际能源署发布报告再指中国为最大能源消费国》，载于《新京报》2010 年 11 月 11 日。

③ 《2013 全球碳排放量数据公布中国人均首超欧洲》，新浪财经，2014 年 9 月 23 日，http://finance.sina.com.cn/world/20140923/090120387459.shtml。

④ 《台媒：近九成空气污染致死发生在中低收入国家》，载于《参考消息》2016 年 9 月 28 日。

么稀缺，如 2016 年 IPO 家数和融资额创近五年新高，再融资规模创历史新高，防止对"壳"资源和重组的过度炒作；另一方面有助于真正启动上市公司的退市机制，强化对上市公司的监督和约束。二是进一步规范和完善新三板市场。通过对挂牌公司实施分层管理，推进了多层次资本市场建设，为企业融资和股份转让开辟了多样化的通道，至 2016 年末，全国中小企业股份转让系统（新三板市场）挂牌公司总数从上年末的 5 129 家增加到 10 163 家，几乎实现翻番，总市值从上年末的 2.46 万亿元上升到 4.06 万亿元，充分释放了制度改革红利。三是防范资本市场风险的制度完善。2016 年防范金融风险，特别是防范系统性风险被提到重要日程，防范资本市场风险就成为重要内容，为此，强化了证券公司风险控制、期货公司风险控制，加强证券投资基金管理公司管理、资产管理业务运作管理、规范重组上市行为、市场行为监管、新三板和债市监管等，如仅 2016 年上半年，证监会新立案市场操纵案件 52 起，比 2015 年同期增长 68%[1]。四是总结熔断机制教训。实施熔断机制短短 4 天时间，就造成市值损失高达 7.49 万亿[2]；2016 年 1 月 4 日当天，A 股两次触及熔断机制的两级阈值提前停市，上证综指暴跌 6.86%，深成指暴跌 8.28%[3]。这对我国如何加强资本市场监管，提供了深刻的教训，值得认真总结。五是高度重视万科控制权之争。宝能、华润、恒大、万科管理层对万科控制权的混战，以及恒大、宝能、安邦等各路资本举牌上市公司，拉开了我国上市公司股权之争的大幕，演出了一场场惊心动魄的大剧，如何规范上市公司股权之争就成为我国上市公司监管的新课题。

5. 对外贸易与贸易政策创历史新高。对外贸易与贸易政策从 2005 年的最低排名 18 位一路上升，2008 年达到第 5 位，之后有所下降，2015 年重回第 5 位，2016 年创出历史新高，站上第 4 位。从 2016 年文献的前 20 个关键词来看，与对外贸易与贸易政策相关的"全球价值链"和"比较优势"分别排在并列第 7 位和并列第 12 位，分别上升了 5 位和 41 位。反映了对外贸易与贸易政策在贯彻落实开放发展理念，构建更高层次全方位开放经济中的突出地位和作用。

对外贸易与贸易政策排名再创新高，主要因为：第一，对外贸易连续两年负增长对稳增长构成巨大压力。2016 年全国进出口总值同比下降 0.9%，其中出口

① 《证监会上半年新立操纵市场案件 52 起同比增 68%》，中国财经网，2016 年 7 月 1 日，http://finance.china.com.cn/news/20160701/3794105.shtml。
② 陈海钧：《4 天损失 7.49 万亿证监会暂停熔断机制》，网易，2016 年 1 月 8 日，http://news.163.com/16/0108/10/BCQ60BF100014AEE.html。
③ 《2016 年资本市场发生了哪些大事件?》，搜狐财经，2016 年 12 月 25 日，http://www.sohu.com/a/122550381_483467。

下降 2%，出现连续两年的负增长，成为造成经济持续下行的重要影响因素。保持对外贸易的平稳运行，就成为实现稳定大局的重要因素。但是，世界经济低迷对我国外贸发展带来严峻挑战。以美国为首的发达国家经济复苏曲折艰难，存在很大的不确定性和不稳定性，"黑天鹅"事件随时可能出现；新兴经济体国家发展面临严重困难，甚至出现了严重的经济下降；民粹主义和国际贸易保护主义抬头，甚至不惜违反 WTO 规则。[①] 这种种不利因素的交织，使国际贸易滑到近些年来的最低点。在如此不利的国际环境下贯彻落实开放发展就需要大智慧。第二，提出对外贸易的新战略新政策。开放发展新理念超越了以往的开放局限，形成了"三个并重"的全方位开放新战略，即从注重沿海开放转向沿海开放与沿边沿江开放并重；从主要对发达国家开放转向对发达国家开放与发展中国家开放并重；从主要是"引进来"转向"引进来"与"走出去"并重。实现这三个"并重"的最集中体现就是"一带一路"建设，因而深化对"一带一路"建设的理论和政策研究，就成为落实开放发展新理念新战略的首要任务。第三，落实创新发展理念，推动对外贸易结构优化升级。一是优化出口国结构，重点推动与"一带一路"周边国家的贸易。2016 年前三季度，我国对美、欧、日等传统贸易市场进出口比重逐步下降，而对巴基斯坦、俄罗斯、波兰、孟加拉国和印度等国出口分别增长 11%、14.1%、11.8%、9% 和 6.5%[②]。因此，加强与"一带一路"周边国家的经贸合作，特别是打造中国—东南亚自贸区升级版，有助于我国迅速改变对外贸易格局。二是优化出口产品结构，改变以机电产品和传统劳动密集型产品为主力的出口格局。2016 年前三季度，我国机电产品和七大类劳动密集型产品分别占同期出口总值的 57% 和 21.3%，其中机电产品同比下降 1.8%，远高于同期 1.6% 的出口下降水平[③]。这就需要探讨提高战略性新兴产业产品出口比重的政策和路径。

6. 收入分配与收入差距保持高位。收入分配与收入差距在 2004 年仅排在第 20 位，之后一路攀升，2008 年首次进入前 10 位，2009 年上升到第 6 位，2013 年创新高进入第 3 位，2015 年和 2016 年都保持在第 3 位的位置。从 2016 年文献的前 20 个关键词来看，"收入分配"和"收入不平等"两个关键词都榜上有名，

---

① 倪浩、赵觉珵：《WTO 判美多项对华反倾销违规中方敦促美尊重裁决》，载于《环球时报》2016 年 10 月 21 日。

② 海关总署：《2016 年前三季度我国外贸进出口情况》，2016 年 10 月 13 日，http：//www. customs. gov. cn/publish/portal0/tab65602/info823246. htm。

③ 新华社：《2016 年前三季度我国进出口逐季回稳》，中华人民共和国政府网站，2016 年 10 月 13 日，http：//www. gov. cn/shuju/2016－10/13/content_5118747. htm。

分别排在第 9 位和第 12 位。这都体现了贯彻落实"共享发展"理念的特殊地位和作用。

近些年来学界对收入分配与收入差距的持续高度关注，是对我国收入差距过大及其对经济运行构成严重负面影响的理论反映，突出表现在：一是根据国家统计局的数据，全国居民收入基尼系数，从改革开放初期的不到 0.2 快速提高到 2008 年 0.491 的历史最高点，这也是我国经济运行进入下行调整周期的起点，这时学界对收入分配的关注首次进入前 10 位，显示了理论研究的问题导向性。随后虽然我国通过深化收入分配体制改革和加强政府调控，基尼系数趋于下降，2015 年降到 0.462，但均远远高于 0.4 的国际警戒线，而且 2016 年基尼系数又有所抬头，上升到 0.465。这一方面表明我国基尼系数一直在高位运行，需要学界持续关注，并提出有效解决方案；另一方面表明促使基尼系数下降的新体制新机制尚未形成，深化收入分配体制机制改革仍任重道远。二是我国经济增长近几年持续下行，2016 年经济增速为改革开放以来的第四低，但这次的低位运行不同于前三次的"V"字型变化，呈现出持续下行的特征，这与收入差距的持续高位是否存在一定的联系，需要学界做出新的理论解释和机制说明。当前我国经济运行面临的突出矛盾，虽然有周期性和总量性的问题，但最根本的还是存在一些重大的经济结构失衡问题。在宏观经济结构中，优化收入结构成为结构优化的重要内容。三是我国改革开放以来居民收入从绝对平均到拉开收入差距，再到收入差距进入世界较高国家行列的完整演化过程，不仅为学者们验证库茨涅茨倒 U 型曲线在我国的适用性提供了详尽的资料，而且为系统揭示公平与效率之间的关系提供了完整的经验数据，可能为我国找到了不公平与效率损失共生的底线和上限，从而推进公平与效率的理论创新。四是我国改革开放以来基尼系数的变动证明了经济增长的涓滴效应并没有带来先富带动后富，走向共同富裕，因而需要构建推进共同富裕的共享发展理论和实现机制。

7. 产业结构与产业政策继续高度关注。产业结构与产业政策自 2003 年以来一直排在前 4 位，个别年份排在第 5 位，2016 年与 2015 年一样继续排在第 5 位。从 2016 年文献的关键词来看，"产业结构"也排在第 5 位，"制造业"排在并列第 12 位，显示了产业结构升级的长期性和艰巨性，以及产业结构优化升级是贯彻落实协调发展的重要内容。

产业结构与产业政策 2016 年继续被高度关注的独特性主要在于：一是经济发展新常态的重要标志是经济增长转向中高速和产业结构迈上中高端。事实上，只有产业结构迈上中高端，才能实现经济增长进入持续稳定中高速的轨道。深圳在我国率先实现了产业结构的转型升级，2016 年新经济规模超过经济总量过半，先进制造业占规模以上工业增加值的比重达 75.4%，高技术制造业增加值占全市规模以上工业增加值的比重为 66.2%，从而使深圳的经济增长速度在全国经济下行压力加大的情况下转而连续两年持续高速增长，分别达到 8.9% 和 9%[①]，这坚定了我国通过产业转型升级实现中高速增长的信心和决心，也凸显了加快产业结构升级的重要作用。二是自 2008 年以来我国服务业快速发展，在 GDP 中所占比重不断提高，2012 年首次超过第二产业成为拉动经济增长的主要产业，2016 年达到 51.6%。但是，第二产业，特别是制造业所占比重的快速下降对我国的产业结构优化究竟是喜还是忧，需要学者们依据我国的特定发展阶段做出科学的判断。从日本、韩国步入中等偏上收入国家行列后三次产业比例变化的情况看，日本从 1968 年步入中等偏上收入国家行列后，到 1977 年成为高收入国家期间，第三产业比重年均提高 0.69 个百分点，第二产业比重年均下降 0.35 个百分点；韩国从 1988 年步入中等偏上收入国家后，到 1995 年成为高收入国家期间，第三产业比重年均提高 0.62 个百分点。我国 2011～2015 年第三产业比重年均提高 1.26 个百分点，这是否意味着我国出现了严重的产业"脱实向虚"趋势？特别是在我国还远没有实现工业化，而美国却提出"再工业化"的情况下，我国应该如何看待制造业，如何发展制造业，需要提出新的认识和战略思路。三是在推进产业结构优化升级进程中，产业政策是否有用有效引起学者们广泛而深入的争论，而且两种观点针锋相对。对于产业政策的有效性可能需要沿着两个方向展开研究：一方面加大经济史的研究，从发达国家，特别是从后发达国家的产业演进经验中找到规律；另一方面更要从我国是后发国家这一基本国情出发理解我国产业政策的作用。从这个意义上说，日本、韩国等后发达国家从中等偏上收入国家步入高收入国家期间的产业政策经验对我国更具有参考价值。

8. 自主创新再前进 1 位。自主创新 2016 年比 2015 年上升一位，特别是在关键词的排序中，"企业创新"排在第 9 位，"创新"排在第 12 位，这一方面凸显了贯彻落实创新发展理念在我国经济发展中的迫切性和重要性；另一方面表明企业创新对于贯彻落实创新发展理念发挥着关键性作用。

自主创新在 2016 年引起学者们进一步关注的主要原因在于：一是构建中国特色创新理论体系。新理念的贯彻落实需要有新理论，发展经济学强调发展中国家利用后发优势，通过学习和引进消化吸收再创新推进技术创新，但这一理论在

---

① 深圳市统计局：《2016 年全市经济实现逐季走强向好新增长》，2017 年 1 月 23 日，http：//www.sz.gov.cn/sztjj2015/xxgk/tjsj/tjfx/201701/t20170123_5946842.htm。

我国成为世界第二大经济体后需要在核心技术和关键技术上寻求突破的情况下就失去了有效性；经济增长理论探讨的则是发达国家的技术进步，同样不适应于我国这样的发展中国家推进技术创新。构建中国特色自主创新理论体系，就成为构建中国特色社会主义经济理论体系的重要内容。二是完善自主创新发展战略。新理念的贯彻落实需要有新战略，这就需要结合我国新阶段的新特点新问题，以进入世界创新型国家前列的视野和格局确定我国自主创新的发展目标、任务、措施和步骤等战略性问题。三是提出推进自主创新的具体路径和政策。新理念的贯彻落实需要有新政策，自主创新不仅是理论和战略问题，而且更重要的还是实践问题，这就需要探讨影响自主创新的各种因素，找到我国顺利进入世界创新型国家前列的体制机制、路径以及相配套的政策措施，使自主创新战略真正落地并取得实效。

9. 金融秩序与金融安全位次创历史新高。金融秩序与金融安全问题在 2010 年以前排在 40 位左右，2011 年首次进入前 20，排在第 18 位，2015 年下滑到第 22 位，2016 年大幅反弹到第 14 位，前进了 8 位，排名创历史最高，显示了对贯彻落实协调发展理念，推进"三去一降一补"供给侧结构性改革的高度重视。

2016 年学界对金融秩序与金融安全问题的强烈关注，主要是源于 2008 年以来我国为应对世界金融危机冲击和熨平我国经济周期，采取了一系列宏观经济刺激政策所带来的负面影响，主要表现在：一是货币超发。我国的广义货币供应量（M2）余额从 2008 年末的 47.52 万亿元迅速增加到 2016 年末的 155 万亿元，短短 8 年时间增加了 100 多万亿元，而同期我国 GDP 总量从 31.4 万亿增加到 74.41 万亿，仅仅增加了 43 万亿元，这使我国的 M2/GDP 从 1.51 上升到 2.08，远远超过世界主要国家的水平，游资的大规模流动极易产生资产泡沫和金融风险。二是互联网金融快速发展。"互联网＋"带动的互联网金融创新，一方面推进了金融体制改革，另一方面由于监管不到位和监管体制机制不完善，极易引发风险。三是房地产泡沫严重。有人测算，我国目前的房地产泡沫，已经高于日本房地产泡沫破灭和美国发生 2008 年次贷危机时的水平，从而隐含着巨大的泡沫破灭风险。四是地方政府债务风险。地方政府债务余额高企，特别是作为地方政府债务主体的地方融资平台出现数次违约事件，以及地方财政收入过度依赖土地财政等，隐含着巨大的地方债务风险。五是企业债务风险。标准普尔 2015 年 6 月发布研究报告显示，中国已经成为全球企业债务规模最高的国家，随着经济转型和绿色发展的贯彻落实，有可能引发企业债务风险。六是家庭债务快速增长。中国人民银行发布报告显示，2016 年 12 月末，个人购房贷款余额 19.14 万亿元，同比增长 35%①，家庭负债率大幅提高。学界对金融风险的极大关注，也引起了政府的高度重视，2016 年中央经济工作会议认为，要把防控金融风险放到更加重要的位置。2017 年全国银行业监督管理工作会议也指出：要严控不良贷款风险，严盯流动性风险，严管交叉性金融风险，严防地方政府融资平台贷款风险，严治互联网金融风险，严处非法集资风险。

10. 中国对外投资首次进入前 20 位。中国对外投资问题在 2014 年以前没有进入学界研究的视野，2014 年排在第 32 位，2015 年为第 31 位，2016 年猛升到第 17 位，首次进入前二十大热点，跃升了 14 位，上升幅度仅次于马克思主义经济学及其中国化，排在第二。从 2016 年文献的前 20 个关键词来看，对外直接投资排在第 7 位，全球价值链排在第 8 位，纷纷进入前 10 位。这充分显示了在出现逆全球化的大背景下，我国贯彻开放发展理念，积极推进全球化的信心和决心。

学界对中国对外投资研究的大幅升温，主要是因为，一是开放是国家繁荣发展的必由之路。这是我国改革开放近 40 年取得巨大成功的基本经验，必须始终坚持。但是，在我国成为世界第二大经济体，第一大对外贸易国的新形势下，我国必须形成对外开放的新战略新体制，这就要求我国探索从引进来到走出去的战略目标、任务、步骤和措施。二是解决实践中的难题和矛盾。2016 年我国境内投资者共对全球 164 个国家和地区进行非金融类直接投资，规模达 11 299.2 亿元人民币，折合 1 701.1 亿美元，同比增长 44.1%②。企业的大规模对外投资，一方面需要形成中国特色的对外投资理论，给予实践指导和引领，避免盲目性和投资风险，特别是要汲取当年日本走出去大规模海外投资的历史教训；另一方面还需要处理好我国对外投资与保持外汇储备合理水平之间的关系。三是积极推进"一带一路"建设，进行国际产能合作的要求。"一带一路"是我国在经济新常态下实现增长中高速、产业中高端的重大倡议，是新理念新思想新战略的重要组成部分，是构建更高层次全方位对外开放新体制的重要内容。因此，从理论上看，就需要通过"一带一路"的研究，构建中国特色的对外开放新理论；从实践上看，就是要推进我国在全球化的平台上整合两个市场、两种资源，进行跨国产能合作，构建跨国产业链，参与全球经济治理，获取全球经济话语权。

---

① 中国人民银行：《2016 年四季度金融机构贷款投向统计报告》，2017 年 1 月 20 日，http: // www. pbc. gov. cn/goutongjiaoliu/113456/113469/3240323/2017012015583911171. pdf。
② 商务部合作司：《2016 年我国对外非金融类直接投资简明统计》，2017 年 1 月 19 日，http: // fec. mofcom. gov. cn/article/tjsj/ydjm/jwtz/201701/20170102504235. shtml。

三、中国经济学进一步研究的方向和重点

面对新常态的新形势新特点新任务，进一步贯彻落实新发展理念，中国经济学应该在以下几个方面开展更深入的研究。

1. 开拓中国特色社会主义政治经济学新境界。为进一步夯实治国理政的政治经济学基础，急需以问题为导向，以解决问题为目的，以中国经验为基础，推进中国特色社会主义政治经济学的重大理论创新。这主要有以下方向：一是构建中国特色社会主义政治经济学新体系。党的十八大以来，习近平总书记提出了一系列治国理政新理念新思想新战略，对中国特色社会主义政治经济学新体系进行了"四梁八柱"性的构建，从而在研究对象、研究方法、研究主线、研究框架等方面进行理论创新开辟了新的道路，中国经济学的理论体系构建有望取得新的成果。这是因为我国已具有了创建中国特色社会主义政治经济学新体系的基本基础和条件，这就是中国实现了经济发展的"中国奇迹"，而且有能力、有空间、有保障能够顺利跨越"中等收入陷阱"。二是构建新概念新范畴。坚持辩证唯物主义和历史唯物主义，借鉴西方经济学的科学方法，从中国经验中提炼新概念，形成新范畴，并用中国实践丰富马克思主义政治经济学概念范畴的新内涵。三是注重解决问题。中国经济学必须能够解释中国实践，并用于解决中国实践面临的重大问题，从而在有用上下功夫，特别是解决我国跨越"中等收入陷阱"，实现"两个一百年"奋斗目标面临的重大挑战。

2. 构建以人民为中心的中国经济学。以人民为中心的发展思想，要求把增进人民福祉、促进人的全面发展、朝着共同富裕方向稳步前进作为经济发展的出发点和落脚点，这就决定了中国经济学是为人民服务的，是以人民为中心的经济学，表明了中国经济学的利益诉求，解决了我国经济改革发展依靠谁、为了谁这一最基本理论问题。因此，中国经济学就需要研究如何构建以人民为中心的经济学。这主要有以下研究方向：一是经济改革发展如何紧紧依靠广大人民群众？这主要依靠全面深化改革，破除一切束缚人民群众改革发展积极性、主动性和创造性的体制机制和观念，充分释放人民群众创新创业的一切源泉，促进生产力的发展。当然，全面深化改革，还要顶层设计和群众创造相结合，这就需要解决二者有机结合的体制机制，真正做到问计于民，充分发挥人民群众的改革智慧。二是经济改革发展如何真正为了广大人民群众？在社会主义初级阶段，广大人民群众的最核心利益就是解决人民日益增长的物质文化需要同落后社会生产之间的矛

盾，这就决定了中国经济学的研究对象不仅要研究生产关系，而且更要研究生产力；研究方法要坚持问题导向，倾听人民群众的呼声，解决人民群众的问题；研究主线是发展，揭示我国作为一个低收入国家发展成为高收入国家，进而成为现代化发达国家的发展规律；研究框架就包括发展阶段、发展理念、发展动力、发展目的、发展道路、发展制度等有关发展的主要内容。

3. 创新社会主义初级阶段新理论。经济发展进入新常态的重大理论判断，实际上把社会主义初级阶段进一步细分为两个不同的发展阶段，从而丰富和完善了社会主义初级阶段理论。这个新阶段与改革开放30多年来的发展阶段存在本质的区别。从生产关系方面看，前一阶段是探索适应社会主义初级阶段生产关系的阶段，最终找到了社会主义市场经济新体制；新常态下则是社会主义市场经济体制的完善和最终定型阶段。从生产力方面看，前一阶段是从低收入国家向中高收入国家发展的阶段；新常态则是从中高收入国家向高收入国家直至进入发达国家的发展阶段。由于发展阶段的本质变化，就需要中国经济学做出适应新阶段的理论创新：一是新发展阶段主要矛盾的表现形式。在新常态下，社会主义初级阶段的主要矛盾主要表现为从前一阶段的人民日益增长的物质文化需要同落后的社会生产之间的"总量"性矛盾转变为新阶段的重大"结构"性矛盾。二是在战略目标方面，在前一阶段实现"由穷变富"的基础上完成"由富变强"的转变，建成富强、民主、文明的现代化国家。三是在战略任务方面，在前一阶段实现量的扩张，成为世界第二大经济体基础上完成质的提升，进入创新型国家的前列，实现新型工业化、信息化、城镇化和农业现代化的互动发展。四是在战略措施方面，在前一阶段实现不平衡高速增长的基础上完成平衡协调的稳中求进，追求更加协调、更为公平、更可持续的健康发展，实现全体人民的最大福祉和全面发展。

4. 贯彻落实经济发展新理念。中国经济改革与发展必须以经济发展新理念为指导，因而中国经济学必须加大对经济发展新理念的深化研究。主要方向有：一是揭示创新发展、协调发展、绿色发展、开放发展、共享发展相互之间的有机联系和互动机制，构建"五位一体"的发展理念体系，形成引领新常态的理念体系。二是分别揭示创新发展、协调发展、绿色发展、开放发展、共享发展的内涵及其实现机制，如创新发展中的理论创新、技术创新、制度创新和文化创新的相互关系和实现机制，构建中国特色的创新理论；共享发展中的全民共享、全面共享、共建共享、渐进共享的相互关系及其实现机制，构建中国特色的共享经济理论。三是揭示新发展理念与中国特色社会主义政治经济学理论体系的关系，由于理念决定理论的结构框架，因而需要探索依据新发展理念，指导创立中国特色社会主义政治经济学新理论体系框架。四是揭示经济发展新理念与经济转型、体制转型的关系，用理论逻辑和经验验证说明新发展理念对"双转型"的有用性和有效性，形成用理论解释实践、在实践中检验理论和完善理论的学风。

5. 推进供给侧结构性改革。我国经济运行面临的突出矛盾虽然有周期性、总量性因素，但根源还是重大结构性失衡。在重大结构性问题中，主要矛盾又在供给侧，因而推进供给侧结构性改革就成为引领我国经济改革发展的主线。从需求侧来看，拉动经济增长的是"三驾马车"；从供给侧来看，推动经济增长的是要素供给、结构供给和制度供给三大动力。因此，推进供给侧结构性改革的研究方向就是，一是优化要素投入结构，实施创新驱动战略，从主要依靠劳动、资本、土地要素的投入转向主要依靠知识、技术、管理等要素投入，提高全要素生产率。二是优化产业结构、城乡结构和区域结构，推进新型工业化、信息化、城镇化、农业现代化同步互动发展，以及区域经济一体化，为经济持续健康发展提供强大内在动力。三是优化制度结构，深化国有企业制度改革，完善以公有制为主体的所有制结构；深化市场化改革，完善市场与政府的有机组合结构；深化收入分配制度改革，完善收入分配制度结构。

6. 发展更高层次的全方位开放型经济。在经济发展新常态下，必须坚持对外开放基本国策，重点加快推进"一带一路"建设等，构建更高层次的全方位开放型经济。因此，这就需要作出以下研究：一是在从沿海开放向沿边沿江开放的扩展进程中，探索沿边沿江开放的特殊规律，创新口岸建设，进而跨境合作区建设和构建跨境产业链的模式和途径；二是在从对发达国家开放向对发展中国家开放的扩展进程中，探索对发展中国家开放的特殊规律，提供我国与发展中国家合作共赢的中国方案；三是在从"引进来"向"走出去"的开放扩展进程中，探索中国企业走出去整合两个市场、两种资源的特殊规律，一方面为中国企业走出去提供指导和帮助，另一方面找到中国企业走出去的规模与外贸、外汇储备、汇率之间的最佳结合点；四是在从跟随全球规则和技术标准向参与制定进而主导制定攀升进程中，探索中国作为发展中国家在美国等发达国家遏制下参与全球经济治理、获取话语权和主导权的特殊规律，为我国发展更高层次的开放型经济提供理论指导。

2017 年中国经济研究热点排名与分析[*]

2017 年党的十九大明确宣告，中国特色社会主义进入新时代。面对新时代的新矛盾、新理念、新战略、新任务、新举措，学界进行了深入的理论和实践研究，呈现出了新的特点和进展。

一、2017 年中国经济研究前二十大热点

2017 年学术期刊统计样本的选取继续采用教育部中国社会科学研究评价中心公布的 2017～2018 年 CSSCI 来源期刊经济学类排名前 20 位杂志，然后依据理论经济学和应用经济学两个一级学科下二级学科平衡分布的需要，选取了作为2017 年中国经济研究热点排名和分析的 15 本经济学类统计样本期刊[①]。由于其他类别的杂志也有经济学的栏目和论文，为了保证覆盖面和代表性，我们又选取了其他 4 大类即马克思主义类、管理学类、社会科学总论类和高校综合性社科学报类各自排名第一的学术期刊，与经济学类共同构成了 19 本统计样本期刊[②]。2017 年的统计样本期刊与 2016 年完全一致。

2017 年学者在以上 19 本统计样本期刊上发表的全部学术论文（不包括书评和会议报道等）共 1 833 篇，较 2016 年的 1 830 篇仅增加了 3 篇，基本保持不变。我们对 1 833 篇论文按专题进行分类统计，得出了 2017 年中国经济研究前二十大热点问题（见表 1）。它们分别是：（1）经济增长与发展；（2）资本市场；（3）"三农"；（4）自主创新；（5）产业结构与产业政策；（6）收入分

[*] 原载于《经济学家》2018 年第 9 期。

① 在排名前 20 位的期刊中，依据二级学科平衡分布的需要，仅保留相同学科排名靠前的杂志，这样就去掉了前 20 名杂志中的 5 本杂志，剩下 15 本样本期刊。

② 在 19 本统计样本期刊中，经济类分别为：《经济研究》《世界经济》《经济学（季刊）》《中国工业经济》《数量经济技术经济研究》《金融研究》《中国农村观察》《经济科学》《财经研究》《财贸经济》《南开经济研究》《经济理论与经济管理》《经济学家》《产业经济研究》《经济评论》；其他类分别为：《中国社会科学》《管理世界》《马克思主义研究》《中国人民大学学报》。

配与收入差距；（7）对外贸易与贸易政策；（8）公共经济；（9）绿色经济；（10）马克思主义经济学及其中国化；（11）区域经济发展；（12）企业成长；（13）货币政策；（13）就业（并列）；（15）企业融资；（16）金融秩序与金融稳定；（17）中国对外投资；（17）计量经济（并列）；（19）金融体制；（20）城市经济；（20）消费（并列）；（20）经济体制改革（并列）。由于消费、经济体制改革和城市经济三个热点并列 20 位，今年的热点数量实际上变为前 22 个。

表1　　　　　　**2017 年排名与 2016 年排名相比的新变化**

热点	2017 年排序	2016 年排序	2017 年与 2016 年相比
经济增长与发展	1	1	未变
资本市场	2	2	未变
"三农"	3	5	上升 2 位
自主创新	4	7	上升 3 位
产业结构与产业政策	5	5	未变
收入分配与收入差距	6	3	下降 3 位
对外贸易与贸易政策	7	4	下降 3 位
公共经济	8	11	上升 3 位，进入前 10
绿色经济	9	9	未变
马克思主义经济学及其中国化	10	10	未变
区域经济发展	11	13	上升 2 位
企业成长	12	12	未变
货币政策	13	8	下降 5 位，退出前 10
就业	13	19	上升 6 位
企业融资	15	15	未变
金融秩序与金融安全	16	14	下降 2 位
中国对外投资	17	17	未变
计量经济	17	23	上升 6 位，进入前 20
金融体制	19	17	下降 2 位
城市经济	20	26	上升 6 位，进入前 20
消费	20	26	上升 6 位，进入前 20
经济体制改革	20	20	未变
财政体制	23	15	下降 8 位，退出前 20

2017 年学者在 19 本统计样本期刊上发表的全部 1 833 篇学术论文中，共有关键词 7 122 个，比 2016 年的 6 972 个关键词多了 150 个。在 7 122 个关键词中，根据出现的频次列出排名前 20 位的"关键词"（见表 2）。显然，2017 年前 20 位"关键词"与 2016 年相比发生了明显的变化，其中"供给侧结构性改革"上升 66 位，"一带一路"上升 34 位，"产能过剩"上升 20 位，这 3 个关键词都是首次进入前 20 位，反映了学者们对 2017 年我国经济工作重点任务的关注；"经济波动"上升 22 位，首次进入前 20 位，反映了 2017 年我国经济运行触底回升，是否进入"新周期"的争论；"新结构经济学"上升 350 位，首次进入前 20 位，反映了学者们对构建中国特色、中国气派、中国风格经济学的关注和争论；"人力资本"上升 7 位，首次进入前 10 位，体现了创新靠人才，人才是第一资源的重要思想；"制造业"上升 7 位，反映了学者们对"中国制造 2025"的重视。

表 2 　　　　2017 年与 2016 年相比前二十大关键词变动情况

2017 年排序	关键词	与 2016 年比较排位变动	2017 年词频	2016 年词频
1	经济增长	未变	58	57
2	全要素生产率	未变	42	36
3	全球价值链	上升 4 位	31	16
4	货币政策	下降 1 位	29	33
5	融资约束	下降 1 位	26	28
6	供给侧结构性改革	上升 66 位，进入前 20	22	6
7	人力资本	上升 7 位	19	12
7	制造业	上升 7 位	19	12
9	对外直接投资	下降 4 位	18	21
10	产业结构	下降 5 位	17	21
10	环境规制	上升 2 位	17	13
12	技术进步	上升 9 位	16	11
12	企业创新	下降 3 位	16	14
12	社会资本	上升 2 位	16	12
12	异质性	上升 9 位，进入前 20	16	11
12	一带一路	上升 34 位，进入前 20	16	8
17	创新	下降 3 位	15	12
17	经济波动	上升 22 位，进入前 20	15	9

续表

2017 年排序	关键词	与 2016 年比较排位变动	2017 年词频	2016 年词频
19	产能过剩	上升 20 位，进入前 20	14	9
19	国有企业	下降 10 位	14	14
19	新结构经济学	上升 350 位，进入前 20	14	2
22	金融发展	下降 15 位，退出前 20	13	16
22	公司治理	下降 7 位，退出前 20	13	12
31	收入分配	下降 22 位，退出前 20	10	14
52	比较优势	下降 40 位，退出前 20	7	13
103	通货膨胀	下降 89 位，退出前 20	5	12
221	收入不平等	下降 207 位，退出前 20	3	12

对 2017 年前 20 位"关键词"进行分类来看，基本与前面按专题进行分类得出的前二十大热点相对应，如"经济增长"和"全要素生产率"两个关键词排在前两位，与"经济增长与发展"热点排在第 1 位完全一致；自主创新位次的提高与"技术进步"关键词上升 9 位相一致，而且还有"企业创新""创新"两个关键词在前 20 位中；"环境规制"上升 2 位，与发展绿色经济中注重发挥政府作用相一致。关键词的排位下降也与按专题分类的热点下降相一致，如按专题分类，"收入分配与收入差距" 2017 年比 2016 年下降 3 位，同样，在关键词中，"收入分配"下降了 22 位，退出前 20 位，"收入不平等"下降了 207 位，也退出前 20 位，只是"收入分配"和"收入不平等"在关键词中的排位下降幅度更大些。

二、2017 年中国经济研究热点排名变化

党的十九大报告对我国经济发展进入新时代做出了如下重大判断：我国经济已由高速增长阶段转向高质量发展阶段，正处在转变发展方式、优化经济结构、转换增长动力的攻关期，建设现代化经济体系是跨越关口的迫切要求和我国发展的战略目标。[①] 习近平总书记在 2018 年 1 月 30 日下午中共中央政治局就建设现代化经济体系进行第三次集体学习时强调，建设现代化经济体系是一篇大文章，

---

① 习近平：《决胜全面建成小康社会　夺取新时代中国特色社会主义伟大胜利》，新华网，2017 年 10 月 27 日。

既是一个重大理论命题，更是一个重大实践课题，需要从理论和实践的结合上进行深入探讨。[①]

现代化经济体系具体包括七大体系，即创新引领、协同发展的产业体系；统一开放、竞争有序的市场体系；体现效率、促进公平的收入分配体系；彰显优势、协调联动的城乡区域发展体系；资源节约、环境友好的绿色发展体系；多元平衡、安全高效的全面开放体系；充分发挥市场作用、更好发挥政府作用的经济体制。

显然，2017 年中国经济研究前二十大热点问题基本聚焦于建设现代化经济体系这一强国任务上。经济增长与发展探讨的是高质量发展；资本市场、自主创新、产业结构与产业政策探讨的是产业体系建设；企业成长、就业、企业融资、金融秩序与金融稳定、金融体制、消费等探讨的是市场体系建设；收入分配与收入差距、公共经济、就业探讨的是分配体系建设；"三农"、区域经济发展、公共经济、城市经济探讨的是城乡区域发展体系建设；绿色经济探讨的是绿色发展体系建设；对外贸易与贸易政策、中国对外投资探讨的是全面开放体系建设；公共经济、货币政策、金融秩序与金融安全、金融体制、经济体制改革探讨的是经济体制建设。以上所探讨的成果都是在努力开拓当代中国马克思主义经济学的新境界，为构建中国特色社会主义经济学添砖加瓦。

为什么建设现代化经济体系成为新时代的最强音，这是因为国家强，经济体系必须强。从中国近代发展史来看，我国 1820 年 GDP 总量绝对世界第一，但到 1840 年却陷入百年屈辱，原因就是没有推进农业向工业化的产业升级。从第二次世界大战以来跨越和陷入"中等收入陷阱"经济体的经验教训来看，凡是跨越"中等收入陷阱"的经济体都通过经济转型构建了现代化的经济体系，而陷入"中等收入陷阱"的经济体无一例外都没有建立现代化的经济体系。最近美国对中国打贸易战开出的清单，针对的关键领域就是中国制造 2025，打的就是中国要建设的现代化经济体系。正如美国前白宫首席战略顾问班农所说："对我来说，和中国的经济战争就是一切。我们需要疯狂地执着于此。如果我们输了它，我想在五年后，最多不过十年后，我们就要迎来一个下滑的转折点，而我们将再也无法恢复元气。"[②] 因此，加快建设现代化经济体系，是历史的告诫，更是我国加速从经济大国向经济强国飞跃刻不容缓的必然选择。

---

① 习近平：《深刻认识建设现代化经济体系重要性　推动我国经济发展焕发新活力迈上新台阶》，www. gov. cn，2018 年 1 月 31 日。

② 班农：《对我来说，和中国的经济战争就是一切》，星岛环球网，2017 年 8 月 18 日。

围绕着加快建设现代化经济体系，2017 年学者们从多角度、多层面进行了深入分析，取得了可喜的研究成果，体现了 2017 年中国经济研究的新进展和新特点，主要有：

1. 自主创新位次创历史新高。自 2006 年我国提出构建创新型国家以来，自主创新首次进入前 10 位，但在其后的各年份排位中，最低是 2008 年和 2009 年排在第 12 位，最高是 2011 年和 2014 年排在第 6 位。2017 年自主创新排名第 4 位，创历史最高，比 2016 年上升了 3 位。在 2017 年文献的关键词排序中，"技术进步"排位比 2016 年大幅上升了 9 位，与此相关的"人力资本"排到了第 7 位，比 2016 年上升了 7 位，这些都凸显了自主创新在建设现代化经济体系中的特殊地位。

习近平总书记近日在湖北考察时强调，核心技术是国之重器，是实现跨越式发展的支柱，也是国家经济安全、国防安全的底线。真正的大国重器，一定要掌握在自己手里。核心技术、关键技术，化缘是化不来的，要靠自己拼搏。[①] 加快自主创新，使中国尽快进入世界科技前列，成为世界科技发展的中心，就成为建设现代化经济体系的关键任务。历史经验告诉我们，特别是美国最近对中兴的制裁再次警示我们，没有过硬的核心技术在手难以公平地参与国际贸易和分工，也难以立于世界强国之林。

寻求核心技术、关键技术的重大突破，狭义上讲主要是指技术创新，经济学如此关注自主创新，说明自主创新离不开经济学的理论指引和支撑，这主要是因为：一是经济学构建的创新理论，为自主创新提供了理念和方向上的指引。例如，创新发展理念就明确了新时代经济发展的第一动力是创新，第一资源是人才，强起来要靠创新，创新要靠人才，从而提出了创新驱动战略、科教兴国战略、人才强国战略等一系列发展战略，并为鼓励创新、保护创新提供了系统的政策框架。二是经济学构建的创新理论体系，一方面揭示了影响自主创新的各个主要因素，从而为发挥各要素促进自主创新的积极作用开辟了道路，另一方面提出的创新重点、创新路径、创新工具、创新方法等，为加快自主创新指明了正确的方向。三是经济学揭示的生产力和生产关系运动规律，就可以深化促进生产力发展的制度变革和体制机制创新，为自主创新提供强大的制度保障和不竭的改革动力，因为科技是第一生产力，科技的创新发展离不开全面深化改革开放。四是经济学作为致用之学，可以从世界各国自主创新的丰富实践中总结经验、发现规

---

① 新华时评：《大国重器一定要掌握在自己手里》，新华网，2018 年 4 月 27 日。

律，推进技术创新经验的扩散和普及，形成全民创新创业。这说明，中国特色社会主义政治经济学的研究对象包括研究生产力，但不是研究生产力的技术方面，而是研究生产力的社会方面。因此，中国特色社会主义经济学通过揭示自主创新的运动规律，可以有效地推进我国的自主创新。

2. 公共经济再次进入前 10 位。公共经济自 2004 年以来排名一直处在前 20 位，最低是 2004 年排在第 18 位，最高是 2007 年排在第 6 位。2017 年排在第 8 位，比 2016 年前进了 3 位。在 2017 年文献的关键词排序中，"环境规制"排在并列第 10 位，比 2016 年上升了 2 位；"社会资本"排在并列 12 位，也上升了 2 位。公共经济 14 年来一直排在前 20 位的情况表明，我国深化经济体制改革的核心问题是处理好政府和市场的关系，公共经济就是解决在发挥市场对资源配置起决定性作用的基础上如何更好地发挥政府作用。实际上，正确处理政府与市场的关系是市场经济理论研究的永恒主题。

改革开放使积贫积弱的中国一举成为世界第二大经济体，完成了从站起来到富起来的第二次飞跃，迎来了从富起来到强起来的新飞跃。中国经济发展取得举世公认的发展奇迹表明，中国实行的改革开放是正确的，因而需要坚定不移地加以坚持，但我国的改革开放做对了什么？这是我们总结改革开放 40 年经验必须要给出的理论回答，以决定我们坚持什么，完善什么，使我国的改革开放始终沿着正确的方向不断推进。

从公共经济理论发展的视角来看，改革开放 40 年来我国在政府与市场关系的处理上，最突出的鲜明特色就是在不同的发展阶段正确理解了政府的地位和作用，解决了政府的"缺位"和"错位"问题。这主要是因为，一是苏联、东欧各国的市场化改革与我国的经济体制改革的共同点都是在传统计划经济体制中引入市场，发挥市场的积极作用，但改革的效果却截然不同。究其原因，最主要的是我国采取了渐进式的改革，即随着市场的发育和市场功能的增强，政府不断调整自己的作用范围和作用方式，从最初的计划经济为主、市场调节为辅演进到计划调节市场、市场引导企业，再上升到发挥市场的基础性作用，到现在定格为发挥市场的决定性作用，展现出经济改革就是一部政府与市场关系的认识史、调整史。二是新兴经济体如印度、巴西等大力发展市场经济，甚至是发展以私有制为基础的市场经济，但也没有取得像我国这样的发展成就。究其原因，最主要的是印度、巴西等国在推进经济发展进程中政府作用的缺位，因为作为一个发展中国家，最大的后发优势是可以不通过市场的自发探索，根据先发国家市场摸索出的经济演进一般规律，借助国家力量加快推进经济发展，从而可以少走或不走弯路，实现跨越式发展。三是从经济学的一般原理来看，市场对资源优化配置起决定性作用，这是市场经济的一般规律和要求，但如何更好地发挥政府作用却是各国发展市场经济的特殊道路。因此，探讨社会主义市场经济体制下在市场对资源配置起决定性作用基础上如何更好发挥政府作用，就成为建设现代化经济体系的重要内容，也是中国特色社会主义经济学的基本特征。

3. "三农"回归历史高位。自 2003 年以来，"三农"排名一直居于高位，2006 年甚至成为第 1 位，其他年份基本都排在第 2、3 位，2016 年意外滑落到第 5 位，2017 年又回归到第 3 位。这说明推进农业现代化、农民市民化和农村城镇化，实现城乡融合发展，依然是我国建设现代化经济体系需要加快弥补的最大短板。

2016 年 12 月 31 日发布的《中共中央国务院关于深入推进农业供给侧结构性改革，加快培育农业农村发展新动能的若干意见》聚焦于农业的供给侧结构性改革，着力培育农业农村发展核心动能，提出了我国新时代解决"三农"问题的新思路、新战略、新举措，进一步激发了学者们对"三农"问题的新思考、新探讨。这主要是因为，一是我国农业发展进入新阶段。按照联合国粮农组织的标准，粮食当年库存达到次年消费量的 17% ~ 18%，就可以实现粮食安全，但我国目前三大主粮的库存消费比达到了 50% 左右，出现了严重的产能过剩，表明农业的主要矛盾已经由总量不足转变为结构性矛盾，这就需要探讨农产品总量过剩下的农业现代化和农民增收的新思路新政策。二是随着我国人均 GDP 超过 8 000 美元，以及我国居民恩格尔系数（2017 年为 29.3%）达到联合国划分的 20% 至 30% 的富足标准，消费者对农产品的需求开始从追求数量转向追求品质、安全、健康、营养，麦肯锡 2017 年 11 月通过调查 44 个城市的 10 000 名消费者，分析了 17 个消费品类发现，中国人明显青睐的国产品牌只有 9 个品类，主要是生鲜食品、禽类、洗涤剂和啤酒，仍有 53% 和 50% 的消费者选择国外品牌的奶粉和红酒，[①] 这就需要探讨我国特色农业、绿色农业的发展思路与政策，以适应消费者对美好生活的需要。三是农民的市民化将为我国创造巨大的消费红利。2017 年消费对 GDP 的贡献率达到 58.8%，高于资本形成总额 26.7 个百分点，表明在"三驾马车"中消费已成为经济增长的第一拉动力。但是，2017 年我国农村人口占人口总数的 42.65%，农村消费品零售总额仅占我国消费品零售总额的 14.2%，因而提高农民的消费水平就成为我国消费持续稳定增长的重要举措，这就需要加快农

---

① 《美媒称中国人更偏爱中国品牌：除了奶粉与红酒》，载于《参考消息》2017 年 11 月 24 日。

民的市民化进程。按照我国城镇化发展规划，到 2030 年我国城镇化率达到 70%，因而从现在开始每年我国城镇化率需要提高一个百分点，约 1 700 万农村人口进城。按照目前市民消费与农民消费 3.5∶1 的消费倍增效果，城镇化将有力推动我国居民消费总量的扩张。四是大力实施乡村振兴战略。我国是一个人口大国，即使城镇化率达到发达国家的水平，我国还会有三四亿人口生活在农村，所以乡村振兴和城市发展必须相得益彰、相辅相成。这就需要探索特色小镇、美丽乡村建设的途径和方式，振兴乡村民俗文化，发展乡村特色旅游，推进农村第一、第二、第三产业融合发展，赋予农村更加多样化的经济功能，推进乡村全面振兴，建成产业兴旺、生态宜居、乡风文明、治理有效、生活富裕的现代化新农村。

4. 城市经济再次进入前 20。自 2003 年以来，城市经济只有在 2004 年排到第 16 位的最高位，此后各年份基本都排在 30 位左右，2016 年上升到第 26 位，2017 年再上升到第 20 位，13 年来再次闯入前 20 位。城市经济位次的不断提高，显示出城市经济已成为我国推进现代化的重要增长极，成为辐射和带动城乡融合发展的中心，从而构成我国建设现代化经济体系的重要组成部分。

我国正处在城镇化发展的加速期，麦肯锡的研究报告认为，到 2030 年，中国经济结构改变最明显的证明将是城市的繁荣。为了推进城市经济的健康稳定发展，避免西方国家城镇化走过的弯路，就迫切需要学者们在理论和实践上对城市经济做出深入的探讨。一是城市的规模结构。按照城市化发展的一般规律，产业和人口主要向大中城市集聚，从而形成一批特大和超大城市。麦肯锡的研究报告就建议我国在未来的几十年内应把大部分城市人口聚集到特大城市（远多于 1 500 万~2 000 万人）中。但是我国的超大城市和特大城市在发展过程中已经显现出严重的污染、交通堵塞等大城市病，因而北京和上海已经开始制定政策控制城市人口的扩张。也有人认为，考虑到中国许多小城市规模过小，应主要发展 100 万~500 万人口规模的城市。我国最优的城市规模结构究竟是什么，需要学者们依据城市化的发展规律并结合我国的具体国情做出科学的回答。二是城市群的布局结构。从国家宏观层面来看，我国已形成三大圈城市群、长江经济带城市群和丝绸之路经济带城市群的发展格局。我国珠三角、长三角和京津冀三大经济圈城市群的 GDP 占全国总量的比重接近 40%，人口接近 20%，但与美国三大经济圈城市群的 GDP 占美国的 68%，人口占 33% 以上，以及日本三大经济圈城市群 GDP 占日本的 70%，人口占 50.2% 相比，我国三大经济圈城市群在城镇化进程中仍然将显现出产业和人口的继续集聚，这就需要确立三大经济圈城市群产业和人口集聚的最佳规模和合理布局。同时，我国还要加快长江经济带城市群和丝绸之路经济带城市群的规划和建设，形成东部、中部和西部城市群的合理布局。三是城市群的内部结构。城市群是由大中小城市相互联系、相互依存、相互支撑的有机整体，而我国目前的城市群主要是各城市间基础设施的互联互通，城市经济的有机整合和一体化发展还需要进一步加大力度，如长江经济带中上游城市群的各城市间缺乏分工协作的产业联系，难以形成高效的产业关联，资源配置过度集中于中心城市，难以形成有效的城市关联。这就需要学者们研究城市群的产业链整合，形成以各城市分工协作为基础的具有国际竞争力的产业群，为城市群建设奠定坚实的产业基础和经济纽带；研究城市群大中小城市的功能定位，推动各城市的特色化发展，形成功能互补的协同发展格局，为城市群建设奠定坚实的空间基础。

5. 产业结构与产业政策继续高度关注。产业结构与产业政策自 2003 年开始排名以来一直排在前 4、5 位，2017 年和 2015 年、2016 年一样连续 3 年排在第 5 位。在 2017 年文献的关键词排序中，"产业结构"排在并列第 10 位，虽然位次有所下降，但"制造业"排到了并列第 7 位，比 2016 年上升了 7 位；"产能过剩"排在并列 19 位，比 2016 年上升了 20 位。这些变化显示了产业结构与产业政策在建设现代化经济体系中仍居于非常重要的地位。

实际上，从现代化经济体系所包含的七大体系之间的相互关系来看，产业体系居于核心地位或基础地位。党的十九大报告指出，建设现代化经济体系，必须把发展经济的着力点放在实体经济上，把提高供给体系质量作为主攻方向，显著增强我国经济质量优势。习近平总书记在 2018 年 1 月 30 日就建设现代化经济体系进行集体学习时又指出，要大力发展实体经济，筑牢现代化经济体系的坚实基础。实体经济是一国经济的立身之本，是财富创造的根本源泉，是国家强盛的重要支柱，从而要求推动资源要素向实体经济集聚、政策措施向实体经济倾斜、工作力量向实体经济加强。[1] 从世界经济发展的经验教训来看，顺利跨越"中等收入陷阱"的经济体，都注重发展高质量的实体经济，特别是拥有强大的制造业，而陷入"中等收入陷阱"的经济体，制造业的发展，特别是向产业中高端的升级都出现了严重问题。即使在发达国家，实体经济特别是制造业出现问题，同样也会带来严重的经济危机，如 2008 年美国次贷危机的爆发，从而美国今天采取强硬政策推动"再工业化"。

建设现代化产业体系，就是要实现实体经济、科技创新、现代金融、人力资

---

① 习近平：《深刻认识建设现代化经济体系重要性　推动我国经济发展焕发新活力迈上新台阶》，新华网，2018 年 1 月 31 日，http://www.xinhuanet.com/politics/leaders/2018-01/31/c_1122349103.htm。

源协同发展，因而 2017 年产业结构与产业政策的研究就聚焦于发展实体经济，形成了新的研究特点，主要表现在：一是发展实体经济的理论依据。针对我国近几年实体经济水平不高，特别是金融等虚体经济出现了严重的脱实向虚等问题，我国早在 2015 年中央经济工作会议上就提出要发展实体经济，2016 年中央经济工作会议上强调要着力发展实体经济，党的十九大报告进一步要求必须把发展经济的着力点放在实体经济上，这就需要在理论上界定实体经济的内涵与外延、实体经济在一国经济特别是像我国这样的大国经济中的地位和作用、实体经济与虚体经济的关系、为什么发展实体经济这一根本性、基础性问题等，为在实践上大力发展实体经济提供理论基础和政策建议。二是发展实体经济的根本途径。在现代市场经济条件下，发展实体经济，尤其是发展高质量的实体经济，就需要形成实体经济、科技创新、现代金融、人力资源协同发展的产业体系。依靠科学、技术和工程等重大基础理论和实践创新，掌握前沿理论、关键技术、核心技术等大国重器，为实体经济的发展提供强大的科学技术支撑；依靠现代金融的体制创新、产业创新、产品创新等，推动各种国内外资源向实体经济集聚；依靠我国的人力资源优势，一方面直接参与实体经济的创新和发展，另一方面通过推进科技创新和现代金融发展间接推动实体经济做强做大。三是发展实体经济的政策框架。从科技创新来看，就是推动互联网、大数据、人工智能和实体经济深度融合，发展新经济和改造传统产业，实现实体经济的高质量发展；从现代金融来看，就是坚持推进"三去、一降、一补"，进一步优化实体经济发展的资源配置；从人力资源来看，就是激发和保护企业家精神，继续推动"大众创业、万众创新"，充分发挥人才作为发展第一资源的作用，在最大程度上释放人才红利。

6. 收入分配与收入差距继续排在前列。收入分配与收入差距 2017 年排在第 6 位，虽然与 2015 年和 2016 年第 3 的历史最高位相比有所下降，但仍与世界金融危机爆发后的 2009 年持平，高于 2008 年及其以前各年份的排名。这表明建设体现效率、促进公平的收入分配体系，是建设现代化经济体系不可或缺的重要内容。

建设现代化经济体系之所以要有体现效率、促进公平的收入分配体系，主要是因为，一是建设现代化经济体系要体现我国的制度优势。公平分配，走共同富裕道路，是中国特色社会主义经济的本质特征和要求，体现了以人民为中心的发展思想。这就要求必须建设适应现代化经济体系的分配体系，把增进人民的福祉作为经济改革发展的出发点和归宿，把现代化建设的成果惠及全体人民，使全体人民有实实在在的获得感。二是建设现代化经济体系要有助于解决我国社会的主要矛盾。随着我国社会主要矛盾的转化，人民在民主、法治、公平、正义、安全、环境等方面的要求日益增长，这就要求必须建设适应现代化经济体系的分配体系，逐步缩小居民收入分配差距，推进城乡基本公共服务均等化，实现居民收入分配合理、社会公平正义、全体人民共同富裕，更好地满足人民对美好生活的需要。三是建设现代化经济体系要体现强国时代的新要求新特点新趋势。当处在从站起来到富起来的发展阶段时，针对传统计划经济的平均主义分配弊端，允许适当拉开收入差距，有助于促进生产效率的大幅提高。但是，随着我国进入从富起来到强起来的新时代，针对目前收入分配差距较大带来的社会不公平，以及由此带来的对生产效率的损失，就需要逐步缩小居民收入分配差距，通过公平分配促进生产效率的提高。从世界经济发展的经验来看，顺利跨越"中等收入陷阱"的经济体都把基尼系数控制在 0.4 甚至 0.3 以下，而陷入"中等收入陷阱"经济体的基尼系数基本都在 0.5 左右，甚至以上。四是建设现代化经济体系既要体现效率，也要促进公平。按照马克思主义经济学的基本原理，生产决定分配，分配反作用于生产。中国特色社会主义基本经济制度要求公平分配、共同富裕，这就决定了我们要建设的现代化经济体系必须能够促进分配公平；同时现代化经济体系还要能够推动经济发展的效率变革，提高全要素生产率，这就决定了作为现代化经济体系组成部分的分配体系，能够通过实现公平分配反作用于生产的效率提高。

7. 绿色经济继续保持历史最高位。绿色经济 2017 年继续保持 2016 年第 9 位的历史最高位，而且从 2017 年文献的前 20 个关键词来看，"环境规制"排在并列第 10 位，比 2016 年位次提高了 2 位。这表明建设资源节约、环境友好的绿色发展体系，对建设现代化经济体系至关重要。

在建设现代化经济体系的七大体系中，绿色发展体系居于"一票否决"的特殊地位，这主要体现在：一是我们要建设的现代化是人与自然和谐共生的现代化。党的十九大明确提出到 2050 年将我国建设成为"富强民主文明和谐美丽"的社会主义现代化强国，这个发展目标与以往提法最大的差别就是加上了"美丽"两个字，这就决定了，一方面现代化经济必须是绿色经济，从而需要牢固树立和践行"绿水青山就是金山银山"的理念，把保护生态看作就是保护生产力，发展生态就是发展生产力；另一方面只有发展绿色经济，才能建设现代化经济体系，因为绿色技术、绿色金融、节能环保产业、清洁生产产业、清洁能源产业本身就是现代经济的重要组成部分，而优美的环境、良好的生态又为建设现代化经济体系创造了良好的自然环境支撑条件。二是我们要建设的现代化是满足人民对美好生活需要的现代化。随着我国经济发展水平达到人均 GDP 8 000 美元以上，人民对美好环境的需求日益增长，甚至通过对中国省级面板数据分析发现，居民对更好环境质量的需求增长快于其收入增长，2017 年人民网对"两会"前"民众期待什么？"进行的调查也显示，"环境保护"列民众最关注问题的第 7 位。人民群众在环境方面感觉不幸福、不快乐、不满意，就是现代化经济体系建设需要迫切解决的重要问题。三是我们要建设的现代化是经济增长和环境保护实现共赢的现代化。经济增长与环境保护就在某个时点上看，加强环境保护和监管，会在一定程度上损害经济增长，如 2017 年河北省经济增长速度的下滑应该与大气污染治理、关停一些污染企业有一定关系，但是就长期发展来看，环境监管的加强，会倒逼企业加快绿色技术创新，淘汰落后与污染产能，改造传统产业，推动产业结构优化升级，以及深化生产方式、生活方式、思维方式、领导方式等一系列体制机制的创新变革。从这个意义上讲，绿色发展体系又融入了现代化经济体系的其他体系建设进程中，全面推动了现代化经济体系的建设，从而有利于促进经济更高质量的发展。

8. 消费再次进入前 20 位。自 2003 年以来，消费的排位在 2008 年世界金融危机之前一般都较靠后，2005～2008 年分别排在第 27、31、30、34 位。2008 年世界金融危机爆发后，外贸出现负增长，扩大内需成为稳增长的重大举措，2009 年消费排名就跃升到第 17 位，2013 年达到历史最高的第 12 位，近几年虽然逐年下降，但仍高于 2005 年的位次，2017 年比 2016 年上升 6 位，重新回到前 20 位。

消费位次的大幅反弹，是因为我国进入新时代消费对稳增长具有举足轻重的作用，2017 年消费对经济增长的贡献率达到 58.8%，远远超出投资和净出口的贡献，成为名副其实的第一拉动力。但是，我国消费经过多年的快速增长后，进一步地稳定增长面临新的严峻挑战，从而隐含着下行的风险。这具体体现在：一是家庭债务的快速增长。我国房地产价格的飙升，使家庭背上了沉重的债务负担。据统计，我国家庭杠杆率从 2006 年的 11% 迅速上升至 2016 年的 45%，2017 年 9 月底达到 50% 左右。① 我国居民部门的负债和劳动报酬之比从 2008 年的不到 50% 迅速提高到 2016 年的 90%。家庭债务的快速上升无疑会对消费产生挤出效应，从而对经济增长带来损害，甚至诱发系统性金融风险，如美国 2008 年次贷危机爆发时居民部门的负债和劳动报酬之比为 140%。在我国，过高债务对消费的挤出也已显现，央行《2018 年第一季度城镇储户问卷调查报告》显示：倾

---

① 《从"怕负债"到"高负债"：中国家庭债务风险浮出水面》，载于《半月谈》2018 年 3 月。

向于"更多消费"的居民占 24.8%，比上季度回落了 1.4 个百分点；倾向于"更多储蓄"的居民占 42.5%，比上季度上升了 1.7 个百分点。因此，这就需要学者们研究去家庭杠杆率的途径和方式。二是消费结构的快速升级。随着我国社会主要矛盾的转化，人民对物质文化生活提出了更高的要求，同时在民主、法治、公平、正义、安全、环境等方面的要求日益增长，但我国的供给体系却相对滞后，供给结构与需求结构严重错位，居民需求在国内得不到满足，消费能力大规模外流，联合国世界旅游组织数据显示：中国已经占到全球出境游消费的 1/5以上，是消费大国美国的两倍。[①] 同时，我国的跨境电商交易额出现年均 30% 以上的快速增长，据埃森哲与阿里研究院的预测，到 2020 年，我国通过跨境电商进口的消费品规模预计达到 2 450 亿美元，是全球最大的消费市场。这就需要学者们研究如何通过加快供给侧结构性改革，不断提高供给质量，满足人民需要。三是进口关税的大幅下调。随着我国对外开放的不断扩大，我国的进口关税将进行大幅下调，国外产品进入我国市场的价格优势凸显，因此，中国贸促会研究院报告认为，我国居民消费中进口商品的比重不断上升，[②] 这势必减弱消费对国内经济增长的拉动作用。因此，这就需要学者们研究如何提升我国消费品的市场竞争力。

9. 就业重回历史高位。自 2003 年以来，就业的最高排位是 2007 年和 2011年的第 12 位，2017 年达到历史上的次高位置并列第 13 位，比 2016 年上升了 6位。在 2017 年文献的关键词中，与就业相关的"人力资本"排在并列第 7 位，比 2016 年上升了 7 位。

随着我国产业结构的升级，特别是新经济的快速增长，深圳、上海等地新经济在国民经济中的比重已经达到 30%，使我国的就业出现了新的变化和特征，从而吸引学者们对就业的新问题展开研究。这主要体现在：一是从注重就业数量转向注重就业质量。随着我国新增就业人口总量下降、经济实现中高速增长，以及第三产业快速发展带来的就业弹性提高，就业的数量矛盾有所缓解，2017 年全国城镇新增就业达到 1 351 万人，年末全国城镇登记失业率为 3.9%，远低于宏观调控目标，但是，就业的质量矛盾却日益凸显，如工资特别是农民工工资、就业福利、就业歧视、就业保护、就业环境等引发越来越多的关注，因而如何提高就业质量就成为新的热点。二是从就业总量转向就业结构。随着互联网＋、人工智能、大数据等新技术新产业新业态的快速发展，就业结构也随之发生深刻的

---

① 《春节出境游从买买买到慢慢慢》，载于《环球时报》2018 年 2 月 23 日。
② 《体验式消费越来越火了》，载于《人民日报》2018 年 3 月 30 日。

历史性变革，一方面新技术新产业新业态的发展会创造出大量新的就业岗位，据《中国新经济发展蓝皮书》公布的数据显示，2017 年新经济对城镇新增就业的贡献超过 70%，但从人才供给的角度来看，适应新经济岗位需求的人才却严重短缺，如根据腾讯研究院发布的 2017 年全球人工智能人才白皮书披露，截止到2017 年 10 月，我国人工智能人才缺口至少在 100 万以上，出现了严重的供求不平衡；另一方面新技术的发展及其对传统产业的改造，又会通过技术和机器对劳动的替代大量排出劳动力，据日本经济新闻和英国金融时报实施的共同研究调查报告显示：在全部 820 种职业、2069 项业务（工作）中，34%（710 项工作）的工作可被机器人替代。我国运用机器人改造传统产业的典型企业调查表明，原需要 100 多名工人的装配线，经过使用机器人的改造，现在仅需要 3 名工人。①三是从单向就业转向双向就业。随着乡村振兴战略、农业现代化，以及工业和农业的融合发展，农业和农村成为大众创新创业新的增长点，这就使就业从以往农民市民化的单向就业扩展到农民回乡创新创业的双向就业格局，如 2017 年河南省新增农民工返乡创业 23 万人，累计达到 98.9 万人，成为乡村振兴的重要力量。四是从非自愿性失业转向摩擦性失业。随着我国经济转型的加速推进，特别是产业向中高端的迈进，低技术企业、低附加值企业、高耗能高污染企业等逐步退出，出现了严重的摩擦性失业，对于这种类型的失业，靠稳增长是不可能解决的，这就需要探讨新的有效途径。五是从增长带动就业转向创业带动就业。随着"双创"的深入发展，创业带动就业成为青年特别是大学生就业的新特点。2017年我国新增毕业的大学生 795 万人，2018 年达到 820 万人，创历史新高，大学生就业压力巨大。但从北京市统计局 2015 年的数据来看，77.2% 的大学生表示对创新创业有兴趣，有创业计划的占到 60.2%，因而如何通过创新创业带动大学生就业，就成为释放我国人力资源红利的有效途径。

10. 马克思主义经济学及其中国化继续稳在前 10 位。马克思主义经济学及其中国化在 2016 年首次冲进前 10 位，成为 2016 年的年度符号，2017 年继续保持排名第 10 位，一方面表明中国经济学者对马克思主义经济学及其中国化的研究热度不减，另一方面也显示出在新时代开拓当代中国马克思主义经济学新境界，构建习近平新时代中国特色社会主义经济思想体系的重要性及其价值。从 2017年文献的前 20 个关键词来看，体现习近平新时代中国特色社会主义经济思想的关键词出现了大幅度的飙升，如"供给侧结构性改革"居第 6 位，比 2016 年排

---

① 《俄媒称 2017 年中国军备建设成绩斐然现代化程度提升》，载于《参考消息》2018 年 1 月 3 日。

名上升 66 位；"一带一路"居并列第 12 位，比 2016 年上升 34 位。试图构建解释中国经济发展经验的"新结构经济学"排名并列第 19 位，比 2016 年大幅上升了 350 位，显示了学者们对构建中国特色社会主义经济学的强烈关注。

2017 年 10 月党的十九大报告首次提出了"新时代中国特色社会主义思想"，认为这是"马克思主义中国化最新成果，是党和人民实践经验和集体智慧的结晶，是中国特色社会主义理论体系的重要组成部分，是全党全国人民为实现中华民族伟大复兴而奋斗的行动指南"。[①] 2017 年 12 月中央经济工作会议又进一步提出了"习近平新时代中国特色社会主义经济思想"，并概括为"七个坚持"，即坚持加强党对经济工作的集中统一领导、坚持以人民为中心的发展思想、坚持适应把握引领经济发展新常态、坚持使市场在资源配置中起决定性作用和更好发挥政府作用、坚持适应我国经济发展主要矛盾变化完善宏观调控、坚持问题导向部署经济发展新战略、坚持正确工作策略和方法、坚持底线思维，形成了习近平新时代中国特色社会主义经济思想的主要内容。

习近平新时代中国特色社会主义经济思想的提出，为学者们研究马克思主义经济学及其中国化提供了理论指导和开辟了广阔的道路，激发了学者们构建中国特色社会主义经济学理论体系的热情和努力，主要体现在：一是传承马克思主义经济学的基本理论和方法。中国特色社会主义经济学是中国化的马克思主义经济学，因而中国特色社会主义经济学的构建就必须沿着马克思主义经济学的科学大道向前推进，如马克思主义经济学是"工人阶级的圣经"，是为劳动人民服务的，中国特色社会主义经济学就是"以人民为中心"的经济学；马克思通过深刻剖析资本主义的基本矛盾，揭示出了资本主义经济运行的基本规律以及被社会主义所替代的必然规律，中国特色社会主义经济学就是通过阐释新时代中国特色社会主义的主要矛盾揭示我国从富起来到强起来的发展规律，并依据规律提出发展的新理念新战略新政策框架等。二是发展马克思主义经济学。马克思主义经济学的强大生命力在于他是发展的理论，因而坚持马克思主义经济学最重要的是与时俱进地发展马克思主义，赋予马克思主义经济学最鲜活的时代价值，如马克思写作《资本论》是为了揭示资本主义的运行规律，因而将经济学的研究对象确定为研究生产关系，但中国特色社会主义经济学的任务是为了发展社会主义，因而研究对象就需要从研究生产关系扩展到研究生产力，并依据建设美丽中国的需要扩展到保护生产力，从而把解放生产力、发展生产力和保护生产力作为社会主义的本

---

① 习近平：《决胜全面建成小康社会　夺取新时代中国特色社会主义伟大胜利》，人民出版社 2017 年版，第 20 页。

质要求。三是推进马克思主义经济学中国化。我国迎来了从富起来到强起来伟大飞跃的新时代，伟大的实践需要科学理论的指导，因而构建中国特色社会主义经济理论体系从来没有像现在这样迫切，因为发展经济学解决的是一国如何跨越"低收入陷阱"，而对我国跨越"中等收入陷阱"走向现代化强国却没有解决方案；经济增长理论解决的是发达国家的经济增长问题，而对像我国这样的发展中国家如何发展如优化经济结构、公平收入分配、保护自然环境等发展问题也没有解决方案；日本、韩国等跨越"中等收入陷阱"经济体的发展经验虽然对我国跨越"中等收入陷阱"有借鉴价值，但由于经济制度、国家规模、文化传统、国际环境等各个方面存在差别，甚至是根本性的不同，我国必然要走出不同的发展道路，需要不同经济理论的指导。这就决定了中国特色社会主义经济理论体系，既不能简单套用马克思主义经典作家设想的社会主义模板，也不能是其他社会主义国家实践的再版，更不能是西方国家现代化发展的翻版。开拓当代中国马克思主义经济学的新境界，就成为中国经济学人的历史责任和担当。

三、中国经济学进一步研究的方向和重点

加快建设现代化经济体系，助推我国从富起来到强起来的伟大飞越，就需要中国经济学在以下几个方面开展更加深入的研究。

1. 构建习近平新时代中国特色社会主义经济思想理论体系。习近平新时代中国特色社会主义经济思想，是引领我国实现强国目标的行动指南。党的十八大以来习近平总书记发表了一系列重要讲话，提出了经济发展新常态、新时代社会主要矛盾、新发展理念、"五位一体"的战略部署、"四个全面"战略布局、以人民为中心的发展思想、供给侧结构性改革、"一带一路"构想、人类命运共同体、稳中求进总基调、问题导向和底线思维的工作方法，等等，这些新概念新范畴，构成了中国特色社会主义经济学理论体系的"四梁八柱"。因此，构建习近平新时代中国特色社会主义经济思想理论体系，一是要在学懂弄通上下功夫，理解精神实质，厘清理论来源，把握科学内涵，确定内在联系；二是要在系统化上下功夫，习近平新时代中国特色社会主义经济思想是系统化的当代中国马克思主义经济理论的最新成果，因而就需要深入研究习近平新时代中国特色社会主义经济思想的理论体系、学术体系和话语体系，特别需要研究理论体系的逻辑主线和逻辑框架；三是要在应用上下功夫，习近平新时代中国特色社会主义经济思想来自于我国丰富的实践，又要用于指导我国的伟大实践，在实践中不断丰富和

发展。

2. 做好建设现代化经济体系这篇大文章。这是实现从富起来到强起来伟大飞跃的重大理论工程，这主要包括三个理论层次：一是建设现代化经济体系与强起来的关系。党的十九大报告提出，建设现代化经济体系是跨越关口的迫切要求，这个关口就是转变发展方式、优化经济结构和转换增长动力，因而推进供给侧结构性改革成为主线，那么，就需要在理论上说明建设现代化经济体系就是推进和能够有效推进转变发展方式、优化经济结构和转换增长动力。二是现代化经济体系的内在结构及其相互关系。现代化经济体系是由产业体系、市场体系、分配体系、城乡区域发展体系、绿色发展体系、开放体系和经济体制七个子体系构成的具有内在联系的一个有机整体。这就需要揭示它们之间的相互关系和有机联系，从理论上说明它们的整体性、协同性，从而为一体建设、一体推进提供理论基础和政策建议。三是作为现代化经济体系的七大体系的内在结构及其相互关系。既然七大体系也成为体系，那么每一个体系也就存在其内在结构及其相互关系，只有揭示出其内在结构及其相互关系，才能科学建设每一个体系，最终建成现代化经济体系。例如，建设体现效率、促进公平的收入分配体系，就是要解决效率与公平的关系，在现实的经济关系中是否存在效率与公平的关系，理论界存在截然不同的观点，如果存在，效率与公平究竟是什么关系，在什么意义上才能做到既体现效率，又促进公平。

3. 科学把握实体经济、科技创新、现代金融、人力资源协同发展产业体系的科学内涵和政策取向。在以往产业体系的表述中，通常都是指一、二、三产业的相互关系，以及发展战略性新兴产业、改造传统产业等产业之间的相互关系，但十九大报告提出的实体经济、科技创新、现代金融、人力资源协同发展的产业体系，许多人认为不再是产业之间的关系，而是通过科技创新、现代金融、人力资源发展实体经济的关系，这样理解究竟对不对？这就需要做出深入的进一步研究，一是实体经济、科技创新、现代金融、人力资源四个方面就产业的含义上讲还是不是产业之间的关系，如果不是，那为什么还把实体经济、科技创新、现代金融、人力资源并列构成现代化产业体系？如果是，那在什么含义上将它们理解为不同的产业？二是如果将实体经济、科技创新、现代金融、人力资源协同发展的产业体系，理解为是通过科技创新、现代金融、人力资源发展实体经济的关系，那么它们就是"目的"和"手段"之间的关系，那它们为什么又可以并列构成产业体系？又如何理解"协同发展"？三是如何定义实体经济的内涵与外延，这对于究竟在哪些方面用力发展实体经济至关重要，党的十九大报告提出加快建设制造强国，加快发展先进制造业，推动互联网、大数据、人工智能和实体经济深度融合，那么实体经济与制造业是什么关系？这些都是构建中国特色社会主义经济学理论体系必须解决的基本概念和范畴问题。

4. 加快实施创新驱动发展战略的理论与政策研究。习近平总书记在今年"两会"与广东代表团座谈时指出，中国如果不走创新驱动发展道路，新旧动能不能顺利转换，就不能真正强大起来。强起来要靠创新。这就需要：一是构建中国特色的创新理论。我国所提出的创新驱动，包括技术创新、理论创新、制度创新、文化创新、实践创新，创新的内涵与外延已经超越了熊彼特等为代表的西方经济学家所创立的创新理论，因而以中国发展经验为基础、以中国跨越"中等收入陷阱"面临的问题为导向而提出的中国特色创新理论，是创新理论体系的重大创新，是中国经济学人的世界贡献。二是把人口红利转化为人才红利。创新要靠人才，人才成为强起来的第一资源。改革开放40年来我国发展取得的巨大成就，得益于人口红利，但我国要强起来，需要的是人才红利。我国近几年每年毕业的大学生是七八百万人，回国留学人员是三四十万人，如何制定和实施有利于创新的人才政策，把数量世界第一的人才资源转化为世界第一的创新能力和活力，就成为加快实施创新驱动发展战略的关键。三是加快我国技术创新的政策和路径。科技创新是建设现代化产业体系的战略支撑，而实体经济又是现代化经济体系的坚实基础，夯实现代化经济体系的坚实基础就依赖于科技创新。在我国研发投入不断加大的情况下，如何不断提高研发效率、研发成果转化率，以及如何实现关键技术、核心技术、颠覆性技术等重大技术创新，就成为我国加快科技创新的研究重点。

5. 深化经济体制改革的经验总结。今年是我国实行改革开放40周年，40周年的最好纪念就是总结改革开放40年的基本经验。一是通过总结经验，可以用改革开放所取得的巨大成就，坚定我们的道路自信、理论自信、制度自信和文化自信，坚定只有改革开放，才能发展中国、发展社会主义、发展马克思主义的决心。二是通过总结经验，可以使我们明确新时代深化经济体制改革必须坚持什么，因为我国仍处于社会主义初级阶段这个最基本的国情没有变，这就需要继续坚持那些适应社会主义初级阶段基本经济制度、基本分配制度、社会主义市场经济等一系列能够解放和发展生产力的生产关系。三是通过总结经验，可以使我们明确哪些经济体制和机制已经不适应新时代的新要求，哪些是需要破除的体制机制弊端，哪些是改革开放攻关期需要啃下的"硬骨头"，从而明确新时代进一步深化改革开放的方向、重点和举措。

2018 年中国经济研究热点排名与分析[*]

近几年中央经济工作会议确定的主要经济工作是稳增长、促改革、调结构、惠民生、防风险，2018 年学界继续坚持以问题为导向，以解决我国经济改革与发展面临的重大理论和实践问题为己任，以构建中国特色社会主义经济学理论体系为根本目的，围绕稳增长、促改革、调结构、惠民生、防风险中心工作展开理论研究，取得了新的进展，表现出了新的特征。

一、2018 年中国经济研究前二十大热点

2018 年学术期刊统计样本的选取继续采用教育部中国社会科学研究评价中心公布的 2017~2018 年 CSSCI 来源期刊经济学类排名前 20 位杂志，然后依据理论经济学和应用经济学两个一级学科下二级学科平衡分布的需要，选取了 2018 年中国经济研究热点排名和分析的 15 本经济学类统计样本期刊[①]。为了保证覆盖面和代表性，我们又选取了发表经济学论文的其他 4 大类即马克思主义类、管理学类、社会科学总论类和高校综合性社科学报类各自排名第一的学术期刊，与经济学类共同构成了 19 本统计样本期刊[②]。2018 年的统计样本期刊与 2017 年完全一致，具有连续性和可比性。

2018 年学者们在以上 19 本统计样本期刊上发表的全部学术论文（不包括书评和会议报道等）共 1 825 篇，较 2017 年的 1 833 篇和 2016 年的 1 830 篇都有所减少，文章数量继续呈递减趋势，表明单篇文章的篇幅加大。我们通过对 1 825

---

* 原载于《经济学家》2019 年第 5 期。

① 在排名前 20 位的期刊中，依据二级学科平衡分布的需要，仅保留相同学科排名靠前的杂志，这样就去掉了前 20 名杂志中的 5 本杂志，剩下 15 本样本期刊。

② 在 19 本统计样本期刊中，经济类分别为：《经济研究》《世界经济》《经济学（季刊）》《中国工业经济》《数量经济技术经济研究》《金融研究》《中国农村观察》《经济科学》《财经研究》《财贸经济》《南开经济研究》《经济理论与经济管理》《经济学家》《产业经济研究》《经济评论》；其他类分别为：《中国社会科学》《管理世界》《马克思主义研究》《中国人民大学学报》。

篇论文按专题进行分类统计，得出了 2018 年中国经济研究前二十大热点问题（见表1）。它们分别是：（1）经济增长与发展；（2）自主创新；（3）资本市场；（4）产业结构与产业政策；（5）收入分配与收入差距；（6）"三农"；（7）对外贸易与贸易政策；（8）马克思主义经济学及其中国化；（9）经济体制改革；（10）金融秩序与金融安全；（11）货币政策；（12）区域经济发展；（13）公共经济；（14）绿色发展；（15）就业；（16）企业融资；（17）金融体制；（18）企业成长；（19）财政体制；（20）消费。

表 1　　　　　　　　　**2018 年排名与 2017 年排名相比的新变化**

热点	2018 年排名	2017 年排名	2018 年与 2017 年相比
经济增长与发展	1	1	未变
自主创新	2	4	上升 2 位
资本市场	3	2	下降 1 位
产业结构与产业政策	4	5	上升 1 位
收入分配与收入差距	5	6	上升 1 位
"三农"	6	3	下降 3 位
对外贸易与贸易政策	7	7	未变
马克思主义经济学及其中国化	8	10	上升 2 位
经济体制改革	9	20	上升 11 位，回归前 10
金融秩序与金融安全	10	16	上升 6 位，首次进入前 10
货币政策	11	13	上升 2 位
区域经济发展	12	11	下降 1 位
公共经济	13	8	下降 5 位，退出前 10
绿色发展	14	9	下降 5 位，退出前 10
就业	15	13	下降 2 位
企业融资	16	15	下降 1 位
金融体制	17	19	上升 2 位
企业成长	18	12	下降 6 位
财政体制	19	23	上升 4 位，进入前 20
消费	20	20	未变
对外投资	27	17	下降 10 位，退出前 20
计量经济	28	17	下降 11 位，退出前 20
城市经济	21	20	下降 1 位，退出前 20

2018 年学者们在以上 19 本统计样本期刊上发表的全部 1 825 篇学术论文中，共有关键词 7 126 个，比 2017 年的 7 122 个关键词增加了 4 个。在 7 126 个关键词中，根据出现的频次列出排名前 20 位的"关键词"（见表 2）。通过与 2017 年的相比，2018 年前 20 位"关键词"表现出以下特征：

一是一些新的"关键词"进入前 20 位，例如，"产业升级"上升了 83 位，"产业政策"上升了 23 位，验证了"产业结构与产业政策"热点位次的上升；"劳动收入份额"上升了 83 位，"收入分配"上升了 17 位，验证了"收入分配与收入差距"热点位次的上升；"马克思主义"上升了 59 位，验证了"马克思主义经济学及其中国化"热点位次的上升；"企业创新"上升了 6 位，"创新"上升了 3 位，"制度环境"上升了 37 位，"溢出效应"上升了 17 位，"生产率"上升了 6 位，验证了"自主创新"热点位次的上升。

二是"经济增长"自 2016 年以来一直排在第 1 位，而且出现的频次遥遥领先，从而验证了"经济增长与发展"热点稳居第 1 的位置，表明学者们对我国经济增长与发展的持续高度关注。

三是关键词的位次波动仍然相当大，例如，"产业升级"和"劳动收入份额"都上升了 83 位，而"产业结构与产业政策"和"收入分配与收入差距"两个热点仅上升了 1 位，进一步验证了关键词的不稳定性。同样，关键词的重复性也仍然较强，如"企业创新""创新"等。关键词的不稳定性和重复性，说明关键词无法单列作为一个热点问题进行分析和比较，从而验证了我们一直没有使用关键词出现频次多少排序的统计方法进行热点问题遴选和分析的做法是正确的。

即使在前二十大关键词外，关键词位次的变化也充分验证了 2018 年学者们关心的热点问题的变化，例如，"改革开放"排在第 25 位，比 2017 年上升了 355 位，体现了"经济体制改革"热点问题排名的大幅上升；"新时代"虽然并列排在第 39 位，但以上升 789 位的升幅体现了我国经济发展已经进入新时代，需要推进适应新时代的马克思主义经济学，构建中国特色社会主义经济理论体系；"产品质量"虽然排在并列 49 位，但以上升 331 位的升幅体现了新时代高质量发展和满足人民对美好生活需要的新要求。另外，"自主创新"热点问题大幅上升到第 2 位，但关键词"技术进步"却下降 45 位，退出前 20 位，这可能因为今天学者们更愿意使用"创新"概念，从而"技术进步"一词被替代了。这也反映了经济学概念的历史性和时代性，以及经济学是一门快速发展变化的学科。

表 2　　　　　　　2018 年与 2017 年相比前二十大关键词的变动情况

排名	2018 关键词	与 2017 年比较排位变化	2018 年词频	2017 年词频
1	经济增长	未变	59	58
2	全球价值链	上升 1 位	35	31
3	全要素生产率	下降 1 位	31	42
4	货币政策	未变	27	29
5	融资约束	未变	23	26
6	企业创新	上升 6 位	21	16
7	环境规制	上升 3 位	17	17
7	制造业	未变	17	19
9	供给侧结构性改革	下降 3 位	16	22
10	制度环境	上升 37 位，进入前 20	15	7
11	对外直接投资	下降 2 位	14	18
11	马克思主义	上升 59 位，进入前 20	14	6
11	一带一路	上升 1 位	14	16
14	产业结构	下降 4 位	13	17
14	产业政策	上升 23 位，进入前 20	13	9
14	创新	上升 3 位	13	15
14	人力资本	下降 7 位	13	19
14	收入分配	上升 17 位，进入前 20	13	10
14	溢出效应	上升 17 位，进入前 20	13	10
20	产业升级	上升 83 位，进入前 20	12	5
20	国有企业	下降 1 位	12	14
20	劳动收入份额	上升 83 位，进入前 20	12	5
20	生产率	上升 6 位，进入前 20	12	11
20	信息不对称	上升 6 位，进入前 20	12	11
28	社会资本	下降 16 位，退出前 20	10	16
28	经济波动	下降 11 位，退出前 20	10	15
39	产能过剩	下降 20 位，退出前 20	9	14
49	异质性	下降 37 位，退出前 20	8	16
57	技术进步	下降 45 位，退出前 20	7	16
109	新结构经济学	下降 90 位，退出前 20	5	14

二、2018 年中国经济研究热点排名变化

自 2015 年 12 月中央经济工作会议首次提出要坚持做好稳增长、调结构、惠民生、防风险工作以来，2016 年 12 月中央经济工作会议进一步提出要全面做好稳增长、促改革、调结构、惠民生、防风险各项工作，从而在 2015 年四项工作的基础上，加入了"促改革"，形成了相互联系的五大工作任务。从此之后，2017 年 12 月和 2018 年 12 月中央经济工作会议都继续坚持做好稳增长、促改革、调结构、惠民生、防风险五项工作。可见，统筹推进稳增长、促改革、调结构、惠民生、防风险五项工作，对实现我国经济持续稳定健康发展具有特别重要的意义。

2018 年中国经济研究前二十大热点问题就是紧紧围绕中央经济工作会议坚持的稳增长、促改革、调结构、惠民生、防风险中心工作展开的，具体表现在：一是"经济增长和发展"热点继续稳居第一位，体现了学者们对"稳增长"的持续关注和深入研究，也表明我国继续面临经济下行的巨大压力。二是"经济体制改革"热点大幅上升到第 9 位，再次进入前 10 位，一方面体现了学者们通过庆祝改革开放 40 周年总结改革的规律，探求改革的进一步深化；另一方面体现了学者们试图通过促进全面深化改革实现稳增长、调结构、惠民生、防风险，展现改革的强大动力。三是自主创新、产业结构与产业政策、"三农"、对外贸易与贸易政策等热点都稳定在前 10 位，特别是自主创新排位的大幅提升，体现了学者们对调结构，从而构建现代化经济体系的高度关注。四是收入分配与收入差距、公共经济、绿色发展、就业等热点进入前 20 位，特别是收入分配与收入差距热点的位次上升，体现了学者们对惠民生的智慧贡献。五是金融秩序与金融安全热点首次冲进前 10 位，成为 2018 年的年度符号，以及货币政策、企业融资、金融体制、财政体制等热点都进入了前 20 位，体现了学者们对确保不发生系统性金融风险的学术努力。

2018 年中国经济研究前二十大热点问题紧紧围绕稳增长、促改革、调结构、惠民生、防风险中心工作展开，充分表明了中国经济学研究的一个重要特征就是坚持以问题为导向，以解决问题为目的，不仅体现了经济学"致用之学"的基本性质，而且还体现了中国经济学界理论联系实际的良好学风，以及中国特色社会主义经济学理论大厦的构建还在路上，需要在中国经济发展经验基础上，面向实践、面向现代化强国的中国梦，在解决改革发展面临的重大问题中形成概念和范

畴，总结提升能够解释中国实践的中国理论，最终形成科学的学科体系、学术体系和话语体系，增强我们的理论自信、道路自信、制度自信和文化自信。

围绕稳增长、促改革、调结构、惠民生、防风险中心工作，2018 年学者们从多角度、多方面、多层面对热点问题进行了深入全面分析，取得了可喜的研究成果，展现了 2018 年中国经济研究的新进展、新特征、新格局。

1. 经济增长与发展连续 10 年稳居第 1 位。经济增长与发展热点自 2008 年以来一直排名第一，一方面表明发展是第一要务，是解决所有问题的关键，是体现社会主义经济制度优越性的根本要求；另一方面表明 2008 年世界金融危机爆发以来，应对经济下行压力，实现稳增长，一直是我国宏观政策的基本要求。

2018 年经济增长与发展继续稳居第一，主要原因：一是 2018 年我国经济运行面临巨大的下行压力，经济增长为 6.6%，虽然仍在稳增长的合理区间，但创下 1990 年以来的最低点，对促改革、调结构、惠民生、防风险构成负面影响，这就需要学界对我国经济增长与发展的总体变动趋势做出科学的解释，以达到稳预期的目的。实际上，就长期趋势而言，我国经济增长速度将趋于总体下调，这是经济增长速度变动的一般规律。根据我们的测算，经济增长速度在通常情况下到 2020 年保持 6.5% 左右的增长，2021～2035 年大约下调为 5%～6%，2036～2050 大约进一步降为 3.5%～4.5%。由于我国到 2035 年左右 GDP 总量将超越美国，2036 年之后我国经济增长速度即使降到 3.5%～4.5%，仍然会超越美国，成为发达经济体最快的增长速度。二是党的十九大提出我国经济已从高速增长转向高质量发展阶段，因而如何推进高质量发展自然就成为学者们关注的焦点。从数量型向质量型增长的转变，就不再以 GDP 为单一的考核指标，加入了创新、协调、绿色、开放和共享发展等指标。这些考核指标的加入，如绿色发展要求加快对高耗能、高污染企业的淘汰，创新发展要求加快对低端产品和产业的淘汰，在短期内都会影响经济增长，因而单一 GDP 指标没有反映出我国经济增长的质量变化。三是新旧动能转换愈加迫切，要求学者们研究如何加快转换速度，缩短阵痛的时间。新经济虽然增长速度很快，如新兴战略产业增加值近些年来都以 10% 以上的速度增长，但由于在 GDP 中所占比重较小，还不足以支撑经济实现中高速增长，因而加快培育新动能就成为我国经济进入稳定持续中高速增长的关键，例如，深圳 2014 年完成了经济转型，近几年在全国经济下行的大背景下，2014～2017 年仍保持了 8.8% 以上的高速增长。这也意味着如果能够加快推进新旧动能转换，我国经济增长速度未来下调的幅度可能会更小一些，根据我们的测算，在通常增长速度基础上大约可以少下调 0.6 个百分点；相反，则会加大经济增长的下调幅度，最高可达 0.8 个百分点。四是 2018 年我国经济增长速度下行也有经济周期变动的因素，按照 10 年左右的经济周期变动规律，2018 年应该进入经济周期的调整阶段，对此，巴菲特非常明确地强调：每隔 10 年左右，乌云将会笼罩在经济的天空中。这就需要学者们探讨在经济周期与经济转型叠加情况下如何实现稳增长。五是我国仍是世界上最大的发展中国家的国际地位没有变，根据已有的发展空间，以及日本、韩国实现工业化和现代化的发展经验来看，我国仍处于发展的重大战略机遇期，实现经济中高速增长的空间和条件仍然具备，这就需要学者们立足中国的具体国情，坚持问题导向和底线思维，设计我国稳增长的政策框架和实现机制。

2. 经济体制改革升幅最高。经济体制改革热点的位次波动一直较大，2003年我们首次对经济研究热点进行排名时，经济体制改革热点（当时称为经济转轨）就进入前十大热点，排在第 10 位；2005 年降到第 16 位；2006 年、2007 年都退出了前 20 位，排在第 23 位（2007 年）；2008 年又大幅上升到第 9 位，创历史新高；随后 2009～2012 年都退出了前 20 位；2013 年重回前 20 位，排在第 18位，2014 年继续上升到第 11 位，距前 10 位仅一步之遥；2015 年又下降到第 15位，2016 年和 2017 年进一步下降到第 20 位，但都没有退出前 20 位；2018 年再次跃升到第 9 位，回到历史最高位，也是 2018 年前二十大热点中升幅最高的热点。

经济体制改革热点的位次变化，表现出如下突出特点：一是位次变化与我国经济体制改革的周期性变化高度吻合，呈现出规律性的变化。2003 年经济体制改革进入前 10，是因为当年出台了《中共中央关于完善社会主义市场经济体制若干问题的决定》，开启了新一轮的改革周期，引起了学者们对经济体制改革的高度关注；2008 年经济体制改革回升到第 9 位，是因为 2008 年正值改革开放 30周年，需要学者们总结改革开放 30 年的经验，并上升到中国理论以指导中国未来的改革开放；2013 年经济体制改革重回前 20 位，是因为 2013 年酝酿和出台了《中共中央关于全面深化改革若干重大问题的决定》，以及由于改革决定是在 2013 年 11 月才出台的，因而 2014 年学者们对经济体制改革进行了深入的研究，热点排名也随之上升到 11 位；2018 年经济体制改革重回历史最高位，因为 2018年是改革开放 40 周年，而且在 2 月份召开的党的十九届三中全会上又审议通过了《中共中央关于深化党和国家机构改革的决定》和《深化党和国家机构改革方案》，进一步推进政府体制改革和政府职能转换，两件大事激发了学者们对经济体制改革的广泛深入研究。二是经济体制改革热点自 2013 年进入前 20 位后，虽然位次有所下降，但始终都没有退出前 20，体现了 2013 年以来学者们对经济体制改革的持续关注。究其原因，主要是自 2013 年起，我国的体制改革进入全面改革的新阶段，一方面强调改革的整体性、系统性和协同性，因而需要加强改革的顶层设计，我国先后推出的 1 600 多项改革方案，都凝结了学者们对经济体制改革深入持续研究的智慧贡献；另一方面也表明改革进入攻坚期、深水区，改革的难度加大，需要学者们通过持续的研究拨开迷雾。三是经济体制改革热点两次突进前 9 位，都是源于改革开放周年庆，这表明改革开放对发展中国特色社会主义具有重大的历史意义和现代价值。正如习近平总书记在庆祝改革开放 40 周年大会讲话中所指出，"改革开放是党和人民大踏步赶上时代的重要法宝，是坚持和发展中国特色社会主义的必由之路，是决定当代中国命运的关键一招，也是决定实现'两个一百年'奋斗目标、实现中华民族伟大复兴的关键一招。"[1] 所以，2018 年学者们通过总结改革开放 40 年的经验，就是要发现改革开放的基本规律，推进新时代的改革开放不断深化，为高质量发展提供强大动力。

3. 自主创新位次创历史最高。自主创新热点自 2006 年进入第 8 位以来，除 2008 年和 2009 年应对世界金融危机冲击这两个特殊年份短暂排在第 12 位外，一直都排在前 10 位，特别是近几年来，自主创新热点的位次不断攀升，2014 年第 6 位，2017 年第 4 位，2018 年上升到第 2 位，创历史最高。这一方面凸显了新时代强国征程中创新是第一动力的特殊地位；另一方面表明实现高质量发展迫切需要加快构建中国特色创新理论。

2018 年自主创新热点的位次进一步上升，主要原因：一是需要确认我国自主创新能力和水平在世界上的准确位置。学者们通过与发达国家科技水平的全面深入比较研究，一方面看到了我国在自主创新方面取得的巨大成就，如在 2018 年全球创新指数排行中，我国首次进入前 20 名，位列第 17 位，是前 20 位中唯一一个中等收入经济体；科技论文与专利数量已居世界前列等；另一方面又充分认识到了我国在核心技术、关键技术等方面与发达国家仍存在较大差距，以及与党的十九大确立的我国科技创新目标存在的较大距离，增强了加快自主创新的紧迫感。例如，任泽平从关键领域的视角和体制视角对中美科技实力进行了全方位的对比，清晰地描绘了我国在技术创新水平方面的优势和相对差距。[2] 二是学者们从西方一些发达国家对我国的技术遏制案例分析中看到了核心技术和关键技术必

---

① 习近平：《在庆祝改革开放 40 周年大会上的讲话》，新华网，2018 年 12 月 18 日，http：//www.xinhuanet.com/2018 – 12/18/c_1123872025.htm。
② 任泽平：《中美科技实力对比 关键领域视角》，载于《发展研究》2018 年第 9 期；任泽平：《中美科技实力对比体制视角》，载于《发展研究》2018 年第 10 期。

须掌握在自己手中，否则，不可能公平地参与国际贸易和分工，例如，2018 年以来，美国政府运用行政、司法、经济和外交等手段围剿华为，维护自己在技术、产业等方面的霸权地位，使我国切实感受到了"修昔底德陷阱"的冲击，增强了危机感。正如任正非所说，华为的战略就是如何活下来。三是学者们通过对新旧动能转换的深入研究，看到了技术创新对新旧动能转换的决定性作用，新技术的出现，就可以催生出一批新产业、新产品、新服务，而且凭借技术领先优势，就可以形成优势产业和有竞争力的产品，例如，华为获得的 5G 专利全球排名第一，成为全球首家提供系统 5G 商业解决方案的企业。正是因为有了这样的技术优势，美国才要绞杀华为，而任正非才有底气说，世界需要华为！华为的成功，更增强了我国加快推进自主创新的使命感。四是学者们通过对加快自主创新的经济学研究，深刻认识到了构建创新理论对加快自主创新的重要性，增强了责任感。这是因为，已有的经济学理论，特别是创新理论无法指导我国的创新实践，主要体现在：发展经济学在技术创新上主要倡导学习、引进、消化吸收再创新，但核心技术和关键技术是买不来的，发达国家是要卡脖子的；经济增长理论研究的发达国家，由于处在技术领跑的位置，不存在从跟随到并肩再到领跑的发展过程，而且更重要的是他不存在技术先进国家对其实施技术遏制的问题，所以其对发展中国家是失效的；日本韩国等经济体跨越"中等收入陷阱"的经验，虽然对我国有借鉴意义，但由于其受到以美国为首的发达国家的技术支持和帮助，因而其技术创新的路径和方式相对要容易得多，这就决定了我国不可能走他们技术创新的老路。因此，构建创新理论就成为中国经济学者们的历史机遇和责任。

4. 马克思主义经济学及其中国化创历史新高。马克思主义经济学及其中国化 2016 年首次冲进前 10 位，2017 年继续保持第 10 位，2018 年稳中有进，上升到第 8 位，创历史新高。这表明在改革开放 40 年成功发展经验的基础上，一方面学者们具有了推进马克思主义经济学中国化，构建中国特色社会主义经济理论体系的自信；另一方面理论创新具有了成功经验的支持和验证。

因此，马克思主义经济学及其中国化热点位次不断创出新高，主要是源于：一是改革开放 40 年中国经济发展取得的巨大成功，为马克思主义经济学及其中国化提供了肥沃的土壤。中国特色社会主义经济学是从新中国近 70 年实践经验和教训中总结出来的，是经过实践检验的科学理论。"文化大革命"使我国经济处于濒临崩溃的边缘，改革开放 40 年则使中国经济迅速发展成为世界第二大经济体，创造了年均增长 9.5% 的世界发展奇迹。经济思想的发展史告诉我们，成功的实践一定孕育着科学的理论，伟大的实践一定生成伟大的理论。二是中国经济发展走出的独特成功道路，需要马克思主义经济学及其中国化形成的中国理论来解释。中国特色社会主义经济理论体系，既不是简单套用马克思主义经典作家设想的社会主义模板，更不是西方国家现代化发展的翻版，而是在中国发展实践中不断赋予其鲜明的实践特色、理论特色、民族特色、时代特色，如我们坚持党的领导，坚持社会主义基本经济制度不动摇，坚持社会主义市场经济改革方向，坚持发扬中华文化的优秀传统等基本原则推进工业化和现代化，都是对现有经济理论和实践的颠覆性创新。这种创新理论恰恰引领我国经济发展走向成功，规避了拉美和东南亚等国陷入"中等收入陷阱"的悲剧。正因为理论不同，而且还能引领实践成功，所以才需要理论体系的重构。三是构建中国特色社会主义经济理论体系所需要的一些基本理论基础已经具备。在改革开放40年的发展实践中，我国已经总结和提炼出了一些基本概念和范畴，如以人民为中心的发展思想、新发展观、"一带一路"倡议等，甚至形成了一些基本理论如社会主义初级阶段理论、社会主义基本经济制度理论、社会主义市场经济理论、经济发展理论、对外开放理论等等，从而为构建中国特色社会主义经济理论体系奠定了必要的基础和条件。四是构建中国特色社会主义经济理论体系所需要的人才体系基本具备。在构建中国特色社会主义经济理论体系的人才体系中，有一批坚定的马克思主义经济学家；有一批扎根中国大地、对中国经济改革发展实践具有深刻理解的经济学家；有一批海外学成回国能够熟练掌握西方经济学，又能与中国实践相结合的经济学家。他们从不同视角、不同层面的研究，特别是他们之间的协同创新，成为构建中国特色社会主义经济理论体系的重要团队力量。

5. 金融秩序与金融安全首次进入前10位。金融秩序与金融安全2005年仅排在第41位，随着2008年世界金融危机的爆发，我国金融安全问题日益突出，2009年排位上升到第26位，2011年攀升到第18位，首次进入前20位，之后虽然上下有所波动，但总体趋势是排名不断前移，2014年进一步上升到第17位，2016年再升到第14位。2017年虽然略降到第16位，但2018年一步跃升到第10位，首次进入前10位，成为2018年热点年度符号。

2018年金融秩序与金融安全热点之所以排位创出历史新高，主要因为：一是2017年10月党的十九大明确提出到2020年要坚决打好防范化解重大风险等三大攻坚战，而防范化解重大风险的重点则是防范化解金融风险。学界在2018年贯彻落实党的十九大精神的开局之年，必然对防范和化解金融风险展开积极讨论，为打赢防范化解重大风险攻坚战做出智力贡献。二是我国防范发生系统性金融风险面临严峻形势。据统计，2018年12月末，广义货币（M2）余额达到

182.67 万亿元，同比增长 8.1%[①]；目前房地产总值已相当于同期 GDP 的 250%，高于日本房地产泡沫破灭时的 200% 和美国发生金融危机时的 170%；2018 年 10 月末，全国地方政府债务余额 18.4 万亿元[②]；2018 年第二季度末居民部门杠杆率上升到 51%，远超新兴经济体的 39.8%。2018 年初国际清算银行（BIS）发表的报告指出，中国的债务规模和偿债负担已进入红色区域。[③] 因此，2017 年 12 月召开的中央经济工作会议在布置 2018 年工作时明确要求守住不发生系统性金融风险的底线，2018 年中央经济工作会议再次强调，防范金融市场异常波动和共振，稳妥处理地方政府债务风险，做到坚定、可控、有序、适度。三是去杠杆任务艰巨。党的十九大报告要求继续坚持去产能、去库存、去杠杆、降成本、补短板，优化存量资源配置，2017 年中央经济工作会议要确保重大风险防范化解取得明显进展，为此就需要管住货币供给总闸门，保持货币信贷和社会融资规模合理增长，保持人民币汇率在合理均衡水平上的基本稳定。虽然我国宏观调控从"大水漫灌"转向"精准滴灌"，但部分企业融资难融资贵问题显现出来，特别是民营企业的融资问题更为严重。据 2018 年第四季度企业家问卷调查报告显示：资金周转指数为 58.1%，比去年同期下降 0.7 个百分点。其中，33.0% 的企业家认为本季资金周转状况"良好"，50.3% 认为"一般"，16.7% 认为"困难"。[④] 因此，习近平总书记在民营企业家座谈会上强调，要着力解决民营企业融资难融资贵问题。这就需要解决去杠杆与稳增长之间的平衡关系。四是规范金融秩序的任务艰巨。2017 年 12 月召开的中央经济工作会议明确要求 2018 年要坚决打击违法违规金融活动，加强薄弱环节监管制度建设。对此，时任证监会主席刘士余甚至用"野蛮人""妖精""害人精"等痛批资本乱象。

6. 财政体制重回前 20 位。财政体制热点自 2006 年排在第 20 位以来，每年基本都排在前 20 位以内，2007～2016 年的排位分别是第 16、14、16、17、19、12、16、13、13、15 位，只有 2017 年意外退出前 20 位，排在第 23 位，2018 年重新进入前 20 位，排在第 19 位。财政体制位次一直排在前二十大热点中，意味着它一直是学界关注的热点问题，特别是在政府主导型经济运行中，财政体制具

---

① 中国人民银行，http：//www. pbc. gov. cn/goutongjiaoliu/113456/113469/3745278/index. html，2019 年 1 月 15 日。
② 财政部，2018 年 11 月 22 日，http：//yss. mof. gov. cn/zhuantilanmu/dfzgl/sjtj/201811/t20181122_3073280. html？ flyarg = 2。
③ 陈正录：《大陆债务风险 BIS 列红色警戒》，中时电子报，2018 年 3 月 13 日，https：//www. chinatimes. com/cn/newspa？ pers/20180313000129 - 260303？ chdtv。
④ 《2018 年第四季度企业家问卷调查报告》，中国人民银行网，2018 年 12 月 24 日，http：//www. pbc. gov. cn/diaochatongjisi/116219/116227/3722806/index. html。

有重要的作用。

2018年财政体制热点的升温，主要因为：一是财税体制改革。我国财税体制自1994年实行分税制改革，并将税务局分为国家税务局和地方税务局以来，24年基本没有发生大的框架性改革，从而积累了一些矛盾和问题，如中央与地方的财权与事权的不匹配、地方债务风险增大、税收征管体制不健全和效率不高、缴税成本过高等，特别是全面"营改增"后，国地税的税收征管范围和职责发生变化，这就迫切要求推进税收体制改革。2018年6月国家税务局和地方税务局合并，形成了统一的税收体制。二是减税。2018年我国经济运行面临着巨大的下行压力，为实现稳增长、稳就业，我国先后推出了给企业减税降费的系列政策，进一步减轻企业税负和非税负担，激发企业活力。但是，在这种情况下，企业仍感到税费负担过重，呼吁进一步减税降费，如在习近平总书记2018年11月1日主持召开的民营企业座谈会上，企业家们就建议继续降低企业税费负担。据测算，综合考虑税收、政府性基金、各项收费和社保金等项目后的我国宏观税负达40%左右，OECD国家的平均宏观税负水平约为24%～27%。[①] 这就需要学者们探讨深化税制改革，进一步减税降费，以满足企业生存发展的需要。三是防范化解地方政府债务风险。2018年我国一般预算收入中地方占比仅为53.4%，但在一般预算支出中地方支出占比却高达85.2%，而且地方财政收入又过度依赖土地出让金收入和与房地产相关的各项税费，2018年土地出让金收入65 096亿元，与土地和房地产相关税收收入17 968亿元。[②] 虽然2018年我国地方债务率为76.6%，低于国际通行的100%～120%的水平，但随着我国加大对房地产市场的宏观调控，地方财政收入增长面临巨大压力，这就需要探讨如何通过财政体制改革，调整中央和地方政府间财政关系，完成2014年6月30日中共中央政治局审议通过的《深化财税体制改革总体方案》确定的调整中央和地方政府间财政关系这一改革任务。

7. 消费继续排在前20位。消费热点位次的变动，表现出非常明显的两阶段特征：2008年以前，我国经济增长主要依靠投资和出口拉动，消费居于次要位置，因而消费热点2004～2008年排在第27～34位之间；2008年以来，我国经济增长主要依靠内需，特别是消费拉动，消费热点位次随之上升，除2016年意外掉出前20外，2009～2018年在第12～20位之间变动，表明消费在我国稳增长中

① 《财政部报告：我国企业综合税负达40%》，新浪财经，http：//finance. sina. com. cn/china/20130725/005116231433. shtml，2013年7月24日。

② 财政部，http：//gks. mof. gov. cn/zhengfuxinxi/tongjishuju/201901/t20190123 _3131221. html？ flyarg = 2，2019年1月23日。

的重要地位。

2018 年消费热点继续稳定在第 20 位,主要因为:一是需要揭示我国的消费潜力。2018 年最终消费支出对经济增长的贡献率达到了创纪录的 76.2%,比去年同期高 18.6 个百分点,绝对成为我国稳增长的"压舱石",因而消费只要咳嗽,经济运行一定感冒。从这个意义上讲,要实现"六稳",首要的必须稳消费。但是,2018 年虽然全国实现社会消费品零售总额达到 38.1 万亿元,但增长速度仅比去年同期增长了 9%,结束了一直以来两位数的快速增长,这是否意味着我国消费增长的潜力枯竭了呢? 这就需要学者们科学预测我国的消费潜力。国内外的研究文献证实,我国消费增长的潜力依然巨大,如瑞士信贷研究中心的报告显示,全球大约有 10.5 亿人的中等收入群体,其中中国占比接近 35%,即 3.7 亿中等收入群体;① 麦肯锡的报告预测,到 2022 年,中国中等收入群体将形成 6.3 亿的消费者;② 澳大利亚洛伊研究所的研究报告认为,到 2030 年,中国将有 8.5 亿人迈入中等收入群体。③ 按照我国的发展规划,到 2020 年我国按现有标准全部实现脱贫,进入全面小康社会;同时我国城镇化率将达到 60%,到 2030 年达到 70%。中等收入群体的迅速扩大,将为我国形成巨大的消费增长潜力。二是需要阐释我国的消费升级。随着我国人均 GDP 接近 1 万美元,迈入中上等收入经济体,居民的消费升级进入快车道,因而十九大报告提出我国社会的主要矛盾已经转化为人民对美好生活的需要与不平衡不充分的发展的矛盾。但是,有人根据我国 2018 年方便面、榨菜等食品消费的快速增长,认为我国消费不是升级而是降级了,这就需要学者们做出科学的论证和解释。实际上,消费升级不仅仅指对高端产品消费数量的上升,还包括恩格尔系数的下降、消费品品质的提升、服务性消费占比的提高等。国家统计局的数据显示,2018 年全国居民恩格尔系数为 28.4%,比上年下降 0.9 个百分点;消费者越来越重视消费品的品质、品牌,居民消费中进口商品所占的比重不断上升;服务性消费在人均消费支出中的比重比上年提高 1.6 个百分点,达 44.2%④等,都证明了我国居民消费升级的势头不减。三是需要作出促进消费的政策选择。虽然我国消费增长潜力巨大和消费升级持续,但要把消费潜力转化为消费现实,还需要相应的促进消费政策的支持和保

---

① 资料来源:凤凰网,2018 年 1 月 9 日,http://finance.ifeng.com/a/20180109/15917937_0.shtml。
② 资料来源:麦肯锡咨询公司:《下一个十年的中国中产阶级——他们的面貌及其制约因素》,2014 年 5 月 8 日。
③ 资料来源:《澳前外长:澳不太可能加入对华冷战》,载于《环球时报》2018 年 10 月 23 日第 3 版。
④ 资料来源:国家统计局,2019 年 1 月 21 日,http://www.stats.gov.cn/tjsj/zxfb/201901/t20190121_1645752.html。

护，这就需要学者们探讨相应的促进消费的政策，如加强对房地产市场的宏观调控，把家庭负债率保持在合理水平；增强政府的社会保障、医疗、教育等公共经济职能，减少消费者的后顾之忧；加大政府和社会对消费市场的监督检查力度，为消费者创造安全、健康、放心的消费环境。

8. 产业结构与产业政策备受重视。产业结构与产业政策在 2018 年终于打破 2015～2017 年连续 3 年排名第 5 位的稳定格局，前进了 1 位，达到历史最高水平，标志着我国进入高质量发展阶段产业结构优化的极其重要性。

2018 年产业结构与产业政策热点位次的上升，主要是因为统筹推进稳增长、促改革、调结构、惠民生、防风险各项工作，调结构处于关键地位，主要体现在：一是调结构可以为稳增长提供强大动力。在传统产业低速增长的情况下，新产业实现了高速增长。2018 年在规模以上工业中，战略性新兴产业增加值比上年增长 8.9%，高技术制造业增加值增长 11.7%，高于规模以上工业增加值 6.2% 的增长速度；在规模以上服务业中，战略性新兴服务业营业收入比上年增长 14.6%，高于规模以上服务业企业营业收入 11.4% 的增长速度，而且我国的服务业占 GDP 的比重与发达国家相比仍有 20 个百分点的差距，仍有巨大的发展空间；高技术产业投资比上年增长 14.9%，工业技术改造投资增长 12.8%，高于全社会固定资产投资 5.9% 的增长速度。[1] 二是调结构可以为促改革提供宽松的条件。改革需要处理好与发展的关系，如前所述，调结构实现的经济持续稳定增长，为改革的深化和攻坚提供强大的经济保障和回旋余地；改革需要处理好与稳定的关系，调结构实现的产业结构升级和价值链的提升，可以保证经济增长的持续稳定，赢得广大人民群众对改革的认同和支持，为改革创造稳定的经济社会环境；调结构实现的更高层次的开放型经济体制，有助于我国更好地参与经济全球化，并在推进经济全球化进程中发挥更大作用，为改革创造更稳定有利的国际经济环境。三是调结构能更好地惠及民生。调结构实现的产业结构优化升级，可以不断提高劳动收入占比；调结构可以大大提高劳动生产率，从而为不断增加居民收入创造条件，实现居民收入与劳动生产率同步增长，如 2018 年全员劳动生产率比上年提高 6.6%，全国居民人均可支配收入实际增长 6.5%[2]；调结构实现的城乡经济一体化和区域经济一体化，有助于推进贫困地区和农村贫困人口脱贫减贫，使他们共享经济改革发展成果。四是调结构能更好地守住防风险的底线。

---

① 资料来源：国家统计局，2019 年 1 月 21 日，http：//www. stats. gov. cn/tjsj/zxfb/201901/t20190121_1645752. html。

② 资料来源：国家统计局：《中华人民共和国 2018 年国民经济和社会发展统计公报》，2019 年 2 月 28 日，http：//www. stats. gov. cn/tjsj/zxfb/201902/t20190228_1651265. html。

调结构实现的新旧动能转换，可以有效防范和化解经济下行的风险；调结构实现的产业价值链的提升，可以大大提升产业的市场竞争力和盈利能力，从而有利于防范和化解地方政府债务风险和企业债务风险；调结构实现的新动能拉动经济增长的作用不断增强，有助于减轻经济增长对房地产的过度依赖，防范和化解房地产泡沫风险。

9. 收入分配与收入差距。收入分配与收入差距热点 2003～2018 年排位的变化，明显分为两个不同的阶段，2008 年以前，排名都在第 10～20 位之间，2008 年以后，排名迅速上升，排名保持在第 3～6 位之间，前后形成巨大反差。

2008 年之所以成为收入分配与收入差距热点排名变化的分水岭，根本原因在于，2008 年爆发的世界金融危机使世界经济和贸易进入缓慢增长期，特别是近些年来出现了明显的逆全球化倾向和贸易保护主义，这就迫使我国必须转向主要依靠内需拉动经济增长。内需包括投资和消费，消费是最终需求，只有消费的不断增长，投资才可持续，因而扩大内需最根本的是要扩大消费。收入是消费的基础，只有收入总量的增长和收入结构的优化，才能不断提高居民的消费能力和消费水平。因此，收入分配与收入差距问题就成为进入消费时代必须高度关注的热点。主要体现在：一是要关注居民收入的增长。按照经济发展的国际经验，一国人均收入超过 3 000 美元后，消费就会进入加速增长阶段，我国人均收入恰恰在 2008 年超过 3 000 美元，进入调整收入分配与收入差距以加快消费增长的最佳窗口期。2008 年以前，我国居民收入的增长速度一直低于 GDP 的增长速度，致使我国居民消费率从 1978 年的 48.8% 降到了 2008 年的 35.3%。2008 年以来，我国不断深化收入分配体制改革，使居民收入增长与经济增长同步，甚至在一些年份居民收入增长超过 GDP 的增长速度，为稳增长提供了坚实的收入基础。二是要关注居民收入差距。由于中低收入群体的消费倾向较高，增加中低收入群体的收入水平，提高其收入在总收入中的比重，就可以在收入既定下的情况下进一步扩大居民的消费能力，这就需要不断缩小居民的收入差距。我国居民收入的基尼系数 2008 年达到最高值之后就开始逐步回落，2010 年农村居民收入增速首次快于城镇，贫困发生率从 2014 年的 7.2% 降到了 2018 年的 1.7%。三是要关注居民收入结构。一方面，中等收入群体是扩大消费的主力军，目前我国这一比重尚不到 30%，与发达国家相比还有较大差距，因而需要不断扩大中高收入群体所占比重；另一方面，增加居民的经营性收入和财产性收入是快速提高居民收入水平的重要途径，因而需要大力推进大众创业、万众创新，优化居民收入的来源结构。四是要关注国民收入分配结构。扩大居民收入水平，从根本上要提高居民收入在国民收入分配中的比重，提高劳动报酬在初次分配中的比重，优化国民收入分配结构。五是关注收入分配的公平公正。根据马克思主义经济学的基本原理，生产决定分配，分配反作用于生产，因而分配的公平公正就要有利于生产的健康持续稳定发展。目前我国经济增长的主要拉动力来自于最终消费，因而分配一定要有利于扩大全体居民的国内消费。

10. 对外贸易与贸易政策。对外贸易与贸易政策自2005年进入第8位以来，除2006年排在第9位外，一直都在前8位以内上下波动。从排名波动的规律性来看，当国际经济突变对我国外贸产生严重不利影响时，排名就大幅提高，如2008年世界金融危机对我国造成严重冲击时，排名上升到第5位的历史高点；2015年净出口贡献率为－2.6%时，排名再次回到第5位，2016年净出口贡献率进一步下降为－6.8%时，排名创下新高，达到第4位。这充分显示了外贸对我国稳增长、稳就业、稳金融的重要性。

2018年学界对外贸热点的持续强烈关注，主要因为：一是净出口对经济增长的贡献率转负。2018年净出口对经济增长的贡献率由2017年的9.1%转为－8.6%，甚至超过2015年和2016年的负贡献率，显示了我国外贸面临严峻的形势。按照该热点以往的变动特征，2018年应该排名上升，但结果却与2017年持平，继续排在第7位，可能的原因是我国2018年货物出口仍然增长了7.1%，不同于2015年和2016年货物出口出现负增长，但由于我国进入新时代，社会主要矛盾发生转化，需求和供给发生错位，消费者对国外商品和服务的消费所占比重提升，导致进口大幅增加。从这个意义上说，我国净出口对经济增长的贡献率转负，不仅仅是外部的原因，更重要的还有内部的原因，因而要使净出口贡献率由负转正，需要内外兼治，特别是加大供给侧结构性改革力度。二是中美贸易摩擦。虽然中美贸易摩擦的升级对我国2018年外贸出口没有产生严重的负面影响，相反美国对全世界的贸易逆差总额（包括服务业在内）却增加到有史以来的最高水平，猛增12.5%，但美国对中国的遏制将是长期的，这对我国走出"修昔底德陷阱"是巨大考验，因而如何在两个大国的长期博弈中处理好中美经贸关系，需要学者们做出智力贡献。三是加快"一带一路"建设。在中美贸易摩擦的大背景下，扩大我国与"一带一路"沿线国家的对外开放，构建更高层次的全面开放型经济体制，推进和引领经济全球化和维护多边贸易体制，就具有更加重要的战略意义，这就需要学者们对加快和完善"一带一路"建设做出深入研究。

三、中国经济学进一步研究的方向和重点

我国经济已由高速增长转向高质量发展阶段，这就要求中国经济学的研究方向和重点必须转向构建引领高质量发展的经济理论体系和政策体系。中国经济学者做好这篇大文章，不仅会有效指导中国高质量发展的实践，对那些在"中等收入陷阱"中苦苦摸索的发展中国家提供借鉴，而且还会对经济学理论体系的完善和发展做出中国贡献，构建起具有鲜明实践特色、理论特色、民族特色、时代特色的中国经济学。构建引领高质量发展的经济理论体系和政策体系，需要在以下几个方面做出努力：

1. 以高质量发展为导向推进经济学理论的全面创新。列宁曾指出：没有革命的理论，就不会有革命的行动。因此，我国经济要真正实现高质量发展，就必须超越指导高速增长的发展理论，构建适应和推进高质量发展的新理念、新思想、新道路、新政策框架和相应的体制机制。

我国目前还尚未形成推进高质量发展的经济学理论体系和政策体系，突出表现在：

第一，马克思主义经典作家虽然对社会主义社会的总体特征、性质进行了描述，但他们不可能把社会主义划分为初级阶段和高级阶段，进而把社会主义初级阶段再具体细分为站起来、富起来到强起来的不同阶段，并提出指导各个不同发展阶段的具体理论和政策。所以，高质量发展的经济学一定不能是简单套用马克思主义经典作家的社会主义模板，必须推进马克思主义经济学的中国化、现代化。

第二，作为西方经济学的发展经济学虽然探讨的是发展中国家的经济发展问题，但着力点主要是解决低收入国家的资本短缺问题，以推进工业化和城镇化，跨越"低收入陷阱"，而我国已超越这一阶段，进入中高收入经济体，需要推进高质量发展，跨越"中等收入陷阱"；西方经济增长理论瞄准发达国家的经济增长问题，特别是技术创新问题，以确保发达国家始终处于世界的技术前列，我国的技术创新水平就总体而言与发达国家相比还存在相当大的差距，需要解决的主要问题是技术创新如何从跟随到并肩再到领跑的跨越，特别是如何在西方发达国家的技术遏制下进入世界创新国家前列。所以，高质量发展的经济学更不能是西方国家现代化发展的翻版。

第三，日本、韩国等虽然完成了从发展中国家到发达国家的跨越，构建了现

代化的经济体系，但他们作为小国并受到美国等发达国家的保护和支持，因而其经验对我国有借鉴意义，但我国的高质量发展肯定不能走他们的老路。

2. 以创新为核心构建高质量发展的经济学理论体系。推进高质量发展，跨越转变发展方式、优化经济结构、转换增长动力三大关口，关键要靠创新驱动。习近平总书记指出，要着力实施创新驱动发展战略，抓住了创新，就抓住了牵动经济社会发展全局的"牛鼻子"，从而要求把创新摆在国家发展全局的核心位置，唯创新者进，唯创新者强，唯创新者胜。① 这就需要以创新为核心，构建推进高质量发展的理论体系。

创新包括理论创新、科技创新、制度创新、文化创新、实践创新等，创新体系就是这五大创新要素相互联系、相互作用构成的有机统一体。在创新体系中，科技创新是核心。习近平总书记明确指出，实施创新驱动发展战略，就是要推动以科技创新为核心的全面创新。谁走好了科技创新这步先手棋，谁就能占领先机、赢得优势。这是因为，核心技术是国之重器，是实现跨越式发展的支柱，是国家经济安全、国防安全的底线，是实现高质量发展的第一动力。麦肯锡的研究报告认为，全要素生产率的下降是导致中国经济下行的根本原因，而全要素生产率下降的根本原因则是中国在科学或工程等"更具挑战性"的创新领域突破有限。② 历史经验和今天西方一些发达国家对我国技术遏制等铁的事实一再告诫我们：手中没有过硬的核心技术和关键技术，就不可能公平地参与国际贸易和分工，不可能立于世界强国之林。但是，核心技术和关键技术是买不来的，只有依靠自主创新。这就需要经济学全面揭示科技创新的主要影响因素和影响机制，确定科技创新的主体、重点、路径，设计激励科技创新的体制机制等，解决科技创新的社会经济条件和保障。

科技创新的实现，还要推进理论创新、制度创新、文化创新、实践创新等全面创新，这就需要经济学全面揭示理论创新、制度创新、文化创新、实践创新对科技创新的作用机制和实现机制，形成以科技创新为核心，理论创新、制度创新、文化创新、实践创新与科技创新相互作用、相互推进的理论体系。

3. 以供给侧结构性改革为主线构建高质量发展的政策体系。一是要把供给侧作为构建政策体系的出发点。这就要求：政策体系构建的侧重点必须从以往的需求管理转向供给管理，揭示我国作为一个发展中的社会主义大国把提高供给体

---

① 《习近平在欧美同学会成立 100 周年庆祝大会上的讲话》，人民网，2013 年 10 月 21 日，http：//cpc. people. com. cn/n/2013/1022/c64094 – 23281641. html。

② 《外媒评述："双创"关乎中国经济未来前景》，中央政府门户网站，2015 年 10 月 23 日，http：//www. gov. cn/zhengce/2015 – 10/23/content_2952558. htm。

系质量作为主攻方向的历史必然性，揭示我国供给侧政策体系与需求侧政策体系的根本区别，澄清我国供给侧政策体系与西方供给学派政策体系的根本区别。二是要把经济结构优化作为构建政策体系的落脚点。这就要求：政策体系的基本框架必须转向结构性政策体系，对政策的实施对象进行精准识别，科学分类，实施定向分类指导；政策体系的实施方式必须转向"精准滴灌"，突出政策对结构优化的精准性、有效性，切实推进产业结构、城乡结构、区域结构、国民收入分配结构、国内外经济结构的优化升级。三是要把深化改革作为构建政策体系的着力点。这就要求：深化产权制度改革，加强知识产权保护；深化要素市场改革，通过要素自由流动优化经济结构；深化"放管服"政府体制改革和职能转变，加快国家治理体系和治理能力的现代化。

第四篇
中国经济学的体系构建

2015 年中国经济学学科体系研究新进展[*]

构建科学系统的中国特色社会主义经济学，既是中国发展成为世界第二大经济体理应担当的时代责任和义务，也是实现中华民族伟大复兴中国梦迫切需要的重要理论指导。习近平总书记在 2015 年对此发表了系列重要讲话，提出了构建中国特色社会主义经济学学科体系的基本方向、新发展理念和基本方法，学界也进行了认真学习和研究。

一、基本方向

习近平总书记在中共中央政治局 2015 年 11 月 23 日下午就马克思主义政治经济学基本原理和方法论进行第二十八次集体学习时就发展马克思主义政治经济学发表了重要讲话。[①] 实际上，这篇重要讲话，不仅仅是就发展当代中国马克思主义政治经济学讲的，而且对发展中国特色社会主义经济学学科体系也具有重要的指导意义。这主要体现在：

第一，要立足我国国情和我国发展实践，揭示新特点新规律。不论是理论经济学，还是应用经济学，以及两个一级学科下属的任何一个二级学科的学科体系构建，都要体现中国特色。这具体体现在以下三个方面：一是中国问题导向，研究中国经济发展和改革的重大理论与实践问题。可以依据这些重大理论和实践问题确定学科体系，完善我国目前的理论经济学和应用经济学的二级学科体系，如依据我国体制转型和经济转型的需要设立和完善"转型经济学"；依据我国经济发展的需要，大力发展创新"发展经济学"等等。二是中国国情特征，揭示中国经济发展的新阶段、新特征，比如中国经济发展进入新常态，就不仅需要推进政

---

[*] 黄泰岩等：《中国经济学发展报告（2016）》，经济科学出版社 2016 年版。
[①] 习近平：《立足我国国情和我国发展实践，发展当代中国马克思主义政治经济学》，新华网，2015年 11 月 24 日。

治经济学的理论创新，而且其他经济学学科也都需要依据新常态揭示各自学科的新特征，创新新理论。三是中国解决方案，提出新阶段的新战略、新措施，推进中国的经济发展和改革。只有这样，才能赋予我国的经济学学科体系以"中国特色"。刘伟认为，中国特色社会主义经济学就要坚持服务国家，立足民族，立足解决中国的问题。把中国的问题解释清楚了，中国的实践在世界上立得住了，这一套学说和理论，就会得到世界的认可和欣赏。[1]

第二，提炼和总结我国经济发展实践的规律性成果。改革开放以来，我国实现了30多年的高速增长，迅速发展成为世界第二大经济体，创造了世界经济发展的"中国奇迹"。洪银兴认为，伟大的实践推动了理论创新，尤其是推动了马克思主义经济学的中国化。[2] 因此，经济学的各个学科都可以从这个伟大的实践中总结和提炼出科学的理论成果，创新和完善各个学科的学科体系，如新型工业化、信息化、城镇化和农业现代化互动就丰富了产业经济学的理论体系；中国特色城镇化丰富了区域经济学的理论体系；我国的宏观调控经验丰富了国民经济学的理论体系；财政体制改革和财政政策的成功运用丰富了财政学的理论体系；金融体制改革和货币政策的成功运用丰富了金融学的理论体系；等等。正如习近平总书记指出："实践是理论的源泉。我国经济发展进程波澜壮阔、成就举世瞩目，蕴藏着理论创造的巨大动力、活力、潜力，要深入研究世界经济和我国经济面临的新情况新问题，为马克思主义政治经济学创新发展贡献中国智慧。"[3]

第三，把实践经验上升为系统化的经济学说。我国在30多年的成功发展和改革进程中，已经总结出了许多成功的经验和个别理论，如就马克思主义政治经济学而言，"党的十一届三中全会以来，我们党把马克思主义政治经济学基本原理同改革开放新的实践结合起来，不断丰富和发展马克思主义政治经济学，形成了当代中国马克思主义政治经济学的许多重要理论成果，这些理论成果，是适应当代中国国情和时代特点的政治经济学，不仅有力指导了我国经济发展实践，而且开拓了马克思主义政治经济学新境界。"[4] 我们目前的任务，就是努力把这些成果系统化为各个学科的系统学说。黄泰岩提出，要用中国经验丰富和发展马克思主义政治经济学，用中国经验检验西方经济学，最终把中国经验上升为系统的经济学说。林岗认为，将我国的实践经验上升为系统化的经济学说是一个长期过

---

① 刘伟：《发展当代中国马克思主义政治经济学》，载于《光明日报》2015 年 12 月 2 日。
② 洪银兴：《发展当代中国马克思主义政治经济学》，载于《光明日报》2015 年 12 月 2 日。
③④ 习近平：《立足我国国情和我国发展实践，发展当代中国马克思主义政治经济学》，新华网，2015 年 11 月 24 日。

程，需要保持理论研究的一贯性、系统性、科学性。[①]

第四，汲取经济学的一切世界文明成果。构建中国特色社会主义经济学理论体系，不仅要立足中国大地，而且还要有世界胸襟，借鉴其他经济学的优秀成果。林岗认为，将西方主流经济学的教学引入我国经济学教育的初衷，是在批判的基础上借鉴其中反映现代市场经济运行一般规律的科学因素，获取有关现代市场经济的实际知识，了解西方经济运行和学术研究的问题，从而丰富和发展马克思主义经济学。[②] 张宇认为，要坚持洋为中用，正确借鉴国外经济理论和实践发展的新的有用成果，去粗取精、去伪存真，经过科学的扬弃后使之为我所用。[③]

二、基本理念

理念是行动的先导。构建中国特色社会主义经济学理论体系，并用以指导我国实现"两个一百年"奋斗目标的伟大实践，就必须确立新的发展理念。在十八届五中全会上，适应我国经济发展新常态下的新形势、新特点和新任务，习近平总书记提出了创新、协调、绿色、开放、共享的发展理念。唐洲雁认为，习近平总书记提出的新发展理念具有战略性、纲领性、引领性，是发展行动的先导，是发展思路、发展方向、发展着力点的集中体现，不仅管全局、管根本，而且管方向、管长远。在未来 5 年里，要如期实现全面小康，开启我国现代化建设新征程，最根本的就是牢固树立和始终坚持"创新、协调、绿色、开放、共享"五大发展理念，以新理念引领和指导新实践，以新理念推动和实现新发展。[④] 李鸿忠认为，新发展理念立足于中国特色社会主义实践和全面建成小康社会新的目标要求，科学回答了关系我国长远发展的许多重大理论和实践问题，集中体现了习近平总书记系列重要讲话对中国特色社会主义发展理论的创新，开拓了中国特色社会主义发展理论的新境界。[⑤] 新发展理念对构建中国特色社会主义经济学理论体系的指导作用主要在于：

第一，确立了以人民为中心的发展思想。卫兴华认为，马克思把政治经济学区分为劳动的政治经济学和资本的政治经济学。马克思主义的政治经济学是为劳

---

① 于春晖：《致力于中国化、当代化》，载于《人民日报》2015 年 12 月 6 日。
② 林岗：《发展当代中国马克思主义政治经济学》，载于《光明日报》2015 年 12 月 2 日。
③ 张宇：《发展当代中国马克思主义政治经济学》，载于《光明日报》2015 年 12 月 2 日。
④ 唐洲雁：《以新的理念引领新的发展》，载于《光明日报》2015 年 12 月 15 日。
⑤ 李鸿忠：《五大发展理念是马克思主义发展观的重大创新》，载于《光明日报》2015 年 12 月 3 日。

动人民求解放和谋福祉的劳动的政治经济学；而资本的政治经济学是为资本主义和资产阶级利益服务的政治经济学。正因如此，习近平总书记提出要坚持以人民为中心的发展思路，要坚持把增进人民福祉、促进人的全面发展、朝着共同富裕方向稳步前进作为经济发展的出发点和落脚点。[①] 洪银兴也认为，马克思在150年以前创立的马克思主义政治经济学在今天的社会主义经济实践中仍然具有强盛的生命力，继续作为指导思想的理论基础指导中国的经济改革和经济发展，而且保持着在经济学科中的主流经济学地位，一个根本原因就是坚持以人民为中心，服从于人民的福祉，这同马克思主义政治经济学的阶级性是一致的。[②] 何自力认为，以人民为中心是进行经济学理论创新必须坚持的基本立场，为此，要紧紧围绕人民主体地位树立和落实创新、协调、绿色、开放、共享的发展理念。[③]

第二，提出了系统整体的发展理念。郝立新认为，社会实践的丰富性、整体性、复杂性，对马克思主义理论发展特别是中国特色社会主义理论发展提出了新的时代课题和创新发展要求，现实比以往更需要用整体性思维破解发展难题，更需要用全面的发展思维分析和对待现代化进程中的各种错综复杂的矛盾关系。[④] 蔡昉认为，国际经验和我国现实都表明，在从中等偏上收入向高收入跨越的阶段上，各种社会矛盾和社会风险，往往因区域、城乡、经济和社会、物质文明和精神文明、经济建设与国防建设等方面的不协调而产生和加深，一些国家也正是因此而落入"中等收入陷阱"。[⑤] 因此，必须用系统整体的发展理念解决我国发展中的不平衡、不协调和不可持续。

第三，丰富和发展了经济学各个学科的理论体系。《中共中央关于制定国民经济和社会发展第十三个五年规划的建议》指出，"坚持创新发展、协调发展、绿色发展、开放发展、共享发展，是关系我国发展全局的一场深刻变革。"这种深刻的全局性变革必然带来相关经济学学科的理论创新和实践创新。如创新发展，不仅丰富和发展了创新理论，而且对理论经济学和应用经济学都有创新发展；协调发展对政治经济学、人口资源环境经济学、产业经济学、区域经济学等学科具有丰富和发展。

---

① 卫兴华：《发展当代中国马克思主义政治经济学》，载于《光明日报》2015 年 12 月 2 日。
② 洪银兴：《发展当代中国马克思主义政治经济学》，载于《光明日报》2015 年 12 月 2 日。
③ 何自力：《发展当代中国马克思主义政治经济学》，载于《光明日报》2015 年 12 月 2 日。
④ 郝立新：《从"四个全面"到"五大发展理念"》，载于《光明日报》2015 年 12 月 7 日。
⑤ 蔡昉：《践行五大发展理念全面建成小康社会》，载于《光明日报》2015 年 11 月 5 日。

三、基本框架

厘清经济学各个学科之间的关系，以及各个学科内部各理论要素之间的关系，是构建中国特色社会主义经济学学科体系的重要任务，也是确保经济学学科体系具有"中国特色"的关键。

从经济学各个学科之间的关系来看，主要有以下观点：一是把政治经济学作为各个经济学科的基础学科。顾海良认为，高校加强马克思主义政治经济学"必修课"建设，要落实到经济学学科的培养方案和课程设置中，要努力实现马克思主义政治经济学基本理论课程成为经济学学科建设的基础课程。[①] 逄锦聚也认为，应把政治经济学作为经济管理类大学生和研究生的必修课，课时要保证。[②]

二是处理好马克思主义政治经济学与西方经济学的关系。林岗认为，要明确马克思主义经济学在经济学教育中的主导和主体地位，明确西方经济学的从属和辅助地位。[③] 陈享光也认为，要注重吸收西方对马克思主义的研究成果，不断增强政治经济学在应用经济学领域的基础和指导地位。[④]

从中国特色社会主义政治经济学学科体系的构建来看，习近平总书记在中共中央政治局 2015 年 11 月 23 日下午就马克思主义政治经济学基本原理和方法论进行第二十八次集体学习时就中国特色社会主义政治经济学的理论体系进行了原则新的阐述，即坚持以人民为中心的发展思想，坚持创新、协调、绿色、开放、共享的发展理念，坚持和完善社会主义基本经济制度，坚持和完善社会主义基本分配制度，坚持社会主义市场经济改革方向，坚持对外开放基本国策，坚持马克思主义经济学的基本原理和方法论同我国经济发展实际相结合，坚持深入研究世界经济和我国经济面临的新情况新问题，为马克思主义政治经济学创新发展贡献中国智慧。[⑤]

就中国特色社会主义政治经济学理论体系的具体构建来看，刘伟认为，西方人最怕中国人没有在西方理论的指导下取得实践上的成功，但中国做到了。比如，中国的成功没有按照"华盛顿共识"或是标准的微观理论或者凯恩斯主义等

---

① 顾海良：《发展当代中国马克思主义政治经济学》，载于《光明日报》2015 年 12 月 2 日。
② 逄锦聚：《发展当代中国马克思主义政治经济学》，载于《光明日报》2015 年 12 月 2 日。
③ 林岗：《发展当代中国马克思主义政治经济学》，载于《光明日报》2015 年 12 月 2 日。
④ 于春晖：《致力于中国化、当代化》，载于《人民日报》2015 年 12 月 6 日。
⑤ 习近平：《立足我国国情和我国发展实践，发展当代中国马克思主义政治经济学》，新华网，2015 年 11 月 24 日。

西方理论，但在实践中取得了有效的成就，这是我们建立当代中国马克思主义经济学说最主要的基础和最深刻的根据。① 黄泰岩提出了构建的主要思路，认为构建中国特色社会主义经济学的系统化学说，应关注中国发展经验的世界普遍性意义。无论从理论还是从实践看，发展都应成为构建中国经济学理论体系的核心概念，并且应包括以下内容：一是发展的理念。要用创新、协调、绿色、开放、共享的发展理念破解我国发展难题，开创经济发展新局面。二是发展的目的。就是增进人民福祉，促进人的全面发展，实现共同富裕。三是发展的道路。推动新型工业化、信息化、城镇化、农业现代化相互协调。四是发展的动力。以创新驱动我国经济发展，创新包括观念创新、制度创新和技术创新。五是发展的资源。利用好国际国内两种资源，发展更高层次的开放经济，通过技术创新提高资源的利用效率。六是发展的制度。在以公有制为主体、多种所有制经济共同发展的基本经济制度上发展社会主义市场经济。七是发展的文化。我国经济的快速增长是在继承和弘扬中国传统文化的基础上实现的，突破了只有在西方文化的背景下才能实现工业化、现代化的理论假定。②

① 刘伟：《发展当代中国马克思主义政治经济学》，载于《光明日报》2015 年 12 月 2 日。
② 黄泰岩：《发展当代中国马克思主义政治经济学》，载于《光明日报》2015 年 12 月 2 日。

2016 年中国经济学学科体系研究新进展[*]

2016 年 5 月 17 日，在哲学社会科学工作座谈会上的讲话中习近平总书记对哲学社会科学工作者提出新要求：以我国实际为研究起点，提出具有主体性、原创性的理论观点，构建具有自身特质的学科体系、学术体系、话语体系。2016年经济学界对此展开了深入的学习和讨论，努力构建中国特色社会主义经济学理论体系，取得了新的成果。

一、中国特色社会主义经济学基础理论新发展

不论是理论经济学，还是应用经济学，要扎根中国大地推进经济学理论体系的创新，首先需要推进中国特色社会主义经济学基础理论的创新，特别是要明确中国经济发展的新阶段，以及适应新阶段的新理念、新思想、新战略。

（一）经济发展新常态

党的十八大以来，以习近平同志为核心的党中央从我国经济改革、建设和发展的实际出发，根据国内国际经济运行的新特点、新趋势、新变化，提出了我国经济发展进入新常态的重大判断，阐述了经济新常态的主要特征和内涵。对此，学界进行了深入研究。

郭克莎指出，判断和提出经济发展进入新常态或新阶段，是对实践过程进行理论探索的结果。这是把马克思主义政治经济学基本原理同中国特色社会主义经济建设实际相结合的探索，也是在经济建设实践中推进中国特色社会主义政治经济学理论创新的探索。从中国特色社会主义政治经济学的分析框架看，判断和提出中国经济发展进入新常态或新阶段的理论依据：一是从适应生产力发展阶段

---

[*] 黄泰岩等：《中国经济学发展报告（2017）》，经济科学出版社 2017 年版。

看，我国的工业化过程已进入后期阶段，经济增速、产业结构、增长动力将发生
较大变化，这些趋势性变化与新常态的主要特点是一致的；二是从遵循经济发展
规律看，许多国家和地区在经历了长期高增长并进入较高收入阶段后，都出现了
以增长速度大幅回落为特征的重大转变，潜在增长率、增长因素、增长机制等都
发生了有规律的变化，其历史经验为新常态提供了佐证材料；三是从推进经济发
展取向看，提出新常态的重大判断，也体现了坚持以人民为中心的发展理念。新
常态理论作为中国特色社会主义政治经济学的一项重大理论创新成果，将被实践
证明具有重要的理论地位和作用。①

　　在新常态的重大判断基础上，学者们还运用马克思主义政治经济学的基本理
论和方法对我国经济发展进入新常态的原因进行了分析。逄锦聚指出，按照马克
思经济学的基本原理，我国经济发展进入新常态，虽然结构性需求不足是原因之
一，但不是主要原因，主要的原因在生产领域，生产方式粗放，产业结构不合
理，创新不足，科技转化为现实生产力不畅，要素生产率较低等，这实际是我国
人民日益增长的物质文化需要同落后的社会生产之间的社会主要矛盾表现的阶段
性特征。所以，认识引领新常态，保持国民经济创新、协调、绿色、开放、共享
发展，要牢牢把握我国所处发展阶段的社会主要矛盾，把发展生产力摆在首位，
坚持发展是硬道理不动摇；要加快转变发展方式，调整经济结构，着力创新驱
动，创造新供给；要妥善处理质量、效益和速度的关系，保持经济持续稳定的中
高速增长；把深化改革和惠民生紧密结合起来。②

（二）新发展理念

　　习近平总书记提出的创新、协调、绿色、开放、共享的新发展理念，是我国
经济改革、建设、发展的重大指导思想，是马克思主义政治经济学基本原理与中
国经济社会发展实际结合的新成果。

1. 新发展理念是对马克思的经济社会发展理论和人的全面发展理论的继承和发展

　　顾海良认为，新发展理念在对"实现什么样的发展、怎样发展"问题新的回
答中，凸显其马克思主义政治经济学的意蕴。新发展理念是对马克思主义政治经

---

① 郭克莎：《中国经济发展进入新常态的理论根据——中国特色社会主义政治经济学的分析视角》，
载于《经济研究》2016 年第 9 期。
② 逄锦聚：《马克思生产、分配、交换和消费关系的原理及其在经济新常态下的现实意义》，载于
《经济学家》2016 年第 2 期。

济学理论的当代运用和丰富，特别是对马克思恩格斯关于经济的社会发展理论和人的全面发展理论的当代阐释与现实应用。①

2. 新发展理念是对社会主义基本经济规律的深化和拓展

吴宣恭指出，新发展理念集发展方向、发展方式、发展条件、发展维度、发展路径、发展目标于一体，全面反映了社会主义经济的本质要求，是对社会主义基本经济规律内涵的深化拓宽和高度概括，将对我国经济的持续健康发展发挥重大的指导作用。具体来说，创新是生产力发展的首要推动力，是从生产方面对社会主义基本经济规律内涵的高度提炼；协调反映了深化协调发展规律的要求，既是社会主义基本经济规律发挥作用的社会条件，也是社会主义基本经济规律作用的必然结果；绿色是人与自然之间的协调规律与社会主义基本经济规律的结合，也是社会主义基本经济规律在"天人关系"上的延伸和深化；开放是社会发展规律和社会主义基本经济规律内涵在国际范围的拓展；共享是社会主义基本经济规律所体现的社会生产目的，是社会主义的本质要求，也是新发展理念的核心。②

3. 新发展理念是指导我国经济社会发展的思想灵魂

逄锦聚指出，新发展理念是对改革开放和现代化建设实践经验的深刻总结，是对中国特色社会主义发展理论内涵的丰富和提升，也是指导"十三五"乃至整个新常态下经济社会发展的思想灵魂。③ 顾海良指出，新发展理念直面中国经济社会发展的现实问题，以强烈的问题意识，致力于破解发展难题、增强发展动力、厚植发展优势，是党的十八大以来习近平对当代中国马克思主义政治经济学的新的理论贡献。④ 易淼等指出，新发展理念体现了中国特色社会主义政治经济学的重大原则，凸显了中国特色社会主义政治经济学的现实指导意义，遵循了中国特色社会主义政治经济学视阈下的改革逻辑，是中国特色社会主义政治经济学的重要拓展。⑤

---

①④ 顾海良：《新发展理念的马克思主义政治经济学探讨》，载于《马克思主义与现实》2016 年第 1 期。

② 吴宣恭：《五大发展理念是社会主义基本经济规律内涵的深化拓宽和高度概括》，载于《马克思主义研究》2016 年第 8 期。

③ 逄锦聚：《马克思生产、分配、交换和消费关系的原理及其在经济新常态下的现实意义》，载于《经济学家》2016 年第 2 期。

⑤ 易淼、任毅：《五大发展理念：中国特色社会主义政治经济学的重要拓展》，载于《财经科学》2016 年第 4 期。

4. 新发展理念是"术语的革命"

顾海良指出，新发展理念具有显著的总体性，创新是引领发展的第一动力，协调是持续健康发展的内在要求，绿色是永续发展的必要条件，开放是国家繁荣发展的必由之路，共享是中国特色社会主义的本质要求。由此而实现的"术语的革命"，是对中国特色社会主义经济建设关于发展实践的理论和学说的提炼和总结，是当代中国马克思主义政治经济学的学术话语体系建设的重要成果，为当代中国马克思主义"系统化的经济学说"的发展奠定了坚实基础。①

黄泰岩也指出，理念决定理论的观念体系和结构框架，新发展理念为形成当代中国特色社会主义经济发展新理论、新体系、新话语开辟了道路。②

二、中国特色社会主义经济学学科体系

根据教育部确定的经济学科分类，经济学分为理论经济学和应用经济学两个一级学科，在理论经济学一级学科下细分为政治经济学、经济思想史、经济史、西方经济学、世界经济和人口、资源与环境经济学六个二级学科；在应用经济学一级学科下细分为国民经济学、区域经济学、财政学（含税收学）、金融学（含保险学）、产业经济学、国际贸易学、劳动经济学、统计学、数量经济学、国防经济等二级学科。后来统计学独立出来成为一级学科。

对于经济学科究竟包含哪些具体学科，学界存在不同的看法。洪银兴主编的《现代经济学大典》作为经济学的经典之作，力图向世界全面展示我国经济学的发展成果，显示中国经济学人的智慧和贡献。该书分为上下卷，上卷为理论经济学，包括了教育部确定的政治经济学、世界经济和资源与环境经济学三个二级学科，经济思想史、经济史和西方经济学三个二级学科没有纳入其中，同时把世界经济表述为世界经济与国际经济学，人口、资源与环境经济学中没有了人口经济学，但却新增加了转型经济学、制度经济学、发展经济学、经济学方法共四章，体现了对我国改革与发展特色的特别重视。下卷为应用经济学，包括了教育部确定的国民经济学、产业经济学、财政学、金融经济学、区域经济学、经济统计学、计量经济学七个二级学科，国际贸易学、劳动经济学和国防经济三个二级学

---

① 顾海良：《新发展理念与当代中国马克思主义"系统化的经济学说"的发展》，载于《经济学家》2016 年第 3 期。

② 黄泰岩：《新发展理念催生新发展理论》，载于《人民日报》2016 年 4 月 18 日。

科没有纳入。①

黄泰岩在出版的《中国经济学发展报告（2016）》一书中，按照教育部确定的理论经济学和应用经济学两个一级学科确定的二级学科编排各章，但在理论经济学中缺少了经济思想史和西方经济学两个二级学科；在应用经济学一级学科中缺少了国际贸易学和数量经济学两个二级学科。②

三、中国特色社会主义政治经济学体系

政治经济学是其他经济学的基础学科，中国特色社会主义政治经济学的理论创新对其他学科的理论创新就具有先导和决定作用，开拓当代中国马克思主义政治经济学的新境界就具有了特别重要的意义。2016 年学者们就中国特色社会主义经济学理论体系的构建问题进行了广泛而深入的讨论和研究，在中国特色社会主义经济学的研究对象、逻辑主线、体系结构、话语体系、方法论原则等方面取得了可喜的成果。

（一）中国特色社会主义政治经济学的研究对象

关于中国特色社会主义政治经济学的研究对象，学界目前还存在不同观点，主要观点有以下三种。

1. 社会生产关系及其发展规律

社会生产关系及其发展规律是马克思主义政治经济学的研究对象，因而相当一部分学者认为，中国特色社会主义政治经济学的研究对象仍然是研究生产关系及其发展规律。刘伟指出，政治经济学是研究社会生产关系运动规律的学说，生产关系运动规律只能从生产力与生产关系的矛盾运动中揭示，生产关系的运动规律源于生产力发展的历史要求及其变化。③ 白永秀也指出，中国政治经济学需要不断延展"生产关系和交换关系"的运用范围，研究人类社会各个历史发展阶段的各种经济制度运行的一般规律和经济行为，特别是市场经济的一般规律以及市场经济制度下的生产、交换、分配和消费方式以及与之相适应的经济

---

① 洪银兴：《现代经济学大典》，经济科学出版社 2016 年版。
② 黄泰岩等：《中国经济学发展报告（2016）》，经济科学出版社 2016 年版。
③ 刘伟：《在马克思主义与中国实践结合中发展中国特色社会主义政治经济学》，载于《经济研究》2016 年第 5 期。

关系、社会关系、人与资源环境的关系等。① 逄锦聚也将社会主义初级阶段的生产方式及与之相适应的生产关系和交换关系作为中国特色社会主义政治经济学的研究对象。②

2. 中国特色社会主义经济形态

张宇指出，中国特色社会主义政治经济学的研究对象是中国特色社会主义经济形态。这既包括改革开放以后确立的中国特色社会主义生产关系或经济制度，也包括在此基础上形成的中国特色社会主义经济发展战略、发展理念、发展政策和发展道路。③

3. 生产力和生产关系

卫兴华明确指出，中国特色社会主义政治经济学既要系统和深入研究中国特色社会主义生产关系，又要从理论上研究怎样更好更快地发展社会生产力。但技术层次的生产力不是政治经济学的研究对象，政治经济学研究的是社会层次的生产力。④ 黄泰岩基于社会主义初级阶段生产力和生产关系矛盾的主要表现在生产力相对落后上的现实提出，再把中国特色社会主义政治经济学研究对象局限在仅仅联系生产力研究生产关系就不够了，应该将生产力也纳入研究对象，具体体现为解放生产和发展生产力。⑤ 洪银兴进一步提出，在发展变化中，中国特色社会主义政治经济学应该研究相互联系的生产力和生产关系，构建关于解放、发展和保护生产力的系统化经济理论。⑥ 从而将中国特色社会主义政治经济学的研究对象拓展为解放生产力、发展生产力和保护生产力。

（二）中国特色社会主义政治经济学的逻辑主线

相当一部分学者将发展确定为中国特色社会主义政治经济学的逻辑主线，比如，逄锦聚将其概括为发展经济，满足需要。⑦张宇则指出，社会主义的根本任务是发展生产力，坚持把发展作为第一要务，在生产力与生产关系相互作用作为

---

① 白永秀、吴丰华、王泽润：《政治经济学学科建设：现状与发展》，载于《马克思主义研究》2016年第8期。
②⑦ 逄锦聚：《中国特色社会主义政治经济学论纲》，载于《政治经济学评论》2016年第5期。
③ 张宇：《不断完善中国特色社会主义政治经济学理论体系》，载于《人民日报》2016年8月29日。
④ 卫兴华：《创新政治经济学研究对象》，载于《人民日报》2016年12月21日。
⑤ 黄泰岩：《中国特色社会主义经济学的研究对象、主线和框架》，载于《马克思主义与现实》2016年第5期。
⑥ 洪银兴：《以创新的经济发展理论阐释中国经济发展》，载于《中国社会科学》2016年第11期。

逻辑主线中，要更加突出促进生产力发展的内容。① 黄泰岩将中国特色社会主义经济学研究的生产关系和生产力，简要地归结为改革和发展两大主题，并认为进入新世纪后，改革与发展关系组合发生了新的变化，即把改革作为发展的强大动力纳入发展的理论框架中，发展成为中国特色社会主义经济学研究的核心主题，并成为构建中国特色社会主义经济学理论体系的逻辑主线。②

有的学者将社会主义初级阶段的基本经济制度作为研究主线或核心内容，比如顾海良认为，中国特色社会主义政治经济学是以社会主义初级阶段基本经济制度和经济体制探索为主体，以社会主义经济制度和市场经济体制结合、发展和完善研究为主线。③ 洪银兴则将基本经济制度和基本收入制度看作是中国特色社会主义政治经济学的核心内容。④

有的学者将社会主义市场经济作为研究主线，比如张卓元认为，我们在构建中国特色社会主义政治经济学时，要把社会主义与市场经济的结合、公有制与市场经济的结合作为主线贯穿始终，形成逻辑严密、结构有序的理论体系。⑤ 刘伟则将其确定为考察如何坚持社会主义市场经济改革方向。⑥

有的学者将新发展理念作为研究主线，如丁霞认为，创新、协调、绿色、开放、共享的新发展理念应成为研究主线。⑦

有的学者将公平与效率作为研究主线，如白永秀提出，相对于以提高资源配置效率为研究主线的西方经济学而言，秉承人民为中心的马克思主义政治经济学应当以公平与效率的关系及其实现途径为研究主线。⑧

对于以上研究主线出现不同观点的原因，周立群认为，社会主义政治经济学缺乏基本的概念抽象，从而难以形成一个有内在逻辑的范畴体系以作为经济学各分支学科的理论基础和理论基石。范畴体系和系统性构建的根本是理论创新，基

---

① 张宇：《不断完善中国特色社会主义政治经济学理论体系》，载于《人民日报》2016 年 8 月 29 日。
② 黄泰岩：《中国特色社会主义经济学的研究对象、主线和框架》，载于《马克思主义与现实》2016 年第 5 期。
③ 顾海良：《开拓当代中国马克思主义政治经济学的新境界》，载于《经济研究》2016 年第 1 期。
④ 洪银兴：《以创新的理论构建中国特色社会主义政治经济学的理论体系》，载于《经济研究》2016 年第 4 期。
⑤ 张卓元：《实现社会主义与市场经济有机结合——构建中国特色社会主义政治经济学的主线》，载于《人民日报》2016 年 11 月 21 日。
⑥ 刘伟：《在马克思主义与中国实践结合中发展中国特色社会主义政治经济学》，载于《经济研究》2016 年第 5 期。
⑦ 丁霞：《善于把握和融通"马克思主义的资源"——马克思政治经济学体系构建方法再研究》，载于《马克思主义研究》2016 年第 7 期。
⑧ 白永秀、吴丰华、王泽润：《政治经济学学科建设：现状与发展》，载于《马克思主义研究》2016 年第 8 期。

础理论的创新是发展当代马克思主义政治经济学的关键。①

（三）中国特色社会主义政治经济学理论体系

学者们虽然在中国特色社会主义政治经济学理论体系构建方面进行了很多思考，但是学者们之间存在较大分歧，他们基于不同的角度提出了不同的理论体系框架或内容。

黄泰岩基于发展的逻辑主线，将中国特色社会主义政治经济学的基本框架确定为包含发展理念、发展目标、发展目的、发展速度、发展转型、发展动力、发展道路、发展资源、发展环境、发展制度十大内容。②③

洪银兴则认为，将中国特色社会主义经济建设的伟大实践所取得的成功，包括经济制度、经济运行和经济发展等领域一系列重大理论创新，系统性化就构成中国特色社会主义政治经济学的理论体系。但也强调该理论体系是动态的，新的实践和创新的理论会不断丰富这个理论体系。④

逄锦聚提出，应当从经济制度和发展阶段、经济运行、经济发展、世界经济和开放问题等四方面构建中国特色社会主义政治经济学的体系结构。⑤

任保平则提出从中国经济发展的初始条件及其变迁、中国宏观经济发展的政治经济学、中国中观经济发展的政治经济学、中国微观经济发展的经济学、中国与世界合作发展的政治经济学五个层次构建基本框架。⑥

刘伟则从中国特色社会主义政治经济学的历史观、核心命题、主要任务、根本目的四个方面概括了理论体系的主要内容。⑦

张宇认为，中国特色社会主义政治经济学内容丰富，涵盖中国特色社会主义经济的生产、分配、交换、消费等主要环节以及基本经济制度、基本分配制度、经济体制、经济发展和对外开放等主要方面，形成了一个比较完整的理论体系。⑧ 具体包括：中国特色社会主义经济的本质、社会主义基本经济制度、社会主义基本分配

① 周立群：《中国特色社会主义政治经济学的系统构建与创新》，载于《经济研究》2016 年第 3 期。
② 黄泰岩：《中国特色社会主义政治经济学的研究对象、主线和框架》，载于《马克思主义与现实》2016 年第 5 期。
③ 黄泰岩：《发展当代中国马克思主义政治经济学》，载于《光明日报》2015 年 12 月 2 日。
④ 洪银兴：《以创新的理论构建中国特色社会主义政治经济学的理论体系》，载于《经济研究》2016 年第 4 期。
⑤ 逄锦聚：《中国特色社会主义政治经济学论纲》，载于《政治经济学评论》2016 年第 5 期。
⑥ 任保平：《"中国发展的政治经济学"理论体系构建研究》，载于《中国高校社会科学》2016 年第 6 期。
⑦ 刘伟：《在马克思主义与中国实践结合中发展中国特色社会主义政治经济学》，载于《经济研究》2016 年第 5 期。
⑧ 张宇：《发展中国特色社会主义政治经济学》，载于《人民日报》2016 年 2 月 23 日。

制度、社会主义市场经济、社会主义对外开放和中国特色社会主义经济发展等。①

白永秀等提出，政治经济学新的研究体系应当由生产方式与基本经济制度、生产、交换、分配、消费、宏观经济、经济全球化等七大部分组成。②

对于何时我国能够构建起中国特色社会主义政治经济学的完整体系，张卓元认为，我们相信，当我国全面建成小康社会，进入高收入国家行列，进而基本上实现现代化以后，社会主义市场经济论将进一步证明其科学性，并建成完整的社会主义市场经济理论大厦。③

（四）中国特色社会主义政治经济学的话语体系

1. 用通用语言讲中国故事④

黄泰岩指出，要把反映中国经验的新概念、新范畴、新规律系统化为完整的经济学体系，用通用语言讲"中国故事"，而不是用中国语言讲"世界故事"。⑤裴长洪认为，怎样处理"阳春白雪"和"下里巴人"的关系，是中国经济学话语体系要解决的问题。中国经济学的话语体系更多的是需要多数人读懂基础上的提高再提高，这是应当倡导和努力的方向。⑥

2. 将中国基因作为基本内核

周文认为，国弱无话语。中国目前已经具备了构建中国经济学话语体系的基础和能力，中国发展经验构成了中国经济学话语体系的基本内核。⑦ 逢锦聚指出，中国特色社会主义政治经济学既具有民族性也具有世界性，只有以我国实际为研究起点，提出具有主体性、原创新的理论观点，构建具有自身特质的学科体系、学术体系、话语体系，才能真正形成自己的特色和优势，也才能逐渐为世界所重视、所接受。⑧

（五）中国特色社会主义政治经济学的方法论原则

辩证唯物主义和历史唯物主义是马克思恩格斯创立的政治经济学的根本方法

---

① 张宇：《关于中国特色社会主义政治经济学的若干问题》，载于《国家行政学院学报》2016 年第 2 期。

② 白永秀、吴丰华、王泽润：《政治经济学学科建设：现状与发展》，载于《马克思主义研究》2016 年第 8 期。

③ 张卓元：《发展当代中国马克思主义政治经济学三题》，载于《经济研究》2016 年第 3 期。

④⑤ 黄泰岩：《构建当代中国马克思主义政治经济学》，载于《政治经济学评论》2016 年第 1 期。

⑥ 裴长洪：《中国特色开放型经济理论研究纲要》，载于《经济研究》2016 年第 4 期。

⑦ 周文：《时代呼唤中国经济学话语体系》，载于《经济研究》2016 年第 3 期。

⑧ 逢锦聚：《中国特色社会主义政治经济学的民族性与世界性》，载于《经济研究》2016 年第 10 期。

论，自然也是中国特色社会主义政治经济学的根本方法论。但对具体表现，学者们有着不同的认识。

逄锦聚指出，辩证唯物主义和历史唯物主义贯穿在中国特色社会主义政治经济学研究中，具体又表现为矛盾分析方法、历史与逻辑统一的方法、抽象法、人是历史主体的分析方法、以实践为基础的分析方法、实证方法、数学分析方法等。[①]

蔡继明等将构建中国特色社会主义政治经济学的方法论原则具体到八个方面：一是科学抽象法；二是矛盾分析法；三是中介分析法；四是一般特殊个别的辩证法；五是历史唯物主义合力论；六是经济运行的生理学与经济发展的病理学；七是人类社会发展的最终目标和实现手段的选择；八是逻辑批判与逻辑一致性原则。[②]

丁霞认为，辩证唯物主义和历史唯物主义是马克思总体方法论，它在政治经济学领域的具体应用就形成了政治经济学的方法论。马克思政治经济学方法论有八大特征：一是总体方法论是构建经济学体系的基石；二是具体总体和思想总体的对立统一；三是研究方法和叙述方法的对立统一；四是历史与逻辑相一致的方法；五是矛盾分析贯穿于逻辑运动的全过程；六是总体的逻辑起点选择原则和方法具有重大的方法论意义；七是强调中介范畴在逻辑推进和运动过程中的重要性；八是逻辑主线的选择至关重要。这八大特征为创新当代中国马克思主义政治经济学体系奠定了方法论基础。[③]

林岗则将马克思主义政治经济学方法论原则总结为四个分析规范：一是用生产关系必然与生产力发展相适应来解释社会经济制度变迁；二是将生产资料所有制作为分析整个生产关系体系的基础；三是依据与生产力发展的一定历史阶段相适应的经济关系来理解政治和法律的制度以及道德规范；四是在历史形成的社会经济结构的整体制约中分析人的经济行为。[④]

四、中国特色社会主义政治经济学与其他学科的关系

（一）政治经济学与西方经济学的关系

大部分学者都强调了中国特色社会主义政治经济学应该以开放的视野汲取和

① 逄锦聚：《中国特色社会主义政治经济学论纲》，载于《政治经济学评论》2016 年第 5 期。
② 蔡继明、靳卫萍：《构建中国特色社会主义政治经济学的方法论原则》，载于《国家行政学院学报》2016 年第 2 期。
③ 丁霞：《善于把握和融通"马克思主义的资源"——马克思政治经济学体系构建方法再研究》，载于《马克思主义研究》2016 年第 7 期。
④ 林岗：《坚持马克思主义的根本是坚持马克思的方法论原则》，载于《经济研究》2016 年第 3 期。

借鉴中外理论成果的科学成分[①]，但是，也同时强调"必须摆正中外本末主次关系，不能把西方经济学奉为主流和圭臬"[②]，明确了马克思主义经济学的主导和主体地位。

（二）政治经济学与经济史学的关系

经济学作为一门经验科学，在方法上就需要遵循逻辑和历史的统一，就离不开对经济史的研究。但是孙圣民认为，经济史作为理论经济学的一个二级学科，其地位被严重忽视。这突出表现在：经济学界多采用合作的形式开展经济史研究，并以国际学术前沿发展或热点为其导向；史学学者往往遵循史学传统，关注中国经济史本土化。经济学视角下的经济史研究，研究对象聚焦在经济类目，样本空间大、时间跨度短；史学则相反。经济史论文的学科间引用率高，表明史学对经济学的影响更强。经济理论和定量方法作为一种分析工具，在经济史研究中已被史学和经济学者广泛运用，但史学学者仍然保留着考据的传统。[③]

孙睿认为，经济学已成为当今最具影响的社会科学之一。数学化和抽象化成为经济学分析问题的成功之处，也是最具争议之处。从经济史视角来看，经济学需要本土化。除了对理论诞生背景中西方经验的批判与反思外，更需要深入到本土历史情境中，在历史实践中培养经济学的历史感，更好地面向当今的中国经济建设。[④]

（三）政治经济学与发展经济学的关系

张卓元认为，构建现代化的中国式发展经济学，根本点就是在马克思主义政治经济学的指引下，立足中国国情，在不同时段选择适当的发展目标和路径，争取最优的结果。例如，在"十三五"期间，由于具体的国情变了，阶段性特征的内涵变了，就必须改变或完善我们的发展战略、方式和路径，转变发展理念。[⑤]

（四）政治经济学与经济思想史学的关系

杨春学指出，中国特色社会主义政治经济学必须承担起在中华思想文明库中挖掘优秀基因的工作，这是中国经济学人的时代课题。在挖掘这类思想基因时，

---

① 周立群：《中国特色社会主义政治经济学的系统构建与创新》，载于《经济研究》2016 年第 3 期。
② 胡培兆：《政治经济学要进入社会》，载于《经济研究》2016 年第 3 期，第 26 页。
③ 孙圣民：《国内经济史研究中经济学范式应用的现状：基于〈中国社会科学〉等四种期刊的统计分析》，载于《中国社会科学评价》2016 年第 1 期。
④ 孙睿：《关于经济学本土化的几点思考：以经济史为视角》，载于《齐鲁学刊》2016 年第 3 期。
⑤ 张卓元：《发展当代中国马克思主义政治经济学三题》，载于《经济研究》2016 年第 3 期。

要注意在动态过程中重建这些优秀思想基因，给它们提供一种科学的分析基础。①

（五）政治经济学与国民经济学的关系

林木西认为与国内其他经济学科相比，国民经济学是颇具中国特色的应用经济学学科，国民经济学的研究对象是"国民经济系统运动及其规律性"，主要内容包括国民经济系统、国民经济运行、国民经济发展战略与规划、国民经济管理四个方面。国民经济学研究的核心问题是国家如何在尊重市场规律的前提下促进国民经济的发展，同时运用市场和政府的多重手段，促进"国"与"民"的共同发展、协调发展和可持续发展。这就使国民经济学与政治经济学区别开来。②

（六）政治经济学与财政学的关系

诸多学者认为，财政学不应拘泥于经济学的研究框架，当前把财政学定位为应用经济学下的二级学科，使财政学被严重"经济学化"，弱化了财政学理论的解释力。例如刘晓路等认，财政学的发展经历了3个阶段，官房学时代（1727~1825）的财政学以支撑国家富强为己任，重视国家的作用，奠定了财政学的政治学基础；政治经济学时代（1825~1928）的财政学以维护市场秩序为目标，主张缩小财政的职能范围，强调国家要顺应经济规律，构建了财政学的经济学基础；经济学时代（1928年至今）的财政学，否认国家的利益主体地位，主张财政是为全体选民服务的公共产品提供者，强调透过政治程序反映出来的社会民意是决定财政活动的范围与规模的关键，形成了财政学的社会学基础，当前财政学的发展应当融合三个学科的相关合理内涵，而不仅限于经济学的研究范式。③

安体富则认为，财政学与公共经济学之间只是名称上的差异，研究内容并无不同，因此，财政学和公共经济学都隶属于经济学，考虑到学科间的交叉关系，可以从不同角度，如政治学、社会学、管理学、法学等学科的交叉视角研究财政问题，但这不能作为否定财政学属于经济学科的根据。④

五、中国经济学进一步研究的方向和重点

面对新常态的新形势新特点新任务，进一步贯彻落实新发展理念，中国经济

---

① 杨春学：《社会主义政治经济学的"中国特色"问题》，载于《经济研究》2016年第8期。
② 林木西：《国民经济学的历史沿革与研究对象》，载于《政治经济学评论》2016年第6期。
③ 刘晓路、郭庆旺：《财政学300年：基于国家治理视角的分析》，载于《财贸经济》2016年第3期。
④ 安体富：《关于财政学的学科属性与定位问题》，载于《财贸经济》2016年第12期。

学应该在以下几个方面开展更深入的研究。

1. 开拓中国特色社会主义政治经济学新境界

为进一步夯实治国理政的政治经济学基础，急需以问题为导向，以解决问题为目的，以中国经验为基础，推进中国特色社会主义政治经济学的重大理论创新。这主要有以下方向：一是构建中国特色社会主义政治经济学新体系。党的十八大以来，习近平总书记提出了一系列治国理政新理念新思想新战略，对中国特色社会主义政治经济学新体系进行了"四梁八柱"性的构建，从而在研究对象、研究方法、研究主线、研究框架等方面进行了理论创新开辟了新的道路，中国经济学的理论体系构建有望取得新的成果。这是因为我国已具有了创建中国特色社会主义政治经济学新体系的基本基础和条件，这就是中国实现了经济发展的"中国奇迹"，而且有能力、有空间、有保障能够顺利跨越"中等收入陷阱"。二是构建新概念新范畴。坚持辩证唯物主义和历史唯物主义及借鉴西方经济学的科学方法，从中国经验中提炼新概念，形成新范畴，并用中国实践丰富马克思主义政治经济学概念范畴的新内涵。三是注重解决问题。中国经济学必须能够解释中国实践，并用于解决中国实践面临的重大问题，从而在有用上下功夫，特别是解决我国跨越"中等收入陷阱"，实现"两个一百年"奋斗目标面临的重大挑战。

2. 构建以人民为中心的中国经济学

以人民为中心的发展思想，要求把增进人民福祉、促进人的全面发展、朝着共同富裕方向稳步前进作为经济发展的出发点和落脚点，这就决定了中国经济学是为人民服务的，是以人民为中心的经济学，表明了中国经济学的利益诉求，解决了我国经济改革发展依靠谁、为了谁这一最基本理论问题。因此，中国经济学就需要研究如何构建以人民为中心的经济学。这主要有以下研究方向：一是经济改革发展如何紧紧依靠广大人民群众？这主要依靠全面深化改革，破除一切束缚人民群众改革发展积极性、主动性和创造性的体制机制和观念，充分释放人民群众创新创业的一切源泉，促进生产力的发展。当然，全面深化改革，还要顶层设计和群众创造相结合，这就需要解决二者有机结合的体制机制，真正做到问计于民，充分发挥人民群众的改革智慧。二是经济改革发展如何真正为了广大人民群众？在社会主义初级阶段，广大人民群众的最核心利益就是解决人民日益增长的物质文化需要同落后社会生产之间的矛盾，这就决定了中国经济学的研究对象不仅要研究生产关系，而且更要研究生产力；研究方法要坚持问题导向，倾听人民群众的呼声，解决人民群众的问题；研究主线是发展，揭示我国作为一个低收入国家发展成为高收入国家，进而成为现代化发达国家的发展规律；研究框架就包括发展阶段、发展理念、发展动力、发展目的、发展道路、发展制度等有关发展的主要内容。

3. 创新社会主义初级阶段新理论

经济发展进入新常态的重大理论判断，实际上把社会主义初级阶段进一步细分为两个不同的发展阶段，从而丰富和完善了社会主义初级阶段理论。这个新阶段与改革开放 30 多年来的发展阶段存在本质的区别。从生产关系方面看，前一阶段是探索适应社会主义初级阶段生产关系的阶段，最终找到了社会主义市场经济新体制；新常态下则是社会主义市场经济体制的完善和最终定型阶段。从生产力方面看，前一阶段是从低收入国家向中高收入国家发展的阶段；新常态则是从中高收入国家向高收入国家直至进入发达国家的发展阶段。由于发展阶段的本质变化，就需要中国经济学做出适应新阶段的理论创新：一是新发展阶段主要矛盾的表现形式。在新常态下，社会主义初级阶段的主要矛盾主要表现为从前一阶段的人民日益增长的物质文化需要同落后的社会生产之间的"总量"性矛盾转变为新阶段的重大"结构"性矛盾。二是在战略目标方面，在前一阶段实现"由穷变富"的基础上完成"由富变强"的转变，建成富强、民主、文明的现代化国家。三是在战略任务方面，在前一阶段实现量的扩张，成为世界第二大经济体基础上完成质的提升，进入创新型国家的前列，实现新型工业化、信息化、城镇化和农业现代化的互动发展。四是在战略措施方面，在前一阶段实现不平衡高速增长的基础上完成平衡协调的稳中求进，追求更加协调、更为公平、更可持续的健康发展，实现全体人民的最大福祉和全面发展。

4. 贯彻落实经济发展新理念

中国经济改革与发展必须以经济发展新理念为指导，因而中国经济学必须加大对经济发展新理念的深化研究。主要方向有：一是揭示创新发展、协调发展、绿色发展、开放发展、共享发展相互之间的有机联系和互动机制，构建"五位一体"的发展理念体系，形成引领新常态的理念体系。二是分别揭示创新发展、协调发展、绿色发展、开放发展、共享发展的内涵及其实现机制，如创新发展中的理论创新、技术创新、制度创新和文化创新的相互关系和实现机制，构建中国特色的创新理论；共享发展中的全民共享、全面共享、共建共享、渐进共享的相互关系及其实现机制，构建中国特色的共享经济理论。三是揭示新发展理念与中国特色社会主义政治经济学理论体系的关系，由于理念决定理论的结构框架，因而需要探索依据新发展理念，指导创立中国特色社会主义政治经济学新理论体系框架。四是揭示经济发展新理念与经济转型、体制转型的关系，用理论逻辑和经验验证说明新发展理念对"双转型"的有用性和有效性，形成用理论解释实践、在实践中检验理论和完善理论的学风。

5. 推进供给侧结构性改革

我国经济运行面临的突出矛盾虽然有周期性、总量性因素，但根源还是重大结构性失衡。在重大结构性问题中，主要矛盾又在供给侧，因而推进供给侧结构性改革就成为引领我国经济改革发展的主线。从需求侧来看，拉动经济增长的是"三驾马车"；从供给侧来看，推动经济增长的是要素供给、结构供给和制度供给三大动力。因此，推进供给侧结构性改革的研究方向：一是优化要素投入结构，实施创新驱动战略，从主要依靠劳动、资本、土地要素的投入转向主要依靠知识、技术、管理等要素投入，提高全要素生产率。二是优化产业结构、城乡结构和区域结构，推进新型工业化、信息化、城镇化、农业现代化同步互动发展，以及区域经济一体化，为经济持续健康发展提供强大内在动力。三是优化制度结构，深化国有企业制度改革，完善以公有制为主体的所有制结构；深化市场化改革，完善市场与政府的有机组合结构；深化收入分配制度改革，完善收入分配制度结构。

6. 发展更高层次的全方位开放型经济

在经济发展新常态下，必须坚持对外开放基本国策，重点加快推进"一带一路"建设等，构建更高层次的全方位开放型经济。因此，这就需要作出以下研究：一是在从沿海开放向沿边沿江开放的扩展进程中，探索沿边沿江开放的特殊规律，创新口岸建设，进而跨境合作区建设和构建跨境产业链的模式和途径；二是在从对发达国家开放向对发展中国家开放的扩展进程中，探索对发展中国家开放的特殊规律，提供我国与发展中国家合作共赢的中国方案；三是在从"引进来"向"走出去"的开放扩展进程中，探索中国企业走出去整合两个市场、两种资源的特殊规律，一方面为中国企业走出去提供指导和帮助，另一方面找到中国企业走出去的规模与外贸、外汇储备、汇率之间的最佳结合点；四是在从跟随全球规则和技术标准向参与制定，进而主导制定攀升进程中，探索中国作为发展中国家在美国等发达国家遏制下参与全球经济治理，获取话语权和主导权的特殊规律，为我国发展更高层次的开放型经济提供理论指导。

2017 年中国经济学学科体系研究新进展

2017 年，学界在推进构建中国特色社会主义经济学学科体系、学术体系和话语体系，尤其是中国特色社会主义政治经济学的学科体系、学术体系和话语体系方面取得了新的研究进展。特别需要指出的是，中国特色社会主义经济学来源于马克思主义经济学，学者们对马克思主义经济学进行了深入的学习和研究，找到了马克思主义经济学的当代价值。

一、马克思主义经济学及其当代价值

马克思主义经济学的强大生命力在于他是发展的理论，因而坚持马克思主义经济学最重要的是与时俱进地发展马克思主义，赋予马克思主义经济学最鲜活的时代价值。因此，对马克思主义经济学进行持续深入的研究，并揭示其当代价值，就成为学者们的重要任务。

（一）马克思主义经济学基本原理和方法论再认识

长期以来，学界对马克思主义经济学的基本原理和方法论在很多方面存在不同认识。值《资本论》第一卷德文第一版出版 150 周年之际，学者们就马克思主义经济学中的若干基本理论进行了更加深入地探讨，在劳动价值论、商品流通理论、再生产理论、所有制理论等方面进一步深化和更新了认识。

1. 对劳动价值论的再认识

学界对公有制企业中劳动力是不是商品的问题一直存在认识上的分歧。刘凤义从劳动力商品的使用价值和价值、形式和内容、必要劳动和剩余劳动三个维度

原载于《经济研究参考》2018 年第 55 期，与王琨、张仲合作。

比较了资本主义和社会主义经济关系中劳动力商品的共性和区别，分析了社会主义公有制企业中劳动力商品的性质及变化规律。他指出，与资本主义企业相比，社会主义公有制企业中劳动力在形式上是商品，但在内容上不完全受市场规律的决定，无论从使用价值还是价值构成来看，都带有社会主义本质属性特征。公有制企业中的劳动力不是资本主义意义上的商品，而是一种"类商品"。从社会主义市场经济的劳动力商品理论出发，探索公有制企业通过调动劳动者的积极性和创造性推动生产力健康快速发展规律、缩短劳动时间和增加休闲时间规律、剩余劳动转化为必要劳动规律，是中国特色社会主义政治经济学坚持以人民为中心、共享发展和人的全面发展思想的必然要求。[①]

长期以来，劳动价值如何量化的问题始终是马克思主义政治经济学面临的难题。赵磊指出，尽管近年来学者们使用数量化的方法对"庞巴维克质疑"做出了积极回应，但在西方经济学的语境下，劳动价值的"量化"实际上是一个伪问题。所谓"价值量化"，其实只是价值在形式上的量化，而不是价值在实质规定上的量化，能够量化的只能是价格而不是价值。内容与形式不一致，本质与现象不一致，定性与定量不一致，本来就是现实世界的客观存在，也是科学之所以必要的基本前提。因此，用价值与价格的"不一致"来否定劳动价值论是站不住脚的。[②]

复杂劳动还原是马克思主义经济学中一直没有得到妥善解决的传统难题。孟捷等在综合两种社会必要劳动时间概念的基础上，将希法亭和鲁宾各自代表的观点经过必要的修正纳入一个统一的复杂劳动还原模型。他们明确提出教育培训劳动和生产普通产品的劳动是一个统一劳动过程前后相继的两个阶段，并以此为基础解决了教育培训劳动如何参与产品价值形成的难题。通过同时引入价值生产方程和交易方程，复杂劳动还原系数的决定问题也得到了妥善解决。他们认为，熟练劳动力价值的决定在某种程度上具有事后特征，要以产品价值的决定为前提。[③]

2. 对商品流通理论的再认识

针对我国社会主义市场经济体制改革与发展进程中商品流通领域出现的新情况和新问题，纪宝成等从四个方面澄清了对马克思商品流通理论的认识。第一，就商品流通的定义与本质而言，相对于微观、具体的购销行为，商品流通具有宏

---

① 刘凤义：《社会主义市场经济中劳动力商品理论再认识》，载于《经济学动态》2017 年第 10 期。
② 赵磊：《"不能量化"证伪了劳动价值论吗？》，载于《政治经济学评论》2017 年第 4 期。
③ 孟捷、冯金华：《复杂劳动还原与产品的价值决定：理论和数理的分析》，载于《经济研究》2017 年第 2 期。

观、抽象的特点，它是一个包含无数微观个体的交换行为，且因错综复杂的关系集合而极具整体性和系统性的复合概念，属于宏观经济问题。虽然商品流通随时代发展而不断演化，但其本质并未改变，依然是商品经济或市场经济中经济利益实现的过程。第二，就商品流通在社会再生产中的地位和作用而言，生产、流通和消费对国民经济的运行具有同等重要的意义，而且商品流通对商品生产的发展起着决定性的作用，宏观经济的良性运行是生产、流通以及由分配所直接决定的消费之间的动态平衡、合力作用的结果。第三，就供求规律与商品等价交换而言，无论是对于商品供求规律的探讨还是对等价交换原则的认识，都应以商品价值而不是价格为中心。第四，就自由流通与国内统一市场而言，商品自由流通是价值规律实现的重要前提，也是统一市场形成的基础和条件，在统一市场上，商品交换能够在一国范围内按照统一的规则进行，进而促进全国经济活动的一体化。①

3. 对再生产理论的再认识

郑志国依据现代经济中非物质资料所占比重不断增大的现实，以产品用途和物质形态差异为划分标准，在继承了马克思两大部类划分的基础上将现代国民经济结构划分为生产资料生产部类、消费资料生产部类和非物质资料生产部类三大部类，通过分析中国、美国、英国、法国等国家的统计资料，总结了国民经济三大部类的结构演化规律：（1）第一部类比重在工业化前期和中期逐步上升，在工业化后期和后工业化时期逐步下降，第二部类比重自近代以来随国民经济发展而逐步下降，第三部类比重随国民经济发展而逐步上升，最终超过第一、第二部类比重之和；（2）三大部类比重在工业化进程中逐步收敛，到工业化中后期趋近和交汇，然后出现发散。②

针对学界在研究社会再生产时对货币流回规律重视程度不够的问题，何干强通过重新界定货币流回规律的含义，阐释了货币流回规律与两大部类比例关系平衡之间的内在关系。他指出，货币流回规律是商品生产普遍存在的客观规律，不等同于货币流通规律，更不等同于生息资本运动规律。马克思结合货币流回规律论述了社会总资本的再生产和流通，从生产决定流通来看，货币流回规律是社会再生产部门的比例关系平衡对流通领域的客观要求，从流通对生产的反作用来

---

① 纪宝成、谢莉娟、王晓东：《马克思商品流通理论若干基本问题的再认识》，载于《中国人民大学学报》2017 年第 6 期。
② 郑志国：《国民经济三大部类结构演化规律——马克思的社会再生产理论继承与创新》，载于《马克思主义研究》2017 年第 2 期。

看，根据货币能否正常流回，可以发现社会再生产各部门之间比例关系是否平衡。货币流回规律是社会再生产的实现在流通领域的表现，透过货币流通受阻现象，可以发现生产领域产业结构的比例失衡。①

4. 对所有制理论的再认识

《资本论》第一卷出版以来，"重建个人所有制"问题便不断引起争论。苏伟从"劳动总产品"的角度对"重建个人所有制"进行了新的解读，认为除了通常从"财产关系"和"生产关系"层面对"重建个人所有制"进行解读外，还应从"分配关系"层面解读"重建个人所有制"。从以"分配"为起点的再生产全过程看，"重建个人所有制"是重建"劳动总产品"的劳动者个人所有制，体现为劳动者个人联合对分配、消费、生产、交换各环节乃至整个再生产过程进行支配。②

在对公有制理论的发展进程进行系统梳理的基础上，杨春学指出，经典的公有制理论结构以其"纯粹形式"仍然充满吸引力，但是基于苏联模式的公有制理论正在失去其现实基础，而中国的实践则丰富和发展了公有制理论。"以公有制为主，多种所有制经济共同发展"的体制决然不同于苏联模式中的公有制，二者的差异不是边际意义上的变化，而是带有实质性意义的变革。这种变革在所有制问题的评价尺度、不同所有制下的经济激励、所有制结构和实现形式等四个方面使我们对社会主义所有制本身形成了新的认识。③

（二）马克思主义经济学的现代价值

虽然马克思主义经济学诞生的环境与现在有较大不同，但其对于解释和解决当代的经济问题仍然具有旺盛的生命力。2017 年学者们分析了马克思主义经典理论在当代和我国的应用，揭示了其时代意义和现代价值。

1. 劳动价值论的现代应用

自 20 世纪 80 年代以来，随着计算机、信息技术和人工智能的不断发展，当代资本主义的劳动方式及其内涵也已超越了马克思当年的分析，发生了翻天覆地

---

① 何干强：《货币流回规律和社会再生产的实现——马克思社会总资本的再生产和流通理论再研究》，载于《中国社会科学》2017 年第 11 期。

② 苏伟：《从"劳动总产品"角度看"重建个人所有制"的本义——纪念〈资本论〉第一卷发表150 周年》，载于《马克思主义研究》2017 年第 12 期。

③ 杨春学：《论公有制理论的发展》，载于《中国工业经济》2017 年第 10 期。

的变化。针对一些学者试图用"知识价值论"否定"劳动价值论"的情况，孙乐强指出，当代西方学者将非物质劳动理解为价值来源的做法在根本上混淆了财富创造和价值生产的本质区别，并不能否定劳动价值论的有效性。作为一种直接劳动，非物质劳动只生产商品的使用价值，而价值实体依然是去除一切质性规定的抽象劳动。所谓知识价值论本身就是一个值得反思的概念，不论是作为使用价值的知识，还是被资本吸纳的知识或资本化的知识生产，知识本身并不创造价值，抽象劳动仍然是价值的最终实体和来源，马克思的劳动价值论依然具有不可替代的当代价值。① 黄再胜也认为，劳动价值论在数字经济时代仍然有其适用性，是分析剩余价值生产新形式的有力工具。在数字经济时代，资本主义生产方式进一步加深了剥削关系，在网络平台提供免费服务的经营模式下变得更加残酷、更加隐匿，也更具欺骗性。一方面，互联网资本蓄意将虚拟网络空间吹捧为一种不同以往的"参与文化"和"新型民主"的兴起，企图通过无限放大网络空间的"劳动解放"功用进一步遮蔽深藏其中追逐利润的资本逻辑；另一方面，互联网资本通过刻意渲染网络平台在线用户活动的娱乐消遣效用，竭力以数字劳动的社交性抹杀其生产性，企图通过烘托民众网络愉悦等主观体验消解互联网资本对数字劳动压榨的客观存在。②

2. 分工理论的现代应用

近年来，"模块化"和"一体化"已经成为制造业部门中两种典型的生产模式。任洲鸿等以马克思分工演进理论为基础对这两种常见的生产模式进行了比较研究认为，在"模块化"生产模式下，生产制造与装配领域的工人主要处于简单重复操作的机器劳动分工形态，工人的劳动过程以生产线或加工装配线为轴心，进行高强度和长时间的机械性和标准化的重复操作。这种低价值创造能力和低价值创造效率的机械劳动分工导致了生产制造领域在整个产品生产价值链条中严重下凹，并由此决定了"模块化"微笑曲线的形态。在"一体化"生产模式下，生产制造领域的工人主要从事技能化和知识化的复杂劳动，并基于劳动过程形成一个柔性的或网络化的知识共同体，知识劳动分工在使劳动分工"模糊化"的同时也提升了劳动者的主体性。这种基于知识劳动分工的结合劳动过程作为一种具有高价值创造能力和创造效率的复杂系统，有力推动了生产制造领域在整个产品

---

① 孙乐强：《马克思劳动价值论的革命意义及当代价值——对非物质劳动论与知识价值论的再思考》，载于《理论探索》2017 年第 3 期。

② 黄再胜：《数字劳动与马克思劳动价值论的当代拓展》，载于《中国社会科学报》2017 年 4 月 27 日。

生产价值链条中向上隆起，从而催生出了"一体化"倒微笑曲线的形态。[①]

一些学者将分工理论应用于当前国际经济领域。朱燕认为，当今世界存在两种经济全球化模式，一种是 20 世纪以来西方大国主导的资本主义经济全球化，另一种是 2013 年以来中国倡导的以"一带一路"为载体的合作共赢式经济全球化。两种经济全球化都是通过国际分工进行的，却存在本质的区别。她从马克思主义分工理论、生产力和生产关系的双重视角出发，比较了两种模式在增长方式、参与方式、合作方式及利益分享方式等四个方面的差异。她指出，资本主义经济全球化通过国际分工使资本主义生产方式在世界范围内扩张，迫使发展中国家加入资本主义生产体系，分工协作的生产力效应异化为资本主义中心国家的成果，利益分配极不平衡，是不可持续的排他性发展模式。中国倡导的"一带一路"引领的是"普惠共赢"的新型经济全球化合作模式，各参与国根据自身发展的需要，以平等身份参与国际分工合作，通过优势互补实现均衡发展，以分工为基础的协作能够产生巨大的生产力效应，而生产力发展的成果则由参与分工的各个国家共同分享，从而实现全球价值链各个环节的协同发展。[②] 王甝认为，"一带一路"倡议体现了分工理论在现代国际产业链分工条件下的应用。我国目前整体上处于国际产业链分工的低端环节，但与其他发展中国家相比却有一定的优势。从现代产业链分工的利润分配角度看，通过与发展中国家的分工合作，我国即可占据产业链的高端环节。我国在新的产业链中以"让利"的方式将高端环节的一部分利润转移给其他发展中国家，既能避免同发达国家进行国际分工时陷入"产品内分工陷阱"，也能促进其他发展中国家的经济发展，从而与其他发展中国家建立良好的合作伙伴关系。[③]

3. 资本循环理论的现代应用

"金融化"是近年来资本主义经济发展的新特征，业已成为影响全球化与经济发展的强势力量。朱东波等认为，现有研究未能从长期动态的视角对金融活动及其机制进行分析，混淆了"适度金融化"和"过度金融化"，不利于把握金融经济的内涵和运行规律。他们以资本循环运动理论为基础，分析了金融经济活动

---

① 任洲鸿、尹振宇：《产品架构理论的政治经济学分析及其启示》，载于《经济学家》2017 年第 4 期。

② 朱燕：《马克思主义分工理论视角下两种经济全球化模式比较研究》，载于《马克思主义研究》2017 年第 10 期。

③ 王甝：《现代产业链分工中的利润分配问题——基于马克思经济学视角的分析》，载于《经济学家》2017 年第 6 期。

的一般规律，并依据金融资本循环过程中的利润来源将金融化区分为"适度金融化"和"过度金融化"。"适度金融化"能够促进金融资本跨时间、空间转移财富，从而服务于实体经济发展；"过度金融化"则导致金融资本脱离实体资本的约束，相对独立于实体经济之外，挤压实体经济的利润，不利于实体经济的发展。他们进一步构建了金融化影响实体经济发展的两部门模型来分析不同阶段金融化对经济发展的影响。从短期看，金融化通过各种"金融创新"发展新的服务业，能够增加就业并提高收入，进而刺激消费，促进实体经济发展；从长期看，金融化会挤压实体经济，导致生产部门萎缩。总之，金融化既是缓解生产过剩危机的重要手段，也是导致更大规模、更加剧烈与破坏性更强的世界金融危机的直接原因。[1]

4. 经济危机理论的现代应用

2008 年由美国次贷危机引发的全球金融危机暴露出了资本主义制度的深层次矛盾。针对学界多从单一视角研究资本主义经济危机的现状，一些学者认为应当将多视角研究联系起来。朱富强通过将马克思经济学有关经济危机的主要理论逻辑化、系统化，构建了一个统一的经济危机分析框架，并以此剖析了现代经济危机的根源和传导机制。他认为，现代经济危机爆发的内在逻辑没有超越马克思经济学的分析，其根源依然在于社会制度引起的收入分配不合理及收入差距拉大造成的有效需求不足。他从三个方面分析了现代经济危机的传导机制：第一，现代社会通过各种金融衍生品促进个人"透支消费"和政治"举债消费"以提高社会有效需求，但它们却只能推迟而无法避免经济危机的爆发，反而衍生出更广泛的信用和债务危机；第二，资本输出在缓和利润率下降的同时也会导致收入差距进一步拉大和政府税收进一步下降，从而也会导致信用和债务危机；第三，个别国家内部的这些危机通过经济一体化的连接和传动会传播到其他国家，从而引发更大规模的全球性经济危机。[2] 周文等则主张应当结合当代资本主义的三大新变化来分析资本主义经济危机。他们指出，经济全球化加剧了资本主义的矛盾冲突，新自由主义政策加剧了资本主义的系统性危机，金融化破坏了资本积累与再生产的运行规律。全球化、自由化和金融化在满足了资本主义剥削和逐利的同时，三者效应叠加，导致资本主义经济危机升级，也导致了资本主义经济危机的

---

[1] 朱东波、任力：《"金融化"的马克思主义经济学研究》，载于《经济学家》2017 年第 12 期。
[2] 朱富强：《如何理解现代经济危机的根源及其表现形态——基于马克思经济学视角对传导机制的考察》，载于《经济学家》2017 年第 6 期。

多样化、复杂化和系统化。①

5. 所有制理论的现代应用

针对一些人怀疑《资本论》是否还能指导社会主义革命和建设的问题，吴宣恭从十个方面系统梳理了马克思《资本论》中的所有制理论，阐述了对我国现阶段社会主义事业的指导意义：一是认识所有制的重要地位和作用，有利于明确社会主义革命和建设的关键；二是理解所有制对剩余价值生产过程的作用，有利于认识资本主义生产关系的基础和本质；三是正确领会未来社会的预言，有利于建立和完善社会主义初级阶段的基本经济制度；四是学习所有制内部产权结构的系统剖析，有利于探索公有制改革的途径和形式；五是正确领会对股份公司的论述，有利于看清资本主义私有制变迁的过渡形式；六是了解所有制与商品交换的关系，有利于完善中国特色社会主义市场经济；七是认清所有制对分配的决定作用，有利于处理好社会主义初级阶段的分配关系；八是领会关于经济规律产生基础的阐述，有利于认识和自觉运用社会主义初级阶段的经济规律；九是认识所有制与社会矛盾的关系，有利于正确处理社会主义初级阶段的社会主要矛盾及其变化；十是将所有制理论作为分析社会政治经济关系的基础，有利于正确认识中国特色社会主义的基本特点。②

6. 公共性思想的现代应用

在马克思看来，社会化大生产使人类历史由"民族""国家"的历史向"世界"的历史转变，"世界历史"的发展过程也就展现为不同民族、不同国家相互间公共交往与公共实践的进程。马克思的经典著作中表达了非常丰富的"公共性"思想，对共同体、公共利益、公共价值和公共实践进行了深刻的历史考察和逻辑揭示。

庄穆等认为，真正共同体、公共利益、公共价值和公共实践共同构成了"一带一路"倡议的合理性基础，揭示了"一带一路"的实质是一种公共性存在，是作为"我们"而不是作为"我"的存在，沿线国家是作为"主人"而不是作为"客人"的存在。"一带一路"是在共商、共建基础上的共同实践，是以共享为目的的国际协作并有其主权归属的建设成果。马克思的公共性思想

---

① 周文、方茜：《当代资本主义危机的政治经济学分析》，载于《经济学动态》2017 年第 6 期。
② 吴宣恭：《〈资本论〉的所有制理论对社会主义事业的重要指导意义》，载于《经济学家》2017 年第 11 期。

揭示出的真正共同体、公共利益、公共价值与公共实践的意蕴，为当代中国与沿线乃至世界各国共同思考和推进"一带一路"建设提供了智慧和启示，也提供了实践的广阔视野。① 沈雯指出，从资本主义全球化到社会主义全球化、共产主义全球化，是一种资本内在否定性基础之上的否定之否定，开放、包容、普惠、平衡、共赢，既是社会主义生产力发展的客观要求，也是资本内在否定性的客观要求。变革困境中的新自由主义世界政治经济秩序，构建合作分享、冲突服从于共同利益、各国持续发展的"人类命运共同体"，是当今时代的唯一可能的全球化替代性方案。②

二、中国特色社会主义经济学基础理论

推进马克思主义经济学的中国化，并用于指导我国经济改革与发展的伟大实践，是新时代中国经济学的使命。党的十九大报告作出了"中国特色社会主义进入新时代"的重大判断，提出了新时代的理论任务和一系列重大课题，意味着中国经济学进入了新的发展阶段。2017 年学界在进一步创新中国特色社会主义经济理论方面取得了新的成绩。

（一） 中国特色社会主义进入新时代

党的十九大报告做出的中国特色社会主义进入新时代的论断，是中国特色社会主义理论体系的最新成果，是对马克思主义关于人类社会发展规律、社会主义发展阶段理论的丰富和发展。③ 对此，学者们进行了多方面地探讨，主要成果有：

中国特色社会主义新时代论断的思想来源。张沁悦等认为，学界对"社会主义阶段论"的研究是"新时代"论断和"两步走"战略安排的理论基础和思想来源。社会主义建设不可能一蹴而就，必须根据社会经济发展的历史现实分阶段推进。学者们从多个视角对社会主义的发展阶段进行了划分，指明了不同发展阶段的战略目标及实现举措。这些研究成果为中国特色社会主义进入新时代的论断提供了丰富的理论支撑。④

---

① 庄穆、吴川美：《马克思公共性思想视阈下"一带一路"的思考》，载于《马克思主义研究》2017 年第 7 期。
② 沈雯：《〈资本论〉视野下的全球化困境与中国方案》，载于《马克思主义研究》2017 年第 7 期。
③ 逄锦聚：《走进新时代 开辟新境界》，载于《经济学家》2017 年第 12 期。
④ 张沁悦、马艳、刘诚洁：《新时代中国特色社会主义经济思想形成与发展的内在逻辑》，载于《上海财经大学学报》2018 年第 1 期。

中国特色社会主义新时代论断的丰富内涵。邱海平认为，"新时代中国特色社会主义"仍然是中国特色社会主义，但强调的是中国特色社会主义的"新时代"，这与初级阶段论不矛盾、不冲突，两者是相容的。一方面，"新时代"的确立是我们长期努力的结果，绝不是一朝一夕得来的，在这个基础上，中国的改革开放从党的十八大以来展现出很大的飞跃，我们在各个方面确实迈上了一个新台阶；另一方面，我国处在社会主义初级阶段的基本国情没有变，中国仍然是最大的发展中国家这样一个国际地位没有变，坚持这种判断也是非常客观和必要的。① 简新华认为新时代是中国为人类作出更大贡献的时代：新时代中国是世界经济增长的火车头；新时代中国为解决人类问题贡献中国智慧和中国方案；新时代中国拓展了发展中国家走向现代化的途径；新时代中国为世界指明社会主义方向。②

中国特色社会主义新时代论断丰富发展了社会主义政治经济学。顾海良指出，"强起来"不仅是认识和理解中国特色社会主义新时代的标识，也是研究和探索新时代中国特色社会主义政治经济学的要旨，标志着政治经济学研究主题的转换。从"站起来"、"富起来"到"强起来"的历史性飞跃，既有时间上的继起性，也有空间上的并存性。"强起来"是以"站起来"为基础，以"富起来"为条件的，"强起来"也将在深度和广度上夯实"站起来"的坚实基础，拓宽"富起来"的现实条件。以"强起来"为主题的新时代中国特色社会主义政治经济学，是对"站起来"和"富起来"为主题的政治经济学理论的接续，也是"站起来"和"富起来"为主题的政治经济学在中国特色社会主义新时代的创新。③

（二）社会主要矛盾的转化

党的十九大报告对我国社会主要矛盾转化的新判断，是运用辩证唯物主义和历史唯物主义方法论，从中国社会经济实际出发做出的科学判断，是对当代中国特色社会主义政治经济学的新发展。④ 学界对此展开了广泛地研究和阐释。

新时代社会主要矛盾的丰富内涵。逄锦聚认为，社会主要矛盾不是一成不变的而是随着社会生产力的发展和生产关系、上层建筑的变化而发展变化的。新时代我国社会主要矛盾主要包括两个矛盾方面：一方面，我国生产力水平和由生产

① 邱海平：《构建新时代中国特色社会主义政治经济学正当时》，载于《经济导刊》2017 年第 12 期。
② 简新华：《新时代是中国为人类作出更大贡献的时代》，载于《经济学家》2017 年第 12 期。
③ 顾海良：《新时代中国特色"强起来"的政治经济学主题》，载于《中国社会科学报》2017 年 11月 17 日。
④ 洪远朋：《新时代中国特色社会主义政治经济学的发展》，载于《经济研究》2017 年第 11 期。

力水平决定的经济社会发展已经达到了新的高度，但发展不平衡、不充分的问题还相当突出；另一方面，由生产力发展和经济社会发展决定的人们的生产关系和上层建筑也发生了新变革，人民日益增长的需要不仅在质和量上都上了新层次，而且在内涵上大大扩展，从物质文化的需要扩展到民主、法治、公平、正义、安全、环境等更高层次和更宽领域。① 高培勇则将社会主要矛盾的变化归结为需求和供给两方面及其两者之间关系发生的变化。从需求意义上看，人民的需要既可分为物质文化需要和民主、法治、公平、正义、安全、环境等方面的需要，也可分为主要通过市场提供的私人物品和服务的需要及主要通过政府提供的公共物品和服务的需要。就前者而言，进入新时代，物质文化需要发生的主要变化在于层次提升，即对更高水平、更高质量的物质和文化产品的需要；民主、法治、公平、正义、安全、环境等方面的需要主要变化在于范围扩展，即对制度和政策产品的日益增长的需要。就后者而言，人民对美好生活的需要可以表述为对于主要通过市场提供的私人物品和服务的需要以及主要通过政府提供的公共物品和服务的需要。从供给意义上看，不平衡不充分的供给既可分为物质文化领域发展的不平衡不充分和制度政策领域发展的不平衡不充分，也可分为私人物品和服务发展的不平衡不充分及公共物品和服务发展的不平衡不充分。就前者而言，物质文化领域发展的不平衡不充分表现为产业结构失衡与产能过剩交织、先进生产力与落后生产力共存、生产力水平和布局很不均匀，制度政策领域发展的不平衡不充分表现为社会法治化水平不高、社会建设存在短板、文化建设相对滞后、生态文明建设问题很多、区域和城乡之间发展水平差距较大、收入分配差距较大。就后者而言，表现在私人物品和服务发展的不平衡不充分，市场起主要约束因素，表现在公共物品和服务发展的不平衡不充分，政府起主要制约因素，不平衡不充分的发展可以归结为市场供给的不平衡不充分和政府供给的不平衡不充分。从供求关系意义看，进入新时代，矛盾的主要方面在于不平衡不充分的发展这一客观事实，实现更高质量、更有效率、更加公平、更加可持续的发展，在继续推动经济发展的同时，更好实现各项社会事业全面发展，更好发展中国特色社会主义事业，就成为新时代经济工作的重中之重。② 陶文昭认为，党的十九大对社会主要矛盾的论断是新认识，但不是对过去认识的简单否定，而是在过去认识基础上的深化。由于在需求和供给方面都出现了新变化，两者之间的矛盾关系也出现了新变化，对社会主要矛盾提法的改变是必要

---

① 逄锦聚：《深刻认识和把握新时代我国社会主要矛盾》，载于《经济研究》2017 年第 11 期。
② 高培勇：《深刻理解社会主要矛盾变化的经济学意义》，载于《经济研究》2017 年第 12 期。

的。① 卫兴华也认为，社会主要矛盾的转化是逐渐由量变到质变的潜在过程，党的十九大关于我国社会主要矛盾转化的论述，是理论和实践的创新，对作为供给侧的生产力状况和作为需求侧的具体内涵，都在提高了的层次上进行了新的论述，相应地，也对党和国家的工作提出了新的要求。② 丁任重对矛盾的主要方面即"不平衡不充分的发展"进行了更加详细的解读，认为与人民群众"美好生活需要"相比，"不平衡"主要表现在城乡发展不平衡、区域发展不平衡和不同阶层的收入不平衡三个方面，"不充分"具体表现在创新发展不充分、协调发展不充分、绿色发展不充分、开放发展不充分、共享发展不充分等五个方面。③

新时代社会主要矛盾转化的理论和实践意义。逢锦聚认为主要表现在以下五个方面：一是作为习近平新时代中国特色社会主义思想的重要组成部分，实现了马克思主义关于社会矛盾的基本原理与新时代中国实际相结合的飞跃；二是突出人民日益增长的美好生活多层次、多内涵需要，强化了以人民为中心的发展思想；三是确认矛盾的一方从"落后的生产"转化为"不平衡不充分的发展"，不仅使理论更加符合实际，而且强化了创新、协调、开放、绿色、和谐的新发展理念；四是为构建中国特色社会主义政治经济学理论体系、话语体系提供了创新的范畴和理论；五是为在建成全面小康社会基础上，分两步走在 21 世纪中叶建成富强民主文明和谐美丽的社会主义现代化强国提供了坚实的理论基础和行动指南。④

解决新时代社会主要矛盾的方向。丁任重认为，应从以下四个方面不断完善中国发展模式：一是坚定发展方向，坚定不移地把发展作为党执政兴国的第一要务；二是明确增进民生福祉是发展的根本目的，坚持以人民为中心的发展思想，不断促进人的全面发展和全体人民共同富裕，在发展中保障和改善民生；三是坚定不移贯彻创新、协调、绿色、开放、共享的新发展理念；四是转变发展方式，建设现代化经济体系。⑤韩俊认为，解决新时代我国的主要矛盾，就需要从以下四个方面对发展战略和各项政策进行调整和完善：一是建设现代化经济体系，实现经济高质量发展，成为重要的战略和政策取向；二是在发展中保障民生、在发展中补齐民生短板成为更加重要的政策导向；三是生态文明建设被提到前所未有的战略高度；四是实施乡村振兴战略、破解城乡发展不平衡问题被摆在更加突出的位置。⑥

① 陶文昭：《科学把握社会主要矛盾转化》，载于《中国高校社会科学》2017 年第 6 期。
② 卫兴华：《关于中国特色社会主义政治经济学的一些新思考》，载于《经济研究》2017 年第 11 期。
③⑤ 丁任重：《深刻领会和把握新时代我国社会主要矛盾的变化与完善我国发展模式》，载于《经济学家》2017 年第 12 期。
④ 逢锦聚：《深刻认识和把握新时代我国社会主要矛盾》，载于《经济研究》2017 年第 11 期。
⑥ 韩俊：《我国社会主要矛盾变化与发展战略和政策完善》，载于《经济研究》2017 年第 12 期。

（三）新发展理念的新进展

创新、协调、绿色、开放、共享的新发展理念，是我国经济改革、建设、发展的重大指导思想，是马克思主义政治经济学基本原理与中国经济社会发展实际结合的新成果。2017 年学者们对新发展理念的内涵又进行了新的探索。

新发展理念是发展理念内涵与时俱进的丰富和完善。杨继瑞认为，"共享发展"揭示了社会主义生产的目的，"创新发展""协调发展""绿色发展""开放发展"则揭示了实现社会主义生产目的的手段。五者有机结合揭示了社会主义生产的目的和手段的统一，凸显了共产党以人为本、为民服务的宗旨，与马克思主义追求人的全面自由发展贯通一致，而且更具体、更实际、更具系统性和时代性。新发展理念是对社会主义基本经济规律表现形式的一种新概括，开拓了中国特色社会主义理论发展的新境界。① 刘伟指出，新发展理念是习近平新时代中国特色社会主义思想和基本方略的重要组成部分，它源于新时代的新历史要求，是适应我国社会主要矛盾变化规律而提出的。坚持新发展理念，重点在于强调发展质量，提升结构高度，构建协调发展的现代化产业体系。②

新发展理念对社会主义政治经济学的理论创新。顾海良从七个方面对此做了阐释：一是新发展理念是习近平新时代中国特色社会主义思想中政治经济学的标志性成果；二是新发展理念是党的十八大以来中国特色社会主义历史性变革的重要指导原则；三是新发展理念是正确处理和解决社会主义社会主要矛盾的根本方法和路径；四是新发展理念是新时代中国特色社会主义思想根本要义和基本方略的重要组成部分；五是新发展理念是新时代中国特色社会主义现代化经济体系建设的重要指导原则，将在新时代"建设现代经济体系"中发挥主导和引导作用；六是新发展理念是新时代不断提高党的执政能力和领导水平的重要方面；七是新发展理念作为习近平新时代中国特色社会主义思想的重要内涵，将在世界发展问题的探索上进一步彰显新时代马克思主义理论创新的"中国方案"和"中国智慧"。③

（四）社会主义市场经济理论新进展

社会主义市场经济理论是中国特色社会主义政治经济学的重要组成部分，

---

① 杨继瑞：《新发展理念的经济学解析与思考——基于社会主义基本经济规律的视角》，载于《中国高校社会科学》2017 年第 2 期。
② 刘伟：《坚持新发展理念建设中国特色社会主义现代化经济体系》，载于《中国高校社会科学》2017 年第 6 期。
③ 顾海良：《新发展理念的新时代政治经济学意义》，载于《经济研究》2017 年第 11 期。

2017 年学者们对此进行了新的探索，取得了新的进展。

1. 公有制与市场经济相结合

公有制与市场经济相结合已经得到了我国实践的检验。刘伟认为，如何实现社会主义初级阶段公有制为主体、多种所有制经济共同发展的基本经济制度与市场机制对资源配置起决定性作用的有效结合，是构建中国特色社会主义政治经济学的根本性难题。西方资产阶级经济学家以及对马克思主义经典作家思想的传统理解，都否认了二者统一的可能性。中东欧经济转轨国家关于二者结合的实践及理论探索，均以放弃公有制而告终。中国特色社会主义经济改革实践的根本特征在于坚持了公有制与市场经济的有机统一。改革开放以来中国持续高速增长的奇迹已经证明了社会主义市场经济的科学性，但仍需继续探索社会主义市场经济制度、初级阶段基本经济制度与市场机制结合的统一性和协调性问题。① 吕政也认为，中国经济体制转型的实践证明，社会主义与市场经济完全能够统一和兼容。由于社会主义初级阶段存在着多种经济成分及广泛的商品生产和商品交换，因此价值规律和竞争机制仍然是社会主义经济的普遍规律。我国深化经济体制改革的方略，既坚持了市场化改革的方向，又摒弃了实行私有制为基础、完全自由竞争的市场经济的主张，从理论和实践上丰富和发展了马克思主义政治经济学。②

公有制与市场经济相结合的公有资本模式。陈鹏认为，中国在经济改革过程中将公有制和市场经济相结合，形成了一种新型的社会主义公有资本运行模式。社会主义公有资本运行模式是公有制和资本运行相结合的过渡性生产方式，是对资本主义私有资本运行机制的扬弃，体现了马克思主义"劳动者联合体"的意蕴。与资本主义私有资本运行机制相比，社会主义公有资本运行模式有更合理的目的性，更有条件实现社会分配正义和整体经济平衡，其国际化也将推动经济全球化向更合理的方向发展。③ 荣兆梓认为，公有资本主导的市场经济是中国经济快速增长的主因，公有资本是中国特色社会主义突破资本主义桎梏，持续发展生产力的基本保障。④

---

① 刘伟：《中国经济改革对社会主义政治经济学根本性难题的突破》，载于《中国社会科学》2017年第 5 期。
② 吕政：《中国经济改革的实践丰富和发展了马克思主义经济学》，载于《中国工业经济》2017年第 10 期。
③ 陈鹏：《社会主义公有资本运行模式是对资本主义私有资本运行机制的扬弃》，载于《马克思主义研究》2017年第 4 期。
④ 荣兆梓：《生产力、公有资本与中国特色社会主义——兼评资本与公有制不相容论》，载于《经济研究》2017年第 4 期。

进一步完善公有制与市场经济相结合的原则。余斌等指出，改革开放三十多年正反两方面的经验表明，中国特色社会主义市场经济必须遵循五项原则：一是实现社会主义生产目的；二是壮大国有企业；三是按社会必要劳动时间分配；四是国有企业参与全面竞争；五是政企分开。①

2. 政府与市场的关系

正确处理市场与政府的关系，是社会主义市场经济有效运行的关键。简新华认为，资本主义市场经济是"过剩经济"，传统社会主义计划经济是"短缺经济"，社会主义市场经济应该是"供求平衡经济"。社会主义市场经济的运行机制应该是市场在资源配置中起决定性作用和更好发挥政府作用的机制，正确处理政府与市场的关系、实现市场作用与政府作用的协调配合，关键是合理、有效纠正"市场失灵"并克服"政府失灵"。②

正确处理政府与市场的关系，最根本的是要正确理解国家的性质。刘凤义等认为，目前关于政府和市场关系的争论，往往流于表面而忽视了国家性质对政府经济职能的决定作用，导致将政府和市场的关系对立，应当跳出西方经济思维的窠臼，从国家性质层面探讨中国特色社会主义经济制度中市场与政府的关系问题。国家具有二重属性，即阶级属性和公共属性，二者是辩证统一的关系，阶级属性处于支配地位，公共属性处于从属地位，统一于统治阶级的利益。国家的二重属性决定了政府经济职能的不同层次：国家的阶级属性决定了政府的特殊经济职能，从根本上维护统治阶级的利益；国家的公共属性决定了政府的基本经济职能，如调控经济运行、调节经济结构、避免严重的贫富分化、保持经济稳定增长和维护市场经济秩序等。我国社会主义国家性质决定了在完善社会主义市场经济体制的过程中，我国政府不仅要遵循市场经济的一般规律、执行经济职能，还要承担特殊的经济职能，如不断扩大再生产社会主义新型生产关系、坚持市场经济中的共享发展和共同富裕方向、通过做强做优做大国有企业更好地驾驭市场经济。③

① 余斌、师新华：《论中国特色社会主义市场经济的五项原则》，载于《马克思主义研究》2017 年第 3 期。
② 简新华：《社会主义市场经济的运行特征和合理有效机制探索》，载于《毛泽东邓小平理论研究》2017 年第 8 期。
③ 刘凤义：《构建新型政府和市场关系的三个维度》，载于《中国高校社会科学》2017 年第 7 期。

三、构建中国特色社会主义政治经济学体系

2017 年学界就中国特色社会主义经济学理论体系的构建问题进行了更加广泛而深入的探讨，在中国特色社会主义政治经济学的学科定位和性质、研究对象、逻辑起点和主线、理论体系、话语体系、方法论原则、创新方向等方面取得了不凡的成绩。

（一）中国特色社会主义政治经济学的学科定位和性质

1. 中国特色社会主义政治经济学的学科定位

洪银兴认为，从生产关系来说，中国特色社会主义政治经济学是属于社会主义初级阶段的政治经济学；从生产力的发展阶段来说，它是属于中等收入发展阶段的政治经济学。[①] 杨角等认为，中国特色社会主义政治经济学属于马克思主义政治经济学而不属于西方经济学；是当代中国的马克思主义政治经济学；是突出中国特色，具有中国元素，中国自己的经济学。[②] 张宇认为，中国特色社会主义政治经济学是当代中国马克思主义政治经济学；是对中国特色社会主义经济建设实践经验的概括和总结；是中国特色社会主义理论体系的重要组成部分；是社会主义政治经济学的新发展和新形态；是人民的政治经济学；是发展社会主义市场经济的政治经济学。[③]

2. 中国特色社会主义政治经济学的本质

张雷声认为，中国特色社会主义政治经济学是"中国人民的经济学"，始终坚持马克思主义政治经济学为无产阶级劳苦大众谋利益的鲜明的根本立场，始终坚持"以人民为中心"，是中国特色社会主义政治经济学创立和发展的根本。[④]

（二）中国特色社会主义政治经济学的研究对象

关于中国特色社会主义政治经济学的研究对象，学者们仍然存在不同的认

---

① 洪银兴：《中国特色社会主义政治经济学的话语体系》，载于《政治经济学评论》2017 年第 3 期。
② 杨角、岳宏志：《中国特色社会主义政治经济学理论体系构建研究》，载于《经济学家》2017 年第 9 期。
③ 张宇：《中国特色社会主义政治经济学的科学内涵》，载于《经济研究》2017 年第 5 期。
④ 张雷声：《论中国特色社会主义政治经济学的发展与创新》，载于《马克思主义研究》2017 年第 5 期。

识，主要有以下四点。

1. 社会生产力

杨角等认为，中国特色社会主义政治经济学的研究对象是中国特色社会主义生产力。将生产力作为中国特色社会主义政治经济学的研究对象既是由政治经济学一般设定的研究对象所决定的，又是由中国当前所处的发展阶段和经济社会发展所面临的一系列现实问题决定的。中国特色社会主义生产力既具有生产力的一般属性，又彰显中国特色。研究生产力问题能够更好地促进中国经济发展，充分展现中国特色社会主义制度的优越性。[①]

2. 社会生产关系及其发展规律

余斌认为，中国特色社会主义政治经济学的研究对象是处于社会主义初级阶段的具有中国特色的多种生产方式以及和它们相适应的生产关系和交换关系，以便说明中国特色社会主义市场经济的产生和发展和向中国特色社会主义更高阶段升级，以及超越社会主义初级阶段的规律。[②]

3. 中国特色社会主义经济

张宇认为，中国特色社会主义政治经济学的研究对象不是一般意义上的社会主义，也不是其他国家的社会主义经济，而是中国特色社会主义经济，即在新中国社会主义建设的基础上、经过改革开放实践而形成和发展起来的中国社会主义经济。它包括中国特色社会主义的经济制度、经济运行、经济发展和对外开放，以及在此基础上形成的各种具体经济现象。[③]

4. 生产力和生产关系

卫兴华指出，中国特色社会主义政治经济学的研究对象，既要系统和深入研究中国特色社会主义生产关系，也要从理论上研究怎样更快更好地发展社会生产力。中国特色社会主义政治经济学的任务与马克思研究资本主义政治经济学的任

---

① 杨角、岳宏志：《中国特色社会主义政治经济学理论体系构建研究》，载于《经济学家》2017 年第 9 期。

② 余斌：《〈资本论〉的研究对象与中国特色社会主义政治经济学的研究对象》，载于《政治经济学评论》2017 年第 3 期。

③ 张宇：《努力探索和完善中国特色社会主义政治经济学理论体系》，载于《政治经济学评论》2017 年第 2 期。

务不同，必然会导致研究对象存在差别。"社会主义的根本任务是发展生产力"，因此中国特色社会主义政治经济学就不能不研究生产力。对生产力的研究应当分两个方面进行：一是研究怎样更好地利用和发挥生产力诸要素的作用；二是研究通过改革不适应生产力发展的旧体制推动生产力的发展。[1] 黄泰岩也认为，根据社会主义社会的本质和时代任务决定的研究对象是既研究生产关系也要研究生产力，通过不断深化改革不适应生产力的生产关系解放生产力，通过研究生产力的运行规律发展生产力。[2]

（三）中国特色社会主义政治经济学的逻辑起点和主线

1. 中国特色社会主义政治经济学的逻辑起点

周绍东等认为，可以将"中国特色社会主义商品"作为中国特色社会主义政治经济学的逻辑起点。在中国特色社会主义市场经济体制中，商品内在矛盾的展开，既具有商品经济一般中的共性特点，又具有不同于资本主义商品流通过程的个性特点，这同样体现在货币、资本、生产、流通和分配等各个方面。[3] 顾海良通过对马克思《资本论》及其相关手稿的研究指出，商品范畴作为《资本论》始基范畴，完全是由马克思所说的"特殊资本主义生产方式"的内在矛盾和全部发展过程所决定的，也完全是由马克思所说的"资本主义生产方式专有的特征"所决定的，政治经济学特别是社会主义政治经济学及其理论体系，不会只有因袭以商品范畴为始基范畴和逻辑起点才得以存在。《资本论》中大量关于"以商品生产为基础的社会经济"的论述，毕竟只是资本主义生产方式特殊规定性的成果，而不是广义政治经济学及其理论体系的唯一遵循。[4] 张雷声认为，中国特色社会主义政治经济学应当以社会主义本质问题为逻辑起点。中国特色社会主义政治经济学构建逻辑体系要以具有逻辑联系的"问题"为核心，社会主义本质问题贯穿于所有的经济理论和实践问题中，能够反映中国特色社会主义政治经济学全部问题的实质，因此就成为中国特色社会主义政治经济学的关键和核心。[5]

---

① 卫兴华：《再论中国特色社会主义政治经济学研究对象》，载于《毛泽东邓小平理论研究》2017年第10期。
② 黄泰岩：《在发展实践中推进经济理论创新》，载于《经济研究》2017年第1期。
③ 周绍东、王松：《〈资本论〉与中国特色社会主义政治经济学：逻辑起点与体系构建》，载于《马克思主义研究》2017年第5期。
④ 顾海良：《商品范畴作为〈资本论〉始基范畴的整体阐释及其意义——马克思〈第六章 直接生产过程的结果〉手稿研究》，载于《经济学家》2017年第10期。
⑤ 张雷声：《论中国特色社会主义政治经济学的发展与创新》，载于《马克思主义研究》2017年第5期。

2. 中国特色社会主义政治经济学的逻辑主线

学者们对此有不同的意见，主要有：一是发展完善社会主义经济制度。逄锦聚认为，中国特色社会主义政治经济学一以贯之的逻辑主线就是发展完善社会主义经济制度，促进解放生产力的发展，满足人民的需要，实现每个人自由全面发展，实现人民幸福。[①] 二是解放和发展生产力。顾海良认为，解放和发展生产力是中国特色社会主义政治经济学的主线，也是习近平总书记对治国理政理论阐释的聚焦点和着力点，贯穿于中国共产党治国理政理论探讨的全过程。[②] 三是经济发展。黄泰岩认为，依据社会主义初级阶段的基本矛盾确定的逻辑主线是发展。[③]杨角等认为，中国特色社会主义政治经济学的逻辑主线是中国经济发展。发展是当代中国最大的问题，也是解决中国一切问题的关键。只有进一步促进发展，创造出比资本主义社会更多的社会财富，社会主义制度的优越性才能更好地体现，中国特色社会主义制度才能取得历史存在性和说服力，全面建设小康社会的宏伟目标和中华民族伟大复兴的"中国梦"才能早日实现。[④] 四是以人为中心。胡钧认为，社会主义的本质是以人为中心，最大限度满足人的需要。中国特色社会主义政治经济学重在揭示本质规律而非偏向经济运行方面的研究，其逻辑主线应当是以人为中心的发展思想。[⑤] 五是建设现代化经济体系。洪银兴认为，新时代中国特色社会主义总任务也是中国特色社会主义政治经济学的总任务，中国特色社会主义总任务以及两步走实现社会主义现代化的战略部署，规定了实现现代化的基础在于建设现代经济体系。现代经济体系既涉及发展生产力的体系，也涉及生产关系调整和完善的体系，应当成为中国特色社会主义政治经济学的主线。[⑥]

（四）中国特色社会主义政治经济学的理论体系

2017 年学者们对中国特色社会主义政治经济学理论体系的构建存在较大分歧，他们基于不同的角度提出了不同的理论体系框架。

经济发展的理论框架。黄泰岩认为，围绕发展这一逻辑主线，把经济发展的

① 逄锦聚：《〈资本论〉的体系结构与中国特色社会主义政治经济学的关系》，载于《政治经济学评论》2017 年第 3 期。
② 顾海良：《治国理政与中国特色"系统化的经济学说"——基于中国特色社会主义政治经济学主线、主题、主导的探索》，载于《中国高校社会科学》2017 年第 1 期。
③ 黄泰岩：《在发展实践中推进经济理论创新》，载于《经济研究》2017 年第 1 期。
④ 杨角、岳宏志：《中国特色社会主义政治经济学理论体系构建研究》，载于《经济学家》2017 年第 9 期。
⑤ 胡钧：《论构建中国特色社会主义政治经济学的主线》，载于《政治经济学评论》2017 年第 3 期。
⑥ 洪银兴：《构建新时代中国特色社会主义政治经济学》，载于《中国社会科学报》2017 年 12 月 6 日。

新常态、新理念、新动力、新路径、新政策系统化为经济学说，就构成了引领我国从中高收入阶段向高收入阶段发展的新理论体系。这一理论体系弥补了现有经济学在这一发展阶段上的理论缺陷或不足，从而开拓了中国特色社会主义经济理论的新境界。进一步地，将党的十八大以前形成的中国特色社会主义经济理论与以上新理论系统化，就构成了中国特色社会主义经济理论的新体系，其理论框架包括发展理念、发展目标、发展目的、发展速度、发展转型、发展动力、发展道路、发展资源、发展环境和发展制度等。①

制度、运行、发展和开放四位一体的体系结构。张宇认为，应该从中国特色社会主义经济制度、中国特色社会主义经济运行、中国特色社会主义经济发展和中国特色社会主义对外开放四方面构建中国特色社会主义政治经济学的理论体系。中国特色社会主义经济制度、经济运行、经济发展和对外开放作为一个有机整体，相互联系、融会贯通，全面反映了中国特色社会主义政治经济学的本质特征和内在规律。②

社会主义市场经济的理论体系。周绍东等认为，商品内在矛盾的资本主义展开，仍然存在于中国特色社会主义经济体系中。但是，中国特色社会主义商品内在矛盾的展开既具有商品经济一般共性的特点，又具有不同于资本主义商品的特点，这同样体现在货币、资本、生产、流通和分配等五个方面。他们以中国特色社会主义商品为逻辑起点，按照商品环节—货币环节—资本环节—生产环节—流通环节—总过程的逻辑顺序构建了中国特色社会主义政治经济学的理论体系。③

"问题导向"的理论体系。洪银兴认为中国特色社会主义市场经济还在实践和发展中，虽然取得了成功，但还不能说已经定型，特别是在我国现有的经济现实中，难以抽象出纯粹起"普照之光"的经济关系，中国特色社会主义政治经济学的逻辑体系构建目前还只能是"问题导向"。具体地说，中国特色社会主义政治经济学的逻辑体系可以按改革和发展的重大问题分章，如社会主义初级阶段的基本经济制度、社会主义市场经济、社会主义基本分配制度，等等。④

反映社会主义本质的理论体系。张雷声以社会主义本质问题为逻辑起点，从社会主义初级阶段基本经济制度、社会主义初级阶段分配制度、社会公平正义与

① 黄泰岩：《在发展实践中推进经济理论创新》，载于《经济研究》2017 年第 1 期。
② 张宇：《努力探索和完善中国特色社会主义政治经济学理论体系》，载于《政治经济学评论》2017 年第 2 期。
③ 周绍东、王松：《〈资本论〉与中国特色社会主义政治经济学：逻辑起点与体系构建》，载于《马克思主义研究》2017 年第 5 期。
④ 洪银兴：《推动中国特色社会主义政治经济学理论体系构建》，载于《中国社会科学报》2017 年 5 月 5 日。

全体人民共同富裕、社会主义市场经济体制、社会主义经济发展新常态、五大发展理念、社会主义经济发展战略、新"四化"相互协调和高层次的开放性经济发展等九个方面构建了中国特色社会主义政治经济学的理论体系。[①]

（五）中国特色社会主义政治经济学的话语体系

1. 马克思《资本论》的话语体系

洪银兴认为，《资本论》提供了中国特色社会主义政治经济学基本的话语体系，主要包括：第一，《资本论》所建立的系统的经济学范畴，尤其是关于生产关系的话语体系，关于公有制、私有制在内的各种所有制形式的话语体系，是中国特色社会主义经济理论体系中的核心范畴；第二，《资本论》对未来社会的预见和规律，马克思对资本主义社会后的未来社会作出了逻辑合理的预测，其中有对社会主义经济制度的规定，如公有制、按劳分配、按比例分配社会劳动等；第三，《资本论》所阐述的市场经济的基本原理，成为社会主义市场经济的话语体系，包括商品货币理论、竞争理论、循环周转理论等，都可以成为中国特色社会主义政治经济学话语体系的基础。但是，中国特色社会主义政治经济学话语体系应该向西方经济学开放，中国的理论和世界的理论进行交流、比较，可以推动中国的经济学进入世界。但是，这些西方经济学的范畴和原理进入中国特色社会主义政治经济学仍需要批判吸收，同时要和中国结合。[②]

2. 用国际语言讲述中国故事

洪永淼认为，中国经济学应当借鉴西方现代经济学的研究范式与研究方法，与国际充分接轨，以国际经济学界普遍认知的方式表达自己的研究成果，即用国际语言讲述中国故事。这样才能把中国经济学家的经济思想与理论传播出去，进而提升中国经济学家的国际话语权与影响力。[③] 林毅夫指出，中国经济学界应当以马克思历史唯物主义的基本原理为指导，用国际通用的规范方法来研究本土的经济现象和经济问题，努力推动马克思历史唯物主义和现代经济学研究范式的有

---

① 张雷声：《论中国特色社会主义政治经济学的发展与创新》，载于《马克思主义研究》2017 年第 5 期。
② 洪银兴：《中国特色社会主义政治经济学的话语体系》，载于《政治经济学评论》2017 年第 3 期。
③ 洪永淼：《站在中国人的立场上，用现代方法研究中国问题，用国际语言讲述中国故事》，载于《经济研究》2017 年第 5 期。

机结合。[1]

3. 中国自己的话语体系

周文认为，中国发展的经验有着丰富的内涵和取之不尽的经济学元素，经济学正在迈入"中国时代"。不能满足于仍然用西方话语来讲述中国故事，机械甚至固执地认为现代经济学只能是西方经济学。中国特色社会主义政治经济学不但要解构经济学的西方中心论，更重要的是对经济学的西方概念进行"术语革命"，用中国特色、中国风格的术语"创造性"重构经济学的基本理论和逻辑体系，进而为世界经济的发展贡献中国智慧和中国价值。[2] 王国刚指出，导致中国经济学处于"在国际上的声音还比较小，还处于有理说不出、说了传不开的境地"的一个主要原因在于迄今为止几乎无人从事中国经济学史研究，将其中具有共识的成熟的概念、范畴、原理等综合上升到理论体系。中国经济学应该在传承中创新，并遵循古为今用、洋为中用、百花齐放、推陈出新的方针。[3] 乔榛等认为，中国传统文化作为人类文明的重要成果，在中国五千年的历史演进中起到了价值导向、社会规范、净化人生等积极作用，应当在我国传统文化中寻找有助于构建中国特色社会主义政治经济学的哲学基础。[4]

（六）中国特色社会主义政治经济学的方法论

辩证唯物主义和历史唯物主义是马克思主义政治经济学的根本方法论，自然也是中国特色社会主义政治经济学的根本方法论。张宇认为，马克思主义政治经济学最根本的方法是历史唯物主义的方法，具体包括矛盾分析法、科学抽象法、逻辑与历史统一的方法等。[5] 卢晓坤认为，构建中国特色社会主义政治经济学，需要坚持马克思"政治经济学批判"的方法论原则，它是马克思历史唯物主义在社会科学领域的贯彻和实施。[6] 平成涛认为，在开拓中国特色社会主义政治经济学的过程中必须始终坚持历史唯物主义的方法，在此基础上要进一步摒弃西方经济学中抽象的研究方法，并不断秉持马克思主义政治经济学历史主义方法、科学

---

[1] 林毅夫：《中国经济学理论发展与创新的思考》，载于《经济研究》2017 年第 5 期。

[2] 周文：《中国特色社会主义政治经济学创新发展的几个问题》，载于《经济学家》2017 年第 2 期。

[3] 王国刚：《坚持问题导向，推进中国经济学研究的创新发展》，载于《经济研究》2017 年第 5 期。

[4] 乔榛、郑岩：《中国特色社会主义政治经济学的理论基础》，载于《河北经贸大学学报》2017 年第 1 期。

[5] 张宇：《努力探索和完善中国特色社会主义政治经济学理论体系》，载于《政治经济学评论》2017 年第 2 期。

[6] 卢晓坤：《马克思"政治经济学批判"的方法论原则及其贯彻——中国特色社会主义政治经济学的理论基础与学术自觉》，载于《马克思主义研究》2017 年第 5 期。

抽象方法、矛盾分析方法、一般到特殊辩证方法，等等。①

　　马克思主义政治经济学的根本方法论及其中国创新。张雷声认为，马克思主义政治经济学的方法是唯物辩证法及其在运用中的具体展开。理论研究的抽象法、矛盾分析法、系统分析法等，体系构建的从抽象到具体的方法、逻辑与历史相统一的方法等是马克思在创立政治经济学的过程中所用的方法。中国特色社会主义政治经济学在坚持马克思主义政治经济学方法的同时也作出了开创性探索，形成了自身特有的方法体系，具体包括求真务实、矛盾分析方法和系统方法。② 姚树洁指出，中国改革开放以来成功的发展经验都得益于马克思主义的实践论。中国经济理论的探索，就必须围绕中国当前和今后的经济建设需要，充分领会马克思主义的实践论，为国家的经济建设提供有力的解释和有效的政策性建议。③

四、中国特色社会主义政治经济学与其他学科的关系

（一）政治经济学与西方经济学的关系

　　学者们认为，中国特色社会主义政治经济学必须坚持以马克思主义政治经济学理论为指导，开放包容地汲取西方经济学中有利于阐释和解决中国经济问题的科学成分和方法。

　　蔡昉认为，相比西方主流经济学，中国特色社会主义政治经济学能够更好地讲好中国故事、解释中国经验、给其他发展中国家提供理论指导。"借鉴西方经济学的有益成分乃是构建中国特色社会主义政治经济学的题中应有之义"，但一味跟随西方经济学，无法解决中国实际经济发展实践过程中遇到的问题④。

　　洪银兴认为，中国特色社会主义政治经济学和西方经济学拥有相同的两个研究背景，即经济全球化和全球经济治理的背景和市场经济的背景，中国特色社会主义政治经济学也会使用到一部分西方经济学所使用的范畴，诸如资源配置理论、中等收入陷阱理论、知识经济理论等。因此，中国特色社会主义政治经济学

---

　　① 平成涛：《马克思对资产阶级政治经济学的批判及其当代启示》，载于《经济学家》2017 年第 11 期。
　　② 张雷声：《论中国特色社会主义政治经济学的发展与创新》，载于《马克思主义研究》2017 年第 5 期。
　　③ 姚树洁：《用马克思主义实践论指导中国经济建设与理论研究》，载于《经济研究》2017 年第 5 期。
　　④ 蔡昉、张晓晶：《构建中国特色社会主义政治经济学的指导原则》，载于《劳动经济研究》2017 年第 5 卷第 4 期。

话语体系也有必要向西方经济学开放，将中国的理论和其他国家的理论进行对比和交流，并推动中国的政治经济学走出中国、走向世界①。

黄泰岩指出，从世界经济发展的经验来看，西方经济学的新自由主义经济学理论不可能解决中国的经济发展问题，发展经济学已不适用于中国进入高质量发展的新阶段，而经济增长理论所适用发展的阶段中国尚未达到。中国特色社会主义经济理论应该着眼于中国从中高收入向高收入发展阶段所面临的重大理论和实践难题，以解决中国高质量发展的问题为目的，包容和超越西方经济学的经济发展理论，弥补现有经济学在这一发展阶段上的理论缺陷或不足，从而开拓中国特色社会主义经济理论的新境界②。

张宇认为，中国特色社会主义政治经济学本质上是"运用马克思主义政治经济学的立场、观点和方法来认识和研究当代中国经济的经济理论"。对于那些基于西方经济学理论来研究中国经济问题而形成的合理理论成果，只能拿来吸收借鉴，而"不能够成为中国特色社会主义政治经济学的基本内容"③。

邱海平认为，经济学理论具有"社会性、阶级性和国别性"，当代西方经济学理论是基于西方高度发达的资本主义市场经济的基础之上形成的。中国特色社会主义政治经济学理论不能盲从和照搬当代西方经济学理论，但同时也应该承认当代西方经济学理论具有一定的参考价值，不能将其全盘否定④。

乔晓楠认为，发展中国特色社会主义政治经济学需要吸收西方经济学的养分，特别是宏观经济学中的一些数学方法和技巧。可以在坚持历史唯物主义的前提下，借助数学方法来诠释和发展中国特色社会主义政治经济学的理论逻辑和研究结论⑤。

张新宁提出"魂、体、用"三元模式，阐述了马克思主义政治经济学、中国特色社会主义经济学、西方经济学三者在中国特色社会主义政治经济学中所处的地位及其相互关系。中国特色社会主义政治经济学研究范式是以马克思主义为指导，立足于中国特色社会主义实践过程中总结提炼的经验和理论，并有选择地利用西方经济学理论中有益成分构建而形成的⑥。

---

① 洪银兴：《中国特色社会主义政治经济学的话语体系》，载于《政治经济学评论》2017 年第 5 期。
② 黄泰岩：《在发展实践中推进经济理论创新》，载于《经济研究》2017 年第 1 期。
③ 张宇：《中国特色社会主义政治经济学的科学内涵》，载于《经济研究》2017 年第 5 期。
④ 邱海平：《中国特色社会主义政治经济学的理论属性》，载于《政治经济学评论》2017 年第 9 期。
⑤ 乔晓楠、何自力：《唯物史观、动态优化与经济增长——兼评马克思主义政治经济学的数学化》，载于《经济研究》2017 年第 8 期。
⑥ 蒋永穆、张晓磊、周宇晗：《积极探索和构建中国特色社会主义的经济发展理论》，载于《政治经济学评论》2017 年第 3 期。

石晶莹认为，政治经济学和西方经济学所代表的阶级利益和肩负的历史使命是不同的，这种差异导致两者在假设前提、研究对象及具体原理上存在巨大分歧。但西方经济学中部分合理的理论，诸如社会化大生产管理理论、宏观调控理论等都可以用以借鉴，来发展和完善政治经济学①。

（二）政治经济学与发展经济学的关系

李扬认为，发展经济学作为研究发展中国家发展问题的经济学学科，是西方经济学在发展领域的延伸。而中国特色社会主义政治经济学是基于对中国发展奇迹进行总结提炼出来的"漂亮"理论，是更适用于中国实践的科学理论，也能为其他后发国家提供宝贵的经验②。

黄泰岩指出，发展经济学作为西方经济学的重要分支之一，过去主要为一国从低收入阶段向中高收入阶段发展提供理论指导和政策建议，但"面对发展动力、发展方式、发展道路、发展条件、发展环境的全面转换，发展经济学的理论就显示出了历史局限性"。中国特色社会主义经济理论新体系包容和超越了西方发展经济学理论，将诸如熊彼特的创新理论、刘易斯的二元经济理论进行改造和升级，更能因地制宜地指导中国实践③。

蒋永穆认为，在中国特色社会主义经济发展过程中，必须坚持以政治经济学为理论核心，不断总结中国特色社会主义经济发展实践经验，同时应该以科学的态度吸收发展经济学的部分合理成分。同时，理应在经济发展实践中不断总结经验，补充、革新和继续发展现有社会主义经济发展理论④。

（三）政治经济学与经济史学的关系

政治经济学本质上是一门遵循唯物史观的经济学学科，这就决定了它与经济史的研究存在极为密切的关系。

高超群指出，经济学的方法给经济史的研究注入了新的动力。他分别从研究目的、研究方法、学术规范等方面对经济学和经济史学进行了比较分析，强调经济学理论为经济史学提供了研究方法，而经济学研究者也应该重视历史事件和历

---

① 石晶莹：《两大范式经济学理论的深层比较及其时代价值》，载于《政治经济学评论》2017 年第 7 期。
② 李扬：《中国特色政治经济学植根于中国的实践之中》，载于《经济研究》2017 年第 5 期。
③ 黄泰岩：《在发展实践中推进经济理论创新》，载于《经济研究》2017 年第 1 期。
④ 蒋永穆、张晓磊、周宇晗：《积极探索和构建中国特色社会主义的经济发展理论》，载于《政治经济学评论》2017 年第 3 期。

史资料，而不能仅仅满足于简单、片面的逻辑演绎和解释①。

王曙光认为，经济史研究者应该基于历史事实和统计数据，构建出系统的经济学理论或者模型，将感性认识上升到理性认识。同时，在经济史研究的过程中，不能机械、盲目地照搬包括政治经济学在内的经济学理论，"要避免以经济史实削足适履地套用现存的经济理论"②。

（四）政治经济学与经济思想史学的关系

黄晓勇认为，在构建中国特色社会主义政治经济学的过程中，不能盲目强调中国首创、中国创新，而应该更加全面客观地学习和了解其他国家的经济思想史、经济学说史③。

贾根良认为，创新和构建中国特色社会主义经济理论体系需要熟知经济思想史，因为经济思想史学的研究为经济学理论的创新和发展提供了必备的研究素材，尤其是为现有经济学理论体系中忽视的理论问题提供思路和灵感④。他还认为，经济学学界史研究作为经济思想史学的重要研究方向，有助于丰富经济学的构成，推进经济学理论的多元化，使中国特色社会主义经济学理论体系在构建过程中更加兼容并包，不盲从当前西方主流理论，从而实现自主创新⑤。

（五）政治经济学与国际经济学的关系

中央党校"中国特色社会主义政治经济学研究"课题组认为，国际经济学对改革开放以来中国对外开放的实践起到一定的验证和指导作用。但国际经济学很多理论本身存在一定的矛盾和局限性，例如对外开放能够促进经济发展的理论与大多数发展中国家因为全球化陷入"全球化陷阱"的实践之间的矛盾。扎根于中国经济改革发展实践经验的中国特色社会主义政治经济学，一方面汲取了很多国际经济学的论断和方法，另一方面又通过对中国对外开放的成功经验的总结和理论化，破解国际经济学理论中存在的矛盾和悖论⑥。

---

① 高超群、黄英伟：《中国经济史研究的挑战与机遇刍议》，载于《历史教学》2017 年第 24 期。
② 王曙光：《再现、反思与多元融合——经济史学方法论刍议》，载于《北京大学学报》2017 年第 3 期。
③ 黄晓勇：《凝结了中国智慧的马克思主义政治经济学——党的十八大以来我国的经济理论创新》，载于《管理世界》2017 年第 9 期。
④ 贾根良：《论经济思想史学科在经济学发展中的重要地位》，载于《天津商业大学学报》2017 年第 5 期。
⑤ 贾根良、兰无双：《经济思想史新的研究对象与目的》，载于《教学与研究》2017 年第 6 期。
⑥ 中央党校"中国特色社会主义政治经济学研究"课题组：《中国特色社会主义政治经济学对西方经济学理论的借鉴与超越——学习习近平总书记关于中国特色社会主义政治经济学的论述》，载于《管理世界》2017 年第 7 期。

（六）政治经济学与财政学的关系

刘晓路认为，不存在一种能适用于所有国家、所有阶段的财政学，国家具体条件的不同，经济规律在该国具体时期所表现出来的具体形式也不同，而经济运行模式和规律的差异，必然导致财政学的差异。因此，一定程度上来说，中国特色社会主义政治经济学理论体系是中国特色财政学的基础。他还认为，一种财政学能够成为有代表性并被大家接受认可的科学学科，不在于理论表述的形式而在于其是否能够正确指导财政实践，解决当下政治、经济、社会问题。这与中国特色社会主义政治经济学的基本要义是一脉相承的[1]。

（七）政治经济学与金融学的关系

王煜宇认为，政治经济学中强调的"经济基础决定上层建筑，上层建筑反作用于经济基础"的理论基础与金融学强调金融制度重要性不谋而合，制度金融学理论与政治经济学存在一定程度的耦合[2]。

（八）政治经济学与产业经济学的关系

赵光南认为，西方产业结构理论已经成为国内学者研究产业经济问题的主流理论。但事实上，产业结构理论中的论断在巴西等国家的失败经验和发达国家陷入过度金融化和去工业化陷阱等事实面前，不攻自破。政治经济学理论贯穿始终的是对物质资料生产和各部门间协调发展的强调，因而应该在借鉴西方产业结构理论的基础上，总结中国产业发展的成功经验，构建中国特色的产业经济学理论，使之成为中国特色社会主义政治经济学的重要组成部分[3]。

（九）政治经济学与区域经济学的关系

孙久文认为，只有把被普遍接受的经济理论体系同区域经济研究紧密结合，并立足于中国实践，才能更好地促进中国区域经济学的现代化和学术自信的构建。而立足于中国实践构建的中国特色社会主义政治经济学正是现阶段被普遍接

---

① 刘晓路、郭庆旺：《国家视角下的新中国财政基础理论变迁》，载于《财政研究》2017 年第 4 期。
② 王煜宇、何松龄：《制度金融学理论与中国金融法治发展理论述评》，载于《经济问题探索》2017 年第 4 期。
③ 赵光南：《建国以来我国产业结构优化问题研究的进展——基于马克思主义政治经济学的视角》，载于《经济问题探索》2017 年第 2 期。

受并与中国实际相结合的经济理论体系①。

刘俊杰认为，包括主流经济学没有将理性选择置于特定的区域之中，而区域经济学在分析时忽视了个体理性选择的结果。应该将不同理论范式统一起来，更加客观地对区域经济问题展开分析。同时有必要把区域经济学与包括政治经济学在内的经济学学科有机融合，以此形成区域经济学研究的基本范畴②。

五、构建中国特色社会主义经济学学科体系需要进一步研究的问题

依据当前学界对中国特色社会主义经济学学科体系的研究现状，为了进一步构建学科体系，我认为应该在以下几个方面做出探索和努力：

第一，中国特色社会主义经济学学科体系的组成部分。这主要包括以下几个方面：

（1）一级学科的分类是否分为理论经济学和应用经济学。这主要有以下几个思路：第一种是继续沿用理论经济学和应用经济学的分类，这样有助于我国既有的二级学科归类，不存在大的学科调整，但随着我国学科建设重点向一级学科的转向，原有的二级学科分类会越来越不重要。第二种是使用宏观经济学和微观经济学，这有助于中国特色社会主义经济学走出去，获取经济学的国际话语权，但这对原有的二级学科建设会带来较大震动，整合难度非常大。同时，中国作为一个区域和人口的发展中大国，城乡和区域发展存在严重不平衡，因而城乡和区域协调发展成为重大课题，同时产业结构升级又是跨越"中等收入陷阱"的重大课题，这些内容是否需要专列出中观经济学加以概括，等等。第三种是调和的思路。在教育部确定"双一流"建设的"一流学科"中，有依据国际的经济学学科分类，在我国原有的理论经济学和应用经济学两个一级学科之外，又加上了清华大学的"会计与金融""经济学与计量经济学""统计学与运筹学"三个与其他大学理论经济学、应用经济学、统计学并列的一流学科。

（2）二级学科的组成部分是否需要做出完善。这主要有：一是发展经济学如何安排。发展是第一要务，只有发展是解决一切问题的关键。发展经济学是专门研究发展中国家为谁发展、如何发展和怎么发展的问题，现在这些问题基本都放在政治经济学的研究框架中，但毕竟两者的侧重点不同，政治经济学不可能涵盖发展经

---

① 孙久文：《论中国区域经济学的完善与创新》，载于《区域经济评论》2017 年第 2 期。

② 刘俊杰、白雪冰：《区域经济学内容体系创新与学科建设研究》，载于《区域经济评论》2017 年第 5 期。

济学的所有问题。中国经济发展的经验可以为发展经济学注入强大的生命力，也是中国对经济学的世界贡献。二是制度经济学如何安排。2019 年是改革开放 40 周年，只有改革开放才能发展中国、发展社会主义、发展马克思主义。改革开放是最大的制度变迁，中国改革开放的许多经验可以总结、上升为经济理论，创建中国特色的制度经济学，从而经济学的发展贡献中国智慧。三是国民经济学的学科定位。学界对此进行了长期的争论，应该在新的形势下对此做出研究，达成共识。

第二，中国特色社会主义政治经济学的理论体系。经过近几年的深化研究，中国特色社会主义政治经济学的学科体系研究取得了重大进展，在许多方面基本达成了共识，比如研究对象确定为生产关系和生产力，核心是发展，以及对基本经济制度、概念、范畴的确定等等，但在体系结构的安排、研究主线的确定、话语体系等方面仍然存在分歧，甚至有的是较大的分歧，因而需要做出更加深入的研究。当然，理论体系的形成总是不断与时俱进的，各种不同理论体系的构建和交流会有助于形成科学的理论体系。

第三，中国特色社会主义经济学的学科体系。这主要有：一是政治经济学如何发挥它在其他经济学科的基础地位，政治经济学对其他学科所具有的基础地位体现那些方面，从而全面揭示政治经济学与其他学科之间的关系；二是经济学各个学科之间的学科边界的科学界定，以及各个学科之间的相互关系，从而全面揭示作为一个有机体的经济学学科体系。

2018 年中国经济学学科体系研究新进展[*]

2018 年，学界在推进构建中国特色社会主义经济学学科体系、学术体系和话语体系等方面取得了新的研究进展，开拓了当代中国马克思主义经济学的新境界。

一、马克思主义经济学及其当代价值

中国特色社会主义经济学的最大特色是坚持马克思主义经济学的基本原理和方法，坚持以中国经济改革与发展面临的重大理论和实践问题为导向，推进马克思主义经济学的中国化、时代化。因此，对马克思主义经济学进行持续深入的研究，并揭示其当代价值，就成为学者们的重要任务。

（一）马克思主义经济学基本原理和方法论再认识

2018 年正值马克思诞辰 200 周年之际，学者们就马克思主义经济学中的若干基本理论，如劳动价值论、货币理论、经济增长理论、贫困理论等进行了深入的探讨。

1. 劳动价值论再认识

针对理论界存在误读、误解甚至曲解劳动价值论的问题，张雷声指出，应当以逻辑整体性的视野把握马克思劳动价值论。劳动价值论既包括劳动创造价值又包括价值转化为生产价格。从劳动创造价值到价值转化为生产价格，反映了劳动价值论由价值的简单规定进一步上升为价值的复杂规定的逻辑发展过程。这一从抽象上升到具体的逻辑发展过程使劳动价值论的基本规定随着社会生产力的发展和科学技术的变化，随着经济全球化的发展和数字化新媒体的推广不断得到丰富和延伸。[①]

---

[*] 《经济研究参考》2019 年第 23 期，与王琨、张仲合作。
[①] 张雷声：《马克思劳动价值论的逻辑整体性》，载于《教学与研究》2018 年第 4 期。

自《资本论》第 3 卷出版以来，尽管理论界围绕价值转形问题进行了长期讨论，但这个"百年难题"一直没有得到妥善解决，学者们仍然围绕该问题进行了深入探讨和争论。陈旸等指出，批评者对马克思研究路径的偏离造成了价值转形的"百年难题"。马克思没能够把转形过程推广到成本价格转形的原因在于其数值例模型中不包含生产技术构成的完整信息，导致了无法计算不变资本的生产价格，也不能确定净产品生产价格总量偏离其价值总量的必然性，转形理论必须在解决这一工具性缺失的前提下沿着马克思的研究路径推进。他们添加了生产的物质消耗矩阵，并在生产价格必然偏离净产品价值的逻辑前提下，用总剩余价值率不变条件取代了剩余价值总量不变条件，以迭代方法构建了广义转形数理模型，从而使马克思的转形理论实现了逻辑上的完全自洽。[①] 孟捷将"新解释"的研究方法推广到与总产品和非均衡相适应的情况，利用实现价值方程构建了新的转形模型，并对转形的含义做了新的阐释。他认为，价值转形不仅是由生产中形成的内含价值向生产价格的转形，在非均衡的前提下，也是由第二种市场价值向市场生产价格的转形。[②] 针对有学者将价值转形问题看作是伪命题的讨论，魏峰认为，"转形伪命题"证伪了再生产均衡条件下的价值转形和鲍特基维茨的投入转形命题，价值转形问题本身并没有被证伪，"转形伪命题"的实质是价值转形路线的选择问题。围绕"转形伪命题"的争论实际上拒绝了再生产均衡转形路线和投入转形路线，未来对转形问题的研究应当以价值范畴和与之相应的均衡条件为线索。[③]

2. 货币理论再认识

国际金融危机的爆发，使学者们认识到要从根本上反思货币理论以重构现代经济学。货币起源问题是整个货币理论的基础，田磊等从商品占有者所面对的交换困境角度剖析了马克思的货币起源理论。指出以往对马克思货币起源理论的研究，更多关注的是价值形式的发展及其呈现出的辩证逻辑，以至于有人认为马克思对货币起源的论述只是单纯的逻辑推演，忽视了交换者的主观意志。然而，马克思丝毫没有忽视交换者的主观意志，只是强调货币起源的关键不在于有无个人意志的作用，而在于决定个人意志的作用能否实现以及能在多大程度上实现的客观条件和规律，在本质上，不是人们的主观意志而是物质生产和交往的发展推动了货币的产生和发展。马克思既从商品价值表现形式的层面，又从商品占有者所面临的内在困境的层

---

① 陈旸、荣兆梓：《循着马克思的路径完成马克思的工作——价值转形理论再探》，载于《经济研究》2018 年第 4 期。

② 孟捷：《从"新解释"到价值转形的一般理论》，载于《世界经济》2018 年第 5 期。

③ 魏峰：《均衡与投入转形：再论价值转形问题的真伪》，载于《经济学家》2018 年第 6 期。

面对货币起源进行了考察，前者抽象掉了"主体—人"的存在，后者又将之充分还原，二者的辩证统一构成了马克思分析货币起源的两重线索。①

3. 经济增长理论再认识

长期以来，学界对马克思主义经济增长理论的研究通常围绕两条路径：一是以马克思主义经典著作的思想为依托，通过构建经济增长模型研究社会资本运动规律；二是以中西方现有研究为基础，通过比较各种增长理论的异同为马克思主义经济增长理论提供借鉴。

就第一条路径而言，王艺明等认为，目前仍有四个基础问题没有解决：一是多数研究没有考虑利润率平均化理论；二是两大部类劳动生产率如何提高未达成共识；三是多数研究没有考虑固定资本投入；四是现有研究较少形成可供实证检验的理论结论。他们在考虑两大部类利润率平均化、引入固定资本投入、设定劳动节约型技术进步的基础上，结合扩大再生产公式构建了具有固定投入比例生产技术的马克思两大部类增长模型，并应用中国宏观经济数据对模型的重要假设和结论进行了实证检验。实证结果一方面支持劳动者实物工资与劳动生产率同比增长、劳动生产率与生产资料数量同比增长和劳动节约型技术进步等模型设定，并证明了中国经济增长存在"生产资料部类优先增长"的规律；另一方面则未能证实中国经济增长过程中存在"一般利润率趋于下降"的规律。②

就第二条路径而言，多数研究侧重于比较马克思主义增长理论与新古典主义增长理论的异同，很少涉及西方经济学其他流派的观点，这种有倾向性的借鉴不利于客观、公正地认识某一学派的理论，也不利于马克思主义增长理论的进一步发展。王珺等从设定经济增长基本方程出发，探讨了马克思主义与后凯恩斯主义经济学构建闭合增长模型的不同思路，并在此基础上对这两种增长理论进行了比较分析。他们认为，两种增长理论一方面存在分歧，在所依据的理论基础、经济增长的最终决定因素、资本主义经济增长是否存在极限以及增长过程中的市场结构等问题上持不同的观点，另一方面也达成了若干共识，如都对收入分配给予特别的关注，都坚持阶级、制度、非均衡的分析方法。后凯恩斯主义增长理论在企业家行为、价格决定机制及居民消费和储蓄决策方面的研究为充实马克思主义经

---

① 田磊、王峰明：《货币的起源：一种哲学现象学的考察》，载于《马克思主义与现实》2018 年第 4 期。
② 王艺明、刘一鸣：《马克思主义两大部类经济增长模型的理论与实证研究》，载于《经济研究》2018 年第 9 期。

济增长理论的微观基础提供了很好的借鉴。[①]

4. 贫困理论再认识

以往的少量研究侧重于提炼马克思的贫困思想，缺少对贫困理论的全面阐述。在梳理经典文本的基础上，杜利娜从立场、本质和根源、策略三方面系统阐释了理论逻辑与实践逻辑高度统一的马克思贫困理论：第一，马克思的贫困理论坚持无产阶级立场，资本主义社会下无产阶级悲惨的现实驱使马克思深入研究资本主义社会的贫困问题；第二，马克思的贫困理论揭示了异化劳动是无产阶级贫困的本质，剥削是资本主义社会贫困问题的社会根源，资本主义私有制是资本主义社会贫困问题的制度根源；第三，马克思的贫困理论指明了无产阶级摆脱贫困的策略和方向，制度革新是贫困治理的首要前提，消灭阶级剥削是贫困治理的根本途径，发展生产力是贫困治理的根本手段。[②] 汪连杰分别从国家、资本和文化三个视角阐述了马克思的贫困理论：国家视角的"政治国家—贫困"理论强调政治国家的本质是资本主义社会贫困的根源；资本视角的"资本积累—贫困"理论强调资本积累过程导致了贫困的产生、积累和扩大；文化视角的"意识形态—贫困"理论强调资本主义意识形态模糊了社会对贫困的认知，阻碍了反贫困的社会实践。[③]

(二) 马克思主义经济学的现代价值

马克思主义经济学对于解释和解决当代经济问题仍然具有旺盛的生命力和解释力。2018 年学者们分析了马克思主义经典理论在当代和我国的应用，揭示了其时代意义和现代价值。

1. 劳动价值论在解释知识劳动和人工智能上的应用

随着全球范围内新一轮科技革命和产业革命的深化，一些西方学者提出资本主义进入了"认知资本主义"阶段。在这一阶段，非物质劳动占据了主导地位，剩余价值的获取主要依赖基于知识的精神产品创造过程，由于知识和创造力无法与人身分离，知识产品不会被异化，因此劳动者被剥削的程度大大降低，无产阶级将被"知产阶级"取代。蔡万焕以马克思的劳动价值论为基础，分别从三个方

---

① 王琨、闫伟：《马克思主义与后凯恩斯主义经济增长理论比较研究——从经济增长基本方程说起》，载于《经济理论与经济管理》2018 年第 8 期。

② 杜利娜：《马克思的贫困理论及当代启示》，载于《马克思主义研究》2018 年第 8 期。

③ 汪连杰：《马克思贫困理论及其中国化的探索与发展》，载于《上海经济研究》2018 年第 9 期。

面驳斥了"认知资本主义"的错误观点：第一，非物质劳动并没有在价值创造过程中占主导地位，一方面，"认知资本主义"定义的非物质劳动即脑力劳动中有一部分并不创造价值，另一方面，作为价值来源的物质生产劳动在当今资本主义社会中仍然占据主导地位，尽管纯粹脑力劳动的比重在提高，但仍服务于物质生产劳动；第二，劳动者依然被剥削，"认知资本主义"将文化或精神产品的生产者与所有者混为一谈，尽管创造力不能与人身分离，但它产出的产品却由于私有制而与劳动者相分离并异化，知识产权强化了资本所有者对文化或精神产品的所有权；第三，无产阶级不会被"知产阶级"取代，作为"认知资本主义"物质基础的信息和数字技术变革一方面造成了更多的相对过剩人口并导致了工人的"去技能化"，另一方面强化了资本对劳动的控制和剥削，无产阶级不仅没有消失，反而进一步加深了对资本的隶属程度。[①]

针对一些学者提出的所谓人工智能将使无产阶级沦为"无用阶级"的观点，蒋红群指出，人工智能之所以排斥无产阶级仍源于资本与劳动的对立，人工智能是资本主义机器大工业长期发展与技术积累的结果，在资本主义条件下又是资本谋取剩余价值的技术工具，但它本身并不创造价值。从长期趋势看，人工智能蕴含着无产阶级和人类解放的征兆，为人的自由全面发展创造了物质条件，因此，资产阶级才是终将被历史淘汰的"无用阶级"。[②]

2. 货币理论在解释数字货币中的应用

在当代社会，随着互联网、大数据、人工智能等高新技术的发展，数字货币开始登上了历史舞台。郝芮琳等以马克思主义货币理论为基础，探讨了比特币的起因、属性及发展趋势：第一，就起因来看，现行货币体系的局限催生了比特币，在制度层面上，政府滥用货币发行权和美元霸权为比特币的产生提供了土壤，在技术层面上，互联网和区块链为比特币的产生和发展提供了技术支持。第二，就属性来看，尽管目前比特币还不是完备的货币形式，但具有成为货币的潜能。在价值方面，比特币本身不具有价值，其能否参与商品交易取决于社会认可程度；在社会公认方面，人们对比特币的认可是自发形成的，这种自发的认同可能影响官方决策；在货币职能方面，比特币能在一定范围内充当价格标准和流通手段，并逐渐演化出其他货币职能。第三，就发展趋势来看，在当前货币体系的

---

① 蔡万焕：《认知资本主义：资本主义发展阶段研究的新进展》，载于《马克思主义研究》2018 年第 8 期。

② 蒋红群：《无产阶级会沦为无用阶级吗？》，载于《马克思主义研究》2018 年第 7 期。

矛盾中，比特币预示着新货币形式的萌芽，但新货币的形成需要经过长期的调整与适应，以比特币为代表的去中心化数字货币将在纸币和央行法定数字货币未涉及或势力薄弱的领域继续发展完善。[①]

杜鹃指出了比特币充当国际金融垄断集团掠夺财富的工具的一面：第一，由于美元信誉的不断透支，金融资产阶级为抛弃美元"宿主"积极布局，比特币本质上是服务于金融自由化的工具。第二，由于存在技术设计上的缺陷，在国际金融垄断的条件下，比特币完美诠释了垄断霸权在自由的属性下对财富的掠夺，是另一种"庞氏骗局"。第三，由于追求匿名性和去中心化，比特币与暗网在技术上具有天然耦合性，两者共同构成了全球黑金暗流的主要载体，充当世界非法交易的媒介。[②]

3. 再生产理论在解释中美贸易战和供需失衡上的应用

陶为群依据再生产理论分析了中美贸易战对中国的影响，并提出了应对策略。由于我国是消费品主导出口的社会再生产结构，中美贸易摩擦相对减少了我国的消费品出口，改变了我国的扩大再生产条件，由此造成的影响是：通过自产消费品平衡条件，两大部类资本积累相对缩减；通过自产生产资料平衡条件，生产资料出口相对增加；通过进口生产资料平衡条件，生产资料进口相对缩减。总体看，中美贸易战会导致我国当年对外贸易相对缩减、贸易顺差减少，下一年经济增长率降低。鉴于中美贸易摩擦所造成的不利影响，我国应当从三个方面加以应对：第一，在社会扩大再生产条件允许的范围内，主动调整两个部类的资本积累安排，以实现预期的社会扩大再生产；第二，拓展消费品出口市场，大力推进对新兴市场国家的消费品出口；第三，运用积极的财政政策、适度宽松的货币政策以及稳定的汇率政策缓解贸易摩擦对下一年经济增长的抑制效应。[③]

针对国内供需结构不匹配即产能过剩与海外消费增加并存的问题，杨继国等指出，忽视结构均衡的"总供求均衡"是没有意义的。供给侧结构性改革应当跳出"总量分析"方法，立足再生产结构均衡，使供给结构与需求结构相匹配，增加第Ⅰ部类高精尖设备的供给和第Ⅲ部类高中档消费品的生产，将低端加工业为

---

① 郝芮琳、陈享光：《比特币及其发展趋势的马克思主义分析》，载于《经济学家》2018 年第 7 期。
② 杜鹃：《透视帝国主义在互联网时代的新变化》，载于《马克思主义研究》2018 年第 7 期。
③ 陶为群：《运用马克思再生产公式分析中美贸易摩擦对我国进出口的影响》，载于《管理学刊》2018 年第 5 期。

主的外向型经济逐渐升级为高附加值的内向型经济。①

4. 世界市场理论在解释逆全球化方面的应用

以马克思世界市场理论为基础,学者们分析了逆全球化的原因、本质、影响和对策。

就逆全球化的原因而言,杨圣明等强调了发达资本主义国家的错误认识。一方面,美英等国没有认识到全球危机爆发的根源在于资本主义的根本矛盾,错误地以为通过推行逆全球化就可以解决危机爆发带来的一系列经济、社会问题;另一方面,美英等国也没有认识到全球经济的不平衡发展是国际经济旧秩序造成的,错误地以为通过"再工业化"将产业转移回本国就能增强本国产品的竞争力。② 葛浩阳则强调了世界体系结构的动态演变、经济全球化的"空间悖论"和劳资之间利益关系的调整:第一,外围和半外围国家通过加入世界体系改善了自身发展状况,压缩了中心国家的利润空间,为了保护本国市场和资本利得,贸易保护主义就成了中心国家的必然选择;第二,资本的全球流动性和生产活动的地域性构成了一种辩证发展的矛盾,使得经济全球化在面临危机时出现逆转现象;第三,全球化在使资产阶级得利的同时损害了美英本土工人的利益,导致其国内民粹主义凸显,推行逆全球化能够缓解劳资之间的紧张关系。③

就逆全球化的本质而言,杨圣明等指出,逆全球化就是美英等国利用贸易保护政策维护统治阶级的利益。④葛浩阳也认为,逆全球化是资本面对负面局势时采取的保护自身的策略。⑤

就逆全球化的影响而言,杨圣明等认为,美英等国出于本国战略利益考虑推行的保护主义使区域经济合作呈现出排他性,阻碍了区域一体化进程,也阻碍了经济全球化进程。⑥葛浩阳认为,新的国际分工体系已经将全球各国的经济活动联系在一起,个别国家单方面推行逆全球化难以产生决定性影响,经济全球化仍是大势所趋。⑦

就逆全球化的对策而言,杨圣明等指出,中国要顺应经济全球化发展趋势,引导各国共同参与推进互利共赢的国际政治经济新秩序:第一,积极参与全球

---

① 杨继国、朱东波:《马克思结构均衡理论与中国供给侧结构性改革》,载于《上海经济学研究》2018 年第 1 期。

②④⑥ 杨圣明、王茜:《马克思世界市场理论及其现实意义——兼论"逆全球化"思潮的谬误》,载于《经济研究》2018 年第 6 期。

③⑤⑦ 葛浩阳:《经济全球化真的逆转了吗——基于马克思主义经济全球化理论的探析》,载于《经济学家》2018 年第 4 期。

化，进一步扩大开放，大胆吸收和借鉴世界各国的一切文明成果；第二，提高自身劳动生产率，推进公平合理的国际经济新秩序的建立；第三，强化中国在世界市场发展中的示范引领作用，推动发展更高层次的开放型经济。① 葛浩阳提出，中国要以新的理念指导实践，顺应经济全球化的历史趋势，一是要以"共商共建共享"的全球治理观推动"一带一路"建设，二是要构建"人类命运共同体"，塑造新型国际关系。②

二、中国特色社会主义经济学的基础理论

（一）习近平新时代中国特色社会主义经济思想

习近平新时代中国特色社会主义经济思想是马克思主义经济学中国化的最新成果，是中国特色社会主义经济理论体系的重要组成部分，开辟了中国特色社会主义政治经济学发展的新境界。③ 对此，学者们进行了全方位探讨，主要成果有：

1. 习近平新时代中国特色社会主义经济思想的实践基础

赵锦辉等认为，中国经济进入新时代是习近平经济思想产生的前提条件，一方面，经过新中国成立以来60多年的努力，我国经济实现了从站起来、富起来到强起来的伟大飞跃，国家面貌发生了历史性变化；另一方面，国际形势错综复杂，国内经济建设面临诸多新问题和新挑战。推进经济发展必须以新时代所面临的现实问题为中心，着眼于新实践、新思路和新战略，习近平经济思想正是在总结十八大以来推动我国经济发展实践基础上产生的理论结晶。④ 韩保江认为，尽管中央经济工作会议指出习近平新时代中国特色社会主义经济思想是党的十八大以来5年多推动我国经济发展实践的理论结晶，但探究其形成来源却要追溯到习近平的个人经历和从政经验。习近平新时代中国特色社会主义经济思想"形"于十八大之前习近平的上山下乡经历和全部从政实践，"成"于十八大以来新时

---

① 杨圣明、王茜：《马克思世界市场理论及其现实意义——兼论"逆全球化"思潮的谬误》，载于《经济研究》2018年第6期。
② 葛浩阳：《经济全球化真的逆转了吗——基于马克思主义经济全球化理论的探析》，载于《经济学家》2018年第4期。
③ 陆立军、王祖强：《习近平新时代中国特色社会主义经济思想科学体系初探》，载于《经济学家》2018年第5期。
④ 赵锦辉、吴三来：《习近平经济思想探析》，载于《经济学家》2018年第8期。

代中国特色社会主义经济建设的成功实践和理论归纳。①

2. 习近平新时代中国特色社会主义经济思想的理论渊源

韩保江指出，习近平新时代中国特色社会主义经济思想，作为马克思主义政治经济学和中国特色社会主义政治经济学之"集大成者"，不仅充分继承了马克思主义政治经济学的立场、观点和方法，而且充分继承了毛泽东关于社会主义经济发展的思想和邓小平、江泽民、胡锦涛创立和发展的中国特色社会主义经济发展思想，与毛泽东思想、邓小平理论、"三个代表"重要思想和科学发展观一脉相承，同时还注意吸收了中国传统文化营养和当代西方经济学中的有益成果。②

3. 习近平新时代中国特色社会主义经济思想的主要特征

赵锦辉等从三个方面归纳了习近平经济思想的主要特征：一是坚定的马克思主义立场，即以人民为中心的立场；二是高度自觉地运用政治经济学基本原理分析经济政治问题；三是善于运用政治经济学基本方法指导经济建设实践。③

4. 习近平新时代中国特色社会主义经济思想的科学内涵

韩保江将习近平新时代中国特色社会主义经济思想表述为"1＋7"的理论结构。"1"指创新、协调、绿色、开放、共享的五大发展理念，新发展理念是习近平新时代中国特色社会主义经济思想的"灵魂"，是最重要的理论内涵。"7"指中央经济工作会议公报归纳的"7 个坚持"，是习近平新时代中国特色社会主义经济思想的原则框架和理论特色，具体包括：一是坚持加强党对经济工作的集中统一领导；二是坚持以人民为中心的发展思想；三是坚持适应把握引领经济发展新常态；四是坚持使市场在资源配置中起决定性作用，更好发挥政府作用；五是坚持适应我国经济发展主要矛盾变化完善宏观调控，把推进供给侧结构性改革作为经济工作的主线；六是坚持问题导向部署经济发展新战略；七是坚持正确工作策略和方法。④

赵锦辉等从六个方面概括了习近平经济思想的主要内涵：第一，以恢宏的气势规划经济发展阶段和奋斗目标，展现实现中华民族伟大复兴的雄心壮志；第二，以敏锐的洞察力揭示经济社会主要矛盾变化，为谋划新时代经济工作提供基本前提；第三，以非凡的胆略推进经济发展思路转形，形成以新发展理念为主要

---

①②④　韩保江：《论习近平新时代中国特色社会主义经济思想》，载于《管理世界》2018 年第 1 期。
③　赵锦辉、吴三来：《习近平经济思想探析》，载于《经济学家》2018 年第 8 期。

内容的经济发展思想；第四，以强有力的行动推进供给侧结构性改革，建设现代化经济体系；第五，以攻坚克难的决心深化经济体制改革，发挥市场在资源配置中的决定性作用和更好发挥政府作用；第六，以宽广的视野谋划国际大势，把握机遇，推动形成全面开放新格局。①

裴长洪等深入挖掘了习近平对外开放思想指出，新时代赋予了习近平对外开放思想以全新的内涵，主要体现在四个方面：一是推动形成全面开放新格局；二是建设开放型世界经济与经济全球化新理念；三是改革全球经济治理体系；四是构建人类命运共同体。② 陈伟雄则从主动开放、全面开放、双向开放、共赢开放四方面概括了习近平新时代对外开放思想的丰富内涵。③

5. 习近平新时代中国特色社会主义经济思想的内在逻辑

刘伟指出，习近平新时代中国特色社会主义经济思想是历史逻辑与思想逻辑、理论逻辑与实践逻辑有机统一的科学体系：首先从发展这个时代命题出发，提出了破解这一命题的新发展理念及"五位一体"总布局；其次指明了贯彻新发展理念和实现"五位一体"布局的基本方略——建设现代化经济体系；再次推出了供给侧结构性改革作为建设现代化经济体系的主线；然后强调了构建现代化经济体系和深化供给侧结构性改革需要"稳中求进"的宏观经济环境和"四个全面"的制度条件；最后回答了发展的目的——以人民为中心。④

陆立军等认为，习近平新时代中国特色社会主义经济思想以强起来为时代主题，以新发展理念为主要内容，以全面深化改革为根本动力，以坚持和完善社会主义基本经济制度为综合基础，以推动经济高质量发展和建设现代化经济体系为基本目标，形成了一个科学完整的思想体系。⑤

6. 习近平新时代中国特色社会主义经济思想的重大意义

赵锦辉等从三个方面概括了习近平经济思想的历史地位和重大意义：第一，习近平经济思想是习近平新时代中国特色社会主义思想的基础和核心；第二，习近平经济思想是中国特色社会主义政治经济学的最新成果；第三，习近平经济思

---

① 赵锦辉、吴三来：《习近平经济思想探析》，载于《经济学家》2018 年第 8 期。
② 裴长洪、刘洪愧：《习近平新时代对外开放思想的经济学分析》，载于《经济研究》2018 年第 2 期。
③ 陈伟雄：《习近平新时代中国特色社会主义对外开放思想的政治经济学分析》，载于《经济学家》2018 年第 10 期。
④ 刘伟：《习近平新时代中国特色社会主义经济思想的内在逻辑》，载于《经济研究》2018 年第 5 期。
⑤ 陆立军、王祖强：《习近平新时代中国特色社会主义经济思想科学体系初探》，载于《经济学家》2018 年第 5 期。

想是推进新时代中国特色社会主义经济建设的基本纲领和行动指南。① 刘长庚等认为，习近平新时代中国特色社会主义经济思想对新时代"实现什么样的经济发展，怎样实现经济发展"的科学问题给予了新的回答，丰富和发展了中国特色社会主义经济学理论，开辟了中国特色社会主义政治经济学的新境界，为推动实现中华民族经济复兴提供了行动指南。② 谢伏瞻指出，习近平新时代中国特色社会主义经济思想创造性地坚持和发展了马克思主义政治经济学，打破了国际上许多被奉为教条的西方经济学理论、概念、方法和话语，是 21 世纪马克思主义政治经济学的最新篇章，不仅书写了当代中国社会主义政治经济学，也对人类思想发展做出了重大贡献。③

习近平生态文明思想是习近平新时代中国特色社会主义思想的重要组成部分。高世楫等认为，习近平生态文明思想深刻回答了为什么建设生态文明、建设什么样的生态文明、怎样建设生态文明等重大理论和实践问题，为中国遵循新发展理念、推进美丽中国建设、构建高质量现代化经济体系、实现人与自然和谐共生的现代化提供了方向指引和根本遵循，为世界实现可持续发展、建设人类命运共同体贡献了中国智慧和中国思想。④

裴长洪等从四个方面概括了习近平对外开放思想的历史性贡献：一是为中国开放型经济与开放型世界经济的内外联动提供了中国方案；二是科学总结了以往经济全球化正反两方面的经验教训，提出了推动经济全球化朝着更加开放、包容、普惠、平衡、共赢的方向发展的新理念；三是阐发了互利共赢、多边机制汇聚利益共同点和谋求最大公约数的政治经济学新观点；四是揭示了实现中国梦的发展道路必须与人类命运共同体紧密相连的历史必然性。⑤ 濮灵认为，构建开放型经济新体制承载着新时代对外开放战略的理论创新、制度创新和动力创新，是对当代中国马克思主义政治经济学的创新发展，是对新时代全面深化改革总目标的坚定落实，是党治国理政务必做好的重大任务。这一战略不仅将为我国发展更高层次的开放型经济、建设现代化经济体系指明行动方向，还将为推动建设开放型世界经济提供中国智慧、贡献中国方案。⑥

---

① 赵锦辉、吴三来：《习近平经济思想探析》，载于《经济学家》2018 年第 8 期。
② 刘长庚、张磊：《习近平新时代中国特色社会主义经济思想的理论贡献和实践价值》，载于《经济学家》2018 年第 7 期。
③ 谢伏瞻：《马克思主义是不断发展的理论——纪念马克思诞辰 200 周年》，载于《中国社会科学》2018 年第 5 期。
④ 高世楫、李佐军：《建设生态文明推进绿色发展》，载于《中国社会科学》2018 年第 9 期。
⑤ 裴长洪、刘洪愧：《习近平新时代对外开放思想的经济学分析》，载于《经济研究》2018 年第 2 期。
⑥ 濮灵：《习近平新时代中国特色社会主义经济思想中的开放型经济新体制研究》，载于《经济学家》2018 年第 4 期。

刘建武研究了习近平共享发展思想指出，以人民为中心的发展新思想和共享发展的新理念，在新的历史条件下科学回答了如何正确认识和处理好推进发展与实现公平、做大"蛋糕"与分好"蛋糕"、以人民为中心与以经济建设为中心、共享发展与共同富裕等一系列重大理论与实践问题。在科学社会主义发展史上开启了由共享发展走向共同富裕的新特征，开辟了新时代中国特色社会主义发展的新境界。[1]

（二）新时代社会主要矛盾的转化

1. 新时代社会主要矛盾的内涵

卫兴华指出，我国社会主义初级阶段的主要矛盾的内涵已经发生了变化，不能用城乡、区域不平衡和生产力落后等来解读主要矛盾转化后的"不平衡不充分发展"。社会主要矛盾是从需求侧和供给侧两方面讲的，供给侧"不平衡不充分的发展"直接对应需求侧"人民日益增长的美好生活需要"。需求的水平提高了，要求质量更高、更多样化、更符合个性、更安全、科技含量更高的物质文化供应，只有通过供给侧结构性改革和创新发展，着力于质量型和效率型发展，才能逐渐实现新的平衡。[2]

2. 新时代社会主要矛盾转化的原因和表现

聂辉华认为，社会主要矛盾转化的原因要从供给侧和需求侧两方面分析。从供给侧来说，中国的社会生产力取得了巨大的进步，已经不再是社会生产落后的国家，已经摆脱了"落后的社会生产"这个状况；从需求侧来说，民众的需求发生了本质的变化，民众消费一方面从追求数量为主转变为追求品质为主，另一方面从追求基本的衣食住行到追求全面发展。社会主要矛盾表现在三个方面：第一，从民众角度看，虽然绝对收入总体上增加了，但民众收入和财产分布并不平衡，甚至出现了比较严重的分配不均问题；第二，从地区差距看，城乡居民之间收入和财产分化严重；第三，除了地区内部居民收入差距，地区之间的总体差距也在扩大。因此，解决社会主要矛盾，要从五个方面促成向高水平供求均衡的转换：第一，进一步推进供给侧结构性改革，重点是"补短板"；第二，鼓励中高端消费，推动企业产品更新换代，促进产业转型升级；第三，加强区域经济协调

---

① 刘建武：《习近平共享发展思想的历史由来与重大意义》，载于《马克思主义研究》2018 年第 3 期。
② 卫兴华：《对新时代我国社会主要矛盾转化问题的解读》，载于《社会科学辑刊》2018 年第 2 期。

发展，推进区域之间分工协作；第四，加快农村经济发展，早日实现乡村振兴；第五，稳定房价，拓展民众投资渠道。①

（三）社会主义基本经济制度理论

1. 新时代公有资本与私人资本的关系

庞庆明认为，新时代中国存在着两种性质不同又相互影响的资本——公有资本和私人资本，公有资本具有劳动人民平等占有性、有计划运行性和收益共享性，规定了社会基本经济制度的性质，而私人资本则具有自发走向资本主义和在国家引导下自觉服务社会主义的二重性。基于公有资本和私人资本的特性，新时代调整和完善资本结构必须坚持以公有资本为主体、以人民为中心的根本原则。坚持公有资本为主体，要求国有资本和集体资本共同领导、影响私人资本运行；坚持以人民为中心，要求以增进人民福祉、促进人的全面发展，朝着共同富裕方向稳步前进作为资本结构调整的出发点和落脚点。②

2. 非公有制经济思想演进的逻辑

白永秀等系统梳理了非公有制经济思想在我国的演进轨迹，将其分为"利用论""补充论""重要组成论""同等待遇论""同等地位论"五个递进阶段。在此基础上概括了非公有制经济思想演进的历史逻辑和理论逻辑。就历史逻辑而言，非公有制经济思想的演进遵循"发展需求—理论突破—法律与政策支持—成长壮大—新的发展需求—新的理论突破—新的法律与政策支持"这一理论与实践相互驱动、循环往复、向前迭代的过程；就理论逻辑而言，非公有制经济思想遵循了生产力与生产关系的矛盾运动规律并始终坚持生产力标准，显示出所有制结构改革的双轨制特征和增量改革与存量改革的辩证统一，演进于所有制结构改革与市场机制培育的统一过程中。③

---

① 聂辉华：《社会主要矛盾转化的经济学分析》，载于《经济理论与经济管理》2018 年第 2 期。
② 庞庆明：《试析新时代中国特色社会主义下的公有资本与私人资本》，载于《教学与研究》2018 年第 10 期。
③ 白永秀、王泽润：《非公有制经济思想演进的基本轨迹、历史逻辑和理论逻辑》，载于《经济学家》2018 年第 11 期。

（四）社会主义市场经济理论

1. 公有制与市场经济相结合

第一，进一步阐释公有制能够与市场经济相结合的可能性和必要性。庞庆明认为，从可能性来看，社会主义公有制与市场机制分别作为容纳生产力发展的生产关系和推动生产力发展的有效方法，具有相互兼容的生产力基础、政治基础、手段基础和目标基础：社会主义公有制和市场机制都与国内国际社会化大生产的内在要求相适应；都是以坚持党的领导和政府监管为前提；都构成发展生产力、实现共同富裕的手段；都具有兼顾公平和效率的目标要求，并在保证公有制主体地位前提下，使社会主义的实质公平与市场机制的运作效率达到辩证统一。从必要性来看，公有制企业作为独立法人实体，通过主动参与市场竞争，可以有效实现公有资本保值增殖，为全体人民增加更多社会福利；市场运行以公有制为载体，能够使人们减少或克服市场机制自发作用的固有弊端或消极影响，使资本收益分配兼顾国家利益、企业利益和个人利益，并确保政府调控目标的真正实现。[①]

第二，强调了进一步完善社会主义市场经济的方向。张开等指出，市场具有手段属性和生产关系属性，公有制与市场经济相结合产生了社会主义市场经济的内在矛盾，即市场手段属性不断催生的资本主义生产关系属性与社会主义目的之间的矛盾。必须考虑党和政府的作用，充分认识包含政府、资本和劳动的"三主体范式"，构建符合中国社会主义初级阶段的动态结构，引领和驾驭市场生产关系属性，有效化解社会主义市场经济的内在矛盾。[②] 李民圣认为，应该从五个方面着手开辟社会主义制度与市场经济相结合的新境界：一是完善基本经济制度，形成强大的公有制经济和充满活力的非公有制经济相互促进、相得益彰的局面；二是在实践中不断深化政府与市场关系的认识，建立政府与市场相辅相成、高效良性互动的体制机制；三是构建支撑创新引领发展的制度体系，建设创新型国家；四是坚持以人民为中心，充分发挥社会主义制度优势解决好发展不平衡不充分问题；五是坚定不移全面从严治党，把党建设的更加坚强有力。[③]

---

① 庞庆明：《试析新时代中国特色社会主义下的公有资本与私人资本》，载于《教学与研究》2018年第10期。

② 张开、崔晓雪、顾梦佳：《试论社会主义市场经济内在矛盾——基于中国特色社会主义政治经济学的思考》，载于《教学与研究》2018年第3期。

③ 李民圣：《社会主义市场经济是对资本主义市场经济的全面超越和扬弃》，载于《红旗文稿》2018年第1期。

2. 正确处理政府与市场的关系

第一，要从中国的现实出发。黄桂田认为，一方面，从理论层面通过逻辑演绎的方法讨论带有普世意义的政府与市场的关系是非常困难的；另一方面，从来没有一成不变的政府与市场的关系。因此，构建中国特色社会主义市场经济体制中的政府与市场的关系，只能立足于中国当前的实际，从中国的现实出发，实事求是。[①]

第二，要着眼于中国式治理。杨春学指出，中国式经济治理与欧美社会有着实质性区别。在中国式治理中，政府组织从纵向和横向两个方面交织在一起，介入社会经济生活的各个方面，无论在广度、深度还是强度上都远远高于欧美社会，这种角色无法在新古典经济学的框架内给出充分解释。构思政府与市场的关系要着眼于整体主义、"善"治、权威的国家观，并且要以动态的观点看待政府在中国推动社会经济发展中的作用。[②]

三、构建中国特色社会主义政治经济学体系

（一）中国特色社会主义政治经济学的学科定位和性质

1. 中国特色社会主义政治经济学的学科定位

简新华认为，坚持社会主义方向的中国面临的主要任务是如何持续有效发展中国特色社会主义经济，而不是建立和发展中国特色资本主义经济。因此，需要构建的不是一般意义上的"中国特色政治经济学"，也不是什么其他性质的政治经济学，更不是"中国特色资本主义政治经济学"，而只能是坚持社会主义方向的"中国特色社会主义政治经济学"。[③] 邱海平认为中国特色社会主义政治经济学的学科定位应当是关于中国特色社会主义的政治经济学，要体现出中国崛起的"中国特色"，而不是原来传统的社会主义政治经济学。[④]

---

① 黄桂田：《正确处理政府与市场的关系，建立有中国特色社会主义市场经济体系》，载于《政治经济学评论》2018 年第 1 期。
② 杨春学：《政府与市场关系的中国视野》，载于《经济纵横》2018 年第 1 期。
③ 简新华：《创新和发展中国特色社会主义政治经济学》，载于《马克思主义研究》2018 年第 3 期。
④ 邱海平：《对新时代中国经济学定位的思考》，载于《经济纵横》2018 年第 1 期。

2. 中国特色社会主义政治经济学的本质

逄锦聚认为，中国特色社会主义政治经济学就本质而言，与马克思创立并由列宁、毛泽东继承和发展了的马克思主义政治经济学一脉相承，是当代中国马克思主义政治经济学，是中国特色社会主义理论体系的重要组成部分。它既具有马克思主义政治学的本质规定性，即坚持马克思主义政治经济学的基本原理，又与时俱进，是发展了的时代化、中国化了的马克思主义政治经济学，具有科学性、人民性、实践性、发展性和开放性等鲜明特点。[①]

（二）中国特色社会主义政治经济学的理论来源与实践基础

1. 中国特色社会主义政治经济学的理论来源

张占斌等指出了中国特色社会主义政治经济学的四个理论来源：第一，马克思主义政治经济学是理论母体；第二，毛泽东社会主义思想是基础来源；第三，国外经济学理论中的合理成分是有益借鉴；第四，中国传统文化中的优秀经济思想是丰厚滋养。[②] 周文等认为《资本论》及其启示和唯物史观是中国特色社会主义政治经济学的理论渊源。[③]

2. 中国特色社会主义政治经济学的实践基础

张占斌等认为，改革开放以来中国社会主义经济建设的伟大实践经验，是不断开辟中国特色社会主义政治经济学新境界的广阔历史舞台与动力源泉。[④] 周文等认为，我国当前的经济形态是在马克思主义指导下不断开辟新局面的过程性形态，中国特色社会主义政治经济学的创新发展必须从这一实际出发，立足中国国情，努力寻找中国特色的现代化发展道路，以问题为导向，回答时代之问。[⑤]

（三）中国特色社会主义政治经济学的研究对象

关于中国特色社会主义政治经济学的研究对象，学者们仍然存在不同的认识，主要有：

---

① 逄锦聚：《构建了发展中国特色社会主义政治经济学的三个重大问题》，载于《经济研究》2018年第11期。
②④ 张占斌、钱路波：《论构建中国特色社会主义政治经济学》，载于《管理世界》2018年第7期。
③⑤ 周文、宁殿霞：《中国特色社会主义政治经济学：渊源、发展契机与构建路径》，载于《经济研究》2018年第12期。

1. 广义生产关系

杨继国等认为，中国特色社会主义政治经济学的研究对象是"广义生产关系"，由狭义的生产关系和广义的交换关系组成，其中广义的交换关系又包括狭义的交换关系和分配关系。中国特色社会主义是与资本主义完全不同的社会形态，生产关系的内容也不同，应当对其进行具体研究。中国特色社会主义制度的确立，是在国际大背景下完成的，因而中国特色社会主义政治经济学应在资本跨国运动条件下，研究"国家资本"的起源、生产、流通和分配运动规律，研究对外贸易和世界市场与中国特色社会主义的联系。①

2. 社会主义生产方式总体

颜鹏飞认为，马克思《资本论》及其手稿关于狭义政治经济学研究对象的理论成果，实际上是中国特色社会主义政治经济学研究对象的理论渊源。马克思坚持研究对象的总体论，以生产方式为核心范畴展开了对资本主义运动规律的全面分析。因此，中国特色社会主义政治经济学应当以社会主义生产方式总体及其生产力和生产关系的运动规律为研究对象。②

3. 中国特色社会主义

周文等认为，作为当代中国的马克思主义政治经济学，中国特色社会主义政治经济学既有继承也要创新，其研究对象不应局限在一般层面上联系生产力来研究生产关系，还应当具体研究中国特色社会主义，以凸显政治经济学的国家主体性。要立足于我国社会实践，在当代中国的生产力与生产关系矛盾运动的基础上对中国特色社会主义作整体性分析。③

（四）中国特色社会主义政治经济学的逻辑起点和主线

1. 中国特色社会主义政治经济学的逻辑起点

一是"变形的商品"。颜鹏飞认为，马克思的《资本论》体系是以资本主义

---

① 杨继国、袁仁书：《政治经济学研究对象的"难题"新解——兼论"中国特色社会主义政治经济学"研究对象》，载于《厦门大学学报（哲学社会科学版）》2018 年第 4 期。
② 颜鹏飞：《新时代中国特色社会主义政治经济学研究对象和逻辑起点——马克思〈资本论〉及其手稿再研究》，载于《内蒙古社会科学》2018 年第 4 期。
③ 周文、包炜杰：《中国特色社会主义政治经济学研究对象辨析》，载于《内蒙古社会科学》2018 年第 4 期。

私有制条件下的商品作为政治经济学的逻辑起点，相应地，中国特色社会主义政治经济学的逻辑起点就应当是社会主义市场经济形态条件下"变形的商品"。①

二是"人的发展"。周文等认为，"人的发展"贯穿了中国特色社会主义的历史生成和展开过程，是中国特色社会主义政治经济学的逻辑起点。以此为逻辑起点，既从理论上继承了马克思主义学说蕴含的"实现人的自由全面发展"的价值内涵，又从现实层面契合了改革开放以来我国社会主要矛盾转化。②

三是特殊利益关系。马艳等提出以中国特殊利益关系作为构建中国特色社会主义政治经济学的逻辑起点，并认为这不仅是基于马克思主义经济学逻辑脉络得出的科学结论，也是对中国经济改革实践的高度总结。③

2. 中国特色社会主义政治经济学的逻辑主线

学者们对此有不同的意见，主要有：

一是以人民为中心。张占斌等认为，中国特色社会主义政治经济学强调社会效益和经济效益的统一，其本质属性就是以人民为中心，这个属性与社会主义的本质要求具有内在的逻辑统一性。围绕"以人民为中心"这一核心内容，中国特色社会主义政治经济学紧扣解放、发展和保护生产力，从社会主要矛盾的变化、贯彻新发展理念、推动高质量发展等多个方面赋予了马克思主义政治经济学崭新的中国因素，促进了中国特色社会主义政治经济学在新时代背景下形成系统完整的理论体系。④

二是物质利益关系。李建平认为，经济学的研究应当以经济利益为中心建立体系结构，中国特色社会主义政治经济学以物质利益为主线，同时包含人民利益、国家利益和人类命运共同体的共同利益三个层次。⑤

三是中国特殊利益关系的演变。马艳等认为，中国特殊利益关系演变的路径投射了中国经济的总体发展和变化，是我国经济改革过程中生产力与生产关系相互作用的集中体现。厘清这一变化过程中每一阶段的时间段线、演变特征及演变动力，也就揭示了中国经济发展道路的本质，阐明了中国经济改革的完整路径，

① 颜鹏飞：《新时代中国特色社会主义政治经济学研究对象和逻辑起点——马克思〈资本论〉及其手稿再研究》，载于《内蒙古社会科学》2018 年第 4 期。
② 周文、包炜杰：《中国特色社会主义政治经济学研究对象辨析》，载于《内蒙古社会科学》2018 年第 4 期。
③ 马艳、王琳、杨晗：《中国特色社会主义政治经济学体系创新与新时代逻辑——基于马克思〈资本论〉的分析框架》，载于《华南师范大学学报（社会科学版）》2018 年第 6 期。
④ 张占斌、钱路波：《论构建中国特色社会主义政治经济学》，载于《管理世界》2018 年第 7 期。
⑤ 李建平：《论中国特色社会主义政治经济学的逻辑主线和体系结构》，载于《理论与评论》2018 年第 4 期。

而如何协调和引导这一演变路径的未来方向，则是中国政府进行宏观调控和进一步经济改革的关键。①

（五）中国特色社会主义政治经济学的理论体系

2018 年学者们对中国特色社会主义政治经济学理论体系的构建仍存在较大分歧，他们基于不同的角度提出了不同的理论体系框架。

1. 以习近平新时代中国特色社会主义经济思想为魂的理论体系

洪银兴指出，新时代中国特色社会主义政治经济学的学科建设，就是对习近平新时代中国特色社会主义经济思想的学理化。他以基本立场和时代特征为出发点，从经济发展、经济制度和经济运行三个层面整体概括了中国特色社会主义政治经济学理论体系建设的基本构想。②

2. 以人民为中心的理论体系

张占斌等围绕"以人民为中心"这一核心内容，从社会主要矛盾的变化、贯彻新发展理念、推动高质量发展、推进供给侧结构性改革、完善社会主义市场经济体制、完善社会主义基本经济制度、推动形成全面开放新格局、构建人类命运共同体、坚持问题导向战略部署和稳中求进的工作基调、加强党对经济工作的领导等十个方面构建了中国特色社会主义政治经济学的理论体系。③

3. 基于六大利益关系的理论框架

马艳等构建了以资资利益关系、劳资利益关系、资社利益关系、意识形态博弈关系、国际利益关系和生态利益关系等六大利益关系为基础的理论分析框架。她们认为，当利益关系适应生产力发展要求时，六大利益关系相互加强，彼此促进，推动经济发展；当利益关系不足以支撑生产力继续发展时，六大利益关系相互减弱，矛盾逐步积累，促使利益关系调整和变革，中国经济就是在六大利益关系的形成、巩固和衰退中不断演进的。④

---

①④ 马艳、王琳、杨晗：《中国特色社会主义政治经济学体系创新与新时代逻辑——基于马克思〈资本论〉的分析框架》，载于《华南师范大学学报（社会科学版）》2018 年第 6 期。

② 洪银兴：《中国特色社会主义政治经济学发展的最新成果》，载于《中国社会科学》2018 年第 9 期。

③ 张占斌、钱路波：《论构建中国特色社会主义政治经济学》，载于《管理世界》2018 年第 7 期。

4. 基于"六册结构"的理论体系

刘明远认为，中国特色社会主义政治经济学属于马克思主义政治经济学，它的属性决定了其理论结构应当与马克思主义政治经济学的奠基著作《资本论》保持一致，否则就成为了另一种类型的经济学。如今学界已经基本理清了马克思"六册计划"的内容与结构，中国特色社会主义政治经济学就应当以资本→地产→雇佣劳动→国家→对外贸易→世界市场的基本结构和逻辑顺序构建其理论体系。①

（六）中国特色社会主义政治经济学的话语体系

1. 马克思主义政治经济学的话语体系

刘荣材认为，马克思主义政治经济学是科学的理论体系，它科学地揭示了市场经济的运行规律，总结了市场经济的一般原理，是构建中国特色社会主义政治经济学的理论基础。研究中国本土问题、讲中国故事应当遵循马克思主义政治经济学的理论范式。② 余斌也指出，中国特色社会主义政治经济学的理论渊源是马克思主义政治经济学，因此，中国特色社会主义政治经济学的学科体系、学术体系和话语体系必然从属于马克思主义政治经济学的"三个体系"，尤其是话语体系上要与马克思主义政治经济学的话语体系保持一致。③

2. 用国际语言讲述中国故事

林毅夫认为，应当以国际经济学界通用的规范方法来研究中国本土的问题：秉持现代经济学的"本体"，以初生婴儿的双眼那样不带任何过去理论和经验的"常无"心态来观察世界，这样中国的经济发展与转型中许多用现有的主流理论难以解释的现象将会是经济理论创新的金矿。④

3. 中国自己的话语体系

周文认为，学界已经对改革开放 40 年来的伟大实践经验进行了很好地总结

---

① 刘明远：《论中国特色社会主义政治经济学的起点范畴与总体结构》，载于《武汉大学学报（哲学社会科学版）》2018 年第 5 期。
② 刘荣材：《构建中国特色社会主义政治经济学的原则与路径——兼与几种流行观点商榷》，载于《马克思主义研究》2018 年第 3 期。
③ 余斌：《中国特色社会主义政治经济学学科学术体系与叙述话语体系》，载于《西部论坛》2018 年第 6 期。
④ 林毅夫：《我在经济学研究道路上的上下求索》，载于《经济学（季刊）》2018 年第 1 期。

和理论提炼，形成了社会主义初级阶段、社会主义本质论、家庭联产承包责任制、经济新常态、五大发展理念、供给侧结构性改革等一系列不同于西方的原创性中国"术语"。这些自然成为了中国经济学"系统化的经济学说"的崭新概念，同时又是构成中国特色社会主义经济理论的主要内容，进而成为中国经济学的理论体系和学术范式的显著标识。[1]

权衡认为，构建中国特色社会主义政治经济学话语体系，不是简单地在马克思主义经典作家思想观点和西方主流经济学思想之间进行选择，而是真正把二者统一于中国特色社会主义经济发展与改革开放的伟大实践中进行开放式融合与创新，逐渐形成一系列具有创新性的概念体系和学术体系。[2]

（七）中国特色社会主义政治经济学的方法论

1. 坚持唯物辩证法和唯物史观的根本方法论

邱海平认为，《资本论》中的方法论原则对构建中国特色社会主义政治经济学有重要的指导意义，唯物史观和唯物辩证法是马克思主义世界观和方法论，是马克思主义经济学的根本方法论。毫无疑问，作为当代中国的马克思主义政治经济学，中国特色社会主义政治经济学必须全面贯彻和运用唯物辩证法和唯物史观，但应当注意创造性地加以运用，而不是简单地照搬和模仿。[3]

2. 在坚持马克思主义经济学基本方法基础上创新发展

胡磊等认为，马克思主义政治经济学的具体方法包括：科学抽象法、从具体到抽象的研究方法和从抽象到具体的叙述方法、逻辑与历史相一致的方法、分析与综合相结合的方法以及数量分析法。创新和发展中国特色社会主义政治经济学需要在坚持根本方法的基础上与时俱进地推进具体方法现代化，并合理借鉴现代西方经济学研究方法。[4]

---

[1] 周文：《中国道路与中国经济学——来自中国改革开放 40 年的经验与总结》，载于《经济学家》2018 年第 7 期。
[2] 权衡：《构建中国特色经济学话语体系要有科学的价值功能和定位》，载于《中共中央党校学报》2018 年第 1 期。
[3] 邱海平：《〈资本论〉与中国特色社会主义政治经济学的方法与方法论》，载于《华南师范大学学报（社会科学版）》2018 年第 6 期。
[4] 胡磊、赵学清：《马克思主义政治经济学的根本方法和具体方法——纪念马克思诞辰 200 周年》，载于《经济学家》2018 年第 9 期。

四、中国特色社会主义政治经济学与其他学科的关系

(一) 政治经济学与西方经济学的关系

关于政治经济学与西方经济学的关系，国内学者基本达成共识，即中国特色社会主义政治经济学是以马克思主义理论为指导，扎根于中国特色社会主义经济改革与发展实践中的一门学科，虽然对西方经济学理论中的部分科学合理的理论有所吸收借鉴，但绝非也不能无选择性地盲从复制。不同学者从不同角度对两个学科之间的关系进行比较分析。

逄锦聚强调学科的本质要求，他认为摒弃马克思主义政治经济学基本原理，沿袭和复制西方经济学的理论和范式，不符合中国特色社会主义政治经济学的本质要求。在借鉴和吸收西方经济学中科学和积极的成果时，需要立足于实践来鉴别其中科学的、符合我国国情的部分，切忌生搬硬套。①

杨瑞龙认为，过去几十年中国的改革实践证明，教条化地照搬西方经济学很危险，需要解放思想，着眼实际，从理论教条的束缚中走出来，推动中国特色经济学的理论创新。理论是对现实问题的提炼，如果理论不能很好地反映和解释现实问题，就需要立足于现实对理论进行修正和补充。中国几十年来经济发展实践为中国特色社会主义政治经济学的发展提供了鲜活的素材、空前的机遇、巨大的挑战。②

邱海平从社会科学的阶段属性出发，对政治经济学和西方经济学进行了区分。他认为，哲学社会科学是一个历史科学，经济学作为典型的哲学社会科学，虽然一直致力于研究一般化的经济运行规律，但在不同时代、不同国家、不同阶段必然存在差异。中国特色社会主义政治经济学可以看作是关于中国特色社会主义的政治经济学，其根本任务是探究和阐释中国特色社会主义的规律性，因此，中国特色社会主义政治经济学并非是对西方经济学的机械照搬。③

刘荣材从学科背后所代表的利益关系出发，指出西方经济学和中国特色社会主义政治经济学都有着鲜明的立场和原则，代表着不同阶级的利益关系。西方经济学作为资产阶级的经济学，代表的是资本家阶级的利益。而中国特色社会主义

---

① 逄锦聚：《构建和发展中国特色社会主义政治经济学的三个重大问题》，载于《经济研究》2018年第11期。
② 杨瑞龙：《四十年我国市场化进程的经济学分析——兼论中国模式与中国经济学的构建》，载于《经济理论与经济管理》2018年第11期。
③ 邱海平：《对新时代中国经济学定位的思考》，载于《经济纵横》2018年第1期。

政治经济学代表的是最广大劳动人民的利益，应该立足于"社会主义"这一前提条件，研究中国现实问题，而不能为了得到西方主流经济学界的认可，把西方经济学的范式全盘套用、照搬于中国发展实践中。[①]

张占斌等强调，发展中国特色社会主义政治经济学既要基于中国的现实情况，也要借鉴西方经济学中理性的部分，做到吸收和批判的辩证统一。西方经济学在两个方面的研究成果值得学习，一是一些客观的研究方法，例如实证方法、数学方法、统计方法等工具；二是对一些现实问题的揭露，例如收入分配、环境恶化、资源枯竭等问题。[②]

程霖等认为，近代以来，中国学者一直在努力探索将西方经济学说中国化，这一过程也有助于我们构建中国特色社会主义政治经济学。需要以明确前提假设和适用范围为前提，考察西方经济学是否适用于我们的一些改革发展实践。过去几十年中国经济的成功经验中有的能够通过西方经济学来解释，但也有很多无法通过其解释，因而西方经济学只能作为中国特色社会主义政治经济学的参考理论，将西方经济学中的适用于中国实践的部分借鉴和提升，以马克思主义思想为指导，进行西方经济学的中国化。[③]

周文认为，西方经济学的思想不适用于发展中国家，也无法很好地解释中国经济取得的成就，中国特色社会主义政治经济学不是简单的西方经济学中国化，也不是中西方多种经济思想杂糅成的混合体，而是一门真正与西方经济学区分开来的理论体系。政治经济学在研究市场和政府关系等方面，实现了对西方经济学理论的突破和超越。当然对于西方经济学中有益部分，我们可以基于经济发展实践加以提炼和改造。[④]

周文也提到，中国特色社会主义政治经济学是一个与时俱进的学科，其理论体系随着国家发展需要的变化而发展。西方经济学是一门研究资源配置的学科，近年来不断聚焦于微观问题而弱化对宏观经济的研究。中国特色社会主义政治经济学不能局限于此，而应该着眼于中国经济如何实现"强起来"。[⑤]

---

① 刘荣材：《构建中国特色社会主义政治经济学的原则与路径——兼与几种流行观点商榷》，载于《马克思主义研究》2018 年第 3 期。
② 张占斌、钱路波：《论构建中国特色社会主义政治经济学》，载于《管理世界》2018 年第 7 期。
③ 程霖、张申、陈旭东：《选择与创新：西方经济学说中国化的近代考察》，载于《经济研究》2018 年第 7 期。
④ 周文、包炜杰：《中国特色社会主义政治经济学研究对象辨析》，载于《内蒙古社会科学》2018 年第 7 期。
⑤ 周文：《中国道路与中国经济学——来自中国改革开放 40 年的经验与总结》，载于《经济学家》2018 年第 7 期。

（二）政治经济学与经济史学的关系

周绍东认为，经济史往往被视作是经济学的一种研究对象，但事实上经济史学是一门立足于对过去所有经济现象和问题展开研究的学科，因此在研究经济学尤其是中国特色社会主义政治经济学的过程中，不能孤立得展开研究而忽视经济史。经济学尤其是政治经济学的所有研究方法，都可以用于研究经济史。在构建中国特色社会主义政治经济学时，必须以史为鉴，将中国特色社会主义经济建设过程中取得的成功和经历的挫折作为历史经验素材，唯有将政治经济学和经济史学的研究结合起来，才能真正夯实中国特色社会主义政治经济学的话语体系和理论内涵。[①]

（三）政治经济学与发展经济学的关系

朱方明指出，中国特色社会主义经济发展理论是以马克思主义政治经济学为指导，在中国社会主义经济道路的探索实践中提炼出的创新理论。不同于发展经济学仅仅强调资本、技术、企业家精神在经济发展过程中的重要性，中国特色社会主义发展理论以人民为中心，坚持党的领导，创造性地建立了"五位一体"总体布局思想和"五大发展理念"。西方发展经济学无法解释中国经济这些年来取得的成就，也不能成为未来指导中国经济发展的指南，只有中国特色社会主义政治经济学发展理论才能真正解释中国奇迹和引领中国发展。[②]

任保平对西方发展经济学、中国特色发展经济学和中国特色社会主义政治经济学之间的关系进行了全面梳理认为，西方发展经济学不能引领中国的经济发展，需要在中国特色社会主义政治经济学的基础上发展中国特色发展经济学，来研究如何建设社会主义现代化强国。中国特色社会主义政治经济学是中国特色发展经济学的理论基础，中国特色发展经济学就是在中国特色社会主义政治经济学归纳总结的一般规律的基础上，具体对新时代中国经济发展面对的一些命题进行深入研究。中国特色社会主义是揭示中国经济发展、运行规律的理论体系，而中国特色发展经济学则是这一理论体系的核心组成部分之一。[③]

[①] 周绍东：《中国特色社会主义政治经济学的历史开端》，载于《内蒙古社会科学》2018年第7期。
[②] 朱方明：《政治经济学与发展经济学论马克思主义经济发展理论中国化的新发展》，载于《四川大学学报（哲学社会科学版）》2018年第5期。
[③] 任保平：《创新中国特色社会主义发展经济学阐释新时代中国高质量的发展》，载于《天津社会科学》2018年第2期。

（四）政治经济学与经济思想史学的关系

周绍东认为，不能孤立得看中国特色社会主义政治经济学，其理论体系中不仅仅包含自身理论，也应该体现新中国成立以来我国经济史和中国特色社会主义政治经济学思想史的内涵。在构建中国特色社会主义政治经济学理论体系时，无法绕开对中国特色社会主义政治经济学思想史的探讨和研究。经济思想史的研究成果是政治经济学理论的关键学理支撑，但当前学者们在开展对中国特色社会主义政治经济学的理论体系构建时，主要着眼于现实问题，而忽视了对经济思想史的梳理，因而只有将政治经济学和中国特色社会主义政治经济学思想史结合起来，方能完善中国特色社会主义政治经济学的理论体系。[①]

（五）政治经济学与数量经济学的关系

余斌认为，政治经济学的研究不应该借鉴计量经济学，而应该在遵循马克思主义政治经济学理论原理的基础上，学习应用数学和统计学的方法论。数量经济学本质是用数据去佐证西方经济学的理论和模型，而政治经济学研究中使用数学语言和方法得出的结论必须与马克思主义政治经济学的基本原理相符合。[②]

（六）政治经济学与国际经济学的关系

佟家栋认为，随着经济全球化的发展，收入分配不均问题逐渐成为国际经济研究的重点问题，国际经济学也因此更加重视融合、借鉴政治经济学的理论和分析方法。未来对国际经济学的研究过程中，政治经济学的思想和理论将起到重要作用。[③]

（七）政治经济学与国民经济学的关系

国民经济学科的理论来源是政治经济学、宏观经济学、部门经济学以及一些自然科学和社会科学。在中国国民经济学科发展过程中，形成了计划制度、管理调控、经济核算和复合系统四个流派。总体上看，国民经济学科还是一门不成熟的应用经济学科，还处在发展和变化之中。[④]

---

① 周绍东：《中国特色社会主义政治经济学的历史开端》，载于《内蒙古社会科学》2018 年第 7 期。
② 余斌：《政治经济学与计量经济学计量经济学批判》，载于《河北经贸大学学报》2018 年第 3 期。
③ 佟家栋：《国际经济研究进入政治经济学时代》，载于《国际贸易问题》2018 年第 1 期。
④ 刘瑞：《国民经济学科理论体系与流派》，载于《国民经济评论》2018 年第 2 期。

（八）政治经济学与产业经济学的关系

汪立鑫指出，西方新古典主义经济学中的产业组织理论等在对国有企业问题的研究过程中过分局限于关注企业微观层面的效率。而中国特色社会主义政治经济学强调了国有企业的主导地位，在其理论体系中，国有企业从国家经济安全、竞争力和社会意义上起到提升社会总体福利的作用。因此，中国特色社会主义政治经济学中的国有企业理论完成了对传统新古典产业经济学的超越。[①]

（九）政治经济学与财政学的关系

李俊生认为，财政学被定位为隶属于应用经济学下的"二级学科"，被严重"经济学化"，导致现代财政理论丧失了解释和预测财政现象的能力。究其根源在于，当前主流的以市场失灵理论为基础的英美财政理论带有鲜明的财政政策学色彩，侧重运用经济学范式研究财政政策，损害了财政学自身的发展能力和对财政实践的解释力与预测力，需要重构财政学理论基础，为财政学揭示财政规律、解释财政现象、检测财政绩效、预测财政结果提供基础性的理论支撑。[②]

（十）政治经济学与区域经济学的关系

刘斌认为，区域经济学领域的区域协调发展理论是中国特色社会主义政治经济学理论体系的重要组成部分之一，在不同阶段中国特色社会主义政治经济学都很好地发展了关于区域协调和城乡一体化的研究，有效指导了中国经济布局在空间上的优化。[③]

（十一）政治经济学、应用经济学与国防经济学的关系

严剑峰基于对国防经济的学科性质、研究范围、研究方法以及特征的分析认为，国防经济实质上应该是属于军事学、经济学和管理学的交叉学科，但目前还是作为应用经济学的二级学科存在的。由于当前把国防经济作为应用经济学的二级学科对待，许多国防经济管理的课程不能纳入到本专业来，导致了国防经济专

---

① 汪立鑫：《政治经济学与产业经济学中国国有经济制度安排的政治经济学》，载于《探索与争鸣》2018 第 6 期。
② 李俊生、姚东旻：《财政学需要什么样的理论基础？——兼评市场失灵理论的"失灵"》，载于《经济研究》2018 年第 9 期。
③ 刘斌：《改革开放以来中国特色社会主义政治经济学的理论演进》，载于《江西社会科学》2018 年第 4 期。

业知识的碎片化、课程体系设置不合理、课程内容陈旧。[①]

方正起等从一系列影响国防经济学科发展的外在制度环境和内在因素出发，提出新时代如何把握当前应用经济学所要求的国际化属性、标准化属性与国防经济学科的军事应用属性、部门化属性之间的关系，有待进一步研究。[②]

白卫星等通过现状分析认为，现在国防经济学不景气，还没有"热"起来。因此，国防经济学的学术视野必须开阔，用创新、协调、开放、绿色、共享的新发展理念去思考这门亟须发展的"冷"学科。[③]

五、构建中国特色社会主义经济学学科体系需要进一步研究的问题

从中国经济发展的成功经验中总结提升理论，形成系统的经济学说，是中国经济学人肩负的时代任务，但这一任务艰巨而又复杂，需要做出长期的艰苦努力。在目前的起步阶段，应该在以下几个方面进行深入的研究：

第一，中国经济学的提法是否科学？中国特色社会主义经济学，也可以简称为中国经济学，有的学者提出经济学还能分为中国和美国的吗？我认为，中国经济学的提法是可行的。

一是从马克思写作《资本论》来看，虽然马克思是以典型的发达资本主义国家英国为背景的，但这并没有妨碍马克思揭示资本主义经济运行的基本规律。中国经济学以中国这样的发展中国家的发展为背景，以中国经济发展的成功经验为基础，揭示发展中国家的发展规律，构建发展理论，恰恰是对马克思经济学方法论的遵循和回归。

二是从西方发展经济学的形成和发展来看，经济发展理论基本是由发达国家的经济学家，依据发达国家的发展经验，给发展中国家开出的药方，显然这对发展中国家而言必然水土不服，这也是西方发展经济学陷入低谷的原因。中国经济学人作为发展中国家的学者，以自己亲身参与的中国经济改革发展实验，总结发展中国家的发展理论，虽然具有中国的标签，但为世界上所有的发展中国家寻求不同的发展道路提供了新的选择方案。

三是从西方经济学的构成来看，西方经济学也存在不同的流派，也有德国学

[①] 严剑峰：《国防经济学科发展面临的问题与建议》，载于《企业家日报》2018 年 12 月 17 日。

[②] 方正起：《新时代中国国防经济学科转型建设的基本路径》，载于《企业家日报》2018 年 12 月 3 日。

[③] 白卫星：《国防经济学路在何方——谈国防经济学的学科建设问题》，载于《企业家日报》2018 年 1 月 29 日。

派、瑞典学派等等，中国经济学的构建，也只是要形成中国气派、中国风格、中国特色的经济学，并没有要用中国经济学取代其他经济学。

四是从中国经济发展的成功经验离开，中国的经济发展既没有教条主义地对待马克思主义，也没有照抄照搬西方经济学的理论和西方经济发展的经验，而是创造性地走出了一条中国特色的发展道路，形成了中国特色的发展理论。

五是从中国经济未来发展的需求来看，中国经过 70 年，特别是改革开放 40 年来的快速发展，走出了"低收入陷阱"，进入中高收入经济体的行列，正面临"中等收入陷阱"的挑战。但是，在整个世界经济理论体系中，发展经济学主要解决的是"低收入陷阱"问题，经济增长理论主要解决的是发达国家的经济增长问题，还没有系统的经济学说主要解决"中等收入陷阱"问题，中国经济发展进入新时代，恰恰需要构建系统的经济学说以解决中国如何完成从富起来到强起来的伟大飞跃，中国经济学应该应运而生。

第二，中国经济学的边界？中国经济学从理想的角度讲，应该包括理论经济学和应用经济学两个一级学科的全部经济学科，就如同今天的西方主流经济学一样，用宏观经济学和微观经济学囊括所有的经济学科，成为集大成的经济学。但是，中国经济学目前还做不到这一点，主要是因为：

一是中国经济学还处在初创期。中国经济学是一个全新的经济学体系，从概念、范畴到个别理论创新和体系构建都还处于探索中，因而不可能一步到位。由于政治经济学是全部经济学的基础学科，只有政治经济学的理论体系首先建立起来，才可能为其他学科的构建创造基本的前提，因而目前中国经济学理论体系的构建可以首先聚焦于中国特色社会主义政治经济学的创新，然后在此基础上推进其他学科的中国化。

二是中国经济学所赖以生成的社会主义改革与发展实践还在探索中。马克思《资本论》的写作是基于发达资本主义国家英国的实践，这也是马克思到英国研究和写作《资本论》的根本原因。我国仍处于社会主义的初级阶段，还没有完成从中等收入向高收入经济体的跨越，因而中国经济改革与发展伟大实践的不成熟，就不可能孕育出成熟的中国经济学。

三是中国经济学还不可能完全取代西方经济学。中国经济发展虽然取得了巨大的成功，创造出了比资本主义国家更快的经济增长速度，体现出了社会主义经济制度的巨大优势和优越性，但是社会主义还没有完全战胜资本主义，而且社会主义和资本主义两种制度还将在今后一个相当长的时间内共存和竞争，这就决定了以揭示社会主义经济运动规律的中国经济学和以资本主义经济制度为基础的西方经济学必然在相当长的时间内继续并存。

第三，中国经济学的研究内容？对中国经济学研究边界的科学界定，就决定了中国经济学的研究对象、研究任务、研究方法等基本问题。基于以上对现阶段中国经济学研究边界的界定，中国经济学目前应首先聚焦于政治经济学的社会主义部分，即聚焦于马克思主义政治经济学的中国化，开创马克思主义政治经济学的新境界。这就使中国经济学在目前阶段的研究内容具有以下特征：

一是研究中国特色社会主义经济的形成和发展。中国经济学首先要研究中国特色社会主义经济的形成和发展过程，研究中国如何一步一步完成从站起来到富起来的艰难过程，总结其中的经验和教训，上升到一般理论，为进一步的理论创新提供坚持和发展的起点。但是，中国经济学更重要的任务是为中国经济从富起来到强起来的伟大飞跃提供理论基础和指导。因此，中国经济学的重点任务是在认真梳理新中国成立以来中国特色社会主义经济理论成果的基础上，以习近平中国特色社会主义经济思想为指导，对我国结合具体国情，在经济改革与发展实践中创新和发展的经济学观点、范畴、个别理论等进行学理性、系统性研究，特别是针对我国进入新时代经济发展的新特点新思想新要求，构建中国经济学理论体系和话语体系。

二是中国经济学的研究不能替代马克思主义政治经济学的研究。由于中国经济学目前被界定为政治经济学的社会主义部分，因而马克思主义政治经济学对资本主义部分的研究仍然需要加强，这一方面是因为资本主义国家在发展实践中根据客观需要在制度允许的范围内进行了一系列重大的变革，只有认真研究这些变革，才能使马克思主义政治经济学充满生机和活力；另一方面资本主义和社会主义还将长期并存，这就需要重视对资本主义的研究。同时，马克思主义政治经济学在揭示资本主义经济运动规律的过程中，也发现了可用于社会主义的一般规律和共有规律，因而研究和弄懂马克思主义政治经济学，才能在研究中国经济学时坚持马克思主义政治经济学的基本原理和基本方法，才能推进马克思主义政治经济学的中国化。

三是中国经济学的研究不能简单替代西方经济学的研究。由于社会主义和资本主义两种制度将会长期并存，在两种制度基础上形成的经济学也必然会随之长期并存，因而研究中国经济学就需要研究西方经济学。这一方面是因为中国经济学的研究不可能偏离世界经济学发展的文明大道，必须借鉴已有经济学的一切优秀成果，并在此基础上推进理论创新；另一方面西方经济学在发展进程中也会根据实践的需要推进理论和方法创新，中国经济学必须研究这些创新成果，以便在兼收并蓄中完成经济学理论的整体超越。

附录：黄泰岩主要成果目录

主要论文

《中国经济学学科体系研究新进展（2018）》，载于《经济研究参考》2019年第23期。

《坚持和完善社会主义基本经济制度推动经济高质量发展》，载于《光明日报》2019年11月25日。

Cyclical Patterns of China's Reform and Their Implications for the New Era, *China Economist*, Vol. 14, No. 5, September-October 2019.

《新时代兴边富民战略需要处理好几大关系》，载于《中国民族报》2019年8月13日。

《理论创新驱动我国高质量发展》，载于《经济学动态》2019年第7期。

《2018年中国经济研究热点排名与分析》，载于《经济学家》2019年第5期。

《经济学研究当为高质量发展服务》，载于《人民日报》2019年2月25日。

《探索经济体制改革规律助推新时代高质量发展——中央民族大学党委副书记、校长黄泰岩谈中国经济研究热点排名助力经济发展》，载于《中国改革报》2019年1月21日。

《我国改革的周期性变化规律》，载于《高等学校学科学术文摘》2019年第1期。

《改革开放40年中国特色社会主义政治经济学的创新发展》，载于《光明日报》2018年11月27日。

《中国经济学学科体系研究新进展》，载于《经济研究参考》2018年第55期。

《我国改革的周期性变化规律及新时代价值》，载于《经济理论与经济管理》2018年第11期。

《中国改革开放四十年的经济发展经验》，载于《经济学家》2018年第12期。

《新时代改革开放的继承和创新》，载于《辽宁大学学报（哲学社会科学版）》2018年第5期。

《2017 年中国经济研究热点排名与分析》，载于《经济学家》2018 年第 9 期。

《以现代市场体系保障高质量发展》，载于《人民日报》2018 年 7 月 20 日。

《中国特色社会主义政治经济学的传承与创新》，载于《人民日报》2018 年 7 月 16 日。

《改革开放使中国实现从赶上时代到引领时代的伟大跨越》，载于《求是》2018 年第 11 期。

《马克思主义在当代中国的鲜活价值》，载于《北京日报》2018 年 5 月 9 日。

《社会主要矛盾的转化规律及其政策取向》，载于《新华文摘》2018 年第 2 期。

《中国特色社会主义经济理论的科学性》，载于《经济学家》2017 年第 2 期。

《在发展实践中推进经济理论创新》，载于《经济研究》2017 年第 1 期。

《2016 年中国经济研究热点及其特征——基于权威期刊统计样本的分析》，载于《光明日报》2017 年 3 月 28 日。

《稳中求进是新形势下做好全局工作必须坚持的总基调》，载于《求是》2017 年第 7 期。

《2016 年中国经济研究热点排名与分析》，载于《经济学家》2017 年第 7 期。

《在重大判断指引下再创辉煌——进入经济发展新常态以来中国经济发展述评》，载于《光明日报》2017 年 9 月 12 日。

《深入研究新发展理念的政治经济学内涵》，载于《人民日报》2017 年 9 月 25 日。

《中国特色社会主义政治经济学研究新进展》，载于《当代经济研究》2017 年第 10 期。

《习近平新时代中国特色社会主义经济思想》，载于《北京日报》2017 年 11 月 2 日。

《社会主要矛盾的转化规律及其政策取向》，载于《光明日报》2017 年 11 月 21 日。

《把握好"两个一百年"奋斗目标的历史交汇期》，载于《求是》2017 年第 24 期。

《绿色经济问题研究新进展》，载于《工业技术经济》2017 年第 12 期。

《中国特色社会主义经济理论体系的基本属性》，载于《文汇报》2017 年 2 月 4 日。

《东北经济振兴的产业选择》，载于《辽宁大学学报（哲学社会科学版）》2016 年第 6 期。

《2015 年中国经济研究热点排名与分析》，载于《经济学家》2016 年第 11 期。

《中国特色社会主义经济学的研究对象、主线和框架》，载于《马克思主义与现实》2016 年第 5 期。

《新常态：经济发展质的跃升》，载于《人民日报》2016 年 8 月 25 日。

《补短板的政治经济学分析》，载于《光明日报》2016 年 4 月 27 日。

《新发展理念催生新发展理论》，载于《人民日报》2016 年 4 月 18 日。

《构建中国特色社会主义经济理论新体系》，载于《南京大学学报（哲学·人文科学·社会科学)》2016 年第 2 期。

《2014 年中国经济研究热点排名与分析》，载于《经济学动态》2015 年第 6 期。

《"五个一批"造就全面小康》，载于《人民日报》2015 年 8 月 17 日。

《新时期我国经济发展的目标、道路和动力》，载于《经济学家》2015 年第 5 期。

《经济新常态下宏观调控的合理区间》，载于《光明日报》2015 年 6 月 10 日。

《理性认识经济降速》，载于《今日辽宁》2015 年第 3 期。

《中国经济学为什么能解决中国问题》，载于《人民日报》2015 年 1 月 26 日。

《城市规模有上限吗?》，载于《中国城市报（创刊号)》2014 年 11 月 29 日。

《中国经济的第三次动力转型》，载于《新华文摘》2014 年第 11 期。

《2013 年中国经济研究热点排名与分析》，载于《经济学动态》2014 年第 5 期。

Driving Force for China's Third Economic Growth Transformation，*China Economist*，2014（5）.

《中国经济的第三次动力转型》，载于《经济学动态》2014 年第 2 期。

《规避城市化厄运的关键与途径》，载于《当代经济研究》2013 年第 10 期。

《处理好经济转型中的重要关系》，载于《人民日报》2013 年 8 月 18 日。

《2012 年中国经济研究热点分析》，载于《新华文摘》2013 年第 13 期。

《2012 年中国经济研究热点排名与分析》，载于《经济学动态》2013 年第 4 期。

《一流大学要有一流杂志》，载于《教学与研究》2013 年第 2 期。

《政府报告释放能源价改信号》，载于《中国能源报》2013 年 3 月 11 日。

《"中国梦"如何实现》，载于《公共支出与采购》2013 年第 2 期。

《中国经济崩溃论是杞人忧天》，载于《公共支出与采购》2013 年第 3 期。

《打造中国经济第四增长极》，载于《辽宁日报》2013 年 1 月 5 日。

《改革的民生诉求》，载于《前线》2013 年第 3 期。

《人文社科研究要有担当》，载于《中国社会科学报》2013 年 3 月 15 日。

《构建中国经济学话语体系的内涵与途径》，载于《政治经济学评论》2013 年第 1 期。

《幸福是改革的动力》，载于《光明日报》2012 年 12 月 20 日。

《中国经济还能保持 20 年的快速增长吗?》，载于《中国能源报》2012 年 12 月 10 日。

《下一个十年的中国高增长靠哪里》，载于《环球时报》2012 年 11 月 29 日。

《正确把握扩大内需这一战略基点》，载于《求是》2012 年第 12 期。

《坚持基本经济制度推进科学发展》，载于《人民日报》2012 年 5 月 21 日。

《当前中国经济学研究的十大特征——基于 2011 年统计样本的分析》，载于《光明日报》2012 年 4 月 27 日。

《2011 年中国经济研究热点排名与分析》，载于《经济学动态》2012 年第 4 期。

《北京发展速度下降症结在创新不足》，载于《科学中国人》2012 年第 1 期（上）。

《2010 年中国经济研究热点分析》，载于《人民日报》2011 年 1 月 27 日。

《深化金融强市，打造东北亚沿海开放桥头堡》，载于《人民论坛》2011 年第 12 期（下）。

《2010 年中国经济研究热点排名与分析》，载于《经济学动态》2011 年第 2 期。

《长吉图开发开放战略的特色与道路》，载于《工业技术经济》2011 年第 3 期。

《给中小企业脱困支三招》，载于《环球时报》2011 年 12 月 5 日。

《2010 年中国经济研究热点分析》，载于《人民日报》2011 年 1 月 27 日。

《增加居民消费的渠道与措施》，载于《前线》2010 年第 2 期。

《用发展和改革的实践检验基本经济制度》，载于《人民日报（理论版）》2010 年 5 月 27 日。

《2009 年中国经济研究热点排名与分析》，载于《经济学动态》2010 年第 2 期。

《2009 年中国经济研究热点分析》，载于《人民日报》2010 年 2 月 5 日。

《中国特色社会主义经济理论的形成和发展》，载于《求是》2009 年第 22 期。

《发展非公有制经济巩固企稳回升势头——黄泰岩教授谈非公有制经济在应对危机中的重要作用》，载于《人民日报》2009 年 11 月 3 日。

《我国宏观经济走势与政策调整》，载于《党政干部学刊》2009 年第 10 期。

《初次分配制度变动的发展方式解释》，载于《经济学动态》2009 年第 6 期。

《历史长河中的新中国六十年》，载于《群言》2009 年第 3 期。

《2008 年中国经济研究热点排名与分析》，载于《经济学动态》2009 年第 2 期。

China's Future Development：ACloser Look at the Resource Environment，*China Economist*，2009（3）.

《欠发达地区"资本短缺"的解决之道》，载于《人民论坛》2009 年第 7 期。

《中国企业成长的品牌战略》，载于《市场报》2009 年 2 月 9 日。

《中国经济学发展三十年》，载于《光明日报》2009 年 1 月 6 日。

《中国经济发展的速度、道路及矛盾化解》，载于《经济学动态》2008 年第 12 期。

《保增长的扩内需政策组合》，载于《经济理论与政策研究》，经济科学出版社 2008 年版。

《中国经济改革模式的历史转换》，载于《教学与研究》2008 年第 12 期。

《三十年中国经济学发展与变化》，载于《理论动态》2008 年第 34 期。

《我国自主创新的战略选择与实现途径》，载于《山东经济》2008 年第 6 期。

《中国企业成长的规模战略》，载于《党政干部学刊》2008 年第 11 期。

《大企业主导下的中小企业成长——一个国外的文献综述》，载于《经济经纬》2008 年第 4 期。

《模块化生产网络对产业组织理论的影响》，载于《经济理论与经济管理》2008 年第 3 期。

《中国经济学的理论创新》，载于《光明日报》2008 年 3 月 10 日。

《2007 中国经济研究热点》，载于《人民日报》2008 年 2 月 26 日。

《2007 年中国经济研究热点排名与分析》，载于《经济学动态》2008 年第 2 期。

《中国经济学的历史转型》，载于《经济学动态》2007 年第 12 期。

《转变经济发展方式的内涵与实现机制》，载于《求是》2007 年第 18 期。

《外资不是免费的午餐——访中国人民大学民营经济研究院院长黄泰岩》，载于《人民日报》2007 年 7 月 16 日。

《居民收入公平分配的标准及其应用》，载于《南开学报（哲学社会科学版）》2007 年第 2 期。

《中国经济研究热点探析》，载于《人民日报》2007 年 2 月 9 日。

《引进外资的代价与政策调整》，载于《党政干部学刊》2007 年第 10 期。

《2006 年中国经济研究热点排名与分析》，载于《经济学动态》2007 年第 2 期。

《2005 年中国经济研究热点排名与分析》，载于《经济学动态》2006 年第 2 期。

《在开放中提升企业竞争力》，载于《经济日报》2006 年 6 月 8 日。

《2005 年中国经济研究热点探析》，载于《人民日报》2006 年 1 月 27 日。

《家族企业的制度分析》，载于《教学与研究》2006 年第 12 期。

《知识经济条件下的发展道路选择》，载于《党政干部学刊》2006 年第 9 期。

《从经济区域比较看东北经济的振兴》，载于《经济理论与经济管理》2006 年第 8 期。

《经济增长转型中的居民收入分配调节》，载于《求是》2006 年第 13 期。

《"民工荒"对二元经济理论的修正》，载于《经济学动态》2005 年第 6 期。

《做大做强需过"五关"》，载于《经济日报》2005 年 3 月 4 日。

《把管理之"术"升华为管理之"道"——王效金先生访谈录》，载于《经济理论与经济管理》2005 年第 6 期。

《众人拾柴火焰高——王燕飞女士访谈录》，载于《经济理论与经济管理》2005 年第 4 期。

《知识经济的结构革命》，载于《政治经济学评论》2005 年第 2 期。

《"中国奇迹"解说》，载于《群言》2004 年第 10 期。

《经济发展与改革的新关系》，载于《群言》2004 年第 3 期。

《城镇居民消费变化新趋势》，载于《新华月报》2004 年第 2 期。

《当前我国宏观经济的走势》，载于《中国报业》2004 年第 1 期。

《将差异化营销进行到底》，载于《经济日报》2004 年 10 月 14 日。

《走跨越式发展之路》，载于《人民日报》2004 年 3 月 26 日。

《城镇居民消费变化新趋势》，载于《中国改革报》2004 年 1 月 5 日。

《差异化的魅力——周子琰女士访谈录》，载于《经济理论与经济管理》2004 年第 12 期。

《企业发展的本质在于人的发展——陈育新（刘永美）先生访谈录》，载于

《经济理论与经济管理》2004 年第 2 期。

《企业何以持续成长——崔万田先生访谈录》，载于《经济理论与经济管理》2004 年第 7 期。

《知识经济时代的"第一生产力"——纪念邓小平诞辰 100 周年》，载于《生产力研究》2004 年第 8 期。

《经济全球化下的中国经济增长》，载于《教学与研究》2004 年第 7 期。

《改变二元结构，实现城乡发展一元化》，载于《前线》2004 年第 5 期。

《经济全球化下我国政府职能的转变》，载于《宏观经济研究》2004 年第 4 期。

《股份制成为公有制主要实现形式的内涵与机制》，载于《中国特色社会主义研究》2004 年第 1 期。

《振兴东北　要把东北作为一个整体来考虑——对话振兴东北（之二）》，载于《今日中国（中文版）》2004 年第 2 期。

《逐步改变二元经济结构　实现城乡经济一体化——访中国人民大学教授黄泰岩》，载于《光明日报》2004 年 2 月 24 日。

《SARS 感染中国经济》，载于《中国报业》2003 年第 6 期。

《我国当前经济形势的喜和忧》，载于《中国报业》2003 年第 5 期。

《构建公平与效率关系的新结构》，载于《求是》2003 年第 11 期。

《促进需求拉动增长向结构推动增长的转换》，载于《中国改革报》2003 年 8 月 11 日。

《从"二元"走向"一元"——中国人民大学黄泰岩教授谈统筹城乡发展》，载于《大众日报》2003 年 11 月 3 日。

《民营企业要"过五关，斩六将"》，载于《经济工作导刊》2003 年第 2 期。

《家族企业路在何方？——茅理翔先生访谈录》，载于《经济理论与经济管理》2003 年第 11 期。

《多元化：鲜花还是陷阱——王石先生访谈录》，载于《经济理论与经济管理》2003 年第 6 期。

《民营经济发展的问题与出路——与刘迎秋研究员对话》，载于《经济理论与经济管理》2003 年第 3 期。

《不会整合就别并购——陈济生女士访谈录》，载于《经济理论与经济管理》2003 年第 2 期。

《国有企业要善于"草船借箭"》，载于《人民日报》2003 年 12 月 9 日。

《垄断企业该如何"提价"》，载于《经济日报》2003 年 8 月 1 日。

《扩大中等收入者比重的战略目标与措施》，载于《经济学动态》2003 年第 7 期。

《告别家庭董事会》，载于《中外管理》2003 年第 7 期。

《增加居民收入　全面建设小康社会》，载于《群言》2003 年第 1 期。

《推进城镇化战略　全面建设小康社会》，载于《小城镇建设》2003 年第 1 期。

《从居民收入角度论全面建设小康社会》，载于《天津社会科学》2003 年第 2 期。

《全面建设小康社会的实质与措施》，载于《人大名师讲坛——"三个代表"重要思想 12 讲》，中国人民大学出版社 2003 年版。

《我国新型工业化的道路选择》，载于《中国特色社会主义研究》2003 年第 1 期。

《在发展框架中完善经济体制》，载于《中国教育报》2003 年 11 月 12 日。

《大战略：扩大中等收入者比重》，载于《中国改革报》2003 年 5 月 12 日。

《经济全球化下中国经济发展模式的转变》，载于《前线》2002 年第 4 期。

《经济全球化下的中国经济改革与发展》，载于《社会科学报》2002 年 4 月 4 日。

《在经济增长新框架中审视个人收入分配》，载于《中国人民大学学报》2002 年第 2 期。

《关于经济学的理论创新》，载于《中国特色社会主义研究》2002 年第 4 期。

《中国经济学历史性转折的新课题》，载于《中国特色社会主义研究》2002 年第 3 期。

《中国如何发展个人理财——与殷生博士对话》，载于《经济理论与经济管理》2002 年第 12 期。

《价格战该不该打——董明珠女士访谈录》，载于《经济理论与经济管理》2002 年第 11 期。

《"世界工厂"与中国经济——与吕政研究员对话》，载于《经济理论与经济管理》2002 年第 10 期。

《民营企业要过"五关"——柴宝成先生访谈录》，载于《经济理论与经济管理》2002 年第 9 期。

《国有股减持的是是非非——与王国刚研究员对话》，载于《经济理论与经济管理》2002 年第 8 期。

《知本与资本——与杨杜教授对话》，载于《经济理论与经济管理》2002 年第 6 期。

《适者生存——俞尧昌先生访谈录》，载于《经济理论与经济管理》2002 年第 5 期。

《关于报业资本运营的几个问题》，载于《中国报业》2001 年第 1 期。

《中国经济学的历史转折与发展思路》，载于《天津社会科学》2001 年第 5 期。

《我国个人收入差距的变动特征及其调节政策》，载于《当代经济研究》2001 年第 4 期。

《工业化新阶段农业基础地位的转变》，载于《中国社会科学》2001 年第 3 期。

《新经济时代的企业家如何生成?》，载于《科技日报》2001 年 10 月 19 日。

《道德是建立市场秩序的基石》，载于《北京日报》2001 年 4 月 9 日。

《企业融资结构的国际比较》，载于《中国工业经济》2001 年第 4 期。

《我国 21 世纪初期宏观经济政策的基本背景》，载于《经济研究参考》2000 年第 45 期。

《2000 宏观经济政策取向》，载于《改革纵横》2000 年第 1 期。

《个人收入差距变动的中国假说及其验证》，载于《中国特色社会主义研究》2000 年第 5 期。

《21 世纪初期我国宏观经济政策走向》，载于《宏观经济研究》2000 年第 1 期。

《重新界定国有企业的功能》，载于《经济研究参考》1999 年第 5 期。

《世界经济的新格局及演进趋势（下）》，载于《前线》2000 年第 4 期。

《世界经济的新格局及演进趋势（上）》，载于《前线》2000 年第 3 期。

《居民收入差距测量指标体系的选择》，载于《当代经济研究》2000 年第 9 期。

《企业规模是如何决定的》，载于《中国经济问题》2000 年第 4 期。

《启动住宅市场拉动经济增长》，载于《经济与信息》1999 年第 1 期。

《启动内需的基本思路与政策选择》，载于《中国特色社会主义研究》1999 年第 2 期。

《如何讲授〈马克思主义政治经济学原理〉第一章》，载于《教学与研究》1999 年第 3 期。

《国有企业的股份制改造》，载于《经济管理》1999 年第 7 期。

《西方企业网络理论述评》，载于《经济学动态》1999 年第 4 期。

《从城乡收入差距看扩大内需的政策选择》，载于《宏观经济研究》1999 年第 6 期。

《西方企业网络理论与企业家的成长》，载于《中国工业经济》1999 年第 2 期。

《新一届政府：机构是大还是小》，载于《经济与信息》1998 年第 1 期。

《国有大中型企业股份制改造应注意的几个问题》，载于《理论前沿》1998 年第 13 期。

《我国特殊条件下的市场功能与失灵分析》，载于《中国人民大学学报》1998 年第 4 期。

《党的十一届三中全会以来我国经济调节机制的改革演进及其趋势》，载于《教学与研究》1998 年第 12 期。

《按照实践标准规范股份制改造》，载于《教学与研究》1998 年第 10 期。

《个人收入分配制度的突破与重构》，载于《经济纵横》1998 年第 11 期。

《国有企业改革中股份制的筹资问题》，载于《高校理论战线》1998 年第 7 期。

《论按生产要素分配》，载于《中国经济问题》1998 年第 6 期。

《中国企业治理结构类型及其效率分析》，载于《国际学术动态》1998 年第 2 期。

《国有企业治理结构效率分析》，载于《经济改革与发展》1998 年第 7 期。

《企业家行为的制度分析》，载于《中国工业经济》1998 年第 2 期。

《走向 2010 年的我国十大产业》，载于《经济与信息》，1997 年第 10 期。

《美国房地产市场的政府管理》，载于《中国房地产业》1997 年第 9 期。

《美国的房地产市场》，载于《经济研究参考》1997 年第 30 期。

《美国经济运行中的微观主体自律机制》，载于《经济研究参考》1997 年第 5 期。

《如何借鉴美国旧货市场发展我国旧货产业》，载于《中国商贸》1997 年第 12 期。

《美国房地产市场的融资机制》，载于《新视野》1997 年第 3 期。

《美国居民的借债消费》，载于《消费经济》1997 年第 4 期。

《收入差距·财富差距·生活差距》，载于《理论前沿》1997 年第 19 期。

《美国劳动力市场的运行机制》，载于《中国人民大学学报》1997 年第 2 期。

《论市场与政府的组合关系》，载于《教学与研究》1997 年第 7 期。

《美国居民的投资行为》，载于《经济纵横》1997 年第 7 期。

《美国政府的职能结构》，载于《宏观经济研究》1997 年第 7 期。

《美国期货市场的规范化管理》，载于《财贸经济》1997 年第 11 期。

《美国的能源市场与能源政策（下）》，载于《生产力研究》1997 年第 4 期。

《美国的能源市场与能源政策（上）》，载于《生产力研究》1997 年第 3 期。

《卡森企业家理论述评》，载于《经济学动态》1997 年第 8 期。

《美国市场经济制度的基本构架》，载于《经济改革与发展》1996 年第 11 期。

《美国的共同基金市场》，载于《经济研究参考》1996 年第 3 期。

《论建立我国城市的贫困线制度》，载于《理论前沿》1996 年第 6 期。

《美国劳动力市场的供求结构》，载于《经济纵横》1996 年第 11 期。

《美国的农业合作社》，载于《经济纵横》1996 年第 5 期。

《中国钢铁企业转换经营机制的现状与展望》，载于《中国经济问题》1996 年第 4 期。

《日本学者谈——中国改革的成功与面临的问题》，载于《理论前沿》1995 年第 24 期。

《日本、韩国公企业的类型与改革》，载于《经济纵横》1995 年第 10 期。

《美国企业制度的类型与结构》，载于《经济改革与发展》1995 年第 1 期。

《美国政府建设高速公路的资金筹集与使用》，载于《世界经济与政治》1994 年第 6 期。

《美国的商品市场体系》，载于《经济纵横》1994 年第 7 期。

《美国房地产经纪人谈商品房价格与购买者收入的关系》，载于《经济学动态》1994 年第 5 期。

《美国的期货市场》，载于《经济理论与经济管理》1994 年第 6 期。

《美国政府对农户利益的保护政策》，载于《经济理论与经济管理》1994 年第 3 期。

《美国进口商品结构分析》，载于《财贸经济》1994 年第 9 期。

《制约计划与市场关系的社会经济环境》，载于《社会科学辑刊》1994 年第 3 期。

《新经济体制下计划与市场相结合的制约因素》，载于《学术论丛》1994 年第 2 期。

《西方市场经济体制的几种模式》，载于《中国高等教育》1993 年第 10 期。

《现代市场经济与超级市场制度——美国超级市场制度考察》，载于《经济纵横》1993 年第 9 期。

《我国居民就业选择行为的变化趋势》，载于《经济学动态》1993 年第 9 期。

《市场经济体制的框架结构与运行机制》，载于《江汉论坛》1993 年第 8 期。

《中国经济发展的喜与忧——西方学者对当前中国经济形势的看法》，载于《社会科学辑刊》1993 年第 5 期。

《美国居民的消费结构》，载于《中国人民大学学报》1993 年第 5 期。

《西方劳动力市场理论》，载于《生产力研究》1993 年第 2 期。

《加快企业改革奠定社会主义市场经济的微观基础》，载于《中国经济问题》1993 年第 2 期。

《西方市场经济体制中政府职能的界定》，载于《经济理论与经济管理》1993 年第 5 期。

《在收入分配体制中引入市场机制问题》，载于《南方经济》1993 年第 2 期。

《社会主义市场经济中的计划与市场》，载于《当代经济研究》1993 年第 1 期。

《计划与市场相结合的运行机制探讨》，载于《经济学家》1993 年第 3 期。

《再论把企业推向市场——兼答〈钥匙在国家机关手中〉一文的"商榷"》，载于《中国人民大学学报》1993 年第 1 期。

《论脑力劳动收入分配体制的改革》，载于《经济理论与经济管理》1993 年第 1 期。

《积极推进宏观管理体制的改革》，载于《中国工业经济》1993 年第 3 期。

《九十年代我国消费热点的形成特征》，载于《消费经济》1992 年第 4 期。

《西方学者谈国有企业的作用及其实现》，载于《经济学家》1992 年第 4 期。

《如何理解改革也是解放生产力》，载于《生产力研究》1992 年第 5 期。

《西方学者谈经济发展中的市场机制》，载于《南京社会科学》1992 年第 5 期。

《西方学者谈结构调整中的市场机制》，载于《山西经济管理学院学报》1992 年第 1 期。

《西方学者谈计划调节》，载于《争鸣》1992 年第 3 期。

《西方促进竞争的反垄断政策》，载于《江西社会科学》1992 年第 1 期。

《论作为调节手段的计划和市场》，载于《经济学动态》1992 年第 10 期。

《论把企业推向市场》，载于《人民日报》1992 年 7 月 10 日。

《计划经济与市场调节相结合的制约因素和实现途径》，载于《中国社会科学》1992 年第 1 期。

《西方学者的市场及市场经济论述评析》，载于《教学与研究》1991 年第 6 期。

《百百和等学者的间接诱导性分权计划体制》，载于《财经问题研究》1991

年第 6 期。

《市场失灵的类型与治理》，载于《经济学动态》1991 年第 3 期。

《雷诺兹的社会主义计划与市场理论述评》，载于《南京社会科学》1991 年第 3 期。

《西方个人收入调节政策评析》，载于《争鸣》1991 年第 3 期。

《我国居民文化消费结构的问题与对策》，载于《消费经济》1991 年第 2 期。

《深化改革：治理整顿中的力度与政策选择》，载于《中国人民大学学报》1991 年第 1 期。

《治理消费膨胀的政策选择》，载于《消费经济》1990 年第 1 期。

《公有制与商品经济的联结思路》，载于《中国人民大学学报》1990 年第 2 期。

《增强企业活力的市场作用》，载于《江西社会科学》1990 年第 2 期。

《日本经济学家百百和的资本主义计划化理论述评》，载于《教学与研究》1990 年第 6 期。

《建立竞争市场的产业组织政策选择》，载于《经济研究》1990 年第 10 期。

《建立有效竞争市场的对策性分析》，载于《教学与研究》1989 年第 4 期。

《国家调控市场模型的比较和选择》，载于《湖北社会科学》1989 年第 7 期。

《市场与居民行为》，载于《浙江财经学院学报（财经论丛）》1989 年第 2 期。

《我国实现"赶超"的战略选择——建国 40 周年的回顾与展望》，载于《中国人民大学学报》1989 年第 5 期。

《兰格市场理论的进步性与局限性》，载于《沿海经济（江苏）》1989 年第 3 期。

《推进价格改革的矛盾及其协调》，载于《争鸣》1989 年第 3 期。

《市场在产业结构合理化中的作用》，载于《经济科学》1988 年第 6 期。

《苏联东欧资金市场理论比较》，载于《当代经济科学》1988 年第 6 期。

《市场与经济模式——苏联东欧理论比较》，载于《甘肃理论学刊》1988 年第 4 期。

《苏联东欧市场机制功能理论比较》，载于《江汉论坛》1988 年第 2 期。

《宏观计划管理的市场优化机制》，载于《经济问题探索》1988 年第 12 期。

《十一届三中全会以来我国经济理论的十大变化》，载于《中国人民大学学报》1988 年第 6 期。

《苏联东欧计划与市场关系理论比较》，载于《经济与管理研究》1988 年第 3 期。

《企业依赖市场的制约因素——苏联东欧理论比较》，载于《江西社会科学》1988 年第 5 期。

《建立资金市场需要解决的两个理论问题》，载于《前线》1988（10）。

《关于社会主义初级阶段的几个理论问题》，载于《求索》1988 年第 2 期。

《东欧国家建立社会主义市场体系的理论比较》，载于《经济纵横》1987 年第 2 期。

《我国计划和市场理论的演变》，载于《争鸣》1987 年第 2 期。

《社会主义市场机制模型的比较和选择》，载于《财贸经济》1987 年第 11 期。

《对布鲁斯市场理论的比较研究》，载于《中国人民大学学报》1987 年第 5 期。

《布鲁斯的商品经济和价值规律理论及其比较》，载于《江西社会科学》1987 年第 3 期。

《关于社会主义初级阶段几个理论问题的探讨》，载于《教学与研究》1987 年第 5 期。

《社会主义初级阶段基本经济特征引论》，载于《科学社会主义》1987 年第 7 期。

《论间接控制体制下的价格属性》，载于《经济问题》1986 年第 11 期。

《我国价格形成机制模型的双层选择》，载于《经济问题探索》1986 年第 9 期。

《间接控制体制下经济运行的传导机制》，载于《经济理论与经济管理》1986 年第 3 期。

《论全民所有制企业行为类型及其对策》，载于《经济研究》1986 年第 3 期。

《生产资料国家所有制与多种经营方式》，载于《学术月刊》1985 年第 6 期。

《论全民所有制企业所有权和经营权分离的原因》，载于《经济问题》1985 年第 6 期。

《论全民所有制企业成为相对独立的经济实体的根本原因》，载于《江西社会科学》1985 年第 3 期。

《国家所有制的分权模式与经济体制改革》，载于《经济研究》1984 年第 12 期。

《马克思恩格斯合作制理论中一个不容混淆的问题》，载于《经济问题探索》1984 年第 10 期。

《马克思对经济规律三个层次的划分》，载于《社会科学辑刊》1984 年第 6 期。

《试论〈资本论〉的叙述方法》，载于《经济理论与经济管理》1984 年第 5 期。

主要著作

《国民经济学》（第三版），经济科学出版社 2018 年版。

《中国经济热点前沿》（第 15 辑），经济科学出版社 2018 年版。

《中国经济学发展报告（2018）》，经济科学出版社 2018 年版。

《中国经济热点前沿》（第 14 辑），经济科学出版社 2017 年版。

《中国经济学发展报告（2017）》，经济科学出版社 2017 年版。

《探求政治经济学之路》，经济科学出版社 2017 年版。

《探求发展之路》，首都师范大学出版社 2016 年版。

《中国经济学发展报告（2016）》，经济科学出版社 2016 年版。

《中国经济热点前沿》（第 13 辑），经济科学出版社 2016 年版。

《国外经济学发展报告（2015）——国外经济热点前沿》（第 12 辑），经济科学出版社 2015 年版。

《中国经济学发展报告（2015）——中国经济热点前沿》（第 12 辑），经济科学出版社 2015 年版。

《国外经济学发展报告（2014）——国外经济热点前沿》（第 11 辑），经济科学出版社 2014 年版。

《中国经济学发展报告（2014）——中国经济热点前沿》（第 11 辑），经济科学出版社 2014 年版。

《国外经济学发展报告（2013）——国外经济热点前沿》（第 10 辑），经济科学出版社 2013 年版。

《中国经济学发展报告（2013）——中国经济热点前沿》（第 10 辑），经济科学出版社 2013 年版。

《经济学特色专业建设点发展与创新人才培养研究》，经济科学出版社 2013 年版。

《中国经济学发展报告（2012）——中国经济热点前沿》（第 9 辑），经济科学出版社 2012 年版。

《国外经济学发展报告（2012）——国外经济热点前沿》（第 9 辑），经济科学出版社 2012 年版。

《澳门社会经济发展报告（2012）》，经济科学出版社 2013 年版。

《初次收入分配理论与经验的国际研究》，经济科学出版社 2011 年版。

《中国经济热点前沿》（第 8 辑），经济科学出版社 2011 年版。

《国外经济热点前沿》（第 8 辑），经济科学出版社 2011 年版。

《迈过"中等收入陷阱"的中国战略》，经济科学出版社 2011 年版。

《中国经济热点前沿》（第 7 辑），经济科学出版社 2010 年版。

《国外经济热点前沿》（第 7 辑），经济科学出版社 2010 年版。

《中国经济热点前沿》（第 6 辑），经济科学出版社 2009 年版。

《国外经济热点前沿》（第 6 辑），经济科学出版社 2009 年版。

《中国经济改革发展报告——纪念新中国建国 60 周年（2009）》，经济科学出版社 2009 年版。

《中国经济热点前沿》（第 5 辑），经济科学出版社 2008 年版。

《国外经济热点前沿》（第 5 辑），经济科学出版社 2008 年版。

《中国经济改革发展报告——纪念中国改革开放 30 周年（2008）》，经济科学出版社 2008 年版。

《三元经济发展模式》，经济科学出版社 2007 年版。

《中国城镇居民收入差距》，经济科学出版社 2007 年版。

《国外经济热点前沿》（第 4 辑），经济科学出版社 2007 年版。

《中国经济热点前沿》（第 4 辑），经济科学出版社 2007 年版。

《中小企业研究热点》，经济科学出版社 2007 年版。

《中国经济热点前沿》（第 3 辑），经济科学出版社 2006 年版。

《国外经济热点前沿》（第 3 辑），经济科学出版社 2006 年版。

《与企业家谈经论道》（第 3 辑），经济科学出版社 2005 年版。

《国外经济热点前沿》（第 2 辑），经济科学出版社 2005 年版。

《中国经济热点前沿》（第 2 辑），经济科学出版社 2005 年版。

《与企业家谈经论道》（第 2 辑），经济科学出版社 2004 年版。

《国外经济热点前沿》（第 1 辑），经济科学出版社 2004 年版。

《中国经济热点前沿》（第 1 辑），经济科学出版社 2004 年版。

《探求市场之路》，哈尔滨：黑龙江人民出版社 2002 年版。

《与企业家谈经论道》（第 1 辑），经济科学出版社 2002 年版。

《经济热点问题研究进展报告》（第一辑），经济科学出版社 2002 年版。

《通货紧缩下的经济增长》，经济科学出版社 2002 年版。

《如何看待居民收入差距的扩大》，中国财政经济出版社 2001 年版。

《中国经济改革发展报告——反通货紧缩的政策选择（2000）》，中国财政经济出版社 2000 年版。

《〈经济学家〉趋势研究译丛》，新华出版社 2000 年版。

《政府经济职能》，海南出版社 1999 年版。

《资本运营理论与实物》，学苑出版社 1998 年版。

《美国市场和政府的组合与运作》，经济科学出版社 1997 年版。

《我国新经济体制的构造》，经济科学出版社 1993 年版。

《市场的功能与失灵——西方市场理论考察》，经济科学出版社 1993 年版。

《西方社会主义经济理论述评》，中国人民大学出版社 1991 年版。

《社会主义市场运行分析》，中国人民大学出版社 1990 年版。

《市场与改革——苏联、东欧市场理论比较》，四川人民出版社 1989 年版。